土木工程经济分析导论

（第2版）

黄有亮　张　星
杜　静　虞　华　编著
何厚全

东南大学出版社
·南京·

内 容 提 要

本书系统介绍了工程经济学的基本原理，着重阐述了现代工程建设中工程设计与施工的经济问题和经济分析方法。主要内容包括资金的时间价值理论、工程经济要素、工程经济分析判断的基本指标、多方案经济性比较与选择、价值工程原理、建设项目可行性研究及后评价、建设项目财务分析与费用效益分析、建设项目不确定性分析和风险分析、工程设计与经济的关系、工程设计方案选择与决策及优化、主要专业工程设计的经济性策略、施工方案经济性分析、施工设备经济性分析等。

本书主要作为土建大类专业通识教育课程的教材，也可作为建筑学、土木工程、市政工程、建筑电气与智能化、道路桥梁与渡河工程、工程管理等土建类各专业工程经济学课程的教材或教学参考书，并可作为相关专业的研究生学习该课程的参考用书和土建类工程师执业资格（如注册结构工程师、土木工程师、建筑师、监理工程师、建造师等）考试的参考书，还可供在工程规划、设计、施工、管理和投资决策咨询等单位和部门的工程技术与工程经济专业人员参考。

图书在版编目(CIP)数据

土木工程经济分析导论/黄有亮等编著.—2 版.—南京：东南大学出版社,2022.4
 ISBN 978-7-5766-0067-4

Ⅰ.①土… Ⅱ.①黄… Ⅲ.①土木工程—工程经济分析 Ⅳ.①F407.9

中国版本图书馆 CIP 数据核字(2022)第 057324 号

责任编辑：曹胜玫　　封面设计：顾晓阳　　责任印制：周荣虎

土木工程经济分析导论（第 2 版）

Tumu Gongcheng Jingji Fenxi Daolun(Di-er Ban)

编　　著：黄有亮等
出版发行：东南大学出版社
社　　址：南京四牌楼 2 号　邮编：210096　电话(传真)：025 - 83793330
网　　址：http://www.seupress.com
电子邮件：press@seupress.com
经　　销：全国各地新华书店
印　　刷：常州市武进第三印刷有限公司
开　　本：787mm×1 092mm　1/16
印　　张：21.25
字　　数：530 千字
版　　次：2022 年 4 月第 2 版
印　　次：2022 年 4 月第 1 次印刷
书　　号：ISBN 978-7-5766-0067-4
定　　价：49.00 元

本社图书若有印装质量问题，请直接与营销部联系。电话：025 - 83791830。

新世纪土木工程专业系列教材编委会

顾　问　丁大钧　容柏生　沙庆林
主　任　吕志涛
副主任　蒋永生　陈荣生　邱洪兴　黄晓明
委　员（以姓氏笔画为序）
丁大钧　王　炜　冯　健　叶见曙　石名磊　刘松云　吕志涛
成　虎　李峻利　李爱群　沈　杰　沙庆林　邱洪兴　陆可人
舒赣平　陈荣生　单　建　周明华　胡伍生　唐人卫　郭正兴
钱培舒　曹双寅　黄晓明　龚维民　程建川　容柏生　蒋永生

丛 书 序

东南大学是教育部直属重点高等学校,在 20 世纪 90 年代后期,作为主持单位开展了国家级"20 世纪土建类专业人才培养方案及教学内容体系改革的研究与实践"课题的研究,提出了由土木工程专业指导委员会采纳的"土木工程专业人才培养的知识结构和能力结构"的建议。在此基础上,根据土木工程专业指导委员会提出的"土木工程专业本科(四年制)培养方案",修订了土木工程专业教学计划,确立了新的课程体系,明确了教学内容,开展了教学实践,组织了教材编写。这一改革成果,获得了 2000 年教学成果国家级二等奖。

这套新世纪土木工程专业系列教材的编写和出版是教学改革的继续和深化,编写的宗旨是:根据土木工程专业知识结构中关于学科和专业基础知识、专业知识以及相邻学科知识的要求,实现课程体系的整体优化;拓宽专业口径,实现学科和专业基础课程的通用化;将专业课程作为一种载体,使学生获得工程训练和能力的培养。

新世纪土木工程专业系列教材具有下列特色:

1. 符合新世纪对土木工程专业的要求

土木工程专业毕业生应能在房屋建筑、隧道与地下建筑、公路与城市道路、铁道工程、交通工程、桥梁、矿山建筑等的设计、施工、管理、研究、教育、投资和开发部门从事技术或管理工作,这是新世纪对土木工程专业的要求。面对如此宽广的领域,只能从终身教育观念出发,把对学生未来发展起重要作用的基础知识作为优先选择的内容。因此,本系列的专业基础课教材,既打通了工程类各学科基础,又打通了力学、土木工程、交通运输工程、水利工程等大类学科基础,以基本原理为主,实现了通用化、综合化。例如工程结构设计原理教材,既整合了建筑结构和桥梁结构等内容,又将混凝土、钢、砌体等不同材料结构有机地综合在一起。

2. 专业课程教材分为建筑工程类、交通土建类、地下工程类三个系列

由于各校原有基础和条件的不同,按土木工程要求开设专业课程的困难较大。本系列专业课教材从实际出发,与设课群组相结合,将专业课程教材分为建筑工程类、交通土建类、地下工程类三个系列。每一系列包括有工程项目的规划、选型或选线设计、结构设计、施工、检测或试验等专业课系列,使自然科学、工程技术、管理、人文学科乃至艺术交叉综合,并强调了工程综合训练。不同课群组可以交叉选课。专业系列课程十分强调贯彻理论联系实际的教学原则,融知识和能力为一体,避免成为职业的界定,而主要成为能力培养的载体。

3. 教材内容具有现代性,用整合方法大力精减

对本系列教材的内容,本编委会特别要求不仅具有原理性、基础性,还要求具有现代性,纳入最新知识及发展趋向。例如,现代施工技术教材包括了当代最先进的施工技术。

在土木工程专业教学计划中,专业基础课(平台课)及专业课的学时较少。对此,除了少而精的方法外,本系列教材通过整合的方法有效地进行了精减。整合的面较宽,包括了土木工程各领域共性内容的整合,不同材料在结构、施工等教材中的整合,还包括课堂教学内容与实践环节的整合,可以认为其整合力度在国内是最大的。这样做,不只是为了精减学时,更主要的是可淡化细节了解,强化学习概念和综合思维,有助于知识与能力的协调发展。

4. 发挥东南大学的办学优势

东南大学原有的建筑工程、交通土建专业具有80年的历史,有一批国内外著名的专家、教授。他们一贯严谨治学,代代相传。按土木工程专业办学,有土木工程和交通运输工程两个一级学科博士点、土木工程学科博士后流动站及教育部重点实验室的支撑。近十年已编写出版教材及参考书40余本,其中9本教材获国家和部、省级奖,4门课程列为江苏省一类优秀课程,5本教材被列为全国推荐教材。在本系列教材编写过程中,实行了老中青相结合,老教师主要担任主审,有丰富教学经验的中青年教授、教学骨干担任主编,从而保证了原有优势的发挥,继承和发扬了东南大学原有的办学传统。

新世纪土木工程专业系列教材肩负着"教育要面向现代化,面向世界,面向未来"的重任。因此,为了出精品,一方面对整合力度大的教材坚持经过试用修改后出版,另一方面希望大家在积极选用本系列教材中,提出宝贵的意见和建议。

愿广大读者与我们一起把握时代的脉搏,使本系列教材不断充实、更新并适应形势的发展,为培养新世纪土木工程高级专门人才作出贡献。

最后,在这里特别指出,这套系列教材,在编写出版过程中,得到了其他高校教师的大力支持,还受到作为本系列教材顾问的专家、院士的指点。在此,我们向他们一并致以深深的谢意。同时,对东南大学出版社所作出的努力表示感谢。

中国工程院院士 吕志涛
2001 年 9 月

序 一

随着我国新型工业化、城市化、生态化、信息化、市场化的深入推进,土木工程技术复杂性、规模大型化、投资与管理多元化、社会影响广泛性、项目实施环境多变性、合同条件严格性日益显现,如果不通过事前和事中的经济分析防范由此引发的风险,不仅会影响工程的顺利进行,甚至有可能带来灾难性的损失。

为帮助土木建筑类专业学生及土建类工程师系统掌握工程经济分析的基本理论和基本方法,提高他们运用工程经济学的基本知识优化规划、设计及施工方案的能力,黄有亮、张星、杜静、虞华、何厚全编著的《土木工程经济分析导论》付梓问世了。纵览全书,深感本书具有"与时偕行、求真务实"的特点。第一,传承工程经济学已有的经典理论,广泛吸取中外工程经济学教材的精粹,保证了知识体系的完整性和成熟性。第二,结合现代土木工程技术经济特点和最新的项目管理模式,通过以土木工程为背景的案例,展现工程经济学的精髓和土木工程建设过程中各个环节技术与经济之间的相互关系及其发展规律,保证了分析方法的针对性和实用性。第三,追踪现代经济理论发展前沿,在可持续性建筑理论、生态设计、低碳建造、清洁施工等方面进行了理论和实践上的延伸和拓展,保证了分析理念的前瞻性和导向性。

黄有亮、张星、杜静、虞华、何厚全多年来从事土木工程经济分析方面的教学与科研工作,经过不断努力,广泛收集资料,在实践中积累案例,在研究中总结凝练,终于编写成了这本最新的《土木工程经济分析导论》。这本书既是高校为满足现代土木工程建设高级专门人才知识、能力、素质需要不断进行教学改革的产物,也反映了土木工程规划、设计、施工、管理和咨询机构的专业人员要求提高执业能力的呼声,是编写者高度智慧的共同结晶。相信莘莘学子和广大读者一定会开卷获益。

西安建筑科技大学
刘晓君

序 二

合格的土木工程师应该掌握工程经济的知识,在工程项目的论证决策、规划设计和建造运行的全过程中,能运用工程经济学的基本理论和基本方法进行技术经济分析,在满足使用功能和安全可靠的前提下实现项目的最优化。

早在中央大学时期,《经济学》科目就成为我校土木系学生必修课程。20世纪90年代初,土木工程学院将"工程经济学"列为全院所有专业的必修课程,2000年后将该课程列为全院通识性教育课程,在二年级下学期开设。《土木工程经济分析导论》一书是我校工程经济学课程教学团队历经十余年教学成果的总结。

该教材在继承我国30多年来的工程经济学著作与教材学术传统基础上,吸纳了近10余年来工程经济学领域理论与实践的新成果、新观点和新思维,突出了土木工程设计与施工中的经济现象和分析方法,强调工程建设的综合效益观。该教材内容体系涵盖了目前我国工程建设领域注册结构工程师、岩土工程师、建筑师、监理工程师、建造师等执业资格考试大纲所要求的工程经济内容,适应了现代工程师培养的需要。该教材的结构安排考虑了不同专业的教学需要,便于教师结合各专业特点进行教学内容的选择。

该书的作者均为我校工程经济学课程教学团队的教师。多年来,他们致力于工程经济学课程的建设,主编或参与《工程经济学》《建设工程合同管理》《工程全寿命期管理》等多部教材和专著的编撰,主持或参与完成了"创新与实践能力培养重心前移的途径与方法——《工程经济学》课程教学中的探索与实践""东南大学通识选修课程建设项目——工程经济学"等教学研究与改革项目的研究工作。在教学的同时,他们开展了工程经济学领域的学术研究,主持或参与国家社会科学基金项目"面向过程的大型项目社会影响的前摄性评估方法研究"、教育部人文社科规划基金项目"建构主义视阈下重大工程社会稳定风险评估范式研究"等课题的研究工作,教材的部分内容来自他们的研究成果。此外,他们注意产学结合,参与大型项目前期策划、经济分析、项目管理等建设工作,大多具有注册咨询工程师(投资)、造价工程师、监理工程师、房地产估价师等执业资格,教材中一些案例来自他们的工程实践总结。可以说,本教材凝聚了他们在课程教学、学术研究和工程实践中的经验、心得和成果。

作为一部通识课程教材,全书在内容、结构、例题和习题上都做了精心安排,注重启迪学习者的经济分析心智,训练其经济思维习惯,在通识课程教材建设上进行了有益的探索,是一本值得推荐的适合土木工程大类专业培养要求的教材。

东南大学
邱洪兴

第 2 版前言

本书是专门为土建类专业未来工程师们学习工程经济学编写的。工程师要懂经济学,我国工程建设领域各类注册工程师(如土木、结构、环保、公用设备等勘察设计工程师系列,建筑师,监理工程师,建造师等)考试均包含工程经济知识模块。

尽管本书的第 1 版是在 10 年前出版的,但当时已经在工程经济学的传统知识体系基础上做了一些增进,涵盖诸如低碳建筑、绿色建筑等设计经济学内容,这些在今天来看仍然没有过时。

第 2 版在保持第 1 版特色的基础上,为适应我国已全面实施的"营改增"税制改革,对工程经济要素计算方法及相互之间的运算关系、投资财务分析及相关报表编制方法等做了相应的修改。此外,对全书内容进行了修订,调整了部分例题和习题。

第 2 版的作者编著任务分工与第 1 版相同。借本书再版之机,我们谨向曾对本书提出宝贵意见和建议的专家和读者、为本书再版付出心血的东南大学出版社编辑们致以真诚的谢意。书中不足之处,恳请读者和专家予以批评指正。本书专用电子邮箱 engineering_eco@163.com。

编者

2022 年 2 月

第1版前言

近年来,为适应社会对复合型人才和创新型人才的日益增长需求,许多高等学校在尝试和推广大类专业招生培养模式,"工程经济学"也被列为土建大类专业的通识性教育课程。经过几年的教学实践,本书编写者认识到,作为土建大类专业的通识性课程,其教学内容除了传统的工程经济学理论之外,还应能反映工程建设全过程各阶段所表现的经济现象与问题及现代工程建设中出现的一些新的经济理念,以适应未来工程师培养的需要。为此,撰写了本教材。

本书主要以土建类专业低年级学生读者为对象,力图通过通俗的语言文字、简明图表,以及为低年级学生所具有的土木工程知识为背景精心选择的例题和案例,展现工程经济学精髓和土木工程建设过程中各个环节技术与经济之间的相互关系及其发展规律图景。通过本书的学习,读者可培养经济分析思维方式,掌握工程经济分析的基本原理和方法,了解土木工程活动中各类经济问题与现象,具备初步的土木工程经济分析的基本技能。

本书具有如下一些特色:

(1) 体现现代经济理论在工程中应用与现代工程建设的发展趋势,如可持续性建筑理论、生态设计、低碳建筑、清洁生产等,突破传统工程经济理论注重工程问题解决方案、微观经济效益的局限性,强调以经济效益、社会效益和环境效益所构成的综合效益最大化为目标的工程经济分析思想,试图向未来的工程师灌输"资源配置效率性与公平性并重"的现代经济理念。

(2) 结合工程建设类工程师执业资格(如注册建筑师、结构工程师、土木工程师、公用设备师、环保工程师、电气师、道桥工程师、一级建造师、监理工程师、造价工程师等)考试中有关"工程经济"基础知识的要求,补充和加强工程规划、设计与施工经济分析知识元素,总结归纳出工程设计经济分析的一般性策略与方法。

(3) 采用知识单元叠加式结构,全书分为三篇:第一篇为工程经济学基本原理;第二篇是建设项目经济分析与评价;第三篇是工程设计与施工经济分析。这一结构安排便于教师在教学中依据教学时数、授课学生专业特点、培养目标要求等进行教学内容上的选择。在第三篇各章习题中,设计了若干与工程实践紧密相关的问题,便于教师在讲授工程经济学原理的同时,引导学生穿插自学第三篇相关内容,选择感兴趣的经济问题,进一步去阅读相关文献,调查和搜集数据资料,展开讨论,实现自主学习,并可弥补课堂教学时数的不足。

本书由黄有亮拟定主要章节提纲并统稿。各章编撰分工如下:黄有亮撰写绪论及第10、11、12章;何厚全撰写第1、2、6章;虞华撰写第3、4、5章;杜静撰写第7、8、9章;张星撰写第13、14章。

书中不足之处,恳请读者和专家予以批评指正。本书专用电子邮箱:ceea_it@163.com。

黄有亮、张星、杜静、虞华、何厚全

第 1 版致谢

本书的出版得到了"江苏高校优势学科建设工程"项目的资助、编者所在院系领导大力支持及许多同事与同行们的帮助,在此表示衷心的感谢。

特别感谢全国高等教育工程管理专业指导委员会副主任、中国建筑学会建筑经济分会副理事长、西安建筑科技大学副校长刘晓君教授为本书作序。本书的多位作者参与了刘晓君教授主编的项目管理工程硕士规划教材《工程经济学》一书的编写,得到了她的亲切指点。她充满智慧的建议,使我们受益匪浅。本书的编写思路得益于与她合作中所受的启迪。

特别感谢全国高等教育土木工程专业指导委员会委员、东南大学土木工程学院原教学副院长邱洪兴教授为本书作序。邱洪兴教授在担任教学副院长期间,高瞻远瞩,力主将工程经济学课程列为全院通识性教育课程,并对该课程的建设给予了高度关怀。本书的编写动力源于他的主张和支持。

本书的编撰受惠于国内学者出版或发表的相关文献,尤其是刘云月、马纯杰两位学者主编的《建筑经济》一书中有关"建筑设计与经济决策"内容给了本书编者莫大的启发,促使我们进行更深入的思考和更准确的表述。绝大多数的素材来源已在本书参考文献中列出,如有遗漏,请与作者或出版社联系,以给我们弥补过失的机会。在此,谨向这些素材的所有者、作者或译者表示衷心的感谢。同时,感谢张鸿、陈伟、袁许林、马帅等研究生协助进行了部分编写素材的搜集工作。

最后,我们要向为本书出版付出许多心血的东南大学出版社编辑们致以真诚的谢意。他们极其认真地修订了本书原稿存在的格式、语法和数据计算上的错误。

黄有亮、张星、杜静、虞华、何厚全

本书配套线上辅助教学资源：

(1) 在线课程（MOOC）视频学习资料：电脑端登录中国大学 MOOC 网（https://www.icourse163.org/），移动端用网页浏览器扫描右方二维码或安装"中国大学 MOOC"APP，搜索"工程经济学原理"，点击"立即参加"。

工程经济学原理 MOOC

(2) 微信公众号：微信扫描右方二维码，关注"SEU 工程经济"课程公众号，可获得大型工程经济评价与决策过程的分析、工程建设中经济问题和现象的讨论和解释、经济学的有趣话题和故事、工程经济学课程学习的难点与解决等方面的资讯。也可向该公众号投稿，发表自己的观点和见解。

SEU 工程经济公众号

目 录

绪论 ··· 1

上篇　工程经济学原理

1 资金的时间价值理论 ·· 9
 1.1 资金时间价值的概念 ··· 9
 1.2 资金时间价值的度量 ·· 10
 1.3 资金等值与现金流量图 ··· 13
 1.4 资金复利等值换算的基本公式 ·· 15

2 工程经济要素 ·· 24
 2.1 投资与资产 ·· 24
 2.2 费用与成本 ·· 26
 2.3 销售收入、税金与利润 ··· 30
 2.4 工程经济要素的关系与现金流的构成 ··· 34

3 工程经济性判断的基本指标 ··· 37
 3.1 基准投资收益率 ·· 37
 3.2 净现值 ·· 39
 3.3 内部收益率 ·· 42
 3.4 投资回收期 ·· 46
 3.5 净现值、内部收益率和投资回收期的比较分析 ······························· 49
 3.6 非营利性工程经济性判断指标 ·· 50

4 多方案经济性比较与选择 ··· 54
4.1 概述 ··· 54
4.2 多方案经济性比选的基本方法 ··· 56
4.3 寿命相等互斥方案的经济性比选 ··· 59
4.4 寿命无限或寿命期不等的互斥方案比较 ····································· 65
4.5 独立方案和混合方案的比选 ··· 69

5 价值工程原理 ··· 76
5.1 概述 ··· 76
5.2 价值工程对象的选择 ··· 80
5.3 功能分析 ··· 82
5.4 方案创造与评价 ··· 89
5.5 价值工程应用应注意的问题 ··· 90

中篇　建设项目经济评价

6 建设项目可行性研究及后评价 ··· 95
6.1 可行性研究概述 ··· 95
6.2 可行性研究内容 ··· 98
6.3 区域经济与宏观经济影响分析 ··· 102
6.4 项目后评价 ··· 105

7 建设项目财务分析 ··· 110
7.1 财务分析的内容与类型 ··· 110
7.2 财务分析的基本方法 ··· 113
7.3 财务分析指标的计算方法 ··· 117
7.4 财务分析示例 ··· 121

8 经济费用效益分析和费用效果分析 ··· 136
8.1 经济费用效益分析概述 ··· 136
8.2 经济效益与费用的识别与计算 ··· 138
8.3 经济费用效益分析中几个重要参数 ··· 141

8.4 经济费用效益分析常用指标及表格 ·· 144
8.5 经济费用效果分析 ·· 149

9 不确定性分析与风险分析 ··· 154
9.1 不确定性与风险概述 ·· 154
9.2 盈亏平衡分析 ··· 157
9.3 敏感性分析 ··· 161
9.4 风险性分析 ··· 165

下篇 工程设计与施工经济性分析

10 工程设计与经济的关系 ·· 177
10.1 工程设计的经济内涵 ·· 177
10.2 工程设计中的经济参数 ·· 185
10.3 影响工程经济性的设计技术参数 ·· 190

11 工程设计方案的选择、优化与决策 ·· 196
11.1 建筑策划与工程经济分析 ··· 196
11.2 经济学视阈下的设计方案选择理论 ······································ 198
11.3 设计方案比较与选择过程 ··· 202
11.4 设计方案经济分析与比较方法 ·· 206
11.5 优化设计 ··· 209
11.6 设计决策 ··· 214

12 主要专业工程设计的经济性 ··· 221
12.1 建设用地与布局模式的效率性分析 ····································· 221
12.2 工程构造与结构选型的经济性策略 ····································· 228
12.3 工程材料和设备选择的经济性策略 ····································· 240

13 施工方案经济性分析 ·· 250
13.1 施工方案的经济性内涵 ··· 250
13.2 施工方案比较过程与方法 ··· 255

13.3 施工工艺方案的经济性分析比较 …………………………………………… 261
   13.4 施工组织方案的经济性分析与比较 …………………………………………… 266

14 施工设备经济性分析 …………………………………………………………………… 275
   14.1 施工设备及其经济性 …………………………………………………………… 275
   14.2 施工设备磨损及经济寿命计算 ………………………………………………… 279
   14.3 施工设备磨损补偿形式及其经济分析 ………………………………………… 286
   14.4 施工设备租赁的经济分析 ……………………………………………………… 298

部分习题参考答案 ………………………………………………………………………… 306

参考文献 …………………………………………………………………………………… 310

附录 复利系数表 ………………………………………………………………………… 312

绪 论

一

为什么要学工程经济学？如果你是学工程的学生，当你打开本书的时候，或者你第一次走进工程经济学课程的课堂时，你一定抱着怀疑的态度提出这样类似的问题。举个简单的例子，你也许就能打消这样的疑问。

让你设计一座普通的住宅楼，你会选择什么外墙装饰材料？是涂料、普通外墙面砖，还是花岗岩等天然石材、玻璃幕墙？答案是不言而喻的。稍有设计常识的人都会选择外墙涂料或普通面砖作为装饰材料。你作出这样的选择，实际上表明你在设计中已不是只考虑技术问题，而是将经济要素纳入设计范畴。因为你知道，从技术角度，天然石材使建筑物更加美观和豪华且具有长久的耐用性，但从经济角度，使用天然石材会大幅度提高工程成本，同时住宅的外观也不是普通住宅消费者所追求的主要功能，可以预见的是这样的住宅是没有市场前景的。

这个例子也许有些肤浅，或者你觉得与你所学的专业无关，但它从一个侧面说明，作为一名工程师，无论你是否愿意，经济因素必须成为你在设计过程上要考虑的重要因素。将来无论你是从事规划方案设计、建筑设计、结构设计、市政工程设计的工程师，还是从事现场施工技术与管理的工程师或项目投资经济分析的咨询师，你所面临的工作可简单定义为"用科学技术解决工程实践问题"。工程实践问题并不是凭空想象的，也不可能是天上掉下来的，而是存在于现实的商业机会中，所以工程师解决问题的方案从公司商业计划的角度必须保证技术上的可行性和经济上的合理性。进一步，工程师在解决工程问题时会提出多个解决的方案，这时你将会遇到如何从众多方案中理性地选择一个最合理的，或者说是效益最大化的方案。在工程实践中，还会遇到其他许多变化多端的与经济相关的问题。提出相对价值复利模型的戈尔德曼(O.B.Goldman)在他的《财务工程学》(Financial Engineering.New York：Wiley，1920)一书中指出，"有一种奇怪而遗憾的现象，就是许多作者在他们的工程学书籍中，没有或很少考虑成本问题。实际上，工程师的最基本的责任是分析成本，以达到真正的经济性，即盈得最大可能数量的货币，获得最佳财务效益"。

工程经济学为这些问题的研究提供了一个系统的解决框架和不同情况下的经济性评估模型和方法。或许你会说，"我是搞工程技术的，有关钱的事与我无关，去找经济专家"。然而，工程建设过程的每一个细小环节，譬如细小到一个螺栓的选用、一个简单建筑物的平面布置、一条管线的走向、一天的劳动力安排等，都蕴含着许多需要考虑的经济因素。每一个细节问题都寻求经济专家的支持，或者为每位工程师配备一名经济分析人员，显然都是一种极没有效率的做法。即使复杂的、大型的工程需要由经济分析专家进行专门的经济性评估，也需要你提供不同工程方案的资源消耗指标或者评测模型，此时你实际上已经涉足了经济问题。可见，工程经济分析理论与技术应成为现代工程师知识与技能结构中必备的元素,正如美国著名教授沙立文(W.G. Sullivan)在其著作《工程经济学》(第13版)指出的,"一个不擅长工程经济学的工程师就不是一个合格的工程师"(沙立文等著,邵颖红等译,2007:4)。

二

工程经济学是一个什么样的科学?这也许是你开始学习这门课程要问的第二个问题。对这个问题的回答,可以追溯到工程经济学的起源与形成。

最早讨论工程经济问题的著作是1887年出版的《铁路选线的经济理论》(The Economic Theory of the Location of Railways. New York: John Wiley & Sons, Inc.,1887),作者是威灵顿(A. M. Wellington)。作为一个铁路工程师,他在工作中发现,许多选线工程师几乎完全忽视了他们所作的决策对铁路未来的运营费用和收益的影响。他在该书中指出"(工程)是一门如何花最少的钱把事情办好的艺术",在那个时候,他尚没有提出"工程经济学"的概念,他所指的"工程"应是指其后的学者所创造的"工程经济学"这一词汇。此后,经过40多年的发展,直到1930年格兰特(E. L. Grant)出版《工程经济学原理》(Principles of Engineering Economy. New York: The Ronald Press Company,1930)一书,工程经济理论架构基本形成。该书被公认为工程经济学的里程碑式著作,它所创立的工程经济经典学说几乎一直沿用至今。格兰特在该书的序言中写道,"在很大程度上如同自然科学理论那样,需要建立起一套明确的理论,用于指导基于经济视角的工程决策。"

可见,工程经济学从产生到最终形成,都是把工程经济学作为一门为工程师而准备的经济学而创立的,用于指导工程师为获取最大的经济利益选择合适的工程技术。在此后的发展中,一些新的内容、理论和方法进入工程经济学体系中,如在20世纪40年代,陷于经济危机的西方国家通过投资公共工程以刺激经济增长和增加就业,传统的私人投资评估方法已经不适用于对公共项目的评估,工程经济学家们提出了费用效益分析方法,并成为工程经济学的一个重要组成部分;再如我国学者在20世纪80年代引入西方工程经济学,将建设项目的经济评价(包括财务评价与国民经济评价)方法也并入工程经济学学科范畴。但是,工程经济学学科本质并没有改变,即为工程师或投资者提供工程经济性决策的方法。

然而,近20多年的现代工程建设中所形成的一些新的理念和实践,如可持续建筑与设计、生态设计、节能建筑和低碳建筑等,让我们反思工程经济学的一些基本原则。我们需要回归经济学的本质来看这个问题。经济学是研究如何将有限或者稀缺资源进行合理配置的社会科学,而资源的合理配置包括了效率和公平两个标准。传统的工程经济学以利益最大化作为工程方案选择的判据,是追求资源配置的效率。西方微观经济学试图证明完全竞争下的市场机制通过对效率的追求,能够实现帕累托最优,但是微观经济学在很多微观政策实践上效果并不佳。所以,一直以来,公平和效率是经济学中的争论话题。人们试图在追求效率的同时,能够实现资源配置的公平。

在工程建设中,土木与建筑工程类的各类专业工程师在投资、规划、设计和施工过程中进行着各种设计活动,这些设计活动从生产角度是生产设计产品,而从经济学角度,它们扮演了资源配置的角色。工程建设及建筑物消耗了全球大约60%的物质资源与能源,工程师设计决策合理性对资源配置效率与公平的重要意义是不言自明的。目前的工程经济理论体系中,尽管公共项目评价强调社会效益,营利性建设项目评价也考虑项目对公众利益和环境的影响,但它们主要是从投资者或兴办者角度考虑满足政府对环境和资源的规制要求,资源配置公平性要求并没有体现在工程经济学对工程师设计决策策略与方法的架构之中。而在现代工程实践中,一些杰出的工程师对生态建筑、低碳建筑、可持续性工程设计的追求及成功的作品,表明了现代工程师在实现工程资源配置效率性的同时,已开始自觉地追求资源配置公平性。为此,本书在阐述传统工程经济学原理的基础上,提出以经济效益、社会效益和环境效益所构成的综合效益最大化作为工程决策的准则,强调资源配置效率性和公平性兼顾的工程经济理念。

可以预期的是,在现在及将来,工程师在工程实践中对工程经济性的思考和对社会与环境的关怀,不仅是专业人士的职业美德要求,而且是对其专业技能的一种考核准则。曾任世界生产力科学联合会主席的里格斯(J.L. Riggs)教授1982年在其所著的《工程经济学》(第2版)中就写道:"工程师的传统工作是把科学家的发明转变为有用的产品。而今,工程师不仅要提出新颖的技术发明,还要能够对其实施的结果进行熟练的财务评价。现在,在密切而复杂地联系着的现代工业、公共部门和政府之中,成本和价值的分析比以往更为细致、更为广泛(如工人的安全、环境影响、消费者保护)"。中国工程院左铁镛院士也指出,"现代工程师所要关注的已经远远不仅是某项工程能否修建完成,还必须关注它是否经济,它会引起什么社会后果,它与人类的福祉之间是什么关系"。

三

工程经济学在工程中将发挥什么样的作用?这也一定是你开始学习这门课程想知道的问题。这可从"工程"的定义来进行分析。

美国工程技术认可委员会对工程的定义是,"利用通过学习、实验和实践获得的数学与自然科学方面的知识,开发经济地使用材料和自然之力的方法来造福人类"(沙立文等著,邵颖红等译,2007:4)。这一定义包括了三层含义:一是技术层面,即工程的物理方面——科学和数学的某种应用能够构造出各种结构、机器、产品、系统和过程;二是目的层面,这些结构、机器、产品、系统和过程能够做出高效的、可靠的且对人类有用的东西;三是经济层面,即经济地设计和制造这些结构、机器、产品、系统,并使其能将自然界的物质和能源特性以最小的消耗转化为所需要的产品或服务。

这三个层面的含义构成了工程的完整价值系统。美国亚利桑那大学建筑学院前院长赫什伯格(Robert G. Hershberger)教授将建筑设计的价值要素归纳为如下几个方面:

- 人文价值要素:功能、社会、自然、生理、心理。
- 环境价值要素:场地条件、气候条件、文脉、资源、废弃物。
- 文化价值要素:历史、制度、政治、法律。
- 技术价值要素:材料、体系、过程。
- 时间价值要素:生长、变化、永恒。
- 经济价值要素:资金、建造、运行、维护、能耗。
- 美学价值要素:形式、空间、色彩、意义。
- 安全价值要素:结构、防火、化学、个人、犯罪。

作为一个土木工程师,你可能遇到各种各样的工程问题,譬如可能需要你对一个商业设施项目的投资进行可行性分析,为一个小学校的建设确定一个功能合理的平面布局方案,为一座桥梁选择一个合适的结构方案,为一个施工场地窄小的高层写字楼施工绘制施工平面图,为一个酒店工程的投标编制施工方案,为一座大型工业厂房的施工配备施工机械和确定工种与劳动力数量等。诸如此类的问题,不仅涉及技术方面,还直接影响工程成本、工期和质量,同时还影响到其他方面,如环境与社会公众等。例如,施工机械及其作业方式的选择,不仅需要考虑是否能满足施工要求,还要考虑是否经济、避免大马拉小车,还要考虑工程所在的周边环境,避免噪声污染超过相关的法规规定的排放标准或者会引起周边组织或公众的抗议行为。

可见,不仅是建筑设计方案,其他任何专业的工程方案价值系统都可概括为上述价值要素。尽管视具体专业工程特性,工程方案所要考虑的价值要素可能并不包括上述要素的全部,但至少包含了其中大部分的内容。如果只考虑某一个价值要素,工程决策可能是很容易的事,但如果考虑某一个方面的价值要素,决策就变得复杂许多。而如果考虑多个方面的价值要素,由于各价值要素之间存在着矛盾与冲突,工程决策变得相当困难。所以,工程决策的本质就是在解决工程问题方案所产生的上述价值要素之间进行权衡,而工程经济学正是为工程师的工程决策提供了以最经济的方式实现价值要素权衡之术。

沙立文教授等将工程经济学在工程中的具体作用概括为:"工程经济学致力于系统评价针对工程问题所提出的解决方案的经济绩效。一个工程方案经济要可行,就必须保证长期收益超过长期成本。除此之外,还必须:(1)促进组织持续并良好地动作;(2)体现富有创造性和革新性的技术与思想;(3)允许预测结果具有可验证性;(4)将盈利能力用有效的可接受的绩效衡量标准来表达"。刘晓君教授从更高层面把工程经济学的作用界定为:"人类社会的一个基本任务,就是要根据客观世界运动变化规律的认识,对自身的活动进行有效的规划、组织、协调和控制,最大限度地提高工程经济活动的价值,降低或消除负面影响。而这正是工程经济学的主要任务"。

总之,工程经济学为工程实践中处理技术与经济的关系问题,构建了一套成熟的理论体系,为工程方案的经济性选择与决策提供了一套有效的方法与工具。虽然工程经济学并不解决技术层面的问题,但有助于工程师能运用他们所学的工程技术知识来发现经济地工作的新方法;虽然它也不直接与目的层面发生联系,但它提供了技术合目的程度的评价与思考工具。将来无论你是一个工程技术专家、项目投资咨询人士、企业负责工程项目的CEO,还是政府机构从事工程项目行政管理事务的公务人员,工程经济学将在你的工程实践中起到重要的作用。工程经济学所涉及的主要土木工程领域有:

- 工程项目投资决策;
- 工程设计方案选择与比较;
- 工程施工工艺方案与组织方案的选择与比较;
- 工程物资采购计划;
- 工程施工生产作业方法、生产技术和施工生产管理;
- 工程新产品开发与更新换代;
- 企业设备更新与技术改造;
- 企业劳动力雇佣计划。

四

本课程将学习一些什么内容？这也是开始学习工程经济学时关心的最后一个问题。

本书分为三篇：上篇为工程经济学基本原理，包括资金时间价值理论、工程方案的经济要素构成、工程经济分析基本指标和多方案的比较与选择方法等内容；中篇是建设项目经济分析与评价，包括建设项目可行性研究、建设项目财务分析、建设项目费用效益分析和费用效果分析、建设项目不确定性分析与风险分析等内容；下篇是工程设计与施工经济性分析，包括工程设计与经济的关系、工程设计方案选择、优化与决策、主要专业工程设计的经济性策略、施工方案经济性分析和施工设备经济性分析等内容。

上篇工程经济学基本原理是本课程的必学内容。中篇建设项目经济分析与评价和下篇工程设计与施工经济性分析是工程经济学原理在工程中的应用内容，由任课老师依据教学时数、授课学生专业特点、培养目标要求等进行教学内容上的选择，进行组合和搭配。在教学时数较少的情况下，也可在重点学习工程经济学原理的同时，与中篇与下篇相关内容结合，指导学习自主学习，并布置每章习题中实践性问题进行考核。

通过本书的学习，读者能掌握工程经济学的基本原理，理解和了解土木工程活动中各类经济问题与现象，培养在工程技术工作中经济性分析的思维方式与习惯，具备初步的进行土木工程经济分析的基本技能。

上 篇

工程经济学原理

1 资金的时间价值理论

资金的时间价值原理是工程经济学的基本理论,也是财务活动中必须树立的价值观念。所有工程项目的经济评价,资金筹集,方案比选等经济决策行为都必须考虑资金的时间价值问题。资金的时间价值通常是通过利息率来表示,不同时点上的资金可在现金流量图上标示,并通过六个基本换算公式实现资金的等值换算。

1.1 资金时间价值的概念

资金的时间价值是指随时间的推移,投入周转使用的资金价值将会发生价值的增加,增加的那部分价值就是原有资金的时间价值。所以,资金的价值是随时间变化而变化的,是时间的函数,而资金时间价值就是由于时间因素所引起的货币在不同时间里在价值量上的差额。资金具有时间价值并不意味着资金本身能够增值,而是因为资金代表一定量的物化产物,并在生产与流通过程中与劳动相结合,才会产生增值。

资金的时间价值与因通货膨胀而产生的货币贬值是性质不同的概念。通货膨胀是指由于货币发行量超过商品流通实际需要量而引起的货币贬值和物价上涨现象。货币的时间价值是客观存在的,是商品生产条件下的普遍规律,是资金与劳动相结合的产物。只要商品生产存在,资金就具有时间价值。但在现实经济活动中,资金的时间价值与通货膨胀因素往往是同时存在的。因此,既要重视资金的时间价值,又要充分考虑通货膨胀和风险价值的影响,以利于正确的投资决策、合理有效地使用资金。

资金的时间价值是经济活动中的一个重要概念,当长期投资决策涉及不同时点的货币收支时,不同时间的等量货币在价值量上是不相等的。只有在考虑货币时间价值的基础上将不同时点的货币量换算成某一共同时点上的货币量,这些货币量才具有可比性。因此,长期投资决策必须考虑货币的时间价值。另外,资金的时间价值还是投资决策的决定性因素,决定着投资者在众多投资机会中的选择。

影响资金时间价值的因素有很多,其中主要因素如下:

(1) 资金的使用时间。在单位时间的资金增值率一定的条件下,资金的使用时间越长,资金的时间价值就越大;反之,就越小。

(2) 资金参与一次流通过程所能取得的利润率。资金的利润率是资金时间价值的基本体现,决定资金时间价值的高低。

(3) 资金投入和回收的特点。在总投资一定的情况下,前期投入的资金越多,资金的负效益越大;反之,负效益越小。在资金回收额一定的情况下,距投入期较近时回收的资金越多,则资金的时间价值越大;反之,距投入期较远时回收的资金较多,则资金的时间价值就越小。

(4) 资金的周转速度。资金周转越快,在一定时间内等量资金的时间价值越大;反之,就越小。

1.2　资金时间价值的度量

资金的时间价值一般在两个方面得到体现：一是投资者将资金投入经济领域，经劳动者的生产活动，产生的增值在流通领域转化为利润或收益；二是资金拥有者将资金借给他人使用，或者是存入银行，从而得到约定的利息。这两种情况都能使资金的价值随时间发生变动，表现为资金的时间价值。由于决定投资者是否投资某方案的决定性指标之一就是看该方案的收益率是否高于同期的银行存款利率，所以，利率或利息就更多地被人们习惯性地用来度量资金的时间价值。

利率是工程经济性分析中一个重要的变量。利息产生于资金的借贷关系之中，当债务人向债权人借一笔款项时，债务人会承诺向债权人归还这笔款项的本金的同时，再加上一定数量的报酬，这个报酬就是利息。利息与借贷款数额的比率就被称为利息率，或简称利率。

利息和利率是衡量资金时间价值的两种尺度。利息为绝对尺度，利率为相对尺度。

1.2.1　利息与利率

利息是货币资金借贷关系中借方（债务人）支付给贷方（债权人）的报酬，一般用符号 I 来表示。即：

$$I = F - P \tag{1.1}$$

式中：I——利息；
　　　F——借款期结束时债务人应付总金额（或债权人应收总金额）；
　　　P——借款期初的借款金额，称为本金。

工程经济中，利息被常看作是资金的机会成本，相当于债权人放弃了资金的使用权力，从而放弃了利用资金获取收益的机会而获得的补偿。

利率是指在单位时间内所得利息额与原借贷资金的比例，它反映了资金随时间变化的增值率一般用符号 i 来表示。即：

$$i = \frac{I}{P} \tag{1.2}$$

式中：i——利率；
　　　I——单位时间内所得利息；
　　　P——原借贷资金。

计算利息的单位时间可以是年、半年、季、月或日等，称之为计息周期。

利率作为一种经济杠杆，在经济生活中起着十分重要的作用。在市场经济条件下，利率的高低由以下几种因素决定：

（1）利率的高低首先取决于社会平均利润率的高低，并随之变动。利息是平均利润（社会纯收入）的一部分，因而利率的变化，要受平均利润的影响。当其他条件不变时，平均利润率提高，利率也会相应提高；反之，则会相应下降。

（2）平均利润不变的情况下，利率高低取决于金融市场上借贷资本的供求情况。利率高低受借贷资本的供求影响，供大于求时利率降低；反之，提高。

(3) 贷出资本承担风险的大小,风险越大,利率越高。

(4) 借款时间的长短,借款时间越长,不可预见因素越多,则利率越大。

此外,商品价格水平、银行费用开支、社会习惯、国家利率水平、国家经济政策与货币政策等因素也对利率高低有影响。

1.2.2 计息方式

在实际应用中,计息周期并不一定以年为计息周期,可以按半年计息一次,每季一次,每月一次,在伦敦、纽约、巴黎等金融市场上,短期利率通常以日计算。因此,同样的年利率,由于计息期数的不同,本金所产生的利息也不同。因而,有名义利率和有效利率之分。

所谓有效利率是指按实际计息期计息的利率。

假设年初借款 P 元,年利率为 r,一年计息 m 次(计息周期为 m),则周期利率为

$$i_{周期} = \frac{r}{m} \tag{1.3}$$

一年后本利和为

$$F = P \times \left(1 + \frac{r}{m}\right)^m \tag{1.4}$$

此时,年利率为 r 不是一年的实际利率,称之为年名义利率。一年的实际利率为

$$i = \frac{F-P}{P} = \frac{P\left(1+\frac{r}{m}\right)^m - P}{P} = \left(1+\frac{r}{m}\right)^m - 1 \tag{1.5}$$

称之为年有效利率。

在日常生活中,人们接触到的一般是名义利率。但具体到某特定经济活动时,由于采用的计息周期可能各不相同,导致原本相同的名义利率的有效利率产生差别,这种差别直接影响到项目的经济性。关于有效利率的计算有以下三种情况:

(1) 当 $m=1$ 时,有效利率等于名义利率,公式对应第一种情况,即 $i=r$;

(2) 当 $m>1$ 时,有效利率大于名义利率,即 $i>r$;

(3) 当 $m\to\infty$ 时,年计息次数无限多,相当于连续复利计息,称为连续利率,此时

$$i = \lim_{m\to\infty}\left[\left(1+\frac{r}{m}\right)^m - 1\right] = \lim_{m\to\infty}\left[\left(1+\frac{r}{m}\right)^{\frac{m}{r}}\right]^r - 1 = e^r - 1 \tag{1.6}$$

e 为常数,约等于 2.718 28。

在相同名义利率的情况下,年实际利率随计息期的变小而变大。例如,当名义利率 $r=12\%$ 时,不同计息周期的有效利率见表 1.1。

表 1.1 年有效利率变化演示表

计息周期	年计息次数 m	计息周期利率 $i_{周期} = \frac{r}{m}$	年有效利率 $i = \left(1+\frac{r}{m}\right)^m - 1$
年	1	12.00%	12.00%

(续表)

计息周期	年计息次数 m	计息周期利率 $i_{周期}=\dfrac{r}{m}$	年有效利率 $i=\left(1+\dfrac{r}{m}\right)^m-1$
半年	2	6.00%	12.36%
季	4	3.00%	12.55%
月	12	1.00%	12.68%
日	365	0.0329%	12.7475%
无限小	∞	无限小	12.7497%

1.2.3 利息计算方法

计算利息的方法有单利法与复利法两种。

1) 单利法

单利法仅以本金基数计算利息,计算利息时不将前期利息计入,利息不再生息。所获利息与本金、时间、计息周期数成正比。

单利计息的利息公式:

$$I = Pni \tag{1.7}$$

单利计息的本利和公式:

$$F = P(1+ni) \tag{1.8}$$

式中:i——单利利率;

n——计息周期数;

P——本金;

I——利息;

F——本利和,即本金与利息之和。

【例1.1】 假如借入的资金1 000元是以单利计息的,年利率为10%,第三年偿还,则到期后的本利和为:

$$F = P(1+ni) = 1\,000 \times (1+3 \times 10\%) = 1\,300\,(元)$$

其中归还利息300元,1 000元为本金。

单利法在一定程度上考虑了资金的时间价值,但不全面。因为以前已经产生的利息,没有在下一个计息周期里作为本金累计计息。工程经济分析中一般不采用单利计息的计算方法,通常只适用于短期投资和不超过一年的贷款。

2) 复利法

复利法是以本金和累计利息之和作为下一计息期的本金计算利息的方法,不仅本金逐期计息,而且前期累计的利息,在后一计息期也计算利息,也就是通常所说的"利滚利"的方法。根据复利法的定义,复利计算公式的推导见表1.2。

表 1.2 复利计算公式推导过程表

年 份(n)	年初本金(P)	年末利息(I)	年末本利和(F)
1	P	Pi	$P+Pi=P(1+i)$
2	$P(1+i)$	$P(1+i)i$	$P(1+i)+P(1+i)i=P(1+i)^2$
⋮	⋮	⋮	⋮
n	$P(1+i)^{n-1}$	$P(1+i)^{n-1}i$	$P(1+i)^{n-1}+P(1+i)^{n-1}i=P(1+i)^n$

所以,复利计息的本利和公式:

$$F=P(1+i)^n \tag{1.9}$$

式中:i——计息周期的复利率;

n——计息周期数;

P——本金;

F——本利和,即本金与利息之和。

【例 1.2】 某人借款 1 000 元,年利率为 10%,按年计息,则未来 3 年的利息与本利和如表 1.3 所示。

表 1.3 复利计算演示表 单位:元

年 份(n)	年初本金(P)	当 年 利 息(I)	年末本利和(F)
1	1 000	1 000×10%=100	1 100.00
2	1 100	1 100×10%=110	1 210.00
3	1 210	1 210×10%=121	1 331.00

将例 1.2 计算的结果与例 1.1 比较,同一笔款,在利率和时间相同的情况下,复利法计算所得利息额较单利法大。可见复利法对资金占用的量和时间更加敏感,更加充分地反映了资金的时间价值。复利法在实际中得到了广泛的应用,我国现行财税制度规定,投资贷款实行差别利率按复利计息。工程经济分析中普遍采用复利计息。

1.3 资金等值与现金流量图

1.3.1 资金等值的含义

"等值"是指在时间因素的作用下,在不同的时间点数量不等的资金而具有相同的价值。例如现在的 100 元,与一年后的 106 元,虽然绝对数量不等,但如果在年利率为 6% 的情况下,则这两个时间点上,数量上两笔绝对值不等的资金在价值上是"等值"的。

由于资金在生产流通的循环中一定会经历一个相当长的时间,建设工程领域尤其如此。所以,一个项目的资金投入和资金回收在时间点上形成一个序列,考虑到资金时间价值的作用,各时点单位资金的价值存在差异,也就不能直接进行比较和运算,并进而评价项目的经济性。在多方案比较中也是如此,由于资金的时间价值作用,使得各方案在不同时间点上发生的现金流量无法直接比较。因此有必要把在不同时间点上的现金按照某一利率等值折算至某一相同的时间点上再进行比较,这种计算过程称为资金的等值计算。

影响资金等值的因素有三个:一是资金量;二是计息周期的长短;三是利率。其中利率是资金等值的先决条件。资金的等值计算通常要用到现金流量图。

1.3.2 现金流量图

1) 现金流量

方案的经济分析中,为了计算方案的经济效益,往往把该方案的收入与耗费表示为现金的流入与现金流出。方案带来的货币支出称为现金流出,方案带来的现金收入称为现金流入。现金流入表示为"+",现金流出表示为"-",现金流入与现金流出的代数和称作净现金流量。现金流入、现金流出及净现金流量统称为现金流量。

2) 现金流量图

将现金流量表示在二维坐标图上,称为现金流量图,一个完整的现金流量图包含三个要素:时间轴、流入或流出的现金流和利率,如图 1.1 所示。

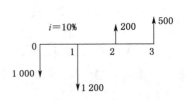

图 1.1 案例现金流量图

图 1.1 表示在方案开始时,即第 1 年年初支出现金 1 000 元,在第 2 年年初(第 1 年年末)支出现金 1 200 元,在第 2 年年末收入现金 200 元,第三年年末收入现金 500 元。

现金流量图具有以下特点:

(1) 它是一个二维坐标矢量图。横轴表示时间,纵轴表示现金。向上为正,表示收入;向下为负,表示支出。各线段长度与收入与支出数额基本成比例。

(2) 每个计息期的终点为下一个计息周期的起点,而下一个计息周期起点为上一期的终点,各个时间点称为节点。第一个计息期的起点为零点,表示投资起始点或评价时刻点。

(3) 现金流量图因借贷双方"立脚点"不同,理解不同。借方的收入即是贷方的支出,反之亦然。

3) 现金流量图的相关概念

(1) 时值与时点

资金的数值由于计算利息而随时间的延长而增值,在每个计息周期期末的数值是不同的。在某个资金时间节点上的数值称为时值。现金流量图上,时间轴上的某一点称为时点。

(2) 现值(P:Present Value)

将任一时点上的资金折算到时间序列起点处的资金值称为资金的现值。时间序列的起点通常是评价时刻的点,即现金流量图的零点处。

(3) 折现或贴现

将将来某时点处资金的时值折算为现值即对应零时值的过程称为折现。折现时使用的利率称为折现率或贴现率,用 i 表示。

(4) 终值(F:Future Value)

终值即资金发生在(或折算为)某一特定时间序列终点时的价值。

(5) 年金(A:Annuity)

年金是指一定时期内每期有连续的相等金额的收付款项,又称为年值或等额支付系列。如折旧、租金、利息、保险金、养老金等通常都采取年金形式。年金有普通年金、预付年金和延期年金之分。

相对于第一期期初,年金的收款、付款方式有多种:

(1) 每期期末收款、付款的年金称为后付年金,即普通年金。
(2) 每期期初收款、付款的年金称为即付年金,或预付年金。
(3) 距今若干期以后发生的每期期末收款、付款的年金,称为延期年金。

普通年金是每期期末收付的年金,是最常用的年金形式。本书1.4节中关于资金时间价值计算公式的推导都是以普通年金为基础的。

1.4 资金复利等值换算的基本公式

工程项目的现金流是复杂多样的,但只需相对简单的处理,就能将其转化成现值、终值、年金或变额支付等形式或其几种形式的组合。这几种现金流之间的等值换算公式称为等值换算的基本公式。

1.4.1 现值与终值的互算公式

1) 复利终值公式(已知 P,求 F)

假设在某一时间点上,有一笔资金 P,计息期利率为 i,复利计息,则在第一期末该笔资金的本利和 $F_1 = P \times (1+i)$,第二期期末本利和 $F_2 = P \times (1+i) + i \times P(1+i) = P(1+i)^2$,依此类推,直至 n 期末的本利和 $F = P(1+i)^n$。所以

$$F = P(1+i)^n \tag{1.10}$$

该公式称作一次支付复利公式,简称复利公式,其中:$(1+i)^n$ 称作一次支付复利系数,通常用符号 $(F/P, i, n)$ 表示。所以公式(1.10)也可写成

$$F = P(F/P, i, n)$$

【例1.3】 某人购买某理财产品10万元,4年到期后按复利年利率6%结算,计算该笔资金的实际结算价值。

解: 已知 $P=10$ 万元,$i=6\%$,$n=4$,求 F,其现金流量图如图1.2所示。

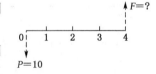

图1.2 例1.3 现金流量图

$$F = P \times (1+i)^4 = 10 \times (1+6\%)^4 = 12.6(万元)$$

即10万元资金在年利率为6%时,经过四年后变为12.6万元。

2) 复利现值公式(已知 F,求 P)

即将某一时点(非零点)的资金价值换算成资金的现值(零点处的值)。

若 F 为已知,则由公式(1.11)可求出 P。

$$P = F \frac{1}{(1+i)^n} \tag{1.11}$$

公式(1.11)可以表示为:$P = F(P/F, i, n)$,其中 $\frac{1}{(1+i)^n}$ 及 $(P/F, i, n)$ 称作一次支付现值系数。

【例 1.4】 某小区计划在 10 年末进行一次大修,工程预算为 100 万元,银行按年利率 5% 计息,问小区业主现在应存入银行多少维修基金?

解: 已知 $F=100$,$i=5\%$,$n=10$,求 P,其现金流量图如图 1.3 所示,由公式(1.11) $P=F\dfrac{1}{(1+i)^n}$ 得:

$$P=100\times 1/(1+5\%)^{10}=100\times 0.613\,9$$
$$=61.39(万元)$$

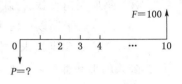

图 1.3　例 1.4 现金流量图

即未来 10 年末的 100 万元与现在 61.39 万元是等值的。

1.4.2　终值与年金的互算公式

1) 年金终值公式(已知 A,求 F)

其含义是在一个时间序列中,在利率为 i 的情况下,连续在每个计息期的期末收入(支出)一笔等额的资金 A,求 n 年后由各年的本利和累积而成的总额 F,即已知 A,i,n 求 F。类似于我们在储蓄中的零存整取,其现金流量图如图 1.4 所示。

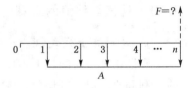

图 1.4　年金终值现金流量图

各期期末年金 A 相对于第 n 期期末的本利和可用表 1.4 表示。

表 1.4　普通年金复利终值计算表

期　　数	1	2	3	⋯	$n-1$	n
每期末年金	A	A	A	⋯	A	A
n 期末年金终值	$A(1+i)^{n-1}$	$A(1+i)^{n-2}$	$A(1+i)^{n-3}$	⋯	$A(1+i)$	A

$$F=A(1+i)^{n-1}+A(1+i)^{n-2}+A(1+i)^{n-3}+\cdots+A(1+i)+A$$
$$=A\times\dfrac{(1+i)^n-1}{i} \tag{1.12}$$

公式 $F=A\times\dfrac{(1+i)^n-1}{i}$ 即为复利年金终值公式。

也可表示为 $F=A\times(F/A,i,n)$。其中 $\dfrac{(1+i)^n-1}{i}$ 或 $(F/A,i,n)$ 称作年金复利终值系数,简称年金终值系数,或年金未来值系数。

【例 1.5】 某水利工程 5 年建成,每年末投资 2 000 万元,年利率为 5%,求 5 年末的实际累计总投资额。

解: 已知 $A=2\,000$ 万元,$i=5\%$,$n=5$,求 F。
此项目资金现金流量图如图 1.5 所示。
由公式(1.12)可得:

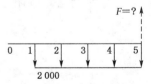

图 1.5　例 1.5 现金流量图

$$F = A \times \frac{(1+i)^n - 1}{i} = 2\,000 \times \frac{(1+5\%)^5 - 1}{5\%}$$
$$= 2\,000 \times 5.525\,6 = 11\,051.20(万元)$$

5年内的实际累计总投资为11 051.20万元,其中1 051.20万元为利息支出。

2) 偿债基金公式(已知 F,求 A)

其含义是为了筹集未来 n 年后所需要的一笔资金,在利率为 i 的情况下,求每个计息期末应等额存入的资金额,即已知 F,i,n 求 A,类似于我们日常商业活动中的分期付款业务,其现金流量图如图1.6所示。

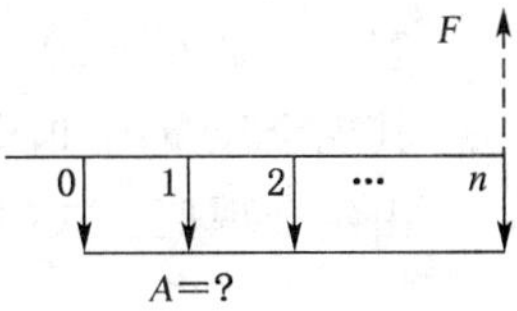

图 1.6 已知 F 求 A 现金流量图

由公式(1.12) $F = A \times \frac{(1+i)^n - 1}{i}$ 可得,

$$A = F \times \frac{i}{(1+i)^n - 1} \tag{1.13}$$

公式(1.13)即为偿债基金公式,可以表示为 $A = F \times (A/F, i, n)$。式中系数 $\frac{i}{(1+i)^n - 1}$ 或 $(A/F, i, n)$ 称作偿债基金系数,它与年金终值系数互为倒数。

【例 1.6】 某人驾驶的工程车要在10年后报废,到时需要一笔20万元的资金用于购买新车,如果年利率为3%,问从现在开始他每年应向银行存入多少资金?

解:已知 $F = 20$,$i = 3\%$,$n = 10$,求 A

由公式(1.13)可知,

$$A = F \times \frac{i}{(1+i)^n - 1} = 20 \times \frac{3\%}{(1+3\%)^{10} - 1} = 20 \times 0.087\,2$$
$$= 1.744(万元)$$

即每年应存入银行1.744万元。

1.4.3 现值与年金的互算公式

1) 年金现值公式(已知 A,求 P)

其含义是在 n 年内每年等额收支一笔资金 A,在利率为 i 的情况下,求此等额年金收支的现值总额,即已知 A,i,n,求 P,类似于实际商务活动中的整存零取。其现金流量图如图1.7所示。

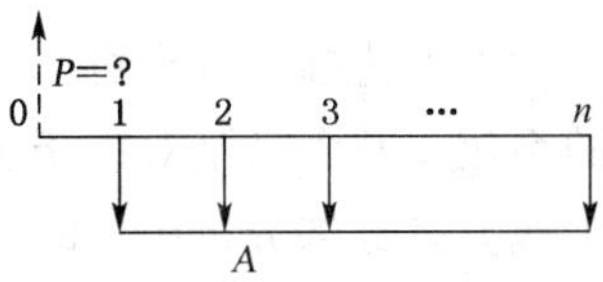

年金现值公式的计算可以利用数列求和得出,也可以直接由年金终值公式推导得出。

图 1.7 已知 A 求 P 现金流量图

由公式(1.12) $F = A \times \frac{(1+i)^n - 1}{i}$ 及公式 (1.11) $P = F \cdot \frac{1}{(1+i)^n}$ 可得:

$$P = A \times \frac{(1+i)^n - 1}{i} \times \frac{1}{(1+i)^n} = A \times \frac{(1+i)^n - 1}{i(1+i)^n} \tag{1.14}$$

公式(1.14)为年金现值公式,可表示为:$P=A\times(P/A,i,n)$,其中系数 $\dfrac{(1+i)^n-1}{i(1+i)^n}$ 或 $(P/A,i,n)$ 称作年金现值系数。

【例1.7】 某仓库需大修才能继续使用8年,且大修后出租的净收入为每年20万元,设年利率为5%,问该次大修的工程预算需控制在多少为宜?

解:已知 $A=20$,$i=5\%$,$n=8$,求 P。

其现金流量图如图1.8所示。

由年金现值公式(1.14)

$$P=A\times\dfrac{(1+i)^n-1}{i(1+i)^n}$$

得:

$$P=A\times\dfrac{(1+i)^n-1}{i(1+i)^n}=20\times\dfrac{(1+5\%)^8-1}{5\%(1+5\%)^8}$$
$$=20\times 6.4632=129.26(万元)$$

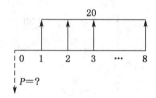

图1.8 例1.7现金流量图

该次大修的工程预算需控制在129.26万元以内。

2) 资金回收公式(已知 P,求 A)

其含义是指在期初一次投入资金数额为 P,欲在 n 年内全部收回,则在利率为 i 的情况下,求每年年末应等额回收的资金,即已知 P,i,n 求 A。其现金流量图如图1.9所示。

资金回收公式可由年金现值公式直接反算得出。由年金现值公式 $P=A\times\dfrac{1-(1+i)^{-n}}{i}$ 可知:

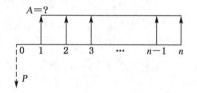

图1.9 已知 P 求 A 现金流量图

$$A=P\times\dfrac{i(1+i)^n}{(1+i)^n-1} \tag{1.15}$$

公式 $A=P\times\dfrac{i(1+i)^n}{(1+i)^n-1}$ 称作资金回收公式,可表示为 $A=P\times(A/P,i,n)$,式中系数 $\dfrac{i(1+i)^n}{(1+i)^n-1}$ 或 $(A/P,i,n)$ 称作资金回收系数。

由上述推导过程可知,资金回收系数是年金现值系数的倒数。资金回收系数是一个重要的系数。其含义是对应于工程方案的初始投资,在方案寿命期内每年至少要回收的金额。在工程方案经济分析中,如果对应于单位投资的每年实际回收金额小于相应的预计资金回收金额,就表示在给定利率 i 的情况下,在方案的寿命期内不可能将全部投资收回。

【例1.8】 某高速公路工程初始投资10亿元,预计年投资收益率为10%,问每年年末至少要等额回收多少资金,才能在20年内将全部投资收回?

解:已知 $P=10$,$i=10\%$,$n=20$,求 A,

由资金回收公式(1.15)可得,

$$A=P\times\dfrac{i(1+i)^n}{(1+i)^n-1}=10\times\dfrac{10\%(1+10\%)^{20}}{(1+10\%)^{20}-1}=10\times 0.1175=1.175(亿元)$$

即每年至少应等额回收 1.175 亿元,才能将全部投资收回。

1.4.4 变额支付序列的换算公式

每期收支数额不相同的现金,这种现金流量序列称为变额现金流量序列。如果变额现金流无规律可循,则可对每一个现金流量应用复利公式 $F=P\times(1+i)^n$ 或 $P=F\times(1+i)^{-n}$ 分项计算后求和,然后可转换为年金等使用;如果变额现金流量具有规律性变化特征,则可依照该规律推导将该现金流序列与现值、终值或年金的等值换算公式。这里介绍等差和等比序列现金流序列的应用公式。

1) 等差现金流量序列公式

所谓等差现金流量序列,即每期期末收支的现金流量序列是成等差变化的。其现金流量序列如图 1.10 所示。

若令 $A_1=A$,公差为 G,则每期期末现金支出可表示为:

$A_1=A$,$A_2=A+G$,$A_3=A+2G$,…,
$A_n=A+(n-1)G$

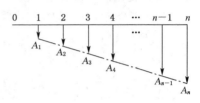

图 1.10 等差现金流量图

如果将图 1.10 的现金流量图划分为两部分:其一是值为 A 的年金,与其等值的终值用 F_A 表示。另一部分是时点 0 和 1 的值为 0,以后各时点的值以数值 G 逐个递增,其等值终值的和用 F_G 表示。若以 F 表示总额复利终值,则:

$$F=F_A+F_G$$

其中
$$F_A=A\times\frac{(1+i)^n-1}{i}$$

$$\begin{aligned}F_G&=G(1+i)^{n-2}+2G(1+i)^{n-3}+\cdots+(n-2)G(1+i)+(n-1)G(1+i)^0\\&=G\times\left[\frac{(1+i)^{n-1}-1}{i}+\frac{(1+i)^{n-2}-1}{i}+\cdots+\frac{(1+i)^2-1}{i}\right.\\&\quad\left.+\frac{(1+i)^1-1}{i}+\frac{(1+i)^0-1}{i}\right]\\&=\frac{G}{i}\times\left[(1+i)^{n-1}+(1+i)^{n-2}+(1+i)^{n-3}+(1+i)^2+(1+i)^1-(n-1)\times 1\right]\\&=\frac{G}{i}\times\frac{(1+i)^n-1}{i}-\frac{nG}{i}\end{aligned}$$

即
$$F_G=\frac{G}{i}\times\frac{(1+i)^n-1}{i}-\frac{nG}{i} \tag{1.16}$$

公式(1.16)可表示为 $F_G=G(F/G,i,n)$,式中系数 $\frac{1}{i}\times\frac{(1+i)^n-1}{i}-\frac{n}{i}$ 或 $(F/G,i,n)$ 称作等差终值系数。

所以,等差现金流量序列的终值公式为:

$$F = F_A + F_G = \left(A + \frac{G}{i}\right) \times \frac{(1+i)^n - 1}{i} - \frac{nG}{i} \quad (1.17)$$

$$= A(F/A, i, n) + G(F/G, i, n)$$

上面公式是等额递增序列的等值换算公式,对于等额递减序列(即 $A_1 = A$, $A_2 = A - G$, $A_3 = A - 2G$, $\cdots$, $A_n = A - (n-1)G$)的情况,只需将 G 变为负值代入公式(1.17)运算即可。

2) 等比现金流量序列公式

等比现金流量序列,即每期期末发生的现金流量序列是成等比变化的。其现金流量图如图 1.11 所示。

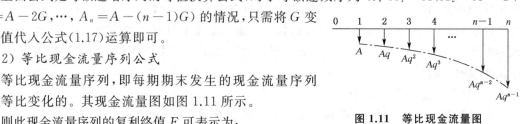

图 1.11 等比现金流量图

则此现金流量序列的复利终值 F 可表示为:

$$F = A(1+i)^{n-1} + Aq(1+i)^{n-2} + Aq^2(1+i)^{n-3} + \cdots + Aq^{n-2}(1+i) + Aq^{n-1}$$

$$= A \sum_{k=1}^{n} (1+i)^{n-1} \left(\frac{q}{1+i}\right)^{k-1} = A \times (1+i)^{n-1} \times \frac{1 - \left(\frac{q}{1+i}\right)^n}{1 - \frac{q}{1+i}}$$

$$= A \times (1+i)^n \times \frac{1 - \left(\frac{q}{1+i}\right)^n}{1 + i - q} \quad (1.18)$$

令 $q = 1 + s$,则式(1.18)可变为

$$F = A \times \frac{1}{i - s} (1+i)^n \left[1 - \left(\frac{1+s}{1+i}\right)^n\right] \quad (1.19)$$

1.4.5 等值换算基本公式汇总与复利系数表

对上述的基本公式汇总,得到表 1.5。从列表中的公式中,可以清楚地看出各种系数之间的关系。在终值系数和现值系数之间,年金终值系数和偿债基金系数之间,年金现值系数和资金回收系数之间,都存在着一种倒数关系,且在所有基本公式中,又以复利终值(或现值)公式为最基本的公式,其他公式都是在此基础上经初等数学运算得到的。

表 1.5 等值换算基本公式一览表

支付方式	复利系数		已知	所求	复利计算公式
一次支付序列	终值系数	$(F/P, i, n)$	P	F	$F = P(1+i)^n$
	现值系数	$(P/F, i, n)$	F	P	$P = F(1+i)^{-n}$
等额支付序列	年金终值系数	$(F/A, i, n)$	A	F	$F = A \times \dfrac{(1+i)^n - 1}{i}$
	年金现值系数	$(P/A, i, n)$	A	P	$P = A \times \dfrac{(1+i)^n - 1}{i(1+i)^n}$
	偿债基金系数	$(A/F, i, n)$	F	A	$A = F \times \dfrac{i}{(1+i)^n - 1}$
	资金回收系数	$(A/P, i, n)$	P	A	$A = P \times \dfrac{i(1+i)^n}{(1+i)^n - 1}$

(续表)

支付方式		复利系数	已知	所求	复利计算公式
变额支付序列	等差支付	等差变额支付梯度系数	$(F/G, i, n)$	G	F_G	$\dfrac{G}{i} \times \dfrac{(1+i)^n - 1}{i} - \dfrac{nG}{i}$
	等比支付	等比支付复利终值系数	—	A	F	$A \times (1+i)^n \times \dfrac{1 - \left(\dfrac{q}{1+i}\right)^n}{1+i-q}$

这些等值换算的关键就是换算系数的求取,对换算系数的求取有两种基本方法:一种是将已知参数导入公式直接计算,这种方法往往面临相对复杂的运算,比较容易出错;另一种方法是利用复利系数表来求取换算系数,该方法简单快速,不易出错,复利系数表是工程经济分析必不可少的工具。

复利系数可依照复利系数中的三个参数在复利系数表中查询。复利系数表一般就百分比取整数的利率值分别给出不同计息期时的各复利系数,在以不同利率区分的独立表格中,横向列出的是复利公式,表示已知量和待求量,如已知现值求终值,对应的就是 $(F/P, i, n)$ 的列。复利系数表的纵向列出的是计息期。表的主体部分就是两者对应的复利系数。例如,已知现值求终值,利率为 15%,计息期为 10 年时,查本书附录复利系数表所得的复利系数是 4.045 6。

习　题

1. 何为资金的时间价值?为什么评价项目的经济性要考虑资金的时间价值?
2. 何为资金等值?常用资金等值换算公式有哪些?
3. 什么是利息?利息计算方法有哪两种?有何本质区别?
4. 利率的确定要考虑哪些因素?这些因素使利率如何变动?
5. 什么是名义利率和有效利率?二者有何关系?
6. 某企业新建一条生产线,初始投资为 1 500 万元,年利率为 10%,要求投资后 4 年内收回全部投资,那么该生产线每年至少要获利多少?
7. 下列终值的等额支付为多少?
   (1) 年利率为 12%,每年年末支付一次,连续支付 8 年,8 年末积累金额 15 000 元;
   (2) 年利率为 10%,每半年计息一次,每年年末支付一次。连续支付 11 年,11 年年末积累 4 000 元;
   (3) 年利率为 12%,每季度计息一次,每季度末支付一次,连续支付 8 年,8 年年末积累金额 15 000 元;
   (4) 年利率为 8%,每季度计息一次,每月月末支付一次,连续支付 15 年,15 年年末积累 17 000 元。
8. 下列现值的等额支付为多少?
   (1) 借款 5 000 元,得到借款后第一年年末开始归还,连续 5 年,分 5 次还清,年利率按 4% 计算;
   (2) 借款 37 000 元,得到借款后的第一个月月末开始归还,连续 5 年,分 60 次还清,年利率为9%,每月计息一次。

9. 下列现金流量序列的年末等额支付为多少？
    (1) 第一年年末借款1 000元,以后3年每年末递增借款100元,按年利率5%计息；
    (2) 第一年年末借款5 000元,以后9年每年末递减借款200元,按年利率12%计息；
    (3) 第一年年末借款2 000元,以后3年每年末递增2%,按年利率5%计息；
    (4) 第一年年末借款3 000元,以后6年每年末借款是上一年的1.1倍,按年利率5%计息。

10. 假设某人为购房向银行贷款20万元,分5年偿还,年利率5%,试就以下4种还款方式分别计算各年还款额(本金和利息),以及5年还款总额的现值和终值.
    (1) 每年末还款4万元本金以及该年度所有利息；
    (2) 每年末结算利息,本金20万元在第5年末一次偿还；
    (3) 每年末等额偿还本金和利息；
    (4) 第5年末一次偿还本金和利息。

11. 某工程项目预计投资800万元,预测在使用期4年内,每年平均收入500万元,每年平均支出250万元,残值30万元,利率为8%。要求：
    (1) 作出现金流量图。
    (2) 分别计算收入和支出的现值。

12. 证明下列等式：
    (1) $(P/A, i, n) = (P/A, i, n-1) + (P/F, i, n)$
    (2) $(A/P, i, n) - i = (A/F, i, n)$
    (3) $(F/A, i, n) + (F/P, i, n) = (F/A, i, n+1)$

13. 试求图1.12(a)和图1.12(b)所示现金流量的现值,年利率为5%。

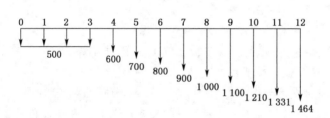

(a)

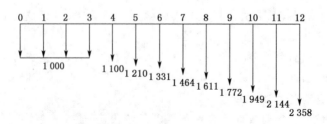

(b)

图 1.12 题 13 图

14. 某公司购买了一台机器,估计能使用20年,每四年要大修一次,每次大修费用假定为1 000元,现在应存入银行多少钱才足以支付20年寿命期间的大修费用,按年利率12%计,每半年计息一次。
15. 某公司购买了一台机器,原始成本为12 000元,估计能使用20年,20年末的残值为2 000元,运行费用为每年800元,此外,每五年要大修一次,大修费用为每次2 800元,试求机器的年等值费用。按年利率12%计。

2 工程经济要素

工程经济分析评价主要就是对工程方案投入运营后预期的盈利性做出评估,为投资决策提供依据。因此,工程经济分析评价需要首先确定所处的特定环境下工程方案的投资、成本、销售收入、利润和税金等方面的基础数据,这些构成了工程经济分析的基本经济要素。

2.1 投资与资产

2.1.1 投资

一般来说,工程技术方案实施初期总需要一次性投入一笔费用,如工程项目方案的投资费用、设备方案和工艺方案的初始购置费或制造费用,称为投资。投资必须具备投资主体、投资客体、投资目的和投资方式等要素。

根据国家规定,生产性建设项目总投资包含建设投资和流动资金投资两部分,非生产性建设项目总投资不含流动资金投资。

建设投资是指项目按拟定建设规模(分期建设项目为分期建设规模)、产品方案、建设内容进行建设所需的投入,包括基本建设投资、更新改造投资、房地产开发和其他固定资产投资四个部分。其中基本建设投资是用于新建、改建、扩建和重建项目的资金投入行为,是形成固定资产的主要手段,在建设资产投资中占的比重最大,约占社会建设投资总额的 50%~60%。更新改造投资是在保证固定资产简单再生产的基础上,通过先进技术改造原有技术,以实现扩大再生产的目的,约占社会建设投资总额的 20%~30%,是固定资产再生产的主要方式之一。房地产开发投资是房地产企业开发厂房、宾馆、写字楼、仓库和住宅等房屋设施和开发土地的资金投入行为,约占社会建设总投资的 20%。其他资产投资是按规定不纳入投资计划和占用专项基本建设和更新改造基金的资金投入行为,在建设资产投资中所占比重较小。

建设投资由工程费用(包含建筑工程费、安装工程费和设备及工器具购置费)、工程建设其他费用、预备费(包含基本预备费和价差预备费)、增值税和资金筹措费等构成(参见图 2.1)。基本预备费是指投资估算预留的,由于工程实施中不可预见的工程变更及洽商、一般自然灾害处理、地下障碍物处理、超规超限设备运输等而可能增加的费用,亦可称为不可预见费。价差预备费是指投资估算预测预留的,建设项目在建设期间由于利率、汇率或价格等因素变化而可能增加的费用,亦称为价格变动不可预见费。增值税是指应计入建设项目总投资内的增值税进项税额,一般为购入固定资产和计算机软件进项税额(参见 2.3.2)。资金筹措费是指在建设期内应计的利息和在建设期内为筹集项目资金发生的费用,包括各类借款利息、债券利息、贷款评估费、借款手续费及承诺费、汇兑损益、债券发行费用及其他债务利息支出或融资费用。

流动资金是指生产经营性项目投产后,用于购买原材料、燃料、支付工资及其他经营费用等所需的周转资金。在生产经营活动中,流动资金以现金、存货、应收及预付款项等形式出现。项目投资需要量和体现项目投资效益的总资金是建设投资总额与全部流动资金需要量之和。

2.1.2 资产

资产是企业的一项经济资源,是企业过去的交易或事项(如购买、生产、建造等)形成的、由企业拥有或者控制的、预期会给企业带来经济利益的资源。建设投资最终形成四类资产,其中建筑工程费、安装工程费、设备工器具购置费形成固定资产;工程建设其他费可形成固定资产、无形资产、其他资产;预备费、建设期利息在可行性研究阶段为简化计算一并计入固定资产。流动资金最终形成流动资产。

固定资产是指在社会再生产过程中较长时间为生产和人民生活服务的物质资料,通常是使用年限在一年以上且单位价值在规定的标准以上(具体规定按国家有关财务制度和主管部门制定的固定资产目录办理)的有形资产。根据企业会计规定,企业使用期限超过一年的房屋、建筑物、机器、机械、运输工具以及其他与生产、经营有关的设备、器具、工具等资产均应作为固定资产;不属于生产、经营主要设备的物品,单位价值在 2 000 元以上,并且使用期限超过两年的也作为固定资产。

流动资产是指企业可以在一年内或超过一年的一个营业周期内变现或者运用的资产,属于生产经营过程中短期置存的资产,是企业资产的重要组成部分。流动资产在企业的再生产过程中以各种不同的形态同时存在,具体包括货币资金(如必要的现金、各种存款)、应收及应付款项(包括应收票据、应收账款、其他应收款、预付账款、待摊费用等)、存货和短期投资等,它的使用价值和价值基本上一次全部转移到产品中去。

无形资产是相对于有形资产而言的,是企业拥有或控制的没有实物形态的可辨认的非货币性资产,包括工业产权(专利权、商标权等)、专有技术、著作权、土地使用权、特许经营权等。

其他资产指企业除以上资产以外的其他资产,包括其他长期资产(国家批准储备的特种物资、银行冻结存款、涉及诉讼中的财产等)、长期待摊费用(开办费、租入固定资产改良支出、固定资产大修支出等)、临时设施等。

投资构成与之所形成资产的关系见图 2.1。要注意的是,对于一般纳税人(绝大多数企业均是这一类纳税人),投资构成中的增值税(购置固定资产进项税)不计入固定资产原值(参见 2.3.2)

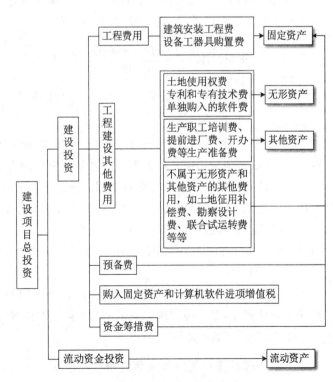

图 2.1 投资构成与之所形成资产关系图

2.2 费用与成本

费用和成本都是企业为达到生产经营目的而发生的支出,体现为企业资产的减少或负债的增加,并需要由企业生产经营实现的收入来补偿。企业在一定会计期间内所发生的生产费用是构成产品成本的基础,产品成本是企业为生产一定种类和数量的产品所发生的生产费用的汇集,两者在经济内容上是一致的,并且在一定情况下可以互相转化。成本有多种不同的概念,对于一般纳税人的企业,各类成本均按不含进项增值税价格计算。

2.2.1 折旧与摊销

1) 折旧

固定资产在使用期限内要不断发生损耗,折旧是对固定资产磨损的价值补偿,是在固定资产使用寿命内,按照确定的方法对应计折旧额进行系统分摊。按照我国的税法,允许企业逐年提取固定资产折旧,并在所得税申报前列支。企业应当根据与固定资产有关的经济利益的预期实现方式,合理选择固定资产的折旧方法。一般采用直线法(平均年限法);对于使用情况很不均衡,使用的季节性较为明显的大型机器设备、大型施工机械以及运输单位或其他专业车队的客、货运汽车等固定资产的折旧,可以采用工作量法;在国民经济中具有重要地位、技术进步快的新兴行业,其机器设备可以采用加速折旧的方法(双倍余额递减法、年数总和法)。

(1) 平均年限法

这种方法是把应计提折旧的固定资产总额按规定的折旧年限平均分摊求得每年的折旧额。具有计算简便的特点,是一种常用的计算方法。

$$年折旧率 = \frac{1-预计净残值率}{折旧年限} \times 100\%$$

$$年折旧额 = \frac{固定资产原值-预计净残值}{折旧年限} = 固定资产原值 \times 年折旧率$$

式中,固定资产原值——由工程费用(建筑工程费、设备及工器具购置费、安装工程费)、待摊投资(工程建设其他费用中去掉无形资产和其他资产的部分)、预备费和建设期贷款利息构成。

预计净残值率——预计净残值占固定资产原值的百分比率。

折旧年限——选取税法规定的分类折旧年限,也可以选用按行业规定的综合折旧年限计算。房屋、建筑物最低折旧年限为20年,保留1%~5%的残值;机器设备一般按10年折旧,保留3%~5%的残值;大型耐用的专用设备可适当增加折旧年限。

(2) 工作量法

工作量法是按照固定资产预计可完成的工作量计提折旧额的一种方法,实际上是平均年限法的一种演变,但这种方法弥补了平均年限法只重使用时间,不考虑使用强度的缺点。

① 按照行驶里程计算

单位里程折旧额 = 固定资产原值 × (1 − 预计净残值率) / 总行驶里程

年折旧额 = 单位里程折旧额 × 年行驶里程

② 按照工作小时计算

$$每工作小时折旧额 = 固定资产原值 \times (1 - 预计净残值率) / 总工作小时$$

$$年折旧额 = 每工作小时折旧额 \times 年工作小时$$

(3) 双倍余额递减法

这种方法是在上年末净值的基础上乘以折旧率(常数)求得本年的折旧额。

$$年折旧率 = \frac{2}{折旧年限} \times 100\%$$

$$年折旧额 = 年初固定资产净值 \times 年折旧率$$

采用双倍余额递减法折旧时,应当在其固定资产折旧年限到期前 2 年内,将固定资产净值扣除预计净残值后的净额平均分摊。

(4) 年数总和法

这种方法是以应计提折旧的固定资产总额为基础,乘以年折旧率得到折旧额。年折旧率是一个与年数总和有关的数值,年数越大,折旧率越小,折旧额越低。

$$年折旧率 = \frac{年数余数}{年数总和} \times 100\% = \frac{折旧年限 - 已使用年数}{折旧年限 \times (折旧年限 + 1) \div 2} \times 100\%$$

2) 摊销费

摊销费是指无形资产和其他资产等投入费用在项目投产后一定期限内的分摊,其性质与固定资产折旧费相同。摊销采用平均年限法,不计残值。

无形资产从开始使用之日起,在有效使用期限内平均摊入成本。若法律和合同或者企业申请书中均未规定有效期限或受益年限的,按照不少于 10 年的期限确定。

其他资产从企业开始生产经营月份的次月起,按照不少于 5 年的期限分期摊入成本。

折旧和摊销本身并不是企业的实际支出,而只是一种会计手段,是把以前发生的一次性支出在生产经营期各年度中进行分摊,以核算当年应缴纳的所得税和可以分配的利润。企业计提折旧和摊销会引起成本增加、利润减少,从而使所得税减少。因此,折旧和摊销具有抵减税负的作用,即会使企业少缴所得税。

2.2.2 经营成本与总成本

成本按生产要素进行归结,分为经营成本和总成本费用。

经营成本即运营费用,又称运营成本、付现成本等,是指工程技术方案投入使用后在运行过程中所发生的现金支出,是以现金流量实现为依据的成本耗费。在实际经济分析中,各种方案的经营成本的内容不是一成不变的,可根据具体的情况进行确定。对于设备方案来说,经营成本包括运行使用费用(如人工、燃料、动力等)和维修费(如保养、修理等),如果不同型号设备生产相同数量和质量产品所耗用的原材料不同,则可将原材料费用也计入设备经营成本中;对于单纯产品制造方案来说,经营成本包括人工费、原材料费用等;对于如道路、桥梁、房屋等永久性设施方案来说,经营成本包括维护、经常性修补、定期大修等费用;对于综合性的方案,如投资项目,它包含了产品、工艺技术、设备、工程等多个方面,其经营成本也是综合性的。

总成本费用是从企业财务会计角度,核算产品的全部资源耗费。这是指在一定时期内(一般为一年)为生产和销售产品或提供服务而发生的全部费用,它由制造成本和期间费用两大部分组成。制造成本是企业生产产品和提供劳务而发生的费用支出,包括直接材料费、直接燃料和动力费、直接工资、其他直接支出和制造费用,直接从企业所取得的产品销售收入中得到补偿。期间费用是指在产品销售、企业行政管理和财务管理等方面发生的费用,包括管理费用、财务费用和销售费用三部分,从企业当期的主营业务利润中得到补偿。

投资项目投产后的产品的总成本和经营成本之间的关系如图 2.2 所示。

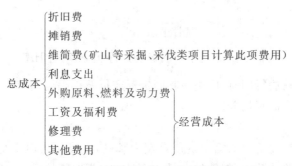

图 2.2 经营成本与总成本关系图

产品总成本中包含的固定资产的折旧费、采掘采伐类企业维持简单再生产的维简费和无形资产的摊销费,是对方案初期投资所形成资产的补偿价值。在工程经济分析中,它们并不是现金支出,而只是在方案内部的一种现金转移,由于方案的投资已计入现金流量,如果再将折旧费等计入现金流量,将会发生重复计算。

尽管贷款利息对于企业来说是实际的现金流出,但也没有列入经营成本中。这是因为在不考虑资金来源的情况下,考察全部投资(包括资本金投入和负债资金投入)的经济效果时,贷款利息支出则属于全部投资内部的现金转移,所以为方便起见,利息支出并不列入经营成本中,当在分析中需要考虑利息时,则可在经营成本之外,作为现金流出单独列出。

2.2.3 固定成本与可变成本

成本按各种费用与产品产量的关系,分为固定成本和可变成本两部分,如图 2.3 所示。

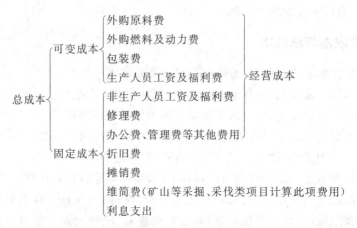

图 2.3 可变成本与固定成本构成图

固定成本是指在一定生产规模限度内不随产品产量而变动的费用,如工资及福利费(计件工资除外)、修理费、折旧费、维简费、摊销费和其他费用,长期借款利息应视为固定成本,短期借款如果用于购置流动资产,可能部分与产品产量相关,其利息可视为半固定半可变,通常为了简化计算,将其视为固定成本。

可变成本是指产品成本中随产量变动而变动的费用,亦称为变动成本。它可分为两种情况:一种是随产量变化而呈线性变化的费用,称为比例费用,如原材料费、燃料费等;另一种是随产量变化而呈非线性变化的费用,称为半比例费用,如某些动力费、运输费、计时工资的加班费。半比例费用最终可以划分为可变成本和固定成本。

2.2.4 平均成本与边际成本

平均成本是指产品总成本与产品总产量之比,即单位产品成本。

边际成本是经济学上的一个重要名词,是指在一定产量水平下,增加或减少一个单位产量所引起成本总额的变动数,用以判断增减产量在经济上是否合算。由于固定成本与产量增减无关,在短期增减产量决策时,不必考虑固定成本因素,所以边际成本实际上就是产品变动成本。

【例2.1】 某钢构件生产厂生产某种钢构件的最大生产能力是12 000件/年,已签订了10 000件的加工合同,每件售价1 200元,单位产品总成本1 000元,其中:固定部分(折旧费等)200元,变动部分(直接材料、人工费等)800元,剩余生产能力无法转移。现有一客户,准备以900元/件的价格追加订货1 000件,追加订货无特殊要求,也不需要投入专属设备,是否能接受此批订货呢?

该构件的平均成本为1 000元/件,而客户只愿支付900元/件(边际收益),如果接受订货,似乎是亏损的。但是,实际上其边际成本(因追加订货而增加的每吨费用)只有800元/件。用边际成本法计算:

$$增量收益 = 1\,000\,件 \times 900\,元/件 = 900\,000\,元$$

$$增量成本 = 1\,000\,件 \times 800\,元/件 = 800\,000\,元$$

$$增量利润 = 900\,000\,元 - 800\,000\,元 = 100\,000\,元$$

由计算结果可以看出此订货能产生10万元的增量利润(边际利润为100元/件),如果在没有其他更高价格订货利用完剩余生产能力的情况下,完全可以接受此订货。

从例2.1可以看出,短期增减产量经济分析决策的依据应是边际成本,而不是平均成本,并且微观经济学理论认为,当产量增至边际成本等于边际收益时,即为企业获得其最大利润的产量。

2.2.5 沉没成本与机会成本

沉没成本是指本方案实施之前已经发生或者按某种凭证而必需的费用。由于沉没成本是在过去发生的,它并不会因为采纳或拒绝某个方案(项目)的决策而改变,因此对方案是否采纳的决策不应造成影响。例如,已使用多年的设备,其沉没成本是指设备的账面净值与其现时市场价值之差,它与是否选择新设备进行设备更新的决策无关。沉没成本不计入工程经济分析的现金流中。

当一种有限的资源具有多种用途时,可能有许多投入这种资源获得相应收益的机会,如果将这种资源置于某种特定用途,必然要放弃其他资源的投入机会,同时也放弃了相应的收益。机会成本就是指将一种具有多种用途的稀缺资源用于某方案而放弃的其他用途中可能产生的最大收益。例如,一定量的资金用于项目投资,有甲乙两个项目,若选择甲,就只能放弃乙的投资机会,则乙项目的可能收益即是甲项目的机会成本;一台施工机械用于某工程施工,就失去了出租或用于其他工程的现金收益。工程经济分析中要计入机会成本。

2.2.6 全寿命周期成本

全寿命周期成本(Life Cycle Cost,LCC)是一种系统的经济分析思想,又称全寿命期费用,是指技术方案在其寿命周期内发生的全部费用,包括初期的方案研究开发、设计制造到使用期间运行费和维护费直至寿命结束时的全部成本支出。如对于房地产项目的成本分析,不仅需要研究建设阶段的一次性成本,而且需要考虑项目竣工验收后,使用阶段的运行、养护以及维修等长期成本支出。

全寿命周期成本可分为初始成本、经营成本和替换成本三类,每类成本又包含若干子项,其计算公式为

$$LCC = C_0 + \sum_{k=1}^{n} \frac{1}{(1+i)^k}(C_t + C_r)$$

式中:C_0——初始成本;
　　　C_t——经营成本;
　　　C_r——替换成本;
　　　i——项目的基准收益率;
　　　n——项目的寿命周期。

如某五星级涉外高档酒店和商务写字楼项目,其初始成本包括土地购买成本、建安费、财务成本等;每年的经营成本包括日常管理成本、设备维护检查成本、维修成本等;替换成本包括主要设备每5年更换一次的成本、系统升级更新成本等。

2.3 销售收入、税金与利润

2.3.1 销售收入

销售(营业)收入是指项目建成投产后各年销售产品或者提供服务所取得的收入。企业销售收入的取得,表明商品价值得以实现,为成本费用补偿和利润的取得提供了前提,是企业再生产不断进行和经济效益得以实现的根本保证。销售收入是经济分析的重要数据,其估算的准确性极大地影响着项目的经济评价。销售收入的计算既需要正确估计在各年生产能力利用率(生产负荷或开工率)基础上的年产品销售量(或服务量),也需要合理确定产品或服务的价格。计算销售收入的基本公式为:

销售收入 = 产品销售量(或服务量) × 产品(或服务)单价

式中,产品(或服务)单价为不含销项增值税的价格。

2.3.2 税金

税金是项目投资活动和经营活动过程中向国家交纳的税收,是国家凭借政治权利参与国民收入分配和再分配的一种方式,具有强制性、无偿性和固定性的特点。税收是国家取得财政收入的主渠道,也是国家对各项经济活动进行宏观调控的重要杠杆。

1) 工程经济分析涉及的主要税种

(1) 增值税

增值税是对销售货物或者提供加工、修理修配劳务以及进口货物的单位和个人就其实现的增值额征收的一个税种。从计税原理上说,增值税是对商品生产、流通、劳务服务中多个环节的新增价值或商品的附加值征收的一种流转税。

增值税计算公式为

$$当期增值税税额 = 当期销项税额 - 当期进项税额$$

式中,当期销项税额为不含税的销售额和适用的增值税税率计算的增值税额;当期进项税额为购进货物或者接受加工、修理修配劳务和应税服务,支付或者负担的增值税税额,是可以抵扣的增值税税额。

(2) 增值税附加税

增值税附加税是以增值税的存在和征收为前提和依据的、按照增值税税额的一定比例征收的一种附加的特定目的税,包括城市维护建设税、教育费附加和地方教育附加。

增值税附加税计算公式为

$$当期增值税附加税 = 当期增值税税额 \times 相应税率$$

(3) 企业所得税

企业所得税是对我国境内的企业和其他取得收入的组织的生产经营所得和其他所得征收的一种收益税。

所得税计算公式为

$$所得税税额 = 应纳税所得额 \times 所得税税率$$

式中,应纳税所得额为企业的收入总额减去成本、费用、损失以及准予扣除项目(如利息、捐赠、福利费等等)的金额。

(4) 其他税金

工程经济分析还可能涉及的其他税金主要有:

① 属于流转税类的消费税 它是以特定消费品(如烟、酒、小汽车、珠宝、高档化妆品、成品油等等)为课税对象所征收的一种税。

② 属于资源税类的自然资源税与城镇土地使用税 前者简称为资源税,它是对在我国境内开采应税矿产品和生产盐的单位和个人,就其应税资源税数量征收的一种税。后者又简称为土地使用税,它是对在城市、县城、建制镇、工矿区范围内使用土地的单位和个人,以其实际占用的土地面积为计税依据,按照规定的税额计算征收的一种税。

③ 属于财产税类的房产税和车船使用税　房产税是以房屋为征税对象,按房屋的计税余值或租金收入为计税依据,向产权所有人征收的一种税。车船使用税,现在又称为车船税,是以车船为特征对象,向车辆、船舶的所有人或者管理人征收的一种税。

④ 属于行为税类的印花税　印花税是对经济活动和经济交往中订立、领受具有法律效力的凭证(如合同、产权转移书据、营业账簿等等)的行为所征收的一种税。

2) 工程经济分析中税金的处理

企业会计处理设有专门的增值税会计科目和企业所得税费用会计科目。另外,根据财政部《增值税会计处理规定》(财会〔2016〕22号)规定,设置"税金及附加"会计科目,核算企业经营活动发生的消费税、城市维护建设税、资源税、教育费附加及房产税、土地使用税、车船使用税、印花税等相关税费。

工程经济分析中,房产税、土地使用税、车船使用税和印花税等实践中常称的"四小税"与工程投入运营后的生产规模基本无关,可认为是固定税费。为便于工程经济分析计算,可按传统做法,将它们计入运营生产总成本费用中其他费用项的管理费用。"税金及附加"中保留消费税、资源税及三项附加税。其中,消费税只在特定消费品生产投资项目中才会产生,但要注意消费税也是三项附加税的计税基数,资源税也只出现在矿产品(含盐)的投资项目中。

工程经济分析通常不考虑企业经营活动中可能出现的营业外收入(盘盈利得、政府补助等)、营业外支出(罚款、捐赠等)、投资损失等,且一般是以年为计息周期进行经济分析。因此,投资项目及工程方案的经济分析相关的每年税费的计算方法如下:

增值税＝销售量×不含税销售价格×适用的增值税税率－进项增值税额
　　　＝不含税销售收入×适用的增值税税率－进项增值税额

税金及附加＝资源税＋消费税＋(增值税＋消费税)×(城市维护建设税税率＋
　　　　　教育附加费税率＋地方教育附加税率)

所得税＝(不含税销售收入－总成本费用－税金及附加－弥补以前年度亏损)×
　　　　所得税税率

其中,总成本费用为不含进项增值税价格计算的费用;弥补以前年度亏损是指根据企业所得税法,若纳税年度发生亏损,以后年度(最长不超过五年)计算所得税时可先弥补年度的亏损。

3) 购置固定资产进项增值税的处理

投资项目及工程方案经济分析涉及的固定资产购置包括向工程施工企业发包建筑安装工程、向制造企业购买生产设备等。按现行税法规定,企业购置固定资产发生的进项增值税处理区分不同类型的纳税人。如果是一般纳税人,购置固定资产的进项增值税可进行抵扣,但固定资产计提折旧基数(即固定资产原值)不得包含进项增值税。如果是小规模纳税人,则购置固定资产进项增值税不得抵扣,但可以进入固定资产原值计提折旧。据此,在工程经济分析中购置固定资产进项增值税可按如下几种方法处理:

① 购置固定资产进项增值税计入投资额,并且在工程投入运营后逐年按最大可能抵扣额计入进项增值税额进行抵扣,直至全部抵扣完毕。在计算固定资产折旧时,购置固定资产进项

增值税不计入固定资产原值。

② 购置固定资产进项增值税不计入投资额,在工程投入运营后也不作为进项增值税进行抵扣。在计算固定资产折旧时,购置固定资产进项增值税不计入固定资产原值。

③ 购置固定资产进项增值税计入投资额,在工程投入运营后不作为进项增值税进行抵扣。但是,在计算固定资产折旧时,购置固定资产进项增值税计入固定资产原值。

上述三种方法中,前两种适用于作为一般纳税人企业情况,工程经济分析实践所涉及投资项目或工程方案绝大多数属于此种类型。第一种是精确的处理方法,与第一种方法相比,虽然第二种方法的分析计算结果会有误差,但是工程经济分析只是一种事前的预测性分析,它并不可能也不需要像企业会计或工程计算那样要求绝对的精确,工程未来实施的实际情况与工程经济性预测分析结果肯定有一定的出入,所以这样的误差并不会影响分析结论。

第三种方法适用于作为小规模纳税人投资项目或工程方案的情况,因其不能进行进项税抵扣,购置固定资产时通常只要开具税率较低的普通发票,所以在工程其他条件完全相同的情况下,按小规模纳税人增值税计征方法和税率的经济分析结果与第一、二种方法的结果差异也并不显著,一般不会影响评价的结论。

此外,根据目前税收政策,工程涉及计算机软件这种无形资产投资的,其购置进项增值税也可抵扣,可参照购置固定资产进项增值税进行处理。

2.3.3 利润

利润是企业在一定时期内全部生产经营活动的最终成果。利润是反映企业经营绩效的核心指标。企业会计涉及三种利润概念,即营业利润、利润总额和净利润。正如前文提到的,工程经济分析通常不考虑工程投入运营后的营业外收支、投资损益、公允价值变动等等。因此,在工程经济分析中,可认为营业利润和利润总额是相等的,涉及的利润主要是利润总额和净利润。

利润总额又称为所得税前利润,常简称为"税前利润"。

$$利润总额=销售收入-总成本费用-税金及附加$$

净利润又称为所得税后利润,常简称为"税后利润"。

$$净利润=利润总额-所得税$$

企业年度净利润一般按以下顺序分配:

(1) 弥补以前年度亏损

按照税法的规定,企业发生的年度亏损,可以用下一纳税年度所得税前的利润弥补;下一纳税年度的所得不足弥补的,可以逐年延续弥补。延续弥补时间最长不得超过5年,5年后用税后利润弥补,或者经投资者审议后用盈余公积金弥补。

(2) 提取10%法定公积金

法定公积金累计额达到注册资本50%以后,可以不再提取。

(3) 提取任意公积金

任意公积金是指企业经股东大会或类似机构批准按照规定的比例从净利润中提取的。任意公积金与法定公积金的区别就在于其提取比例由投资者决议。

(4) 向投资者分配利润

可供分配的利润减去应提取的法定公积金等,在充分考虑现金流量状况后,可向投资者分配。属于各级人民政府及其部门、机构出资的企业,应当将应付国有利润上缴财政。

企业弥补以前年度亏损和提取盈余公积金后,当年没有可供分配的利润时,不得向投资者分配利润,但法律、行政法规另有规定的除外。

(5) 未分配利润

企业年度净利润经过上述分配后,所余部分为未分配利润。未分配利润可留待以后年度进行分配。企业未分配的利润,应当在资产负债表的所有者权益项目中单独反映。

2.4 工程经济要素的关系与现金流的构成

2.4.1 投资、资产和成本的关系

项目建设必须筹集一定数量的资金,以满足其投资的需求。在市场经济条件下,投资资金来源主要由两部分组成:一部分资本金,它是投资者提供的自有资金;另一部分是债务资金,它是从金融市场借入的资金。

投资(包括资金来源)和投资所形成的资产及项目(工程方案)投入运营后的产出产品的成本之间的关系可用图2.4来概要地表述。

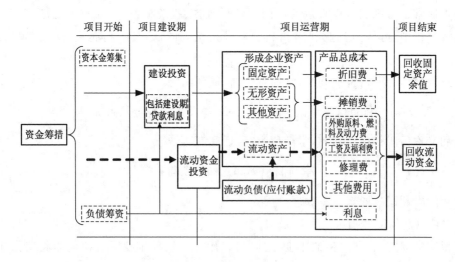

图 2.4 投资、资产、成本关系图

2.4.2 全部投资现金流及投资回报

现金流是工程方案经济分析的基础。现金流构成按"收付实现制"为原则,按实施该方案

而实际发生的当期现金流为准,即由实施该方案而引起的增加的现金收入作为现金流入,引起的增加的现金支出作为现金流出。

投资资金的来源可分为两种方式:一是投资者投入的股东权益资金(资本金),二是向金融机构等借入的债务资金。如果不分方案资金来源,从全部投资(包括资本金投资和负债投资)收益角度来考察,方案的现金流构成如图2.5所示。运营期的净现金流量是全部投资的净收益,是对全部投资的回报。

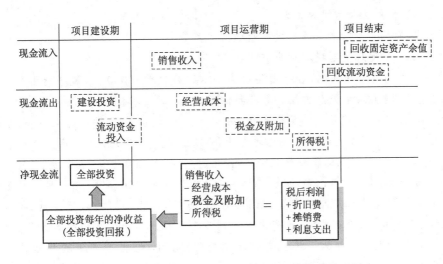

图2.5　全部投资现金流和全部投资收益关系图

2.4.3　资本金投资现金流和资本金投资收益关系

从投资者资本金投资收益角度来考察,方案的资本金投资的现金流构成如图2.6所示。建设期的全部投资资金与借入资金的差额就是投资者的权益投资资金,运营期每年的净现金流量就是资本金投资的净收益,是对权益投资的回报。

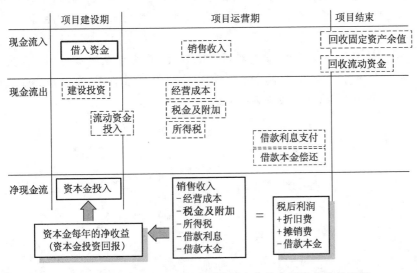

图2.6　资本金投资现金流和资本金投资收益关系图

习 题

1. 简述工程经济要素的基本构成及计算方法。
2. 理解总成本、经营成本、固定成本、可变成本之间的关系。
3. 分析销售收入、总成本、税金、利润之间的关系。
4. 试述利润总额、净利润及未分配利润的关系。
5. 分析投资、资本和成本之间的关系。
6. 分析全部投资的净收益来源及构成要素之间的关系。
7. 工程经济分析涉及的主要税收种类有哪些？
8. 某台设备原价为120 000元，若折旧年限为10年，残值为6 000元，试分别用平均年限法、双倍余额递减法、年数总和法计算各年的折旧额。
9. 某拟建项目设计生产能力15万吨产品，每吨产品消耗的原材料1.2吨，原料价格为1 000元/吨，每吨产品耗费的燃料及动力费100元、包装费200元、生产人员计件工资500元，非生产人员工资及福利费100万元/年，年修理费200万元，销售费、管理费等其他费用300万元/年，年折旧费、摊销费分别为1 000万元、100万元，年利息400万元。

    (1) 预计其投资运营后产品年产量(销量)为10万吨，则该项目投入运营后，每年的总成本、经营成本、固定成本、可变成本分别为多少？产品单位平均成本是多少？

    (2) 若投入运营后，其中某一年正常订单仍为10万吨，但在下半年额外获得了一笔2万吨的新订单，试计算该年的平均成本及这笔订单的产品边际成本。

    (3) 在(2)中，若该笔新订单的不含税总价为4 300万元，是否接受这笔订单？为什么？

10. 某项目建设投资2 000万元(不含建设期利息和增值税)，其中土地使用权费为500万元，建设期为1年，流动资金投资500万元。建成后，除土地使用权费用外，其余建设投资全部形成固定资产。固定资产折旧期15年，残值100万元；无形资产摊销期为5年。建设投资中有1 100万元来自建设单位投入的资本金(其中100万元用于支付建设期利息)，其余为银行贷款(建设期年初借入)，年有效利率为10%，银行还款按五年后一次性还本、利息当年结清方式。流动资金投资资金来源为资本金。项目建成后，生产期第1年销售收入为2 100万元，外购原料、燃料及动力费500万元，工资及福利费300万元，修理费100万元，其他费用200万元，年税金及附加为180万元，所得税率为25%。计算生产期第1年利润总额、所得税及税后利润、全部投资净收益(回报)和资本金投资净收益(权益投资回报)。

3 工程经济性判断的基本指标

工程经济性分析的基本方法是通过计算方案的经济效果指标判断其盈利性。从经济学的角度来看,经济性指标主要包括两大类:一是绝对经济效果指标,即产出与投入之差;二是相对经济效果指标,即产出与投入之比。工程经济性判断的基本指标包括净现值、内部收益率和投资回收期等。

3.1 基准投资收益率

3.1.1 基准投资收益率的含义

在工程经济学中,"利率"一词不完全等同于日常生活中的"利率"概念,其更广泛的含义是指投资收益率。通常,在选择投资机会或决定工程方案取舍之前,投资者首先要确定一个最低盈利目标,即选择特定的投资机会或投资方案必须达到的预期收益率,称为基准投资收益率(简称基准收益率,通常用 i_c 表示)。在国外一些文献中,基准收益率被称为"最小诱人投资收益率(Minimum Attractive Rate of Return,MARR)",这一名称更明了地表达了基准收益率的概念,即对该投资者而言,能够吸引他投资特定投资机会或方案的可接受的最小投资收益率。由于基准收益率是计算净现值等经济评价指标的重要参数,因此又常被称为基准折现率或基准贴现率。

基准收益率是企业或行业投资者以动态的观点所确定的、可接受的投资方案最低标准的收益水平。其在本质上体现了投资决策者对项目资金时间价值的判断和对项目风险程度的估计,是投资资金应当获得的最低盈利率水平标准,是投资方案和工程方案的经济评价和比较的前提条件,是计算经济评价指标和评价方案优劣的基础。基准收益率确定得合理与否,对投资方案经济效果的评价结论有直接的影响,定得过高或过低都会导致投资决策的失误。如果它定得太高,可能会使许多经济效益好的方案不被采纳;如果它定得太低,则可能接受一些经济效益并不好的方案。因此,基准收益率在工程经济分析评价中有着极其重要的作用,正确地确定基准投资收益率是十分重要的。

3.1.2 确定基准投资收益率要考虑的因素

通常,在确定基准投资收益率时应根据投资者自身的发展战略和经营策略、具体项目特点等考虑以下一些因素:

(1) 资金成本与资金结构

资金成本是指为取得资金的使用权而向资金提供者所支付的费用,主要包括筹资费和资金使用费。资金结构是指投资方案中各种资金来源的构成及其比例关系。投资方案资金来源有多种,不同资金来源其资金成本也不同。债务资金的资金成本,包括支付给债权人的利息、金融机构的手续费等;股东权益投资的资金成本包括向股东支付的股息和金融机构的代理费等;股东直接投资的资本金的资金成本可根据资本金所有者对权益资金收益要求确定。投资所获盈利必须能够补偿资金成本,然后才会有利可图,因此投资盈利率最低限度不应小于资金成本率,即资金成本是确定基准投资收益率的基本因素。

(2) 风险报酬

投资风险是指实际收益对投资者预期收益的背离(给投资者带来超出预期的损失)。一般说来,从客观上看,资金密集项目的风险高于劳动密集的;资产专用性强的风险高于资产通用性强的;以降低生产成本为目的的风险低于以扩大产量、扩大市场份额为目的的。从主观上看,资金雄厚的投资主体的风险低于资金拮据者。

在一个完备的市场中,收益与风险成正相关,要获得高的投资收益就意味着要承担大的风险。从投资者角度来看,投资者承担风险,就要获得相应的补偿,这就是风险报酬。通常把政府的债券投资看作是无风险投资。此外,不论何种投资,都是存在风险的。对于存在风险的投资方案,投资者自然要求获得高于一般利润率的报酬,否则他是不愿去冒险的,所以通常要确定更高的基准投资收益率。

(3) 资金机会成本

资金机会成本指投资者将有限的资金用于某方案使用从而失去的其他投资机会所能获得的最好的收益。换言之,由于资金有限,当把资金投入拟建项目时,将失去从其他投资中获得收益的机会。机会成本是在方案外部形成的,它不可能反映在该方案财务上,必须通过工程经济人员的分析比较,才能确定。

如果所有的资金均来自权益资金,则可根据行业平均投资收益率确定机会成本,或按所有资本金投资者对权益资金收益的要求综合加权计算,或者通过资本资产定价模型(CAPM)确定;如果资金来源包括了权益资金和债务资金,资金的机会成本则可以根据行业平均投资收益率与贷款利率的要求通过加权平均确定。

(4) 通货膨胀

通货膨胀是指由于货币(纸币)的发行量超过商品流通所需要的货币量而引起的货币贬值和物价上涨的现象。通货膨胀使货币贬值,投资者的实际报酬下降。因此,投资者在通货膨胀情况下,必然要求提高收益率水平以补偿其因通货膨胀造成的购买力的损失。基准投资收益率中是否要考虑通货膨胀因素与采用的价格体系是否考虑了通货膨胀因素相一致。如果现金流计算中,价格预测考虑了通货膨胀因素,则基准投资收益率中应计入通货膨胀率,否则不考虑通货膨胀因素。在实际工作中,通常采用后一种做法。

3.1.3 基准投资收益率的确定方法

尽管基准投资收益率是极其重要的一个评价参数,但其确定是比较困难的。不同的行业有不同的基准收益率,同一行业内的不同的企业的收益率也有很大差别,甚至在一个企业内部不同的部门和不同的经营活动所确定的收益率也不相同。也许正是因为其重要性,人们在确定基准投资收益率时比较慎重且显得困难。关于基准投资收益率的确定方法,有很多文献进行了广泛深入的讨论,但观点并不统一。尽管如此,一般观点都承认,基准投资收益率的下界应是资金(资本)成本或是资金的机会成本,也有文献将其下界定义为资金成本和资金的机会成本中的最大值。

基准投资收益率可以采用国家或行业主管部门确定的行业基准收益率,也可采用资本资产定价模型法、加权平均资金成本法、典型项目模拟法和德尔菲专家调查法等方法确定,或同时采用多种方法进行测算,将不同方法测算的结果互相验证,经协调后确定。

3.2 净现值

3.2.1 净现值的含义与计算

将投资方案各期所发生的净现金流量按既定的折现率(基准投资收益率)统一折算为现值(计算期起点的值)的代数和,称为净现值(Net Present Value,NPV)。其表达式为:

$$NPV = \sum_{t=0}^{n}(CI-CO)_t(1+i_c)^{-t} \tag{3.1}$$

式中:NPV——净现值;

CI——现金流入;

CO——现金流出;

$(CI-CO)_t$——第 t 年的净现金流量;

n——方案计算寿命期;

t——第 t 年;

i_c——基准收益率。

【例 3.1】 某施工机械投资 1 000 万元之后,将使年销售收入和年运营费用均增加(如表 3.1),该施工机械寿命为 10 年,基准收益率为 10%,第 10 年末的残值为 50 万元。试计算该投资方案的净现值。

表 3.1 年销售收入和年运营费用增加值

年 度	1	2	3	4	5	6	7	8	9	10
年销售收入增加/万元	450	430	400	400	400	380	380	380	380	380
年运营费用增加/万元	200	200	200	200	200	230	230	230	230	230

解:该投资方案的现金流量如图 3.1(a)所示,并得出其净现金流量图(图 3.1(b))。

则,该投资方案的净现值为:

$$NPV = -1\,000 + 250(P/F,10\%,1) + 230(P/F,10\%,2)$$
$$+ 200(P/A,10\%,3)(P/F,10\%,2) + 150(P/A,10\%,4)(P/F,10\%,5)$$
$$+ 200(P/F,10\%,10)$$
$$= 200.75(万元)$$

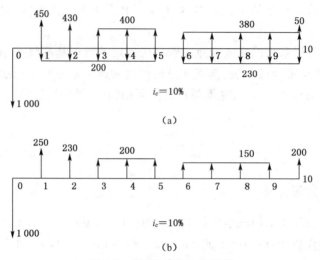

(a)

(b)

图 3.1　例 3.1 的现金流量图

读者还可以利用 Microsoft Office Excel 中专门的 NPV 函数,可以很方便地计算出 NPV,如图 3.2 是利用 Excel 对例 3.1 中方案净现值的计算。另外,还可以编制专门的财务计算器软件进行计算,有兴趣的读者不妨一试。

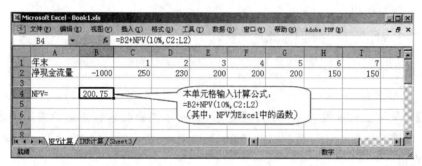

图 3.2　Excel 计算 NPV 示例

3.2.2　净现值指标的经济含义

净现值是评价投资方案盈利能力的重要指标,从资金时间价值的理论和基准投资收益率的概念可以看出:

(1) 如果方案的 $NPV=0$,表明该方案的实施可以收回投资资金而且恰好取得既定的收益率(基准投资收益率);

(2) 如果方案的 $NPV>0$,表明该方案不仅收回投资而且取得了比既定收益率更高的收益(即尚有比通常的投资机会更多的收益),其超额部分的现值就是 NPV 值;

(3) 如果方案的 $NPV<0$,表明该方案不能达到既定的收益率甚至不能收回投资。

因此,只有方案的 $NPV \geqslant 0$ 时,方案在经济上才可以接受;若方案的 $NPV<0$,则可认为方案在经济上是不可行的。

根据例 3.1 的计算结果,因其 $NPV=200.75>0$,因此可判断其方案在经济上是可以接受的。

3.2.3 净现值函数

式(3.1)的净现值是以基准投资收益率作为折现率计算的。若折现率为未知数,设为 i,则净现值与 i 为函数关系,称为净现值函数 $NPV(i)$,则

$$NPV(i) = \sum_{t=0}^{n}(CI-CO)_t \frac{1}{(1+i)^t} \tag{3.2}$$

如以净现值为纵坐标,以折现率为横坐标,将两者函数关系描绘于图上,则得到净现值函数图。净现值函数图是理解其他一些概念的有效工具。

例 3.1 中,若方案的折现率 i 未知,则其净现值函数为

$$NPV(i) = -1\,000 + \frac{250}{1+i} + \frac{230}{(1+i)^2} + 200$$
$$\times \frac{(1+i)^3-1}{i(1+i)^3} \times \frac{1}{(1+i)^2} + 150$$
$$\times \frac{(1+i)^4-1}{i(1+i)^4} \times \frac{1}{(1+i)^5} + \frac{200}{(1+i)^{10}}$$

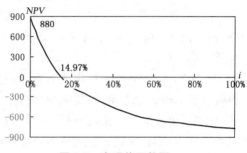

图 3.3 净现值函数图

该净现值函数图如图 3.3 所示。

3.2.4 与净现值等价的其他指标

净现值是将所有的净现金流量折算到计算期的第一年初,实际上可以将现金流量折算到任何一个时间点上进行工程经济分析。

(1) 如果将方案各期的净现金流量按基准投资收益率统一折算成终值(方案计算期末)后的代数和,则称为净将来值(Net Future Value,NFV)。表达式为

$$NFV = \sum_{t=0}^{n}(CI-CO)_t(1+i_c)^{n-t} \tag{3.3}$$

例 3.1 中,该方案的净将来值为

$$NFV = -1\,000(F/P, 10\%, 10) + 250(F/P, 10\%, 9) + 230(F/P, 10\%, 8)$$
$$+ 200(F/A, 10\%, 3)(F/P, 10\%, 5) + 150(F/A, 10\%, 5) + 50$$
$$= 520.69(万元)$$

(2) 如果将方案各期的净现金流量按基准收益率均摊到每期并计算代数和,这是一个等额支付系列,则称为年度等值(Annual Worth,AW),简称年值或净年值。表达式为

$$AW = \sum_{t=0}^{n}(CI-CO)_t(1+i_c)^{-t} \times \frac{i_c(1+i_c)^n}{(1+i_c)^n-1} \tag{3.4}$$

例 3.1 中,该方案的年值为

$$AW = 32.66(万元)$$

同理,可以得到 NFV、AW 与 NPV 具有相同的经济含义,即当方案的 $NFV \geqslant 0$ 或 $AW \geqslant$

0时,方案在经济上才可以接受;若方案的 NFV<0 或 AW<0,则可认为方案在经济上是不可行的。

从式(3.1),式(3.3),式(3.4)可以看出,净将来值、年值与净现值三者之间的关系如下三式所示：

$$NFV = NPV(F/P, i_c, n)$$

$$AW = NPV(A/P, i_c, n)$$

$$AW = NFV(A/F, i_c, n)$$

从三个式子可以看出,只要具有实际的经济意义,即 $i_c \geqslant 0$,三个系数 $(F/P, i_c, n)$、$(A/P, i_c, n)$ 和 $(A/F, i_c, n)$ 将恒大于 0,则在任何情况下 NPV、NFV 和 AW 将保持一致的正负符号(包括 0)。因此,用它们来评价同一方案会得出相一致的评价结论,一般情况下只需选择其中的一个。

在实际工作中,一般设定方案寿命期起点作为考察方案经济状况的时点,所以更多地采用净现值指标来评价方案,净将来值用得不多,但如果设定考察方案的经济状况时点为方案寿命期末,则需要计算净将来值指标。另外,在一些特殊情况下有时会设定方案寿命期中的某一时点为考察点,则这时就需要把该时点以前的各期净现金流量折算到该点的将来值,把该时点以后的净现金流量折算到该点的现值,再求代数和值,并以其来评价方案。而年值指标则在对寿命不等的多方案进行经济比较时特别有用。

净现值考虑了资金的时间价值,并全面考虑了项目在整个计算期内现金流量的时间分布状况,经济意义明确,能够直接以货币额表示项目的盈利水平,判断直观。但它也有不足:必须首先确定一个符合经济现实的基准投资收益率,而基准投资收益率的确定往往是比较困难的;在互斥方案评价时,必须慎重考虑互斥方案的寿命,如果互斥方案寿命不等,必须构造一个相同的分析期限,才能用净现值进行各个方案之间的比较选择;而且净现值也不能真正反映项目投资中单位投资的使用效率,不能直接说明在项目运营期间各年的经营成果;另外,净现值没有给出投资过程确切的收益大小,不能反映投资的回收速度。

3.3 内部收益率

3.3.1 内部收益率的含义

内部收益率(Internal Rate of Return, IRR)是指使方案在整个计算期内各期净现金流量现值累计之和为零时的折现率,或者说是使得方案净现值为零时的折现率。IRR 满足式(3.5)

$$NPV(IRR) = \sum_{t=0}^{n} (CI - CO)_t (1 + IRR)^{-t} = 0 \qquad (3.5)$$

图 3.3 中 $NPV(i)$ 函数与 i 轴的交点 $i = 14.97\%$,使 $NPV=0$,其即为例 3.1 方案的内部收益率。

3.3.2 内部收益率的计算

如果通过求解(3.5)式得出 IRR 的值,是烦琐的,特别是当 n 的值很大时。实际工作中,如手工计算，常采用“线性内插法”近似计算。如图 3.4 中，根据 IRR 的概念，NPV 函数曲线与横轴交点为 IRR，如能在 IRR 的前后各找一个相邻的折现率 i_1 和 i_2，只要 i_1 和 i_2 的绝对误差足够小，在 (i_1, i_2) 区间内，NPV 函数曲线可近似地看作一条直线 AB，其与 i 轴的交点为 i'（IRR 的近似值），则 $\triangle Ai_1i'$ 和 $\triangle Bi_2i'$ 是相似的，根据相似三角形原理，则有：

图 3.4　IRR 计算的近似方法

$$\frac{\overline{Ai_1}}{\overline{Bi_2}}=\frac{\overline{i_1i'}}{\overline{i'i_2}} \quad 即 \quad \frac{NPV(i_1)}{|NPV(i_2)|}=\frac{i'-i_1}{i_2-i'}$$

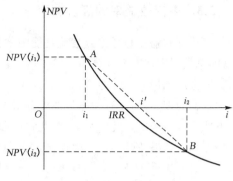

则

$$IRR \approx i'=i_1+\frac{NPV(i_1)}{NPV(i_1)+|NPV(i_2)|}\times(i_2-i_1)$$

不失一般性，IRR 可直接用式(3.6)计算。为保证足够的计算精度，通常规定 $|i_2-i_1| \leqslant 3\%$。

$$IRR=i_1+\frac{|NPV(i_1)|}{|NPV(i_1)|+|NPV(i_2)|}\times(i_2-i_1) \tag{3.6}$$

【例 3.2】 对例 3.1 中的方案，用线性内插法计算其 IRR。

解： 分别取 $i_1=14\%$，$i_2=15\%$，代入下式计算

$$NPV(i)=-1\,000+\frac{250}{1+i}+\frac{230}{(1+i)^2}+200\times\frac{(1+i)^3-1}{i(1+i)^3}\times\frac{1}{(1+i)^2}$$
$$+150\times\frac{(1+i)^4-1}{i(1+i)^4}\times\frac{1}{(1+i)^5}+\frac{200}{(1+i)^{10}}$$

得出，$NPV(14\%)=34.5$ 万元，$NPV(15\%)=-1.06$ 万元，则

$$IRR=14\%+\frac{34.5}{34.5+|-1.06|}\times(15\%-14\%)=14.97\%$$

同净现值计算一样，可以利用 Microsoft Office Excel 中专门的 IRR 函数计算 IRR，也可以编制专门的财务计算器软件进行计算。图 3.5 是利用 Excel 对例 3.2 中方案的 IRR 进行计算的过程。

	A	B	C	D	E	F	G	H	I	J	K	L
1	年末		1	2	3	4	5	6	7	8	9	
2	净现金流量	-1000	250	230	200	200	200	150	150	150	150	
3												
4												
5	IRR=	14.97%										
6												
7												
8												

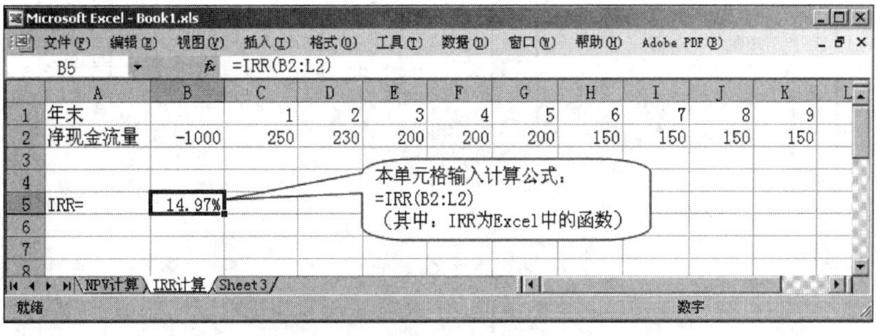

图 3.5　Excel 计算 IRR 示例

3.3.3 内部收益率的经济含义

内部收益率是考察方案盈利能力的最主要的效率型指标,它反映方案所占用资金的盈利率(即总是假定在方案计算期的各年内未被收回的投资按 $i = IRR$ 增值),同时它也反映了方案对投资资金成本最大承受能力。由于其大小完全取决于方案本身的初始投资规模和计算期内各年的净收益的多少,而没有考虑其他外部影响,因而称作内部收益率。由于内部收益率反映的是投资方案所能达到的收益率水平,因此它可以直接与基准投资收益率进行比较,分析方案的经济性。

(1) 如果 $IRR = i_c$,表明方案的投资收益率恰好达到既定的收益率(基准投资收益率);

(2) 如果 $IRR > i_c$,表明方案的投资收益率超过既定的收益率;

(3) 如果 $IRR < i_c$,表明方案的投资收益率未能达到既定的收益率。

所以,根据内部收益指标可对投资方案进行如下的评价:

(1) 当方案的 $IRR \geq i_c$ 时,认为方案在经济上是可接受的;

(2) 当方案的 $IRR < i_c$ 时,认为方案在经济上是不可行的。

3.3.4 内部收益率的几种特殊情况

通常情况下,大多数投资方案一般都具有如图3.6所示的现金流量图(C_t 为第 t 年的净现金流量),且具备以下几个条件:

$$\begin{cases} 当 t = 0, 1, 2, \cdots, M 时, C_t \leq 0 \\ 当 t = M+1, M+2, \cdots, N 时, C_t \geq 0 \\ M \leq N - 1 \\ \sum_{t=0}^{N} C_t \geq 0 \end{cases}$$

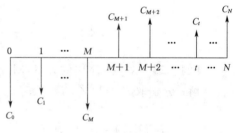

图 3.6 常规型现金流量图

这种通常的现金流量可称为常规型现金流量,在这种常规型情况下,在 $[0, +\infty)$ 区间内(即有实际经济意义的收益率区域)NPV 函数曲线与横轴有且仅有唯一交点(有兴趣的读者不妨通过证明 NPV 函数是一个单调递减函数或式(3.5)有实数意义的根来证明这一结论)。这一交点就是 IRR,也就是说,对于符合上述正常情况的方案,有且仅有一个内部收益率。

尽管一般方案都属于上述的正常情况,但在实际工作中有时会遇到下面的几种特殊情况:

(1) 不存在 IRR 的情况

如图 3.7 所示的(a),(b),(c)三种特殊的现金流量图,它们相应的净现值函数图如图

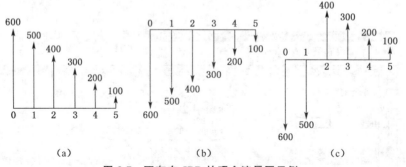

图 3.7 不存在 IRR 的现金流量图示例

3.8所示,显然都不存在有实际经济意义的 IRR。

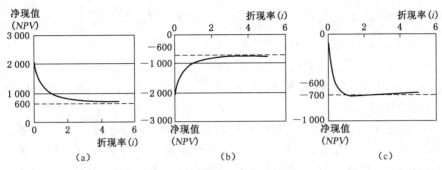

图 3.8　不存在 IRR 的净现值函数图

(2) 非投资的情况

如图 3.9 所示现金流量图即为非投资性的方案,如以补偿贸易方式建设的项目。补偿贸易是一种易货贸易,以设备技术和相关产品相交换。项目建设单位和跨国公司签订补偿贸易合同,由其供应项目所需的设备技术,并以投产后的若干年的生产产品返还给跨国公司抵偿设备技术费用。

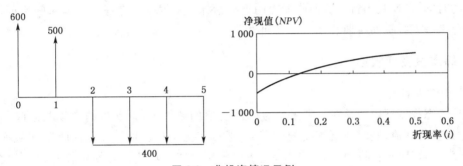

图 3.9　非投资情况示例

(3) 多重内部收益率的情况

下面先看一个多重 IRR 的例子。

【例 3.3】　某厂租用生产设备一台,租期 20 年,预计设备提供的净收入(已扣除租赁费)每年为 10 000 元。租约规定承租人在使用 4 年后自行负责更换部分零件,预计所需费用为 100 000 元。试求该方案的内部收益率。

解:方案的现金流量如图 3.10(a)所示。

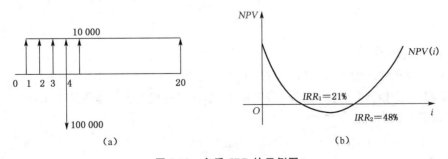

图 3.10　多重 IRR 的示例图

净现值函数为

$$NPV(i) = -\frac{100\,000}{(1+i)^4} + 10\,000 \times \frac{(1+i)^{20} - 1}{i\,(1+i)^{20}}$$

令 $NPV(i)=0$，则得到两个内部收益率 $IRR_1=21\%$，$IRR_2=48\%$（如图 3.10(b)）。

从例 3.3 看出，IRR 的个数与现金流量正负符号的变化次数有关系。这一规律可根据式(3.5)的数学特性得到证明。

需要说明的是：存在多个内部收益率情况给方案评价带来困难，而且多个内部收益率本身没有一个能真实反映方案占用资金的收益率。所幸的是，实际工作中有多个内部收益率的方案并不常见，绝大多数情况下的方案仅只有一个内部收益率。当然，对于多个内部收益情况下的真实收益率的求取还可通过调整现金流量模式方法来解决，即计算外部收益率或修正内部收益率等，有兴趣的读者可参考其他有关文献。

3.4 投资回收期

投资回收期（Payback Time of Investment，Pt）是指用方案所产生的净收益补偿初始投资所需要的时间，是反映项目投资回收能力的重要指标。根据是否考虑资金的时间价值，投资回收期可分为静态投资回收期和动态投资回收期。

3.4.1 静态投资回收期

（1）概念及计算

项目静态投资回收期是在不考虑资金时间价值的条件下，以项目的净收益回收其总投资（包括建设投资和流动资金）所需要的时间，一般以年为单位。项目投资回收期宜从项目建设开始年算起，若从项目投产开始年算起，应予以特别注明。从建设开始年算起，静态投资回收期 P_t 应满足式(3.7)：

$$\sum_{t=0}^{P_t} (CI - CO)_t = 0 \tag{3.7}$$

静态投资回收期可借助项目投资现金流量表，根据净现金流量计算，其具体计算又分为以下两种情况：

① 当项目建成投产后各年的净收益均相同时，静态投资回收期的计算公式为：

$$P_t = \frac{I}{R} \tag{3.8}$$

式中：I —— 总投资；

R —— 每年的净收益，即 $R=(CI-CO)_t$。

【例 3.4】某建设项目估计总投资 2 800 万元，项目建成后各年净收益为 320 万元，则该项目的静态投资回收期为：

$$P_t = \frac{2\,800}{320} = 8.75 \text{ 年}$$

静态投资回收期的倒数(E)即为该投资机会的"投资效果系数",它通常用于对投资机会的盈利性的初步分析中。实际上,如果当投资方案的寿命足够长时,E就非常接近于 IRR。

② 当项目建成投产后各年的净收益不相同时,静态投资回收期可根据累计净现金流量求得,即为图 3.11 中的累计现金流量曲线与时间轴的交点,也就是在项目投资现金流量表中累计净现金流量由负值变为零的时点。一般来说,由于静态投资回收期不可能正好是某一自然年份数,所以在实际工作中通常采用式(3.9)计算。

$$P_t = 累计净现金流量出现正值的年份数 - 1 + \frac{|出现正值年份上一年的累计净现金流量|}{当年的净现金流量} \tag{3.9}$$

【例 3.5】 计算例 3.1 的投资方案的静态投资回收期。

解: 表 3.2 是累计净现金流量的计算过程。

表 3.2 例 3.5 累计净现金流量的计算过程   单位:万元

年末	0	1	2	3	4	5	6	7	8	9	10
净现金流量	-1 000	250	230	200	200	200	150	150	150	150	200
累计净现金流量	-1 000	-750	-520	-320	-120	80	230	380	530	680	880

根据式(3.9),可计算出

$$P_t = 5 - 1 + \frac{|-120|}{200} = 4.6(年)$$

即该方案静态投资回收期为 4.6 年。

如图 3.11 中,累计现金流量曲线与时间轴的交点即为 4.6。

(2) 经济含义及判别准则

静态投资回收期体现了投资方案三个方面的经济含义:一是反映投资回收速度的快慢;二是反映投资风险的大小;三是反映了投资收益的高低。第一层含义是很明显的。第二层含义则是体现在:由于越是远期的现金流的预测越是具有不确定性,所以,在投资决策者看来回收期越短,风险就越小。第三层含义体现在:在初始投资不变的情况下,回收期长短取决于方案各年的净收益的大小,所以它能考察方案的投资盈利能力。

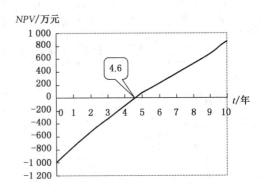

图 3.11 例 3.5 的累计现金流量图

投资方案的静态投资回收期计算结果可以与行业或同类投资项目的静态投资回收期的平均先进水平相比较,或与投资者所要求的投资回收期相比较。如果小于或等于预期的标准(基准投资回收期),表明项目投资能在规定的时间内收回,则认为方案在经济上是可以接受的;如果大于基准投资回收期,则认为方案投资回收速度较慢,投资风险较大。

静态投资回收期是一个传统的、并广泛使用的评价指标,其经济含义明确、直观,分析简便

（只需要预测既定回收期内的现金流量就可以做出分析评价），所以易于为投资决策者所理解、接受并信赖。但由于其只考察了投资回收期之前的方案盈利能力，而不能反映投资方案整个计算寿命期内的盈利情况，也没有考虑资金的时间价值。所以，一般认为该指标只能作为一个重要的辅助性经济分析指标，而不能直接作为方案唯一的取舍标准。

3.4.2 动态投资回收期

（1）概念及计算

为了克服传统的静态投资回收期不考虑资金的时间价值的缺点，可采用按基准收益率计算的动态投资回收期来分析。

动态投资回收期（P_t'）又称为折现回收期，是把项目各年的净现金流量按基准收益率折成现值之后，再来推算投资回收期，这是它与静态投资回收期的根本区别。动态投资回收期就是累计现值等于零时的年份，其表达式为：

$$\sum_{t=0}^{P_t'} (CI-CO)_t (1+i_c)^{-t} = 0 \tag{3.10}$$

在实际应用中根据项目的现金流量表中的净现金流量分别计算其各年现值，用如下公式计算：

$$P_t' = 累计净现金流量现值出现正值的年份数 - 1 + \frac{|出现正值年份上一年的累计净现金流量现值|}{当年的净现金流量现值} \tag{3.11}$$

【例 3.6】 计算例 3.1 的投资方案的动态投资回收期（已知 $i_c = 10\%$）。

解：表 3.3 是净现金流量现值和累计净现金流量现值的计算过程。

表 3.3 例 3.6 净现金流量现值和累计净现金流量现值的计算过程　　　　单位：万元

年　末	0	1	2	3	4	5	6	7	8	9	10
净现金流量	－1 000	250	230	200	200	200	150	150	150	150	200
净现金流量现值	－1 000	227	190	151	136	124	85	77	70	64	77
累计净现金流量现值	－1 000	－773	－583	－432	－296	－172	－87	－10	60	124	201

根据式（3.11），可计算出

$$P_t' = 8 - 1 + \frac{|-10|}{70} = 7.14 \text{（年）}$$

即该方案动态投资回收期为 7.14 年。

（2）经济含义及判别准则

动态投资回收期考虑了资金时间价值，它可以理解为：当方案寿命延续到 P_t' 时，方案能收回投资并恰好已取得既定的收益率。所以，动态投资回收期是以现值现金流量计算的投资回收速度，具有静态投资回收期一样的经济含义，同时也具有除了没有考虑资金时间价值之外静态回收期的一切缺陷。此外，根据其计算结果可以对投资方案的经济性作出评价：

① 当 $P_t' \leq n$（方案计算寿命期）时，表明方案在计算寿命期内可以收回投资并取得了既定

的收益率,所以可认为方案在经济上是可以接受的;

② 当 $P_t' > n$ 时,表明方案在计算寿命期内没有能取得既定的收益率甚至没有能收回投资(要说明的是:若 $P_t' > n$,则并不能计算出 P_t' 值,只能确知其大于 n),所以方案在经济上不可行。

3.5 净现值、内部收益率和投资回收期的比较分析

3.5.1 净现值和内部收益率之间的关系

前述已知,净现值函数图中 NPV 函数曲线与横轴 i 的交点即为 IRR,因此借助 NPV 函数图来进一步分析。图 3.12 所示为具有常规现金流量的投资方案的 NPV 函数图,若基准收益率分别取为 r_0、r_1 和 r_2,那么

(1) 当 $i_c = r_0 = IRR$ 时,则必有 $NPV = 0$,反之亦然;

(2) 当 $i_c = r_1 < IRR$ 时,即 $IRR > i_c$,则必有 $NPV > 0$,反之亦然;

(3) 当 $i_c = r_2 > IRR$ 时,即 $IRR < i_c$,则必有 $NPV < 0$,反之亦然。

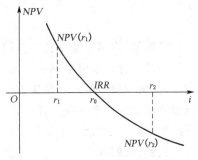

图 3.12 NPV 与 IRR 关系图

因此,根据 NPV 和 IRR 来评价方案在经济上是否可接受必定会得出相同的结论。

3.5.2 净现值、内部收益率和动态投资回收期的比较

三个指标对同一个方案的基本评价结论是一致的,但是三个指标是无法相互替代的,这是由它们各自特点及所具备的经济含义所决定的。

(1) 内部收益率是一个相对效果指标,实际上反映的是方案未收回投资的收益率,它全面考虑了方案在整个寿命周期的现金流量。由于其反映的是方案的单位投资盈利水平,符合习惯,为投资决策者易于理解和接受。特别是在难以确定基准收益率时,只要投资决策者能确定投资方案所呈现出的内部收益率远远高于可能的资金成本和投资机会成本,仍然可以做出投资决策。同时,该指标也反映出方案所能承担的筹集资金的资金成本的最大限额。但是,当方案存在非常规现金流量的情况下,该指标的应用受到限制。同时,它也不能直接用于对投资规模不等的方案进行优劣比较(见第 4 章有关内容)。

(2) 净现值是一个绝对效果指标,反映的是方案所取得的超过既定收益率的超额部分收益的现值,也可以认为是股东财富的增加额,它全面考虑了方案在整个寿命周期的现金流量和资金成本,并具有深刻的消费和投资理论的思想内涵,是一个非常可靠和适用的经济评价指标。当方案有非常规现金流量而存在多个内部收益时,它特别适用。另外,该指标可直接用于多方案的比较与选择,而其他两个指标(包括静态投资回收期)是不能直接用于多方案比较的(见第 4 章有关内容)。但计算净现值时,需要事先确定一个折现率,而在有些情况下这是比较困难的。而且,净现值也不能直接反映方案单位投资的盈利水平,所以投资决策者不易理解和接受这一指标。

(3) 从上述动态投资回收期与净现值的关系以及动态投资回收期的经济含义,可以看出,

其所表现的投资方案经济特征基本上可以由净现值和静态回收期所替代。因此,动态投资回收期法通常被认为是净现值的一种简便方法(只需要考虑到回收期时点以前的现金流),或者认为是净现值和静态回收期的一种变形,在我国投资项目经济评价中并没有将其列为必须要计算的经济评价指标。但是,在对投资方案初始评估时,或者仅能确定方案计算期早期阶段的现金流时,又或者是对于一些技术更新周期短的投资方案进行评估时,动态投资回收期指标则是一个比较适用的指标。

在实际应用中,若给出的利率恰好等于内部收益率,此时的动态投资回收期就等于项目(方案)的计算期 n。

3.6 非营利性工程经济性判断指标

净现值、内部收益率和投资回收期等分析指标主要是针对以营利为目标的项目,即在完全市场环境下分析投资盈利性。对于追求社会效益(效果)的非营利性工程(公共事业项目,如防灾工程、城市道路等),如果按营利性工程经济性判断指标进行分析、论证和决策,则没有人愿意投资建设公用事业项目,因为市场配置方式无法实现公共物品有效率生产,必须由政府参加资源配置过程,按社会需要提供公共物品(建设公共事业项目)。

为此,人们提出了一种用于评价公用事业项目社会经济效果的专门方法——费用效益分析,并被发展中国家广泛应用于公用事业项目以及由政府投资或参股的营利性或半营利性大型项目的国民经济评价。该方法将在第 8 章详细阐述,本节主要介绍费用效益分析基本原理,即采用绝对效果指标或相对效果指标对公用事业项目经济效果进行评价。

相对效果指标为

$$B/C = \sum_{t=0}^{n} B_t (1+i)^{-t} / \sum_{t=0}^{n} C_t (1+i)^{-t} \tag{3.12}$$

绝对效果指标为

$$B - C = \sum_{t=0}^{n} (B_t - C_t)(1+i)^{-t} \tag{3.13}$$

式中:B_t——公用事业项目第 t 年的净收益,即社会受益者收入与社会受损者支出的差额;

C_t——公用事业项目第 t 年的净支出,即兴办者的支出与收入的差额;

i——社会折现率。

相对经济效果 B/C 又称为"益本比",表示该项目单位成本所获得的社会效益;绝对经济效果 $B-C$ 又称为"益本差",表示该项目社会净效益的现值。当 $B/C \geqslant 1$ 或 $B-C \geqslant 0$,认为项目社会效益大于其费用支出,项目是可接受的。

费用效益分析中,应特别注意"收益"项与"费用"项的计算范围。收益是指方案给社会带来的收入或节约值减去损失值后的余额。费用是指项目兴办者支付的全部投资和经营成本扣除所获收入或节约值后的净额。

例如,政府兴建的公路可能发生以下收益与费用:

(1) 社会收益　车辆运行成本降低、事故减少、运输时间缩短所产生的节约。

(2) 社会受损　农田改作公路的损失,空气污染和环境干扰造成的损失等。

(3) 兴办者(政府)的支出　路基勘探、设计费用,筑路费用,养路费用及公路管理费用等。
(4) 兴办者(政府)的收入　车辆通行费、由土地提价与商业活动增加带来的税收增加。

【例3.7】　某城市市内的A、B两马路交叉处现设有信号灯控制系统指挥车辆通行,信号灯系统的年运行费用为5 000元。此外,还有负责巡视的交警2名,每日交通高峰时间值勤2小时,每小时工资为20元。据测算,公路A平均日通行量为10 000辆,公路B为8 000辆,其中有20%为货车,60%为商用客车,20%为轿车。约有50%的车辆在十字路口停车等候。每次停车时间在A公路上为1分钟,在B公路上为1.2分钟。货车每停车1小时损失100元,客车为180元,轿车为60元。车辆每起动一次的费用,货车、客车和轿车分别为0.06元、0.04元和0.02元。据近4年的统计资料,因车辆违反信号控制共发生死亡事故2起,平均每起赔付50万元,伤残事故40件,平均每件赔付10 000元。现在拟在该交叉口建立交工程,预计投资10 000万元,工程寿命25年,年维修费25万元,残值为0。建成后可消除停车与交通事故,但约20%的车辆增加了0.25公里的行程,货车、客车和轿车的每公里行驶成本为1.0元、0.8元和0.5元。基准收益率为6%。试对该项目进行费用效益分析。

解：按费用效益分析方法,可先逐项计算出社会净收益与兴办者净支出,再计算相关指标。

(1) 社会净收益现值计算

① 节约车辆等待时间的收益

$$10\,000 \times 50\% \times (20\% \times 100 + 60\% \times 180 + 20\% \times 60) \times \frac{1}{60} + 8\,000 \times 50\% \times$$

$$(20\% \times 100 + 60\% \times 180 + 20\% \times 60) \times \frac{1.2}{60} = 22\,867(元/天)$$

② 节约车辆起动次数的收益

$$10\,000 \times 50\% \times (20\% + 0.06 + 60\% \times 0.04 + 20\% \times 0.02) +$$
$$8\,000 \times 50\% \times (20\% + 0.06 + 60\% \times 0.04 + 20\% \times 0.02) = 360(元/天)$$

③ 减少交通事故的节约额

$$\frac{2 \times 500\,000 + 40 \times 10\,000}{4} = 350\,000(元/年)$$

④ 增加行驶里程的损失额

$$(10\,000 + 8\,000) \times 20\% \times (20\% \times 1.0 + 60\% \times 0.8 + 20\% \times 0.5) \times 0.25 = 702(元/天)$$

则社会净收益的现值为

$$B = [(22\,867 + 360) \times 365 + 350\,000 - 702 \times 365] \times (P/A, 6\%, 25)/10\,000 = 10\,957(万元)$$

(2) 兴办者净支出现值计算

$$C = 10\,000 + (25 - 0.5 - 20 \times 2 \times 2 \times 365/10\,000) \times (P/A, 6\%, 25) = 10\,276(万元)$$

(3) 计算费用效益分析指标

$B/C = 1.07 > 1$

$B - C = 681 > 0$

项目的社会效益大于其费用支出,是可以立项建设的。

习 题

1. 什么是基准投资收益率？如何合理确定基准投资收益率？
2. 什么是内部投资收益率？它与基准投资收益率之间有什么关系？
3. 一个技术方案的内部收益率正好等于基准投资收益率，则其净现值和动态投资回收期的值分别是什么特殊值？为什么？
4. 某投资方案的初期投资额为1 500万元，此后每年年末的净现金流量为400万元，若基准投资收益率为15%，方案的寿命期为15年，15年后的残值为零。计算该方案的净现值、净将来值、年值，并对其经济性进行判断。
5. 某投资方案的初期投资额为300万元，此后每年年末的净收益为90万元，方案的寿命期为10年，10年后的残值为零。试计算该方案的内部收益率，并对其经济性进行判断（设基准投资收益率为15%）。
6. 某投资方案的初期投资额为200万元，此后每年年末的净现金流量如下：第一年末为30万元，第2～10年末为50万元，项目的计算寿命期为10年，10年后的残值为零。计算该方案的静态投资回收期和动态投资回收期（设基准投资收益率为10%），并根据动态投资回收期对其经济性进行判断。
7. 某建设项目寿命期为7年，各年现金流量如表3.4所示，设基准收益率为10%。计算该项目的净现值、内部收益率、静态投资回收期及动态投资回收期。

表3.4　各年现金流量表　　　　　　　　　　　　　单位：万元

年末	1	2	3	4	5	6	7
现金流入			900	1 200	1 200	1 200	1 200
现金流出	800	700	500	600	600	600	600

8. 某工程方案的净现金流量如表3.5所示，假如基准贴现率为10%，求其净现值、内部收益率、静态投资回收期、动态投资回收期。

表3.5　净现金流量表　　　　　　　　　　　　　单位：万元

年末	1	2	3	4-7	8	9	10	11	12	13
方案	−15 000	−2 500	−2 500	4 000	5 000	6 000	7 000	8 000	9 000	10 000

9. 某工厂自行设计制造特种机床一台，价格为75万元，估计可使用20年，每年可节省成本10.5万元。若该机床使用20年后，无残值，其内部收益率是多少？事实上，该机床使用6年后，以20万元出让给了其他单位，其内部收益率又如何？

10. 在正常情况下，某年产100万吨的水泥厂建设期为2年，运营期为18年，全部投资在8年内可回收（从开工建设期算起的静态投资回收期），则该投资项目的内部收益率为多少？如果该项目年产量为200万吨，项目建设期为3年，运营期为20年，要达到同样的投资效果，回

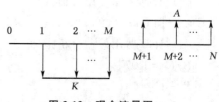

图3.13　现金流量图

期应不大于几年?该水泥厂的现金流量图如图 3.13 所示。

11. 某新建工厂地点位于城郊地带,工厂生产中有一些噪声污染。为补偿邻近一村庄居民因噪声带来的环境受损,厂方允诺由其投资 115 万元,按四级公路标准为该村修建一条村道连接到工厂通往高速公路的二级公路,在工厂 20 年的运营期内每年的 3 万元村道维护费用也由工厂承担。该村道的修建将大大地提高村民出行的便利性和增加对外经济往来,村民的此项收益估算为 12 万元/年,但村民因忍受噪声污染环境受损折算费用为 25 万元/年。

(1) 试从村民的角度画出该项目的现金流量图或编制现金流量表(道路建设期很短,假设投资在 1 年初完成)。

(2) 已知:从村民角度分析该项目的内部收益率为 6%。试从村民角度画出该项目的净现值函数示意图。

(3) 据以上数据,在什么条件下,村民才愿意接受厂方的此项补偿计划?从村民角度分析,阐述理由。

12. 某市投资 26 亿元于 2005 年建成了五层互通、高 32 米、双向六车道、全长 15 公里的双桥门立交,是当时华东地区最大的现代化城市立交桥。该桥西接赛虹桥立交,东至大明路,南接龙蟠路和卡子门高架,北至龙蟠南路和秦虹路路口,有效解决了该市那个时期的城市快速交通"瓶颈"问题,缓解了城区的交通压力。试定性分析这公共事业项目的费用和效益(收益)构成。

4 多方案经济性比较与选择

工程经济分析经常面临多方案的比选问题,这些多方案可能来源于工程整体方案或是局部方案。作为工程经济学的核心问题之一,多个可行方案的优选主要是通过多方案的经济性比较来实现的。在工程经济分析实践中,由于方案之间关系的复杂性及资源状况等客观条件的限制,通常不能直接用前述的经济性评价指标来进行方案的比较和选择。本章分析了工程方案间的关系,并对互斥多方案、独立多方案和混合多方案的比选方法进行了论述。

4.1 概述

出于经济的目的,对工程项目需要提出多个技术上可行的备选方案,这些方案都能满足工程发起人的要求,各自具备鲜明特征而相互区别。多方案为提高工程项目的经济性和投资决策的可行性提供的基本条件,另一方面,方案之间经济差别性也正是人们创造备选多方案的一种动力。多方案在实际工程的建设过程中普遍存在,如项目的生产规模、产品结构、生产工艺、主要设备选择,项目资金筹措、管理和经营等方面也存在多方案的选择问题。

本书里的多方案的比选也是基于方案经济性的比选,如果我们将第 3 章的方案经济可行性判断称为方案绝对经济性评价的话,本章则重点讨论多方案在已经全部满足经济可行性的基础上,选择出经济性相对更好的方案作为最终付诸实施的方案。所以,多方案的比选可以归为相对经济效果评价。

即使只是单纯地从经济性角度出发来进行多方案比选时,往往也会面临很多基本问题需要解决,这些问题归纳起来一般有如下几个方面:

1) 比选的经济性标准

多方案的比选是依据方案的经济性指标优劣排序后进行选择的。那么,用什么指标为标准来对多方案进行排序比较合适呢?在本书第 3 章对单方案经济可行性的评价提出了诸如 NPV、NFV、IRR、P_t 等动态指标和一系列静态指标,其中 NPV、NFV 属价值型指标,能全面反映方案的盈利能力;IRR 和 $NPVR$ 属于效率型指标,P_t 属时间型指标。由于效率型指标和时间型指标不能全面反映项目间的盈利能力,在评价多方案经济效果的优劣上有一定缺陷,所以,在多方案的比选时不能直接依靠这类指标的排序结果做决策,但可在经济性比选时作为辅助指标使用或变通后使用(参见 4.3.2 节)。

2) 方案间的关系类型

按多方案之间的经济关系类型,多方案又可划分为互斥型多方案、独立型多方案、混合型多方案和其他类型方案。

互斥型多方案是指在没有资源约束的条件下,在一组方案中,选择其中的一个方案则排除了接受其他任何一个的可能性,简称互斥多方案或互斥方案。如一个建设项目的工厂规模、主要设备、厂址的选择,一座建筑物或构筑物的结构类型选择,一个工程主体结构的施工工艺确定等。

独立型多方案是指在没有资源约束的条件下,在一组方案中,一个方案是否采用与其他方案是否采用无关,简称独立多方案或独立方案。例如,某城市要解决跨江交通问题,列出的一组方案包括:桥梁、过江隧道、地铁和老桥加宽改造等,在没有资金约束的情况下,它们就是一组独立方案。

混合型多方案类型是指在一组方案中,方案之间有些具有互斥关系,有些具有独立关系,则称这一组方案为混合方案。常见的混合方案结构形式是在一组独立多方案中,每个独立方案下又有若干个互斥方案的形式。例如:当上述跨江交通的解决方案中的各独立方案在技术上又有多种选择时,就构成了在一组独立方案下的互斥方案所构成的混合方案。

其他类型方案。如:条件型多方案、现金流量相关型多方案和互补型多方案等。

3) 现金流量的确定程度

方案的现金流量一般是可以预测或估算得来,从而对方案的经济性进行确定性的分析。但有些情况下方案的现金流量却无法衡量或衡量本身无意义。现金流量无法衡量的情况多见于具有公共产品属性的项目,其收益无须进行市场价值度量;也有一些项目的收益无法用货币形式表示,如城市污水净化工程、安全防患工程和环境整治工程等。现金流量无须衡量的情况如两个重要城市间的铁路、公路、航空等交通工程项目,其建设是为了满足两地间客货运输的需要和区域经济发展的需要,还有如某企业基于特定产品生产而购置设备,不论选取何种设备,都要满足特种产品生产的目的,任何设备的使用都是为了相同的生产目的。这些方案就是收益相同的方案,详细计算项目收益对于方案间的比选没有意义。

这类方案,由于其收益相同或未知,所以方案选择只需进行局部比较,即进行费用的相对比较。常用的费用比较法有费用现值法和费用年值法。方案比选的准则是:费用最小的方案相对最优。应当指出,费用比较法只是局部的相对比较,不能证明方案的经济效益水平。因此,即使相对最优(即费用最小)的方案,也可能达不到起码的经济要求。若要了解方案的经济效益水平,尚需进行全面评价(参见 4.3.3 节)。

4) 分析期

分析期相同是多方案具有可比性的条件之一,但是,也经常遇到寿命无限或不等的方案需要比较的情况。理论上来说,寿命期不等的方案是不可比的,因为无法确定短寿命的方案比长寿命的方案寿命所短的那段时间里的现金流量。但是,在实际工作中又会经常遇到此类情况,同时又必须作出选择。这时候需要对方案的分析期采取一定的方法进行调整,使它们具有可比性。

处理寿命期不等的方案比选时的方法就是对分析期作出一致确定,然后对各方案短于或长于分析期的时间段的现金流进行假设,作出相应处理,满足方案间的可比性后再进行多方案的比选过程。对于寿命期无限的多方案比选方法在本章也有论述(参见 4.4 节)。

5) 投资额或其他资源的限制

投资额等资源投入限制的问题主要发生在独立型多方案的选择上,这里既要充分使用资金等资源,又要选择出具有更好经济效果的方案或方案组。对于有投资额等资源限制的独立多方案比选,所采用的方法和指标与无资源限制或互斥多方案比选是一致的,这里只需增加一个资源限额条件下的方案组合和筛选步骤,一般可采取方案组合法和效率指标排序法(参见 4.5 节)。

4.2 多方案经济性比选的基本方法

工程经济分析过程中会涉及各种多方案比较问题,如产品方案、工艺设计方案、工程设计方案、场址方案和融资方案等。多方案经济性分析比较的基本方法主要有单指标比较和多指标综合比较和优劣平衡分析方法。

4.2.1 单指标比选法

单指标评价方法是用单一指标作为选择方案的标准。单一指标可以是价值指标、实物指标或时间指标等。在进行方案比较时,如果不同方案之间的其他指标比较接近,或者其中某个指标特别重要,或者其他方面指标可以不用考虑,这时利用单一指标来评价选择方案是比较方便和直接的。

单指标法的优点是比较单一,反映方案的某个方面的真实情况,便于决策者很快可以作出决策。例如:设备选型,如生产的零件的质量和生产速度相同,则可以直接根据各种型号的购置费用和运营费用进行比较选择。在实际工作中,往往通过方案的预选,确定一些其他方面的指标符合基本要求的方案,再根据一个重要的指标来判断优劣。

4.2.2 多指标综合评价

1) 多指标综合评价的特点

有些比较复杂的方案比较,如果采用单一指标,只能反映某个局部的优劣,不能全面地反映方案的总体状况,人为割断了方案之间的关系,对它们的比较需要用一系列指标来衡量。如果一个方案的全部指标优于其他方案,这个方案无疑是最优的方案。但实际上这种全部指标全优的方案是极少的,往往各个方案有部分指标相对较优,而有部分指标相对较差,这时候需要对方案进行综合的评价。

技术方案的综合评价,就是在技术方案的各个部分、各个阶段、各个层次评价的基础上,而不是某一项指标或几项的最优值。为决策者提供各种决策所需的信息。综合评价有两重意义:一是在各部分、各阶段、各层次评价的基础上,谋求的整体功能的优化;二是将不同观察角度、各种不同的指标得出的结论进行综合,选择总体目标最优的方案。

2) 多指标综合评价的过程

综合评价方法主要有以下几个步骤:

(1) 确定目标

方案评价的具体目标要根据方案的性质、范围、类型、条件等确定。

(2) 确定评价范围

在目标确定后,就要调查影响达到目标的各种因素,各因素间的相互制约关系,并找出主要因素,进而了解这些因素所涉及的范围。

(3) 确定评价的指标

评价指标是目标的具体化,根据目标设立相应的评价指标。评价指标的设置的原则有:①指标的系统性;②指标的可测性;③定量指标与定性指标相结合;④绝对指标与相对指标相结合;⑤避免指标的重叠与相互包容;⑥指标的设置要有轻重程度和层次性,便于确定指标的权重。

(4) 确定评价指标的评价标准

具体方案的评价指标值的优劣和满意度,不能依靠主观直觉判断,应有共同的尺度。每一个评价指标都应制定具体的标准和统一的计算方法。定量的指标可用金额、时间、人数、重量、体积等确定具体的量的标准,定性的指标可对标准进行定性描述,并给予相应的等级划分,也可以给予相应的等级分数进行量化处理。

(5) 确定指标的权重

按各项指标的评价结果,对综合指标的目标的影响程度是不同的,为了能正确地反映各分项指标对评价的目标的影响的重要程度,通常通过加权予以修正,重要的指标予以较大的权重,相对次要的指标予以较小的权重。

(6) 确定综合评价的判据和方法

一般有两种方法:一种是对每个方案的各个定量的指标确定指标值和非定量的指标的优缺点,但并不确定一个综合的指标值,而直接交决策者决策;另一种是确定各方案的各项技术经济指标值,并对非定量的指标进行量化处理,然后综合成单一评价值,再提交给决策者决策。在实践中,如果一些主要指标的指标值差异较大,可采用混合的方法:即计算出各个方案一个综合的单一指标值,同时列出各方案主要指标的指标值或优缺点的对比表,一起提交决策者参考。

3) 综合评价值的计算

综合评价值的计算有下面几种方法,具体选用何种方法,则与整个评价过程、评价要求、评价指标的设定、评价标准和指标值的确定等有关。

(1) 加分评分法

就是将各方案的各指标值得分累加为总分,即为各方案的综合评价值。公式如下:

$$S_i = \sum_{j=1}^{m} s_{ij} \tag{4.1}$$

式中:S_i——第 i 个方案的综合评价值,$i=1,2,\cdots,n$;

s_{ij}——第 i 方案的第 j 个指标的指标值,$j=1,2,\cdots,m$。

(2) 连乘评分法

将各方案的各指标值得分连乘,作为总分,即为各方案的综合评价值。公式如下:

$$S_i = \prod_{j=1}^{m} s_{ij} \tag{4.2}$$

式中:S_i——第 i 个方案的综合评价值,$i=1,2,\cdots,n$;

s_{ij}——第 i 方案的第 j 个指标的指标值,$j=1,2,\cdots,m$。

(3) 加权评分法

按各个指标的重要程度确定各指标的权重,再计算各方案的各指标值与权重相乘,再累加,得到的加权总分,即为各方案的综合评价值。计算公式为

$$S_i = \sum_{j=1}^{m} s_{ij} \cdot w_j \tag{4.3}$$

式中:S_i——第 i 个方案的综合评价值,$i=1,2,\cdots,n$;

s_{ij}——第 i 方案的第 j 个指标的指标值，$j=1,2,\cdots,m$；

w_j——第 j 个指标的权重，$\sum_{j=1}^{m} w_j = 1$。

上述的过程只是多指标综合评价的基本方法。多指标综合评价已形成一门专门的理论与技术，例如层次分析法、模糊综合评判法等，有兴趣的读者可参考相关文献。

【例 4.1】 某住宅工程采用的建筑节能技术中，外墙保温决定采用墙体复合技术，共有内附保温层、外附保温层和夹心保温层三种方案可供选择，各方案在节能效果、单位造价、建筑工期、建筑造型和建筑质量等方面各有优劣。试对该设计决策进行选择。

解：三种保温方案均能满足国家的建筑节能要求。外附保温层方案在节能效果、建筑质量方面有一定优势，但其安全可靠性、建筑造型、工期方面有一定劣势；内附保温层方案在造价、安全可靠性、工期、造型等方面有可取之处，对建筑质量的保护、节能效果方面效果要差一些；夹心保温层方案在节能效果、建筑造型、安全可靠性方面较好，其他方面有缺陷。

根据以上的分析，评审专家组给出了 6 个指标的权重，并按十分制给每个方案的各指标进行打分量化，结果如表 4.1 所示，然后求出各方案的综合评价值。从表 4.1 可以看出，外附保温层方案得分最高，应作为优先选择的方案，内附保温层和夹心保温层方案得分基本相同，可作为备选方案。从计算中也可以看出，方案的最后得分受指标权重的影响很大。在实际工作中，不同人会根据自己的立场赋予各指标不同的权重，从而会影响评价结果。

表 4.1 三种保温方案的综合评价值

指标		单位造价	节能效果	建筑质量	建筑造型	安全可靠性	建筑工期	综合评分
权重		0.3	0.25	0.15	0.15	0.10	0.05	
方案评价值	内附保温层	9	6	5	10	10	8	7.85
	外附保温层	8	10	10	6	7	9	8.45
	夹心保温层	6	9	8	9	9	6	7.80

4.2.3 优劣平衡分析方法

优劣平衡分析，又称为损益平衡分析，是方案比较分析中应用较广的一种方法。它是根据某个评价指标（包括多指标的综合评价值）在某个影响因素变动的情况下，根据指标的变化对方案的优劣进行比较。

损益平衡分析的基本过程如下：

(1) 确定比较各方案优劣的指标 r；

(2) 确定各方案的指标值随变动因素变化的函数关系

$$r_i = f_i(x) \tag{4.4}$$

式中：r_i——第 i 个方案的指标值（因变量），$i=1,2,\cdots,n$；

x——变动因素（自变量）；

$f_i(x)$——第 i 个方案的指标值随着自变量 x 变化的函数关系。

绘制优劣平衡分析图,各方案的指标变化曲线的交点对应的变动因素值即为方案之间的优劣分歧点(损益平衡点),确定对应的变动因素 x 的值。

根据指标值的最大(如收益等)或最小化(如费用等)的目标,确定变动因素变化的各区域的最优方案的选择。

【例 4.2】 某厂欲租设备一台,生产急需的一种零件。市场上有三种型号供选择,均能满足生产需求,各型号的月租赁费和每个零件的生产成本见表 4.2。应如何选择设备?

表 4.2 各型号设备的月租赁费及零件生产成本

方案	租赁费/(元/月)	零件生产成本/(元/件)
A 型号	4 000	30
B 型号	9 000	15
C 型号	12 000	10

解:设该厂零件的月需要量为 x 件。则各型号设备对应的月生产成本为:

$C_A = 4\ 000 + 30 Q_A$

$C_B = 9\ 000 + 15 Q_B$

$C_C = 12\ 000 + 10 Q_C$

$Q_{AB} = 333$(件/月)

$Q_{BC} = 600$(件/月)

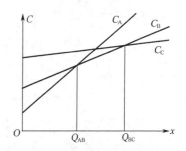

图 4.1 三种型号设备的
优劣平衡分析图

由图 4.1 可更清楚地得出结论:产量小于 Q_{AB},即 333 件时,A 方案的成本最低,故选择方案 A;产量大于 Q_{BC},即 600 件时,选择方案 C;产量介于 333 至 600 件之间时选择方案 B。

4.3 寿命相等互斥方案的经济性比选

在分析期相等的前提下,互斥多方案之间具备较好的可比性,由于互斥方案的比选是多选一的过程,方案收益水平的高低就成为多方案经济性比选的基本因素。用于该类型方案比选的方法归纳起来主要有三种:价值性评判指标的直接比选法、增量方案比选法和最小费用法。

4.3.1 价值性评判指标的直接比选法

价值性评判指标的直接比选法是指多方案在依据价值性评判指标如净现值或净年值进行排序,从中选择出指标值最大的方案为最优方案的方法。由于净现值或净年值小于零的方案在经济上是不可行的,让它们参与经济比较没有意义。所以,用价值性评判指标比较互斥方案,首先可将净现值或净年值小于零的方案排除后再比较其余的方案。下面用例子说明。

【例 4.3】 某企业关于一地块的开发共提出了三个互斥方案 A、B 和 C,基准收益率为 10%,各方案交付运营后的现金流数据列在表 4.3 中,试对其进行方案比选。

表 4.3　三个互斥方案的现金流数据表

方　案	初始投资/万元	年净现金流入/万元	分析期/年
A	5 000	500	20
B	8 000	1 100	20
C	12 000	1 600	20

解： 对该题分别应用净现值和净年值指标进行比选：

(1) 净现值法

$$NPV_A = -5\,000 + 500 \times (P/A, 10\%, 20) = -743.20(万元)$$

$$NPV_B = -8\,000 + 1\,100 \times (P/A, 10\%, 20) = 1\,364.92(万元)$$

$$NPV_C = -12\,000 + 1\,600 \times (P/A, 10\%, 20) = 1\,621.70(万元)$$

由于 A 方案的净现值为负，故将 A 方案排除。其他两个方案中，$NPV_C > NPV_B$，方案 C 被选定为最优方案。

(2) 净年值法

$$AW_A = -5\,000 \times (A/P, 10\%, 20) + 500 = -87.50(万元)$$

$$AW_B = -8\,000 \times (A/P, 10\%, 20) + 1\,100 = 160.00(万元)$$

$$AW_C = -12\,000 \times (A/P, 10\%, 20) + 1\,600 = 190.00(万元)$$

依据净年值最大的方案为最优方案的原则，方案 C 为最优方案，净年值法与净现值法得出的结论是一致的。

这里要注意的是，效率型指标和时间型指标在多方案的经济性比选中是不能直接应用的，但作为辅助性指标，效率型指标在直观反映方案收益水平以及时间型指标在反映方案收益能力和风险上各有用处。例 4.3 的计算结果列在表 4.4 中，A 方案为经济不可行方案已排除。

表 4.4　两个互斥方案的经济性指标计算结果表

方　案	初始投资/万元	年净现金流入/万元	净现值/万元	内部收益率/%
B	8 000	1 100	1 364.92	12.63
C	12 000	1 600	1 621.70	11.93

从表中可以看出，B 和 C 方案按内部收益率选择的结论就与净现值得出的结论相矛盾。用投资回收期指标比选多方案时也会如此，其中的原因从图 4.2 中较为直观地反映出来，两个方案按 IRR 得出的结论与 NPV 在 i^*（两互斥方案净现值相等时的利率，可由 $NPV(i)_B = NPV(i)_C$ 计算）左边评价的结论是不一致的，而 NPV 是基于 i_c 的前提计算得来的，本例中 i_c(10%) 正是位于 i^*(11.93%) 的左边。由此得出的结论是：

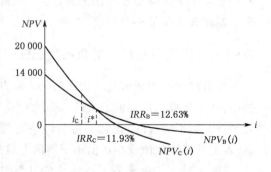

图 4.2　B、C 方案的 NPV 函数图

(1) 当 $i^* > i_c$ 时,内部收益率法与净现值法多方案比选得出的结论相矛盾;

(2) 当 $i^* < i_c$ 时,内部收益率法与净现值法多方案比选得出的结论一致。

可见,用内部收益率法来比选多方案时,得出的结论与价值型指标法有不一致的情况,根据价值最大化的原则,在多方案的直接比选时,应采用净现值或净年值法,不能只是依靠内部收益率、净现值率和投资回收期等效率和时间性指标。

4.3.2 增量方案比选法

1) 增量方案的定义

增量方案是指由两个投资额不等的互斥方案的净现金流之差形成的现金流量看作一个新的方案,称为增量方案,又名差额方案。两方案现金流量之差称为差额现金流量(图 4.3)。为使增量方案的现金流保持常规投资现金流量图的形式,增量方案一般是用投资额较大的方案的现金流减较小的投资方案而成。当面临多个方案的比选时,还要增设 0 方案后,按各方案的投资额由小到大排列后再顺序相比选。

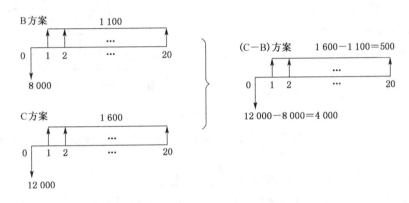

图 4.3 增量方案和差额现金流量

增量方案的提出是剔除比较方案间的相同部分,只对两方案的差异部分进行评判,从本质上体现了方案比选的基本方法。同时,增量方案对于那些不能确定净现金流,但能评估出两互斥方案间现金差额的方案比选有实用意义。如对现有生产线的技术改造方案、对高速公路的扩建或维修方案的现状维持方案(即 0 方案)与改造或维修后的方案比选。

2) 增量方案经济性评价含义及程序

增量方案的经济性评价实际上就是对多投入的差额部分投资的经济性进行的评价,当增量方案具备经济可行性时,就意味着相当于投资额小的方案来说,投资额大的方案多投入的部分在收益水平上已达到投资人的预期,所以选择投资额大的方案而放弃投资额小的方案,否则,如果增量方案的经济上不可行,则投资额小的方案为最优方案。

用增量方案法比选多方案时的程序如图 4.4 所示。

3) 增量方案比选指标

可用于增量方案经济性评价的指标理论上可以为本教材第 3 章中的任何一个指标,但在人们实际工作中常用的有净现值和内部收益率,分别称为差额净现值(ΔNPV)和差额内部收益率(ΔIRR)。

(1) 差额净现值法

差额净现值就是指两互斥方案构成的差额现金流量的净现值,用符号 ΔNPV 表示。设两个互斥方案 j 和 k,基准收益率为 i_c,寿命期皆为 n,第 t 年的净现金流量分别为 C_t^j,$C_t^k(t=0,1,2,\cdots,n)$,则差额净现值的计算公式:

$$\Delta NPV_{k-j} = \sum_{t=0}^{n}(C_t^k - C_t^j)\times(1+i_c)^{-t} \quad (4.5)$$

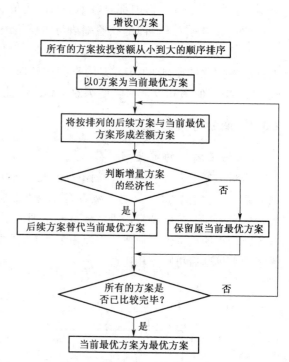

图 4.4 增量方案比选法的程序

使用 ΔNPV 数值的大小来比较两个方案的评价标准是:

① 如果 $\Delta NPV=0$,认为在经济上两个方案等值。但考虑到投资大的方案比投资小的多投入的资金所取得的收益达到了基准收益率,因此如果撇开其他因素,就应考虑选择投资大的方案;

② 如果 $\Delta NPV>0$,认为增量部分在经济上也是可行的,所以投资大的方案优于投资小的方案;

③ 如果 $\Delta NPV<0$,认为增量部分在经济上不可行,所以投资大的方案劣于投资小的方案。

【例 4.4】 以例 4.3 为例,用差额净现值法对方案进行比选。

解:(1) 增设 0 方案,投资为 0,收益也为 0;将方案按投资额从小到大的顺序排列为:0,A,B,C。

(2) 将 A 方案与 0 方案进行比较

$$\Delta NPV_{A-0} = NPV_A = -743.20(万元) < 0$$

则 0 方案为当前最优方案。(注:参与比选的方案的前提是已符合经济性要求,这里将 A 方案保留在比选方案里是举例需要)

(3) 将 B 方案与当前最优方案比较

$$\Delta NPV_{B-0} = -8\ 000 + 1\ 100\times(P/A,10\%,20) = 1\ 364.92(万元) > 0$$

则 B 为当前最优方案。

(4) 将 C 方案与当前最优方案比较

$$\Delta NPV_{C-B} = (-12\ 000 + 8\ 000) + (1\ 600 - 1\ 100)\times(P/A,10\%,20)$$
$$= 256.78(万元) > 0$$

则 C 为当前最优方案,而所有的方案比较完毕,所以 C 为当前最优方案。

从上例中可以看出,差额净现值法与净现值法的比较结果是一致的。差额净现值的经济含义也表明了为什么净现值最大的方案为最优方案,实际上两互斥方案的净现值差即为方案之间的差额净现值。

(2)差额内部收益率法

差额内部收益率是指使得两个互斥方案形成的差额现金流量的差额净现值为零时的折现率,又称为增量投资收益率,用符号 ΔIRR 表示。设两个互斥方案 j 和 k,寿命期皆为 n,第 t 年的净现金流量分别为 C_t^j,$C_t^k(t=0,1,2,\cdots,n)$,则 ΔIRR_{k-j} 满足下式

$$\sum_{t=0}^{n}(C_t^k - C_t^j) \times (1+\Delta IRR_{k-j})^{-t} = 0 \tag{4.6}$$

使用 ΔNPV 数值的大小来比较两个方案的评价标准是:

① 如果 $\Delta IRR = i_c$,认为在经济上两个方案投资效率相等,但增量部分的投资也达到了期望收益,所以应考虑选择投资大的方案;

② 如果 $\Delta IRR > i_c$,认为在经济上投资大的方案优于投资小的方案;

③ 如果 $\Delta IRR < i_c$,认为在经济上投资大的方案劣于投资小的方案。

使用差额内部收益率法比选多方案的程序如图4.4所示。

【例 4.5】 对例4.3用差额内部收益率法对方案进行比选。

解:(1)增设0方案,投资为0,收益也为0;将方案按投资额从小到大的顺序排列:0,A,B,C。

(2)将A方案与0方案进行比较。差额内部收益率 ΔIRR_{A-0} 满足:

$$-5\,000 + 500(P/A,\Delta IRR_{A-0},20) = 0$$

则求得 $\Delta IRR_{A-0} = 7.75\% < i_c = 10\%$,所以0为当前最优方案。

(3)将B方案与当前最优方案0进行比较。差额内部收益率 ΔIRR_{B-0} 满足:

$$-8\,000 + 1\,100(P/A,\Delta IRR_{B-0},20) = 0$$

则求得 $\Delta IRR_{B-0} = 12.63\% > i_c = 10\%$,所以B为当前最优方案。

(4)将C方案与当前最优方案B进行比较。差额内部收益率 ΔIRR_{C-B} 满足:

$$-(12\,000 - 8\,000) + (1\,600 - 1\,100)(P/A,\Delta IRR_{C-B},20) = 0$$

则求得 $\Delta IRR_{C-B} = 10.93\% > i_c = 10\%$,所以C是当前最优方案。

(5)因所有方案比较完毕,所以C方案为最优方案。

从本例的结果看,差额内部收益率法得出的结论与前面几个方法相一致。

4.3.3 最小费用法

在实际工作中,常常会需要比较一些特殊的方案,方案之间的效益相同或基本相同而其具体的数值是难以估算的或者是无法以货币衡量的,例如:一座人行天桥采用钢结构还是钢筋混凝土结构。当只从经济性角度来看时,只需要以费用的大小作为比较方案的标准,以费用最小的方案为最优方案,这一方法称为最小费用法。最小费用法包括费用现值法、年费用法、差额净现值法和差额内部收益率法,具体方法过程通过下面的例子说明。

【例 4.6】 某企业拟购买某种设备一台,有新旧两种选择方案。在分析期内,两种方案的年产品数量和质量相同(即年收益相同),但购置费和日常运营成本不同(见表4.5)。两种型号

的计算寿命皆为 5 年，$i_c=8\%$。试对该方案作经济性比选。

表 4.5　新旧两种方案情况表

型号(方案)	购置费/万元	年运营成本/万元	残值/万元
新设备	42	10	15
旧设备	25	15	2

解：(1) 费用现值法

费用现值(Present Cost，PC)就是指将方案各年发生的费用折算为现值，再求和。费用现值法通过计算各方案的费用现值，以费用现值最小的方案为最优方案。

新旧设备方案的现金流量图如图 4.5 所示，分别计算两方案的费用现值：

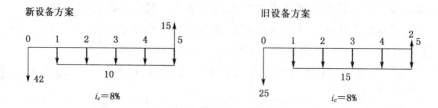

图 4.5　新旧设备方案费用的现金流量图

$$PC_{旧}=25+15\times(P/A,8\%,5)-2\times(P/F,8\%,5)$$
$$=25+15\times3.9927-2\times0.6806=83.53(万元)$$

$$PC_{新}=42+10\times(P/A,8\%,5)-15\times(P/F,8\%,5)$$
$$=42+10\times3.9927-15\times0.6806=71.72(万元)$$

由于 $PC_{新} < PC_{旧}$，所以购买新设备最经济。

(2) 年费用法

年费用(Annual Cost，AC)就是指年等值费用，即将方案各年发生的费用及初期投资折算为等值的年费用。年费用也可理解为年平均费用，但这里的平均不是算术平均，而是考虑资金时间价值的动态平均。年费用法就是比较各互斥方案的年费用，以年费用最小的方案为最优方案。本例中

$$AC_{新}=10+42\times(A/P,8\%,5)-15\times(A/F,8\%,5)$$
$$=10+42\times0.2505-15\times0.1705=17.96(万元)$$

$$AC_{旧}=15+25\times(A/P,8\%,6)-2\times(A/F,8\%,5)$$
$$=15+25\times0.2505-2\times0.1705=20.92(万元)$$

由于 $AC_{新} < AC_{旧}$，所以购买新设备最经济。

(3) 差额净现值法

这里的差额净现值法和前文所述的有收益的互斥方案比较的差额净现值是相同的。这是因为如果两个互斥方案的收益相同,在它们差额现金流量时,收益相抵,其差额现金流量就是两方案的费用形成的差额现金流量。

新旧设备购买方案所形成的差额现金流量如图4.6所示。

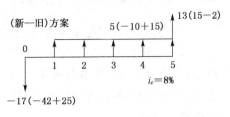

图 4.6 (新一旧)方案的差额现金流量图

计算差额净现值

$$\Delta NPV_{新-旧} = -17 + 5 \times (P/A, 8\%, 5) + 13 \times (P/F, 8\%, 5)$$
$$= -17 + 5 \times 3.9927 + 13 \times 0.6806 = 11.81(万元)$$

由于 $\Delta NPV_{新-旧} > 0$,所以投资额大的新设备购买方案优于旧设备购买方案。

(4) 差额内部收益率法

差额内部收益率基本思想同差额净现值法,只是不是计算净现值而是计算差额内部收益率来比较方案优劣。

本例两方案的差额内部收益率 $\Delta IRR_{新-旧}$ 满足下式:

$$-17 + 5 \times (P/A, \Delta IRR_{新-旧}, 5) + 13 \times (P/F, \Delta IRR_{新-旧}, 5) = 0$$

用线性内插法求得 $\Delta IRR_{新-旧} = 26.63\% > i_c = 8\%$,所以投资额大的新设备购买方案比投资额相对较小的旧设备购买方案更经济。

从例 4.6 中计算结果看,四种方法的比较结论是一致的,实际使用时择一应用。四种方法适用不同的情况:费用现值法是常用的方法,年费用法适用于不等寿命的方案比较,差额净现值法适用于难于确定各方案准确的费用流但可确定方案之间的费用流量差额的情况,差额内部收益率法则适用于无法确定基准收益率的情况。

应该说明的是,用最小费用法只能比较互斥方案的相对优劣,并不能表明各方案在经济上是否合理。这一方法尤其适用于已被证明必须实施的技术方案,如公用事业工程中的方案比较、一条生产线中某配套设备的选型等。

4.4 寿命无限或寿命期不等的互斥方案比较

按照价值最大化的原则来选择多方案时,寿命期不等的方案是不具备可比性的,这是因为寿命期短的方案现金流入的时间短,方案的净现值或净年值常常较寿命期长的方案小,因而在比选时会被否定掉。但寿命期短的方案的投资效率往往比寿命期长的方案高,且在应对经济全球化和技术进步等不确定因素带来的风险方面具有优势。所以,当投资机会很多时,与寿命期长的方案相比,投资者往往更愿意选择该类型的方案。对于寿命期不等或寿命无限等寿命期相关的多方案比选问题需要相应的方法。

4.4.1 寿命无限的互斥方案比较

一些公共事业工程项目方案,如铁路、桥梁、运河、大坝等,可以通过大修或反复更新使其寿命延长至很长的年限直至无限。这种情况下,时间跨度越大的现金流对方案净现值的贡献越小,这给方案的经济分析和多方案的比选带来困难。考虑到寿命期无限的项目一般具有现金流周期性地重复出现的特点,可从分析该情形下方案的年值与现值之间的特别关系入手来解决此类问题。

按资金等值原理,已知:

$$P = A \times \frac{(1+i)^n - 1}{i(1+i)^n} = A \times \frac{1}{i}\left[1 - \frac{1}{(1+i)^n}\right]$$

i 为具有实际经济意义的利率,即 $i > 0$,

则,当 $n \to \infty$ 时,

$$P = \lim_{n\to\infty} A \times \frac{1}{i}\left[1 - \frac{1}{(1+i)^n}\right] = \frac{A}{i} \lim_{n\to\infty}\left[1 - \frac{1}{(1+i)^n}\right] = \frac{A}{i}$$

即当 $n \to \infty$ 时

$$P = A/i \tag{4.7}$$

或者

$$A = P \cdot i \tag{4.8}$$

应用上面的两式可以方便地解决无限寿命期互斥方案的比较。寿命无限方案的初始投资费用加上假设永久运行所需支出的运营费用和维护费用的现值,称为资本化成本。下面通过例子来说明具体的方法。

【例 4.7】 某水利工程,初步拟定两个方案供备选。A 方案路线较短,但机械设备配备多,初始投资 4 800 万元,年维护费为 250 万元,每 5 年大修一次费用为 800 万元;B 方案为路线较长,但设备较少,初始投资 6 500 万元,年维护费为 100 万元,每 10 年大修一次费用为 1 200 万元,基准收益率为 5%。哪一个方案经济?

解:(1)费用现值法

A 方案的费用现值为

$$PC_A = 4\ 800 + \frac{250}{5\%} + \frac{800 \times (A/F,\ 5\%,\ 5)}{5\%} = 12\ 696(万元)$$

B 方案的费用现值为

$$PC_B = 6\ 500 + \frac{100}{5\%} + \frac{1\ 200 \times (A/F,\ 5\%,\ 10)}{5\%} = 10\ 408(万元)$$

由于 $PC_A > PC_B$,则 B 方案经济。

(2)年费用法

A 方案的年费用为

$$AC_A = 250 + 800 \times (A/F, 5\%, 5) + 4\,800 \times 5\% = 634.80(万元)$$

B 方案的年费用为

$$AC_B = 100 + 1\,200 \times (A/F, 5\%, 10) + 6\,500 \times 5\% = 520.4(万元)$$

由于 $AC_A > AC_B$，则 B 方案经济。

4.4.2 寿命期不等的方案比较

对于寿命期不等的互斥方案比较问题，必须先对方案的计算期和现金流作出处理，使得备选方案在相同条件的基础上进行比较，才能得出合理的结论。常用两种处理方法：一种是最小公倍数法或年值法，另一种是研究期法。

1) 最小公倍数法

最小公倍数法就是将一组互斥方案按重复型更新假设理论将它们延长至最小公倍数寿命期，然后按互斥方案的比选方法进行比较。在分析中，它基于重复型更新假设理论，该理论包括下面两个方面：

(1) 在较长时期内，方案可以连续地以同种方案进行重复更新，直到多方案的最小公倍数寿命期或无限寿命期；

(2) 替代更新方案与原方案现金流量完全相同，延长寿命后的方案现金流量均以原方案寿命为周期重复变化。

【例 4.8】 有 A、B 两个互斥方案，A 方案的寿命为 4 年，B 方案的寿命为 6 年，其现金流量如表 4.6 所示。$i_c = 10\%$，试比较两方案。

表 4.6 两个互斥方案数据表

方　案	投资/万元	现金净流入/万元	残值/万元	寿命/年
A	800	400	150	4
B	650	300	100	6

解： 根据重复型更新假设理论，将 A、B 方案的寿命延长到最小公倍数寿命期 12 年，现金流量也周期重复变化。即 A 方案重复更新两次，延长三个寿命周期；B 方案重复更新一次，寿命延长两个周期，据此绘制的现金流量图如图 4.7 所示。

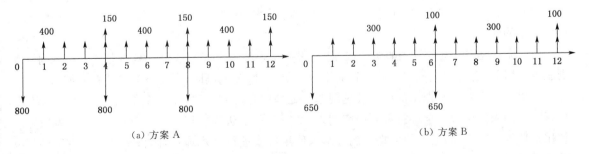

(a) 方案 A　　　　　　　　　　　　　(b) 方案 B

图 4.7　两寿命不等方案的现金流量图

$$NPV_A^{(12)} = -800 \times [1 + (P/F, 10\%, 4) + (P/F, 10\%, 8)]$$
$$+ 400 \times (P/A, 10\%, 12) + 150 \times [(P/F, 10\%, 4)$$
$$+ (P/F, 10\%, 8) + (P/F, 10\%, 12)]$$
$$= 1\,226.11(万元)$$
$$NPV_B^{(12)} = -650 \times [1 + (P/F, 10\%, 6) + 300 \times (P/A, 10\%, 12)]$$
$$+ 150 \times [(P/F, 10\%, 6) + (P/F, 10\%, 12)]$$
$$= 1\,115.49(万元)$$

由于 $NPV_A^{(12)} > NPV_B^{(12)}$，所以 A 方案为优。

本例中，$NPV_A^{(4)} = 570.40(万元) < NPV_B^{(6)} = 713.03(万元)$。显然，对于寿命期不等的方案不能通过直接计算各方案的净现值来比较优劣。

但年值法在寿命期不等的方案比选中却具有实用意义，这是因为在重复型更新假设条件下，现金流量是周期变化的，则延长若干周期后的方案的年值与一个周期的年值应是相等的。对于一般情况也是如此，设 n 为方案的寿命年限，m 为周期数，则在重复型更新假设条件下，有：

$$AV^{(n \times 1)} = AV^{(n \times m)}$$

反过来看，使用年值法来比选寿命期不等的方案时也与最小公倍数法一样，隐含着重复更新假设。因此，对于寿命期不等的互斥方案可通过直接计算方案的年值来比较方案的优劣。

2) 研究期法

最小公倍数法是比较寿命期不等的多方案的常用方法。但是当两比较方案的寿命期公倍数较大时，要经过多次重复后才能达到分析期一致，这会导致重复更新假设理论与现实不符合。因为对于产品和设备更新较快的方案，由于旧技术迅速地为新技术所替代，若仍然以原方案重复更新显然是不合理的。

处理这一问题可行的办法是研究期法。所谓研究期法就是针对寿命期不等的互斥方案，直接选取一个适当的分析期作为比选方案的共同计算期，再通过经济指标进行比选的方法。

研究期的选择视具体情况而定，主要有下面三类：

(1) 以寿命最长方案的寿命为各方案共同的服务年限，令寿命较短方案在寿命终止时，以同种固定资产或其他新型固定资产进行更替，直至达到共同服务年限为止，期末可能尚存一定的残值；

(2) 以寿命最短方案的寿命为各方案共同的服务年限，令寿命较长方案在共同服务年限末保留一定的残值；

(3) 统一规定方案的计划服务年限，计划服务年限不一定同于各个方案的寿命。在达到计划服务年限前，有的方案或许需要进行固定资产更替；服务期满时，有的方案可能存有残值。

这里要注意对方案期末的残值处理问题。处理的方法有三种：①完全承认未使用的价值，即将方案的未使用价值全部折算到研究期末；②完全不承认未使用价值，即研究期后的方案未使用价值均忽略不计；③对研究期末的方案未使用价值进行客观地估计，该估计值为方案到期的市场价值。

下面通过例4.8来进一步说明三种情况下的处理,选定研究期为4年。

(1) 完全承认研究期末设备未使用价值

$$NPV_A^{(4)} = -800 + 400(P/A, 10\%, 4) + 150(P/F, 10\%, 4) = 570.40(万元)$$

$$NPV_B^{(4)} = -650(A/P, 10\%, 6)(P/A, 10\%, 4) + 300(P/A, 10\%, 4) + 100(P/F, 10\%, 4)$$
$$= 546.18(万元)$$

由于 $NPV_A^{(4)} > NPV_B^{(4)}$,所以选择A设备有利。

(2) 完全不承认研究期末设备未使用价值

$$NPV_A^{(4)} = -800 + 400(P/A, 10\%, 4) + 150(P/F, 10\%, 4) = 570.40(万元)$$

$$NPV_B^{(4)} = -650 + 300(P/A, 10\%, 4) + 100(P/F, 10\%, 4) = 369.26(万元)$$

显然,选择A设备有利。

(3) B方案估计研究期末的残值为350万元

$$NPV_A^{(4)} = -800 + 400(P/A, 10\%, 4) + 150(P/F, 10\%, 4) = 570.40(万元)$$

$$NPV_B^{(4)} = -650 + 300(P/A, 10\%, 4) + 350(P/F, 10\%, 4) = 540.01(万元)$$

显然,还是A设备为优。

4.5 独立方案和混合方案的比选

4.5.1 独立方案的比较选择

独立方案的含义是在一组方案的比较选择过程中,选择其中任意一个或任意多个方案时,不会受到其他方案的约束。所以,独立方案最多时可选全部方案,最少也可能一个方案也不选。独立方案这一特点决定了独立方案的现金流量及其效果具有可加性,因而经常要考虑资源限制问题。一般独立方案选择处于下面两种情况:

(1) 无资源限制的情况。如果不考虑资源限制,则任何一个独立方案只要是经济上可接受的,就可采纳并实施。所以,这种情况下的独立方案选择的结果是所有经济可行方案的组合。

(2) 有资源限制的情况。如果独立方案之间共享的资源是有限时,独立多方案的比选不仅要考察单个方案的经济性,还要在资源限额内择优选取。其选择的结果是经济性最好的方案组合,且该组合的资源总和不超过限额。独立方案的选择有两种方法:一是方案组合法,二是效率型指标排序法。

1) 方案组合法

方案组合法又称为独立方案的互斥化。其基本原理是:列出独立方案所有的可能组合,每个组合形成一个组合方案(其现金流量为被组合方案的现金流量的叠加),各组合方案间形成互斥关系,可按互斥方案的比较方法确定最优的组合方案,最优的组合方案即为独立方案的最佳选择。

【例 4.9】 有三个独立的方案 A、B 和 C,寿命期皆为 20 年,现金流量如表 4.7 所示。基准收益率为 10%,投资资金限额为 22 000 万元。要求选择最优方案。

表 4.7 三个独立方案数据表

方　案	初始投资/万元	年现金净流入/万元	分析期/年
A	5 000	600	20
B	8 000	1 100	20
C	12 000	1 600	20

解:(1)列出所有可能的组合方案。以 1 代表方案被接受,以 0 代表方案被拒绝,则所有可能的组合方案(包括 0 方案)组成过程如表 4.8 所示。

表 4.8 三个独立方案组合及净现值计算表

序号	方案组合			组合方案	初始投资/万元	年净收益/万元	寿命/年	净现值/万元
	A	B	C					
1	0	0	0	0	0	0	20	0
2	1	0	0	A	5 000	600	20	108.14
3	0	1	0	B	8 000	1 100	20	1 364.92
4	0	0	1	C	12 000	1 600	20	1 621.70
5	1	1	0	A+B	13 000	1 700	20	1 473.06
6	1	0	1	A+C	17 000	2 200	20	1 729.84
7	0	1	1	B+C	20 000	2 700	20	2 986.62
8	1	1	1	A+B+C	25 000	—	—	—

(2)对每个组合方案内的各独立方案的现金流量进行叠加,作为组合方案的现金流量,并按叠加的投资额按从小到大的顺序对组合方案进行排列,排除投资额超过资金限制的组合方案(A+B+C)(表 4.8)。

(3)按组合方案的现金流量计算各组合方案的净现值(表 4.8)。

(4)(B+C)方案净现值最大,所以(B+C)为最优组合方案。

2)效率型指标排序法

效率型指标反映投资的效率,以比率的形式给出,包括内部收益率和净现值率等。内部收益率排序法主要包括内部收益率或净现值率排序法。现在还以上例为例介绍内部收益率排序法的选择过程。

(1)计算各方案的内部收益率

分别求出 A、B、C 三个方案的内部收益率

$$IRR_A = 10.32\%$$

$$IRR_B = 12.63\%$$

$$IRR_C = 11.93\%$$

（2）这组独立方案按内部收益率从大到小的顺序排列，将它们以直方图的形式绘制在以投资为横轴、内部收益率为纵轴的坐标图上（如图4.8所示）并标明基准收益率和投资的限额。

（3）排除 i_c 线以下的方案，排除投资限额线右边的方案。所以方案 A 不能选中，因此最后的选择的最优方案应为 B 和 C。

净现值率（$NPVR$）排序法具有相同的原理：计算各方案的净现值，排除净现值小于零的方案，然后计算各方案的净现值率（净现值/投资的现值），按净现值率从大到小的顺序，依次选取方案，直至所选取的方案的投资额之和达到或最大限度地接近投资限额。

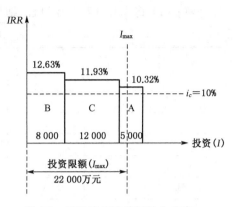

图 4.8 IRR 排序法选择独立方案

内部收益率或净现值率法存在一个缺陷，即可能会出现投资资金没有被充分利用的情况。如上述的例子中，假如有个独立的 D 方案，投资额为 2 000 万元，内部收益率为 10%，显然，再入选 D 方案，并未突破投资限额，且 D 方案本身也是有利可图。而用这种方法，有可能忽视了这一方案。当然，在实际工作中，如果遇到一组方案数目很多的独立方案，用方案组合法，计算是相当烦琐的（组合方案数目成几何级数递增）。这时，利用内部收益率或净现值率排序法是相当方便的。

4.5.2 混合方案的比较选择

混合方案又称层混方案，多方案之间既存在独立关系，又同时存在互斥关系，这给方案的比选提出了新的要求。混合方案的比选方法一般采用方案组合法，列出所有可能的互斥组合方案，然后按照互斥方案的比选方法进行。

混合方案组合法在方法和过程上与独立方案是相同的，不同的是在方案组合构成上，其组合方案数目也比独立方案的组合方案数目少。如果 m 代表相互独立的方案数目，n_j 代表第 j 个独立方案下互斥方案的数目，则这一组混合方案可以组合成互斥的组合方案数目为

$$N = \prod_{j=1}^{m}(n_j+1) = (n_1+1)(n_2+1)(n_3+1)\cdots(n_m+1)$$

【例 4.10】 某企业有 A、B 两地块待开发，其中，城郊的 A 地块有超市和仓储两种开发方案；市区的 B 地块有百货、办公和旅馆三种开发方案，基准收益率为 10%，各方案交付运营后的现金流数据列在表 4.9 中，试对其进行方案比选。

表 4.9 一个混合方案数据表

方 案	A 地块		B 地块		
	$A_{超}$	$A_{仓}$	$B_{百}$	$B_{办}$	$B_{旅}$
投资额/万元	6 000	4 000	7 000	8 000	10 000
年净收入/万元	800	600	1 000	950	1 200
分析期/年	20	20	20	20	20

解：(1) 将混合方案互斥组合，结果见表 4.10。

表 4.10 混合方案互斥组合表

序 号	方案组合					组合方案
	A 地块		B 地块			
	A$_超$	A$_仓$	B$_百$	B$_办$	B$_旅$	
1	0	0	0	0	0	0
2	1	0	0	0	0	A$_超$
3	0	1	0	0	0	A$_仓$
4	0	0	1	0	0	B$_百$
5	0	0	0	1	0	B$_办$
6	0	0	0	0	1	B$_旅$
7	1	0	1	0	0	A$_超$＋B$_百$
8	1	0	0	1	0	A$_超$＋B$_办$
9	1	0	0	0	1	A$_超$＋B$_旅$
10	0	1	1	0	0	A$_仓$＋B$_百$
11	0	1	0	1	0	A$_仓$＋B$_办$
12	0	1	0	0	1	A$_仓$＋B$_旅$

(2) 计算各方案或组合的净现值，如表 4.11 所示。

表 4.11 混合方案组合及净现值计算表

序 号	方案组合	投资额/万元	净收益/万元	净现值/万元	排序结果
1	0	0	0	0	12
2	A$_超$	6 000	800	810.85	9
3	A$_仓$	4 000	600	1 108.14	7
4	B$_百$	7 000	1 000	1 513.56	4
5	B$_办$	8 000	950	87.89	11
6	B$_旅$	10 000	1 200	216.28	10
7	A$_超$＋B$_百$	13 000	1 800	1 918.99	2
8	A$_超$＋B$_办$	14 000	1 750	1 898.74	3
9	A$_超$＋B$_旅$	16 000	2 000	1 027.13	8
10	A$_仓$＋B$_百$	11 000	1 600	2 621.70	1
11	A$_仓$＋B$_办$	12 000	1 550	1 196.02	6
12	A$_仓$＋B$_旅$	14 000	1 800	1 324.41	5

(3) 从表 4.11 的计算结果排序可知，若无资源限制，本例选 A$_仓$＋B$_百$ 为最优方案。

习　题

1. 多方案间有哪些关系类型？一般常用的经济性比选方法各是什么？
2. 为什么内部收益率不能作为多方案经济性比选的指标，而差额内部收益率法却可以？

3. 一个设计师正在为一种自动喷涂设备的电机的选择而犯愁。有两个型号的电机可选择,输出功率均为 9 kW。电动机 A 的购置费为 10 000 元,运行负荷效率为 88%;电动机 B 的购置费为 8 000 元,运行负荷效率为 85%(注:电动机的输入功率=输出功率/效率)。他估计用户平均每年使用天数为 250 天,每天运行时间在 4~12 小时不等,设备的使用寿命为 5 年。电价为 0.7 元/(kW·h)。请根据不同用户每天所需要的不同运行时间,为该设计师提供电动机选择的建议。

4. 有一开发项目有五个互斥备选方案,各方案预测数据见表 4.12,分析期均为 6 年。
   (1) 基准收益率为 10%,哪一个方案最优?
   (2) C 方案在什么情况下才能成为最优方案?

表 4.12 5 个互斥方案数据表 单位:万元

方 案	A	B	C	D	E
初始投资	100	200	300	400	500
年净收益	35	50	95	120	152

5. 某投资者拟投资于房产,现有三处房产供选择。该投资者拟购置房产后,出租经营,10 年后再转手出让,各处房产的购置价、年租金和转让价见表 4.13。其基准收益率为 15%。分别用净现值法、差额净现值法或者差额内部收益率法,选择最佳方案。

表 4.13 三处房产数据表 单位:万元

	A 房产	B 房产	C 房产
购置价	140	190	220
净转让价(扣除相关费用)	125	155	175
年净租金收入	24	31	41

6. 要在一个新建工业区建一条从水厂到新区的临时供水管线(数据见表 4.14)。现在有三种规格的管道供选择(管道与泵站的线路布局是相同的)。计划临时供水管线使用期为 5 年,计划期末,管道与泵均可回收,预期回收的价值为初始费用的 40%。不论采用什么规格的管道,回收费用都是 20 000 元。设基准收益率为 9%,用多种方法比较三个方案。

表 4.14 临时供水管道方案数据 单位:元

	管道规格(管径)		
	35 厘米	40 厘米	45 厘米
初始费用	180 000	250 000	340 000
年抽水费用	64 000	44 000	28 000

7. 某造船厂为了使船坞上的装卸能力尽可能地扩大,打算购买材料装卸系统。有三种不同的系统(每个系统的装卸能力相同)可供选择。每种系统的初始投资和运行费用见表 4.15。该船厂最多能筹集 140 万元,三系统的寿命均为 10 年,基准收益率为 15%。各种系统可组合投入运行,但每种系统最多只需一套。请确定最优的方案组合。

表 4.15　船坞方案数据　　　　　　　　　　　　　　　　　　　单位：元

系统类型	初始投资	年运行费用
A	650 000	91 810
B	600 000	105 000
C	720 000	74 945

8. 某冶炼厂欲投资建一储水设施，有两个方案：A 方案是在厂内建一个水塔，造价 102 万元，年运营费用 2 万元，每隔 10 年大修一次的费用 10 万元；B 方案是在厂外不远处的小山上建一储水池，造价 83 万元，年运营费用 2 万元，每隔 8 年大修一次的费用 10 万元。另外，方案 B 还需购置一套附加设备，购置费为 9.5 万元，寿命为 20 年，20 年末的残值为 0.5 万元，年运行费用为 1 万元。该厂基准收益率为 7%。

   (1) 储水设施计划使用 40 年，任何一个方案在寿命期末均无残值。哪个方案为优？
   (2) 若永久性地使用储水设施，哪个方案为优？

9. 考虑六个互斥的方案，表 4.16 是按初始投资费用从小到大的顺序排列的。表中给出了各方案的内部收益率和方案之间的差额内部收益率。所有方案都有同样的寿命和具备其他可比条件。

表 4.16　六个互斥方案内部收益率和差额内部收益率

方案	IRR	差额内部收益率				
		Ⅰ	Ⅱ	Ⅲ	Ⅳ	Ⅴ
Ⅰ	1%					
Ⅱ	8%	21%				
Ⅲ	11%	15%	12%			
Ⅳ	15%	22%	19%	17%		
Ⅴ	13%	19%	16%	15%	9%	
Ⅵ	14%	21%	18%	16%	14%	21%

(1) 如果必须采纳方案中的一个，但又无足够的资本去实施最后三个方案，那么应该选哪个方案？为什么？
(2) 假设对于方案 Ⅳ、Ⅴ 和 Ⅵ 投资资金仍旧不足，且能吸引投资者的最小收益率是 12%，如果并不强求一定要采纳一个方案（即不采纳方案也是可接受的方案），你将推荐哪个方案？为什么？
(3) 至少多大的基准收益率才能保证选择方案 Ⅳ 是正确的？
(4) 如果有足够的资金，基准收益率为 10%，你将选择哪个方案？为什么？
(5) 如果有足够的资金，基准收益率为 15%，你将选择哪个方案？为什么？

10. 某公司正在研究 2 个地区 5 个投资项目建议，数据见表 4.17。在每个地区至多选择一个项目进行投资,地区之间是相互独立的。基准收益率为10%。

表 4.17 某公司 5 个投资项目数据

地区	项目方案	初期投资/万元	年净收益/万元	有用寿命/年
C	C_1	200	76	6
	C_2	260	80	9
	C_3	280	100	6
D	D_1	100	50	6
	D_2	170	60	9

(1) 若没有投资资金的限制,如何选择最有利?

(2) 若投资资金限额为 375 万元,如何选择?

(3) 若选择寿命短的方案寿命期为研究期,完全不承认方案研究期末的残值,在(1)和(2)两种情况下又分别如何选择?

5 价值工程原理

价值工程是一种把功能与成本、技术与经济结合起来进行技术经济评价的方法。它不仅广泛应用于产品设计和产品开发,而且应用于各种建设项目,甚至应用于组织机构的改革。因此,掌握价值工程的基本原理、熟悉价值工程的工作步骤对进行工程经济分析与评价有很重要的作用。

5.1 概述

5.1.1 价值工程的产生和发展

价值工程(Value Engineering,VE),也称为价值分析(Value Analysis,VA)或价值管理(Value Management,VM),是第二次世界大战以后发展起来的一种现代化的科学管理技术、一种新的技术经济分析方法。它通过研究产品或系统的功能与成本之间的关系,来改进产品或系统,以提高其经济效益,在建筑工程领域内也被广泛采用。

价值工程于20世纪40年代末起源于美国。1947年美国通用电气公司设计工程师迈尔斯(L.D. Miles)主持采购部门的工作,当时敷设仓库用的石棉板缺乏,专家会议认为可以使用代用品,从而引起了对产品功能的研究。于是迈尔斯考虑,这种材料的功能是什么?能否用代用材料?能否在现有人力、物力资源条件下通过其他途径来获得同样的功能?当时叫价值分析,实际上是从产品投产到制造进行的分析活动,是一种事后分析。而价值工程是从科研、设计、生产、准备、试制新产品的生产过程之前进行的分析,是事前分析。

由于推行价值分析经济效果显著,引起美国各部门的注意,1955年空军在物资器材供应和制造技术方面采用价值分析;1956年扩大到民间的造船业。据统计,从1964—1972年间,美国国防部由于推行价值分析所节约的金额在10亿美元以上。

世界各工业国也迅速地推广价值工程方法。1955年日本引进了价值工程,1960年大量推行。开始时,以重型电机、汽车等行业为中心,到20世纪70年代,价值工程的应用已扩展到钢铁、设备制造等产业部门。1968年价值工程引进到日本建设业,并在造船、车辆和机械等行业中应用。

从材料代用开始,逐渐发展到改进产品设计、改进工艺、改进生产等领域,价值工程正被大量推广应用。近年来,世界各先进国家住宅功能项目的开发和成本信息现代体系的建立,都有利于价值工程方法在建设业中的应用。

价值工程与一般的投资决策理论不同,一般的投资决策理论研究的是项目的投资效果,强调项目的可行性,而价值工程是以研究获得产品必要功能所采用的省时、省钱、省力的技术经济分析法,以功能分析和功能改进为研究目标。

5.1.2 价值工程的概念

价值工程是以提高产品(或作业)价值和有效利用资源为目的,通过分析产品(或作业)的功能与成本的关系,力求以最低的寿命周期成本实现产品(或作业)的必要功能的一种有组织的技术经济活动。价值工程中"工程"的含义是指为实现提高价值的目标,所进行的一系列分析研究活动。价值工程中的"价值"也是一个相对的概念,是指作为某种产品(或作业)所具有的功能与获得该功能的全部费用的比值。它不是对象的使用价值,也不是对象的交换价值,而是对象的比较价值,是作为评价事物有效程度的一种尺度。其定义可用公式表示为:

$$价值(\text{Value}) = \frac{功能(\text{Function})}{成本(\text{Cost})}$$

通常写为:

$$V = \frac{F}{C} \tag{5.1}$$

1) 价值

价值工程中的"价值"一词的含义不同于政治经济学中的价值概念,它类似于生活中常说的"合算不合算"和"值不值"的意思。人们对于同一事物有不同的利益、需要和目的,对于同一事物的"价值"会有不同的认识。例如,大多数人对手机"价值"的认识是把它作为一种通信工具,而追求时尚的人则把一款新颖漂亮的手机作为一种时尚和饰物。可以说,"价值"是事物与主体之间的一种关系,属于事物的外部联系,表现为客体的功能与主体的需要之间的一种满足关系。

2) 功能

功能是指分析对象的用途、功效或作用,它是产品的某种属性,是产品对于人们的某种需要的满足能力和程度。产品或零件的功能通过设计技术和生产技术得以实现,并凝聚了设计与生产技术的先进性和合理性。功能可分为以下几类:

(1) 按功能重要程度可分为基本功能与辅助功能。基本功能是指产品必不可少的功能,决定了产品的主要用途。辅助功能是基本功能外的附加功能,可以根据用户的需要进行增减。如手机的基本功能是无线通信,辅助功能则有无线数据传接(短信)、计时、来电显示、电子数据记录等。

(2) 按功能的用途可分为使用功能与美学功能。使用功能反映产品的物质属性,促使产品、人及外界之间发生能量和物质的交流,是动态的功能。使用功能通过产品的基本功能和辅助功能而得以实现。美学功能反映产品的精神和艺术属性,是人对产品所产生的一种内在的精神感受,是静态的功能。如手机的使用功能有上面所述的无线通信、数据传送等,美学功能则体现手机体型、色彩和装饰性。

(3) 按用户需求可分为必要功能与不必要功能。必要功能是用户需要的功能,不必要功能是指用户不需要的功能。功能是否必要,是视产品的目标对象(消费群体)而言的。如手机的数码摄像功能,对追求时尚的年轻人来说是必要的,而对一些年长的中老年用户来说则可能是不必要的功能。

(4) 按功能的强度可分为过剩功能与不足功能。过剩功能是指虽属必要功能,但功能满足用户的需要又有富余,功能强度超过了该产品所面对的消费群体对功能的需求。例如,手机的数码摄像功能对许多年轻的消费者来说,是必要的功能,但如果配置的摄像的像素很高,可能就成为过剩功能了。不足功能是相对于过剩功能而言的,表现为整体或部件功能水平低于用户需求的水平,不能满足用户的需要。

3) 成本

成本是指实现分析对象功能所需要的费用,是在满足功能要求条件下的制造生产技术和维持使用技术(这里的技术是指广义的技术,包括工具、材料和技能等)的耗费支出。价值工程中所指的成本,通常是指产品寿命周期成本。从社会角度来看,产品寿命周期成本最小的产品方案是最经济方案。对于消费者而言,要使其所购商品的价值最大化,就是在实现同等功能的前提下,商品寿命周期成本最低。即一些品质较高的产品,尽管售价可能会高些,但在使用过程中,其维护修理次数及成本可能会较低,整个寿命周期成本较小。所以,尽管消费者原则上都趋向选择价格低廉的产品,但由于信息不对称的作用,对于复杂的商品消费者往往宁愿付出更高的购价,选择购买知名品牌或企业的产品,以使得商品的寿命周期成本最低。对于目标是长远发展的企业来说,应该注重产品的寿命周期成本。企业现代生产经营理念之一的"顾客价值最大化",与"价值工程"思想殊途同归,说到底都是"价廉物美"。

(1) 功能现实成本

功能现实成本指目前实现功能的实际成本。在计算功能现实成本时,需要将产品或零部件的现实成本转换为功能的现实成本。当产品的一项功能与一个零部件之间是"一对一"的关系,即一项功能通过一个零部件得以实现,并且该零件只有一项这样的功能,则功能成本就等于零部件成本;当一个零部件具有多项功能或者与多项功能有关时,将零部件的成本分摊到相应的各个功能上;当一项功能是由多个零部件提供的,其功能成本是由各相关零部件分摊到本功能上的成本之和。

(2) 功能目标成本

功能目标成本是指可靠地实现用户要求功能的最低成本。通常,根据国内外先进水平或市场竞争的价格,确定实现用户功能需求的产品最低成本(企业的预期的成本或理想成本等)。再根据各功能的重要程度(重要性系数),将产品的成本分摊到各功能,则得到功能目标成本。

5.1.3 价值工程的特点

价值工程涉及价值、功能和寿命周期成本三个基本要素。它具有以下特点:

1) 提高产品价值是价值工程的目标

价值工程是以提高产品的价值为目标,这是用户需要,也是企业追求的目标。价值工程的特点之一,就是价值分析并不单纯追求降低成本,也不片面追求较高功能,而是追求 F/C 的比值的提高,追求产品功能与成本之间的最佳匹配关系。即以最低的寿命周期成本,使产品具备它所必须具备的功能。

一般说来,产品的寿命周期成本由生产成本和使用及维护成本组成。在一定范围内,产品的生产成本和使用费用存在此消彼长的关系。生产成本是随着产品功能强度(包括功能数量和功能的效果)的提高而不断增加的,产品的使用成本随着产品功能强度的增加而降低,由两类成本组成的寿命周期成本存在一个最低点,这是成本与功能的均衡点,是价值工程工作的目标。图 5.1 表明了产品寿命周期成本、生产成本、使用成本的相互关系,称之为"成本-功能"特性曲线。

价值中的成本与功能之间的关系,指出了价值分析的基本思路。

从价值的定义及表达式可以看出,提高产品价值的途径有以下五种:

(1) 降低成本,功能保持不变;
(2) 成本保持不变,提高功能;
(3) 成本略有增加,功能提高很多;
(4) 功能减少一部分,成本大幅度下降;
(5) 成本降低的同时,功能有所提高。这可使价值大幅提高,是最理想的提高价值的途径。

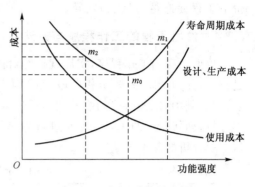

图5.1 成本-功能关系图

如图5.1所示,若采取一定的技术措施,使功能成本点从 m_2 移到了 m_0,则既提高了功能又降低了成本,属于第五种途径;当由 m_0 移到 m_1,也能提高功能,但增加了成本。

总之,在产品形成的各个阶段都可以应用价值工程提高产品的价值。但在不同的阶段进行价值工程活动,其经济效果的提高幅度却是大不相同的,对于大型复杂的产品,应用价值工程的重点是在产品的研究设计阶段,一旦图纸已经设计完成并投产,产品的价值就基本决定了,这时再进行价值工程分析就变得更加复杂,不仅原来的许多工作成果要付诸东流,而且改变生产工艺、设备工具等可能会造成很大的浪费,使价值工程活动的技术经济效果大大下降。因此,价值工程活动更侧重在产品的研制与设计阶段,以寻求技术突破,取得最佳的综合效果。在建设项目中价值工程也主要应用在规划和设计阶段,因为这两个阶段是提高建设项目经济效果的关键环节。

2) 功能分析是价值工程的核心

功能分析是通过分析对象资料,正确表达分析对象的功能,明确功能特性要求,从而弄清产品与部件各功能之间的关系,去掉不合理的功能,使产品功能结构更合理。从成本-功能关系图可以看出,提高产品价值有两条思路:一是从功能出发;二是从成本出发。从成本出发,并不是成本管理中的降低成本的含义,而是通过功能分析,通过方案代换,在保证功能的基础上,实现成本的降低。所以,功能分析是价值工程的核心。

功能分析的主要工作,一是区分产品的基本功能和辅助功能、使用功能和美学功能;二是在满足产品特定用户需求的同时,保证基本功能,合理选择辅助功能,取消不必要的功能和过剩功能,从而降低产品的成本,或者是增加产品的辅助功能,弥补和改进产品不足之处的使用功能,尤其是主要功能,从而使产品的功能得到大幅度提高,并使产品的价值也得到提高。

3) 有组织的团队性创造活动是价值工程的基础

价值工程是贯穿于产品整个寿命周期的系统的方法。从产品设计、材料选购、生产制造、交付使用,都涉及价值工程的内容。价值工程尤其强调创造性活动,只有创造才能突破原有设计水平,大幅度提高产品性能,降低生产成本。因此,团队的知识、经验对价值工程工作十分重要,并且只能在有组织的条件下,才能充分发挥团队的集体智慧。所以,价值工程工作通常是成立价值工程小组、以团队方式来开展。例如,在美国土木工程领域的价值工程活动通常成立一个由各方面的的专家(如建筑师、结构工程师、机电工程师与机械工程师等)组成价值工程小组进行价值工程活动,并由一个来自咨询机构的价值工程专家(称之为价值工程促进员)组织和领导。

5.1.4 价值工程的工作程序与方法

价值工程的工作程序,实质就是针对产品的功能和成本提出问题、分析问题、解决问题的过程,可分为准备阶段、分析阶段、创新阶段和实施阶段四个阶段。各阶段的具体工作内容见表5.1。其中,准备阶段的主要工作是选择价值工程对象;分析阶段的主要工作是进行功能成本分析;创新阶段的主要工作是进行方案创新设计以及方案评价。这三项主要工作构成了价值工程分析的基本框架。

表 5.1 价值工程的一般工作内容

阶段	步 骤	说 明	解答的主要问题
准备阶段	(1) 对象选择 (2) 组成价值工程小组 (3) 制订工作计划	(1) 应明确目标、限制条件和分析范围 (2) 由项目负责人、价值工程咨询专家、专业技术人员等组成 (3) 具体执行人,执行日期,工作目标	(1) 价值工程的对象是什么
分析阶段	(4) 收集整理信息资料 (5) 功能系统分析 (6) 功能评价	(4) 贯穿于价值工程工作的全过程 (5) 明确功能特性要求,绘制功能系统图 (6) 确定目标成本,确定功能改进区域	(2) 产品的作用、功能如何 (3) 产品成本是多少 (4) 产品的价值如何
创新阶段	(7) 方案创新 (8) 方案评价 (9) 提案编写	(7) 提出各种不同的实现功能的方案 (8) 从技术、经济和社会等方面综合评价各方案达到预定目标的可行性 (9) 将选出的方案及有关资料编写成册	(5) 有无实现同样功能的新方案 (6) 新方案的成本是多少 (7) 新方案能满足要求吗?还能继续改进吗
实施阶段	(10) 审批 (11) 实施与检查 (12) 成果鉴定	(10) 委托单位或主管部门组织进行 (11) 制订实施计划,组织实施并跟踪检查 (12) 对实施后取得的技术经济效果进行成果鉴定	(8) 新方案实施效果如何

5.2 价值工程对象的选择

开展价值工程活动首先要明确其研究对象是什么。价值工程对象的选择是指在众多的产品、零部件中从总体上选择价值分析的对象,为后续的深入的价值工程活动选择工作对象。如果价值工程对象确定得当,其工作可事半功倍;确定不当,可能劳而无功。常用的选择方法有以下几种:

(1) 因素分析法

因素分析法,又称经验分析法,即由价值工程小组成员根据专家经验,对影响因素进行综

合分析,确定功能与成本配置不合理的产品或零部件,作为价值工程的对象。这是一种定性的方法。选择的原则是:

① 从设计方面看,对结构复杂、性能差或技术指标低、体积和重量大的产品或零部件进行价值工程活动,可使产品结构、性能、技术水平得到优化,从而提高价值;

② 从施工生产方面看,对量大面广、工序烦琐、工艺复杂、原材料和能源消耗大,且价格高并有可能被替换的或废品率高的产品或零部件进行价值工程活动,可以最低的寿命周期成本可靠地实现必要功能;

③ 从经营和管理方面看,选择用户意见多的、销路不畅的、系统配套差的、利润率低的、市场竞争激烈的、社会需求量大的、发展前景好的或新开发的产品或零部件进行价值工程活动,以赢得消费者的认同,占领更大的市场份额;

④ 从成本方面看,选择成本高或成本比重大的产品或零部件进行价值工程活动可降低成本。

【例 5.1】 对某居住区开发设计方案进行价值工程分析,根据专家经验,该地区的多层住宅建筑工程造价在 750~800 元/m² 之间,如果某设计方案的造价估算超过太多,就可选择其作为价值工程的对象。

(2) ABC 分析法

ABC 分析法是一种定量分析方法,是根据客观事物中普遍存在的不均匀分布规律,将其分为"关键的少数"和"次要的多数",此法以对象数占总数的百分比为横坐标,以对象成本占总成本的百分比为纵坐标,绘制曲线分配图,如图 5.2 所示。

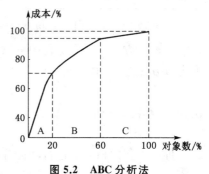

图 5.2 ABC 分析法

ABC 法将全体对象分为 A、B、C 三类,A 类对象的数目较小,一般只占总数的 20% 左右,但成本比重占 70% 左右;B 类对象一般只占 40% 左右,其成本比重占 20% 左右;C 类对象占 40% 左右,其成本比重占 10% 左右。显然 A 类对象是关键少数,应作为价值工程的对象;C 类对象是次要多数,可不加分析;B 类对象则视情况予以选择,可只做一般分析。

(3) 百分比分析法

百分比分析法是通过计算不同产品、不同零部件的各类技术经济指标进行比较选择,确定价值工程的对象。不同产品之间可选择成本利润率或产值资源消耗率等指标,同一产品零部件之间可选择成本所占百分比等指标。

【例 5.2】 某企业生产四种产品,其成本和利润所占百分比如表 5.2 所示。

表 5.2 例 5.2 成本和利润百分比表

产品名称	A	B	C	D	合 计
成本/万元	500	300	200	100	1 100
占百分比/%	45.5	27.2	18.2	9.1	100
利润/万元	115	50	60	25	250
占百分比/%	46	20	24	10	100
成本利润率/%	23	16.7	30	25	—

从表中计算结果可知,B产品成本利润率最低,应选为价值工程对象。

（4）价值指数法

该方法主要适用于从系列产品或同一产品的零部件中选择价值工程的对象,依据 $V=F/C$ 计算出每个产品或零部件的价值指数进行比较选择。对于产品系列,可直接采用功能值与产品成本计算出的价值指数,以价值指数小的产品作为价值工程对象。对于同一产品的零部件的选择方法参见5.3中的相关内容。

【例5.3】某成片开发的居住区,提出了几种类型的单体住宅的初步设计方案,各方案单体住宅的居住面积及相应概算造价如表5.3所示,试从中选择价值工程的研究对象。

表5.3 例5.3方案数据表

方案	A	B	C	D	E	F	G
功能:单体住宅居住面积/m²	9 900	3 500	3 200	5 500	8 000	7 000	4 500
成本:概算造价/万元	1 100	330	326	610	1 000	660	400
价值指数: $V=F/C$	9.00	10.61	9.82	9.02	8.00	10.61	11.25

根据价值计算结果,可知A、D、E方案价值指数明显偏低,应选为价值工程的研究对象。

上述的方法在实际工作中可以综合应用,一般可先根据经验分析法进行初步的选定,再根据定量方法进行确定。

5.3 功能分析

价值工程的核心是进行功能分析。功能分析是价值工程分析阶段的主要工作。

5.3.1 功能定义

任何产品都具有使用价值,即任何产品的存在是由于它们有能满足用户所需求的特有功能,这是存在于产品中的一种本质。人们购买产品的实质是为了获得产品的功能。

进行功能分析时首先要给功能下定义。功能定义就是根据已有信息资料,透过对象产品或部件的物理特征(或现象),找出其效用或功用的本质东西,并逐项加以区分和规定,用简洁、准确、抽象的语言描述出来。功能定义的过程就是解剖分析的过程,如图5.3所示。

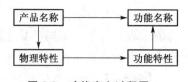

图5.3 功能定义过程图

功能定义要注意以下几点：

（1）简洁。多用"动词＋名词"形式,如道路功能定义为"提高通行能力",路面功能定义为"增大摩擦系数"。

（2）准确。使用词汇要反映功能的本质,并要求对用户的需求进行定量化,以表明功能的大小,如"提高通行能力至××万辆"。

（3）抽象。以不违反准确性原则为度,如路面功能定义为"提高强度",并未注明采用何种方法提高强度,这有助于开阔思路。

（4）全面。可参照产品的结构从上到下,从主到次,顺序分析定义。注意功能与零部件之间是"一对一"的关系,还是"一对多"或"多对多"的关系。

5.3.2 功能整理

功能整理就是用系统的观点将已经定义了的功能加以系统化,找出功能之间的逻辑关系,对功能进行分析归类,画出反映功能关系的功能系统图。通过功能整理分析,弄清哪些是基本的,哪些是辅助的,哪些是必要的,哪些是不必要的,哪些是需要加强的,哪些属于过剩的,从而为功能评价和方案构思提供依据。

功能整理的工作步骤如下:
(1) 明确产品各功能(基本功能、辅助功能等);
(2) 明确各功能之间的相互关系。

产品中各功能之间都是相互配合、相互联系,都在为实现产品的整体功能而发挥各自的作用。因此,要明确各功能相互之间的逻辑关系。各功能之间的逻辑关系包括以下两种:

① 上下位关系

上位功能又称为目的功能,下位功能又称为手段功能。这种关系是功能之间存在的目的与手段关系。如图 5.4 中,平屋盖功能之一是"防水",其下位功能包括"隔绝雨水"和"排除雨水","防水"是目的,通过"隔绝雨水"和"排除雨水"两个手段而实现。

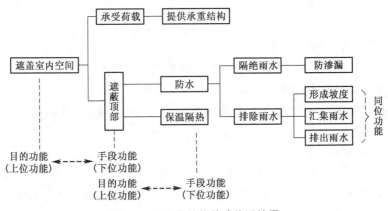

图 5.4 平屋盖结构的功能系统图

② 同位关系

又称为并列关系,指同一上位功能下,有若干个并列的下位功能。如图 5.4 中的"隔绝雨水"和"排除雨水"即为同位功能。

(3) 绘制功能系统图

按功能之间的上下位关系和并列关系,按树状结构进行排列,即形成功能系统图。如图 5.4 所示,即为平屋盖结构的功能系统图。

5.3.3 功能评价

功能评价是在功能定义和功能整理完成之后,在已定性确定问题的基础上进一步作定量的确定,即评定功能的价值。

价值工程的成本有两种,一种是现实成本,即目前的实际成本;另一种是目标成本。功能评价就是找出实现功能的最低费用作为功能的目标成本,以功能目标成本为基准,通过与功能现实成本的比较,求出两者的比值和两者的差异值,然后选择功能价值低、改善期望值大的功能作为价值工程活动的重点对象。功能评价过程如图 5.5 所示。

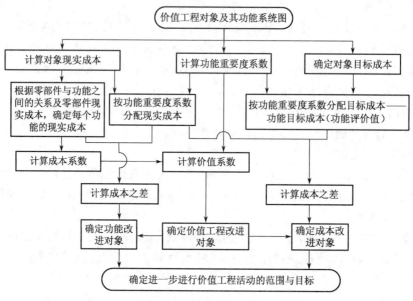

图 5.5 功能评价过程

(1) 功能重要度系数确定方法

功能重要度系数,或称为功能评价系数或功能系数,是从用户的需求角度确定产品或零部件中各功能重要性之间的比例关系。确定方法有强制确定法、直接打分法、多比例评分法、环比评分法和逻辑评分法等,这里主要介绍强制确定法(简称 FD(Forced Decision)法),包括 0—1 法和 0—4 法两种。

① 0—1 强制确定法

由每一参评人员对各功能按其重要性一对一地比较,重要的得 1 分,不重要的得 0 分(如表 5.4)。逐次比较后,求出各功能重要度的功能得分。为避免出现功能系数为 0 的情况,可对功能得分进行修正,再按式(5.2)求出该参评人员评定的各功能的功能重要度系数。然后,计算所有参评人员评定的功能评价系数的算术平均值或加权平均值作为各功能的最终的功能重要度系数。

$$功能重要度系数 = \frac{某功能的重要性得分}{所有功能的重要性总分} \tag{5.2}$$

表 5.4 0—1 FD 法示例

功能	A	B	C	D	E	F	功能得分	修正得分	功能重要度系数
A	×	1	1	0	1	1	4	5	0.238
B	0	×	0	0	1	1	2	3	0.143
C	0	1	×	0	1	1	3	4	0.190
D	1	1	1	×	1	1	5	6	0.286

(续表)

功能	A	B	C	D	E	F	功能得分	修正得分	功能重要度系数
E	0	0	0	0	×	0	0	1	0.048
F	0	0	0	0	1	×	1	2	0.095
合　计							15	21	1

② 0—4 强制确定法

0—4 法和 0—1 法类似,也是采用一一对比的方法进行评分,但分值分为更多的级别,更能反映功能重要程度的差异(如表 5.5)。其评分规则如下:

(a) 两两比较,非常重要的功能得 4 分,另一个相比的功能很不重要得 0 分;
(b) 两两比较,比较重要的功能得 3 分,另一个相比的功能不太重要得 1 分;
(c) 两两比较,两个功能同等重要各得 2 分;
(d) 自身对比,不得分。

各参评人员的功能重要度系数和最终的各功能的功能重要度系数计算方法同 0—1 法。

表 5.5　0—4 FD 法示例

功能	A	B	C	D	E	F	功能得分	功能重要度系数
A	×	2	3	2	4	3	14	0.233
B	2	×	1	1	3	2	9	0.150
C	1	3	×	1	3	3	11	0.183
D	2	3	3	×	4	4	16	0.267
E	0	1	1	0	×	2	4	0.067
F	1	2	1	0	2	×	6	0.100
合　计							60	1.000

(2) 确定成本系数

成本系数按功能实际成本进行计算。功能实际成本与传统的成本核算不同之处在于:功能实际成本是以功能对象为单位,而传统成本的核算是以产品和部件为单位。进行功能分析时,需要以产品或部件的实际成本为基础,对其进行分解或汇总,从而得到某一功能的功能实际成本。

功能实际成本的计算可以按填表的方式进行。如计算 F1~F6 六种功能的实际成本,由五种构配件(A~E)来实现,其步骤为:首先把与功能相对应的构配件名称及其实际成本填入表中(如表 5.6);然后再把功能填入表中,把各构配件的实际成本逐一分摊到有关的功能上去,例如 A 构件具备 F1、F3、F5 三种功能,则将 A 构件的 300 元成本根据实际情况及所起作用的重要程度分配到这三种功能上去;最后把每项功能所分摊的成本加以汇总,便得出功能 F1~F6 的实际成本(具体计算见表 5.6)。

表 5.6 功能实际成本计算

构配件		功能					
名 称	成本/元	F1	F2	F3	F4	F5	F6
A	300	100		100		100	
B	200		50		150		
C	250	50		50			150
D	150		100		50		
E	100			40		60	
合 计	1 000	150	150	190	200	160	150

确定了功能实际成本,就可以按式(5.3)计算各功能的成本系数。

$$成本系数 = \frac{某功能的实际成本}{产品成本(或所有功能实际成本之和)} \tag{5.3}$$

(3) 确定功能评价值(目标成本)

功能评价值指为实现某一功能所要求的最低费用,即作为实现的功能的目标成本。常用的功能评价值(目标成本)的估算方法有三种:

① 理论计算方法。根据工程计算公式和设计规范等确定实现功能(产品)的零部件和材料组成成分,以此计算实现功能(产品)的成本,再通过几个方案的比较,以最低费用方案的成本作为功能评价值(产品目标成本)。

② 统计法。广泛搜集企业内外的同一功能(产品)的实际成本资料,并根据各个成本资料的具体条件按目前的条件进行修正,以最低的成本作为该功能的功能评价值(产品的目标成本)。

③ 功能评价系数法。在实际工作中,由于条件的限制,按上述的两种方法可以比较容易地确定产品的目标成本,但比较困难的是确定产品各个功能的目标成本。在这种情况下,可根据功能与成本匹配的原则,按功能评价系数把产品目标成本分配到每一功能上,作为各功能的功能评价值。

(4) 确定价值系数

各功能的价值系数按式(5.4)计算。

$$价值系数 = \frac{功能系数}{成本系数} \tag{5.4}$$

如果某功能的价值系数等于1或比较接近于1,表明功能与实现功能的实际成本匹配或比较匹配,则该功能不作为进一步价值分析的对象和范围;如某功能的价值系数偏离1较大,则说明该功能与实现该功能的现实成本之间不匹配,则被列为进一步进行价值分析的对象。

功能的价值系数有以下几种结果：

价值系数＝1，表示功能评价值等于功能现实成本。这表明评价对象的功能现实成本与实现功能所必需的最低成本大致相当，说明评价对象的价值为最佳，一般无需改进；

价值系数＜1，表示功能现实成本大于功能评价值。表明评价对象的现实成本偏高，而功能要求不高。这种产生的原因：一种可能是存在着过剩的功能，另一种可能是功能虽无过剩，但实现功能条件或方法不佳，以致使实现功能的成本大于功能的实际需要；

价值系数＞1，表示该部件功能比较重要，但分配的成本较少，即功能现实成本低于功能评价值。这时应具体分析，可能功能与成本分配已较理想，或者有不必要的功能，或者应该提高成本。

（5）确定价值工程对象的改进范围（价值分析）及改进目标

对价值系数偏离1较大的功能（或零部件），进一步确定价值分析的改进对象，包括确定对功能的改进对象和成本的改进对象（参见例5.4）。

① 计算成本差

成本差包括各功能按功能评价系数分配的实际成本与功能的实际成本之差（ΔC_1）和按功能系数分配的目标成本与按功能评价系数分配的实际成本之差（ΔC_2）。

② 确定功能的改进对象

对于 $\Delta C_1 < 0$ 的功能，如果其功能评价系数较低（一般 ΔC_2 绝对值也较小），即对于用户来说，该功能重要性比重较低，而实际成本的比重较高，则可能存在功能过剩，甚至是多余功能，应作为功能改进的对象；对于 $\Delta C_1 > 0$ 的功能，如果其功能评价系数较高（一般 ΔC_2 绝对值也较大），即对于用户来说，该功能重要性比重较高，而实际成本的比重却较低，则可能存在评价对象的该功能存在不足，没有达到用户的功能要求，要适当提高其功能水平。

③ 确定成本的改进对象

对于 $\Delta C_1 < 0$ 的功能中，ΔC_2 绝对值较大的为成本改进对象，这类功能通常是功能系数较高的功能，功能上可能并不存在功能过剩（视具体情况分析），但实现功能的手段不佳，以致实现功能的实际成本高于目标成本（功能评价值），可通过材料代换、方案替代方法实现成本的降低。对于 $\Delta C_1 > 0$ 的功能中，ΔC_2 绝对值也较小的，表示其成本分配是低的，但由于功能评价系数较低，所以没有必要去提高其成本，只要检查其功能是否能得到保证。实际上，往往在保证功能的条件下，成本仍然有可能降低。

④ 确定价值工程改进目标

价值工程改进目标，即通过价值工程活动实现功能改进与成本改进的目标，可以统一用成本改进期望值来确定。各功能的成本改进期望值（ΔC）为按功能评价系数分配的目标成本与功能实际成本的差值计算，或按 $\Delta C_1 + \Delta C_2$ 计算。

【例5.4】 某产品包括 A、B、C、D、E、F 六个功能，产品实际成本为500元，目标成本为450元，现要对其进行功能评价。

第一步：组织各方面专家五人组成价值工程小组，用 0—4 法对各功能重要程度评分。表5.5是专家甲对所确定的功能进行评分后得到的重要度系数，同理可得到其他专家的评分结果（表5.7），并计算平均功能评价系数作为最终的每一个功能的评价系数。

表 5.7 功能评价系数计算表

功 能	专家甲	专家乙	专家丙	专家丁	专家戊	平均功能评价系数
A	0.233	0.217	0.233	0.250	0.250	0.237
B	0.150	0.150	0.167	0.133	0.150	0.150
C	0.183	0.201	0.184	0.184	0.184	0.187
D	0.267	0.267	0.283	0.283	0.300	0.280
E	0.067	0.050	0.050	0.050	0.033	0.050
F	0.100	0.117	0.083	0.100	0.083	0.097

第二步:根据式(5.3)计算成本系数(见表5.8)。

第三步:根据式(5.4)计算价值系数(见表5.8)。

表 5.8 价值指数计算表

功 能	功能系数	实际成本	成本系数	价值系数
A	0.237	180	0.360	0.658
B	0.150	121	0.242	0.620
C	0.187	88	0.176	1.063
D	0.280	71	0.142	1.972
E	0.050	22	0.044	1.136
F	0.097	18	0.036	2.694
合计	1	500	1	

C 和 E 功能的价系数接近于 1,说明功能比重与成本比重基本相当,可以认为功能本身及目前的实际成本合理,无需改进;A、B、D、F 等 4 个功能的价值系数偏离 1 较大,则把这 4 个功能列为价值工程进一步分析的对象。

第四步:确定价值工程对象的改进范围。

根据价值分析确定了 A、B、D、F 为进一步分析的对象,根据市场资料统计确定新的目标成本为 450 元。分别计算 ΔC_1、ΔC_2 和 ΔC。分析确定功能改进对象、成本改进对象和成本改进期望值。计算结果如表 5.9 所示。

表 5.9 价值分析表

功能	功能评价系数	实际成本	成本系数	价值系数	按功能评价系数分配实际成本	按功能评价系数分配目标成本	ΔC_1	ΔC_2	成本改进期望值 ΔC
(1)	(2)	(3)	$(4)=\dfrac{(3)}{500}$	$(5)=\dfrac{(2)}{(4)}$	$(6)=(2)\times 500$	$(7)=(2)\times 450$	$(8)=(6)-(3)$	$(9)=(7)-(6)$	$(10)=(7)-(3)$

(续表)

功能	功能评价系数	实际成本	成本系数	价值系数	按功能评价系数分配实际成本	按功能评价系数分配目标成本	ΔC_1	ΔC_2	成本改进期望值 ΔC
A	0.237	180	0.360	0.658	118.50	106.65	−61.50	−11.85	−73.35
B	0.150	121	0.242	0.620	75.00	67.5	−46.00	−7.50	−53.5
C	0.187	88	0.176	1.063	93.50	84.15	5.50	−9.35	−3.85
D	0.280	71	0.142	1.972	140.00	126	69.00	−14.00	55
E	0.050	22	0.044	1.136	25.00	22.5	3.00	−2.50	0.5
F	0.097	18	0.036	2.694	48.50	43.65	30.50	−4.85	25.65

从表中可以看出，A功能可以作为成本改进的主要对象，可以通过新的方案（如材料代换、新的工艺原理等）实现成本的降低；B功能则可能存在功能过剩的问题，可作为功能改进的对象；D功能则可能存在功能上的不足，可能通过新的方案，实现功能的增加以满足用户的需求；F功能由于其功能比重较小，在保证现有成本水平的基础上，检验其功能是否满足用户的需求。

5.4 方案创造与评价

价值工程能否取得成效，关键在于针对产品存在的问题提出解决的方法，创造新方案，完成产品的改进。因此，制定改进和优化方案是十分重要的。一般来说，现行方案总有改进的余地，任何事物不能十全十美，所以说改进是无止境的。

1) 方案创造

方案创造是在功能分析的基础上（有些文献中甚至直接把方案创造直接列为功能分析的一个阶段），根据产品存在的功能和成本上的问题，寻找使得功能与成本相匹配的新的实现功能的新的技术方案。这一过程将根据已建立的功能系统图和功能目标成本，运用创造性的思维方法，加工已获得的资料，在设计思想上产生质的飞跃，创造出实用效果好，经济效益高的新方案。这一过程要具备创新精神和创新能力，要依靠价值工程小组内外的集体智慧。

方案创造的方法有很多，如头脑风暴法（BS）法、哥顿（Gorden）法、德尔菲（Delphi）法等。总的精神是要充分发挥各有关人员的智慧，集思广益，多提方案，从而为评价方案创造条件。

在方案创造过程中，从以下几个方面着手，可以取得较好的效果：

① 优先考虑上位功能；

② 优先考虑价值低的功能区；

③ 优先考虑首位功能的实现手段，因为首位功能比较抽象，受限制少，更易于提出不同的构想。

2) 方案评价

方案创造阶段所产生的大量方案需要进行评价和筛选，从中找出有实用价值的方案付诸实施。方案评价分为概略评价和详细评价两个阶段,视方案的具体情况从技术、经济和社会三个方面进行评价。其过程如图5.6所示。

概略评价是对创造出的方案从技术、经济和社会三个方面进行初步研究,其目的是从众多的方案中进行粗略地筛选出一些优秀的方案,为详细评价做准备。详细评价是

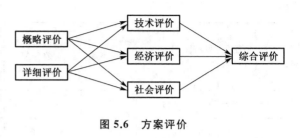

图 5.6　方案评价

在掌握大量数据资料的基础上,对概略评价获得的少数方案进行详尽的技术评价、经济评价、社会评价和综合评价,为提案的编写和审批提供依据。

(1) 技术评价

技术评价围绕功能进行,考察方案能否实现所需要的功能及实现程度。它是以用户的功能需要为依据,评价内容包括功能的实现程度(性能、质量、寿命等)、可靠性、可维修性、易操作性、使用安全性、与整个产品系统的匹配性、与使用环境条件的协调性等。

(2) 经济评价

经济评价是在技术评价的基础上考察方案的经济性,评价内容主要是确定新方案的成本是否满足目标成本的要求。另外,对于销售类的产品对象,还可以从市场销售量的增加、市场竞争力的增强等方面进行全面的经济评价。可采用本书介绍的其他经济评价方法对创新的方案与原方案进行经济比较分析。

(3) 社会评价

对于涉及环境、生态、国家法规约束、国防、劳动保护、耗用稀缺资源、民风民俗等方面的新方案,还需要对新方案进行社会评价。

5.5　价值工程应用应注意的问题

价值工程是一个简单、实用而灵活的技术经济分析技术和管理方法,在实际应用中要注意以下几个方面:

(1) 价值工程活动的开展不仅需要掌握价值分析的方法,还需要有效地组织实施方法,包括如何组织这项研究、由谁领导这项研究、由谁参加这项研究、何时开始这项研究、用多少时间从事这项研究等。

在美国、英国等国的工程建设中,通常由业主方推动实施价值工程活动,并委托外部独立的价值工程管理咨询公司组织工程建设的价值工程活动。价值工程咨询公司委派有资格认证的价值工程专家作为价值管理促进员,负责组建价值工程团队,领导开展价值工程活动。团队的成员可来自业主方成员、设计小组内部、楼宇的使用者(或使用楼宇企业内的职员)等。价值工程活动一般在草图设计阶段(相当于我国的初步设计阶段)进行,采用的是研讨会的形式(美国为40小时的研讨会,英国为2天研讨会)。

(2) 价值分析方法在实际应用中有很大的灵活性,可以根据具体应用的问题选择价值分析的全部过程或采用其中的某一方面的技术与思想。例如,人们应用价值系数的大小来判断技术方案的优劣。

在方法上也是可以灵活运用的,按价值工程的思想,功能的重要性比重与实现其功能的最

低费用(目标成本)的比重是匹配的(即其系数比值为1),因此功能评价系数和最低成本系数之间可以互相替代,这就是前面所述的可以用功能系数将产品的目标成本分配到每个功能上,也可以用功能的目标成本作为功能评价值。

(3) 前面所述的价值工程方法一般都是以功能为对象的分析过程,它对于产品的零件的功能比较单一(即功能与零部件之间的关系为"一对一"或"一对多")且功能的目前成本比较容易确定时是比较适用的。而对于产品的各功能的目前成本难以确定,或者功能与零部件之间的关系为"多对多"的关系(这种情况下功能成本对比关系可能并不突出,因而不易从功能成本对应关系中确定价值工程对象)的情况,直接以功能作为价值工程对象就比较困难,这时可以直接评估产品或各组成产品的零部件对产品功能总体的重要程度作为其功能评价系数,或者各功能的功能评价系数按各零部件对该功能所起的作用的程度分解到相关零部件上从而得到各零部件的功能评价系数,再以这种相关的产品或零部件功能评价系数与其成本来确定价值工程对象。

(4) 在价值工程活动开展过程中,一个易犯的错误就是将价值工程与成本管理、成本控制或成本减少相混淆,实际上成本的降低只是价值工程活动的一个可能的结果而不是目标(有时恰恰相反的是,其结果可能是要增加成本),价值工程的过程是一个与产品设计过程密切联系的产品优化过程。

习 题

1. 从功能与成本之间的关系,分析价值工程工作的基本思路。
2. 价值工程对象选择的目的是什么?有哪些主要方法?
3. 简述功能分析的基本过程。
4. 选择你所熟悉的生产中或生活中一件产品或物品,画出其功能系统图。
5. 方案创造的方法主要有哪些?
6. 价值工程模拟实验:组成价值分析小组,选择生产中或生活中的某一产品、物品或某种服务,开展价值工程活动,并提交分析报告。
7. 某建筑施工企业有六个建筑产品,它们的成本和利润的百分比如表5.10所示。

表5.10 成本和利润的百分比

	产品	1	2	3	4	5	6
指标	成本比重/%	5.2	19.8	7.2	58.6	5.6	3.6
	利润比重/%	8.8	6.4	7.6	60.8	12.4	5.0

施工企业应重点研究哪个建筑产品?

8. 某产品有A、B、C、D、E五项功能,各功能的目前成本测算和功能重要性比较结果见表5.11,目标成本为450元。试确定其价值工程改进目标。

表 5.11 功能重要性比较

产品功能	功能重要性比较	目前成本/元
A	A与B比较同等重要,与C相比比较重要,与D和E相比非常重要	210
B	B与C相比同等重要,与D、E相比非常重要	100
C	C与D相比同等重要,与E相比比较重要	110
D	D与E相比比较重要	60
E		20

中 篇
建设项目经济评价

6 建设项目可行性研究及后评价

建设项目可行性研究是项目周期中前期准备阶段的核心工作内容,作为投资项目周期的有机组成部分,投资项目可行性研究不仅要明确回答拟建项目是否应该投资和推荐较好的投资方案,为投资决策提供科学的依据,还应该为进一步的规划、设计和实施提供指导的原则、框架和基础。本章将从建设项目的建设程序入手,系统介绍可行性研究的工作阶段、研究内容,以及可行性研究报告的编制步骤与结构内容。以及对特大型项目的区域经济与宏观经济影响分析方法和项目后评价方法进行了介绍。

6.1 可行性研究概述

6.1.1 投资项目建设程序与可行性研究

1) 投资项目的概念和分类

项目(Project)是指在一定的约束条件下(主要是限定的资源和时间),具有明确目标的一次性任务(或活动)。

广义的项目含义非常广泛,泛指一切符合项目定义,具备项目特点的一次性任务(或活动)。最常见的项目有:开发项目,如某种资源的开发、一个小区的开发、某种新产品的开发等;建设项目,如一座大楼的建造、一个机场的兴建、一条高速公路的修建等;科研项目,有基础科学研究项目、应用科学研究项目、科技攻关项目等;以及工业生产项目、软件开发项目等。

为了计划管理和统计分析研究的需要,建设项目可从不同的角度进行分类,按建设目的可分为生产性项目和非生产性项目;按建设性质可分为新建项目、扩建项目、改建项目、迁建项目、恢复项目等;按建设阶段可分为预备项目、筹建项目、实施项目、建成投产项目等;按建设规模可分为大型项目、中型项目、小型项目;按土建工程性质可分为房屋建筑工程项目、土木建筑工程项目(如公路、桥梁、机场、铁道、港口码头、水利工程等)、工业建筑工程项目(如发电厂、钢铁厂、化工厂、矿山等);按使用性质可分为公共工程项目(如公路、通信、城市给排水、教育科研设施、医疗保健设施、文化体育设施、政府机关用房等)、生产性产业建设项目、服务性产业建设项目(如宾馆、商场等)、生活设施建设项目;按建设内容与管理关系可分为建设项目、设计项目、施工项目、采购项目等。

2) 项目建设程序

项目建设程序是指建设项目从设想、规划、评估、决策、设计、施工到竣工验收、交付使用整个过程中,各项工作必须遵循的先后次序的法则。这个法则是人们通过长期的建设实践,在充分认识客观规律,科学地总结实践经验的基础上制定出来的,反映了建设工作所固有的客观规律和经济规律,是不以人们的意志为转移的。

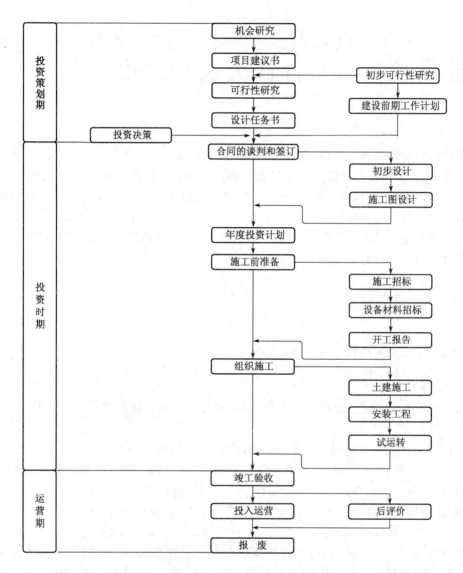

图 6.1 建设程序各阶段的工作及先后顺序

按照这个规律,建设程序从构思、开发建设到竣工投产的整个过程可分成三个大的阶段:投资策划期、投资时期和运营期,以投资决策和竣工验收为阶段转化的标志。这些阶段有严格的先后顺序,不能任意颠倒。否则,项目建设就会走弯路,遭受重大损失。各阶段的工作及先后顺序如图 6.1 所示。

从图中可以看出,可行性研究是在项目建议书被批准后进行的,是工程建设过程中极其重要的一环。其目的是根据审定的项目建议书,对投资项目在技术、工程、经济、社会和外部协作条件等的可行性和合理性方面进行全面的分析论证,做多方案的比选,推荐最佳方案,为项目决策提供可靠的依据。可行性研究报告一经批准,就标志着该项目立项工作的完成,就可以进行建设实施工作了。

6.1.2 可行性研究的概念

可行性研究(Feasibility Study)是一种运用多种学科(包括工程技术科学、社会学、经济学及系统工程学等)知识,对拟建项目的必要性、可能性以及经济、社会有利性进行全面、系统、综合的分析和论证,以便进行正确决策的研究活动。可行性研究的任务是以市场为前提,以技术为手段,以经济效果为最终目标,对拟建的投资项目,在投资前期全面、系统地论证该项目的必要性、可能性、有效性和合理性,对项目作出可行或不可行的评价。

可行性研究工作最早是 20 世纪 30 年代美国开发田纳西河流域时开始试行,作为流域开发规划的重要阶段。第二次世界大战结束后,由于科学技术的发展和经济建设的需要,可行性研究在大型工程项目中得到了广泛应用,成为投资项目决策前的一个重要的工作阶段。现在,世界各国对重要的投资项目都普遍要进行可行性研究。1978 年,联合国工业发展组织(UNIDO)为了推动和帮助发展中国家的经济发展,编写出版了《工业项目可行性研究手册》一书,系统地说明了工业项目可行性研究的内容与方法。

我国从 1979 年开始,在研究了西方国家运用可行性研究的经验后,经过反复酝酿,逐步将可行性研究纳入建设程序。1981 年 1 月,国务院在《技术引进和设备进口工作暂行条例》中,明确规定"所有技术引进和设备进口项目,都要编制项目建议书和可行性研究报告"。1982 年 9 月,国家计委在《关于编制建设前期工作计划的通知》中,进一步扩大了需要进行可行性研究工作的建设项目的范围。1983 年 2 月国家计委制定和颁发了《建设项目进行可行性研究的试行管理办法》,1991 年又对此做了修订,该办法对我国基本建设项目可行性研究的编制程序、内容、审批等进行了规定。中国国家计划委员会在 2001 年 9 月委托中国国际工程咨询公司编写《投资项目可行性研究指南》。该指南是一本指导可行性研究工作方法及内容的纲领性文件,为我国新世纪各类投资项目的可行性研究指明了方向。

2004 年,国务院发布了《关于投资体制改革的决定》和《政府核准的投资项目目录》(以下简称《目录》)。规定企业投资建设实行核准制的项目,仅需向政府提交项目申请报告,不再经过批准项目建议书、可行性研究报告和开工报告的程序。对于《目录》以外的企业投资项目,实行备案制,除国家另有规定外,由企业按照属地原则向地方政府投资主管部门备案。而对于政府投资项目继续实行审批制。

为适应国家市场经济的发展要求和国家投资体制改革的总要求,国家发展改革委员会和建设部于 2006 年正式发布了《建设项目经济评价方法与参数》第三版,供投资者在开展投资项目经济评价工作时借鉴和使用。

在项目建设和运营的整个周期中,建设前期阶段是决定投资项目经济效果的关键阶段,是投资者研究和控制的重点。如果到了建设实施阶段甚至运营阶段才发现工程费用过高,或者市场对项目产品需求不足、原材料不能保证等问题,则会给投资者造成巨大损失。因此,无论是发达国家还是发展中国家,都把可行性研究作为投资项目建设的重要环节。为了消除盲目性,减少投资风险,以便在竞争中获取最大利润,投资者宁愿在投资前花费一定的代价,也要进行投资项目的可行性研究,以提高投资获利的可靠程度。

6.1.3 可行性研究的阶段划分

联合国工业发展组织出版的《工业项目可行性研究手册》将可行性研究工作分为三个阶

段,即机会研究、初步可行性研究和详细可行性研究。

(1) 机会研究

机会研究主要是为项目投资者寻求具有良好发展前景、对经济发展有较大贡献且具有较大成功可能性的投资、发展机会,并形成项目设想。

(2) 初步可行性研究

初步可行性研究又称预可行性研究,主要对项目在市场、技术、环境、选点、资金等方面的可行性进行初步分析,基本上是粗线条的。

(3) 详细可行性研究

详细可行性研究又称最终可行性研究。详细可行性研究的主要任务是对项目的产品纲要、技术工艺及设备、厂址与厂区规划、投资需求、资金融通、建设计划以及项目的经济效果等多方面进行全面、深入、系统的分析和论证,通过多方案比较,选择最佳方案。虽然详细可行性研究的研究范围没有超出初步可行性研究的范围,但研究深度却远大于初步可行性研究的深度。

在我国的基本建设程序中,可行性研究被划入投资决策阶段。

(1) 机会研究阶段

研究投资机会与投资主体的能力是否相适应,以及投资机会落实的可能。包括投资环境的客观分析、企业投资战略和经营目标分析、企业内部资源条件分析等三方面内容。

(2) 项目建议书

项目建议书就是以书面报告的形式将机会研究的结果表达出来,较为完整地提供可能进行建设的投资项目。

(3) 初步可行性研究

我国初步可行性研究的内容与《工业项目可行性研究手册》中的内容相一致。与机会研究的区别主要在于所获资料的详细程度不同。如果项目机会研究有足够多的资料,也可以越过初步可行性研究阶段,直接进行详细可行性研究。

(4) 可行性研究(又称详细可行性研究)

对初步可行性分析的若干方案进行全面具体的分析,以报告的形式提出完整的投资方案及建议。

在实际工作中,可行性研究的阶段划分未必十分清晰。有些小型和简单项目,常把机会研究与初步可行性研究合二为一。在我国,许多项目的前两个阶段与详细可行性研究工作常常也是交织在一起进行的。下面介绍的可行性研究主要是指详细可行性研究。

6.2 可行性研究内容

可行性研究就是将工程分解为许多关键的议题,分别进行细致的技术经济论证后,再对由此形成的多方案作比较和优选,从而为投资决策提供结论性意见。因此,一般工业建设项目的可行性研究需有资格的设计(咨询)单位编制,在内容上通常由四个大部分和十九个方面的关键议题组成(参见图 6.2)。四个大部分包括:调查研究与分析、技术方案形成与优选、完整的建设和运营方案的编制和经济分析和影响评价。十九个方面的关键议题通常包括:项目兴建理由与目标、市场预测、资源条件评价、建设规模与产品方案、场址选择、技术、设备方案和工程方案、原材料燃料供应、总图运输与公用辅助工程、环境影响评价、劳动安全卫生与消防、组织机构与人力资源配置、项目实施进度、投资估算、融资方案、财务评价、国民经济评价、社会评价、风险分析等内容。

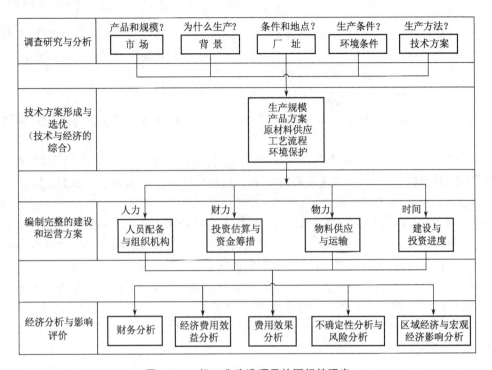

图 6.2 一般工业建设项目的可行性研究

下面对这十九个关键议题分别给出了简要介绍。

1) 项目兴建理由与目标

项目兴建理由一般从项目本身和国民经济两个层次进行分析。项目层次的分析是站在投资者位置,从项目产品和投资效益的角度论证兴建理由是否充分合理;国民经济层次的分析是从国民经济全局的角度分析项目对宏观经济条件的符合性,如是否符合合理配置和有效利用资源的要求,是否符合区域规划、行业发展规划的要求,是否符合国家技术政策和产业政策的要求等。通过这两个层次的分析,判别项目建设的理由是否充分、合理,以确定项目建设的必要性。

2) 市场预测

在市场调查的基础上,对项目的产品和所需要的主要投入物的市场容量、价格、竞争力,以及市场风险进行分析预测,为确定项目建设规模与产品方案提供依据。

3) 资源条件评价

资源条件评价主要是对拟开发项目资源开发的合理性、资源可利用量、资源自然品质、资源赋存条件和资源开发价值等进行评价。

4) 建设规模与产品方案

建设规模与产品方案研究是在市场预测和(资源开发项目)资源评价的基础上,论证比选拟建项目的建设规模和产品方案(包括主要产品和辅助产品及其组合),作为确定项目技术方案、设备方案、工程方案、原材料燃料供应方案及投资估算的依据。建设规模与产品方案的比选内容主要有：单位产品生产能力（或使用效益）投资、投资效益（即投入产出比、劳动生产率等）、多产品项目资源综合利用方案与效益等。

5）场址选择

场址选择应主要研究场址位置、占地面积、地形地貌气象条件、地震情况、工程地质与水文地质条件、征地拆迁及移民安置条件、交通运输条件、水电供应条件、环境保护条件、法律支持条件、生活设施依托条件、施工条件等内容。

6）技术方案、设备方案和工程方案

项目的建设规模与产品方案确定后，应进行技术方案、设备方案和工程方案的具体研究论证工作。

技术方案比选的主要内容有：技术的先进程度、技术的可靠程度、技术对产品质量性能的保证程度、技术对原材料的适应性、工艺流程的合理性、自动化控制水平、技术获得的难易程度、对环境的影响程度，以及购买技术或专利费用等技术经济指标。

设备方案的选择，首先要根据建设规模、产品方案和技术方案，研究提出所需主要设备的规格、型号和数量，然后通过调查和询价，研究提出项目所需主要设备的来源、投资方案和供应方式。对于超大、超重、超高设备，还应提出相应的运输和安装的技术措施方案。

工程方案选择是在已选定项目建设规模、技术方案和设备方案的基础上，研究论证主要建筑物、构筑物的建造方案。工程方案的选择，要满足生产使用功能要求，适应已选定的场址（线路走向），符合工程标准规范要求，并且经济合理。

7）原材料燃料供应

原材料、燃料是项目建成后生产运营所需的投入物。在建设规模、产品方案和技术方案确定后，应对所需主要材料的品种、规格、质量、数量、价格、来源、供应方式和运输方式进行研究确定。

8）总图运输与公用辅助工程

总图运输与公用辅助工程是在已选定的场址范围内，研究生产系统、公用工程、辅助工厂及运输设施的平面和竖向布置，以及相应的工程方案。

（1）总图布置方案

总图布置应根据项目的生产工艺流程或者使用功能的需要及其相互关系，结合场地和外部环境条件，对项目各个组成部分的位置进行合成，使整个项目形成布置紧凑、流程顺畅、经济合理、使用方便的格局。

（2）场内外运输方案

根据建设规模、产品方案、技术方案确定主要投入品和产出品的品种、数量、特性、流向，据此研究提出项目内外部运输方案。运输方案研究主要是计算运输量，选择运输方式，合理布置运输路线，选择运输设备和建设运输设施等。

（3）公用工程与辅助工程方案

公用工程与辅助工程是为项目主体工程正常运转服务的配套工程。公用工程主要有给水、排水、供电、通讯、供热、通风等工程；辅助工程包括维修、化验、检测、仓储等工程。

9）环境影响评价

环境影响评价是在研究确定场址方案和技术方案中，调查研究环境条件，识别和分析拟建项目影响环境的因素,研究提出治理和保护环境的措施,比选和优化环境保护方案。

10) 劳动安全卫生与消防

拟建项目劳动安全卫生与消防的研究是在已确定的技术方案和工程方案的基础上,分析论证在建设和生产过程中存在的对劳动者和财产可能产生的不安全因素,并提出相应的防范措施。

11) 组织机构与人力资源配置

拟建项目的可行性研究,应对项目的组织机构设置、人力资源配置、员工培训等内容进行研究,比选和优化方案。

12) 项目实施进度

工程建设方案确定后,应研究提出项目的建设工期和实施进度方案。大型建设项目,还应根据项目总工期要求,制定主体工程和辅助工程的建设起止时间及时序表。

13) 财务效益与费用估算

财务效益与费用估算是财务分析的基础,遵循"有无对比"的原则,采用一致的价格体系对投资项目的效益和费用分别进行预测和估算。

项目财务效益指项目实施后获得的营业收入及可能的返税和补贴。项目支出的费用主要包括投资、成本费用和税金。

14) 资金来源与融资方案

资金来源与融资方案是在投资估算的基础上,研究拟建项目的资金来源渠道、筹措方式、融资结构、融资成本、融资风险,结合融资后的财务分析比选推荐项目的融资方案,并以此研究资金筹措方案和进行财务评价。

15) 财务分析

财务分析是在国家现行财税制度和市场价格体系下,从项目微观角度,分析预测项目的财务效益与费用,计算财务评价指标,考察拟建项目的盈利能力、偿债能力和财务生存能力,为项目决策提供依据。

16) 经济费用效益分析

经济费用效益分析又称宏观经济分析。由于财务分析是从财务角度考察项目的经济性,必然存在费用和效益统计的片面性以及价格扭曲现象,导致财务现金流量不能全面真实地反映资源的价值,经济费用效益分析就是从资源合理配置的原则出发,调整项目效益和费用的范围并计算价格,分析项目投资的经济效益和对社会福利的贡献,评价项目的经济合理性。经济费用效益分析通常对于一些非经营性项目适用,该类型项目不以追求营利为目标,比如城市道路、公共绿化、水利灌溉渠道等项目,通常根本没有运营收益,建设和运营资金由各级政府承担。另外,有些直接为公众提供基本生活服务的项目,虽然有一定的营业收入,但产品价格不由市场机制形成,这就造成了项目投资效果评价的困难。

17) 费用效果分析

许多工程项目的效果有些是可以用货币来衡量,但诸如环境、安全、健康、文化、社会安定等相关方面的效果就不能简单地用货币来衡量。费用效果分析就是通过项目支出与所取得的效果之间的对比来衡量项目费用的有效性和合理性。这里的支出是指为取得相应的效果所付出的财务代价;效果指作为结果的作用、效应和效能,效果指标可以有多个。费用效果评价指标一般用比率型指标,其常见形式为:

效果费用比＝效果/费用

18）不确定性风险与风险分析

不确定性风险与风险分析主要是不确定因素对基于预测和估算的数据体系得出评价结果的负面影响的评价，评估项目的风险承受能力，识别项目的关键风险因素，优化项目方案，为项目决策提供依据。

在实践中，不确定性分析包括平衡分析和敏感性分析，风险分析则按照风险管理框架的分析过程，分为风险识别、风险评估、风险评价和风险应对等。

19）区域经济与宏观经济影响分析

区域经济与宏观经济影响分析将项目（一般指特大型项目）限定在特定区域和国家范围内，分析项目的建设和运行对区域经济和宏观经济的影响，评估项目与区域经济和宏观经济的协调性和贡献，判断项目的合理性。

本书涉及的可行性研究中财务分析、经济费用效益分析、费用效果分析、不确定性风险与风险分析等方面的内容在本书第7章、第8章、第9章将分别阐述。对于区域经济与宏观经济影响分析将在6.3节中进行阐述。

6.3 区域经济与宏观经济影响分析

6.3.1 区域经济与宏观经济影响分析的概念

1）区域经济与宏观经济影响分析的含义

区域经济影响分析是指从区域经济的角度，综合分析特大型建设项目的建设和运行对特定区域经济活动的全方面影响，包括对区域现存的发展条件、经济结构、城镇建设、劳动就业、土地利用、生态环境等方面现实和长远的影响分析。

宏观经济影响分析是指从国民经济角度出发，综合分析特大型建设项目的建设和运行对国家宏观经济的影响，包括对国民经济总量的增长、产业结构的调整、生产力的布局、自然资源的开发、劳动就业结构的变化、物价的变化、收入的分配、国家承担的能力、项目时机选择对国民经济的影响分析等方面。

2）区域经济与宏观经济影响分析的原则

（1）系统性原则。系统性要求保证系统的主体最优。建设项目自身具有系统性特征，可行性研究的技术与建设方案设计和财务分析就是对项目系统性的设计和评价。但从区域经济和国民经济的角度来看，它又是更大系统的一个子系统，所以，要全面分析项目的经济性，还要将项目放置在各层次大系统中，分析其对区域或宏观经济系统的贡献。

（2）综合性原则。特大型建设项目的开发周期长、投入巨大，对区域和宏观经济的影响全面而深远，这些影响包括产业结构、就业结构、供给结构、消费结构、价格体系和区域经济结构等。因此必须综合分析特大型项目的建设对区域经济和宏观经济的影响。

（3）定性分析与定量分析相结合。正是由于特大型建设项目对区域经济和宏观经济的影响的广泛性，一些方面的影响是可量化的经济型效果，另一些方面却是无形的难以量化的非经济型效果，只有采用定性和定量相结合的方法才能给出一个全面的评价结论。

3）区域经济与宏观经济影响分析的适用范围

区域经济与宏观经济影响分析只有对特大型建设项目才适用,包括:特大型基础设施项目、资源开发项目、特大型工业企业建设、大规模区域开发、高精尖科技攻关项目、特大型生态环保工程等。特大型项目具有以下特征:

(1) 在国民经济和社会发展中占有重要的战略地位;
(2) 工程建设周期长;
(3) 人、财、物的投入量大且较集中;
(4) 有较大的技术风险,引发关联产业或新产业群体的发展变化;
(5) 对生态和人文环境的影响大;
(6) 项目的实施对所在区域或国家的经济结构、社会结构以及群体利益格局等有较大改变;
(7) 项目导致技术进步和技术转变,引发关联产业或新产业群体的发展变化;
(8) 项目对区域或国家长期财政收支影响较大;
(9) 项目的投入或产出对进出口的影响大;
(10) 其他对区域经济或宏观经济有重大影响的项目。

6.3.2 区域经济与宏观经济影响分析的内容、方法和指标体系

1）区域经济与宏观经济影响分析的内容

区域经济与宏观经济影响分析应立足于项目的实施能够促进和保障经济有序高效运行和可持续发展,分析重点应是项目与区域发展战略和国家长远规划的关系。分析内容应包括下列直接贡献和间接贡献、有利影响和不利影响:

(1) 项目对区域经济或宏观经济影响的直接贡献通常表现在:促进经济增长,优化经济结构,提高居民收入,增加就业,减少贫困,扩大进出口,改善生态环境,增加地方或国家财政收入,保障国家经济安全等方面。

(2) 项目对区域经济或宏观经济影响的间接贡献通常表现在:促进人口合理分布和流动,促进城市化,带动相关产业,克服经济瓶颈,促进经济社会均衡发展,提高居民生活质量,合理开发、有效利用资源,促进技术进步,提高产业国际竞争力等方面。

(3) 项目可能产生的不利影响包括:非有效占用土地资源、污染环境、损害生态平衡、危害历史文化遗产;出现供求关系与生产格局的失衡,引发通货膨胀;冲击地方传统经济;产生新的相对贫困阶层及隐性失业,对国家经济安全可能带来不利影响等。

2）区域经济与宏观经济影响分析的方法

区域经济与宏观经济的影响分析,可将项目的总产出、总投入、资源、劳动力、进出口总额等作为区域经济或宏观经济的增量,通过建立各种既有科学依据,又反映项目特点的经济数学模型,分别计算"有项目"与"无项目"时的经济总量指标、经济结构指标、社会与环境指标及国力适应性指标,并根据有无对比原则进行分析。

常用的经济数学模型包括经济计量模型、经济递推优化模型、全国或地区投入产出模型、系统动力学模型和动态系统计量模型等。

3）区域经济与宏观经济影响分析的指标体系

对于不同的项目,其目标、内容和所在地区的社会经济环境不同,项目影响群体不同,项目

的社会影响和社会风险不同,社会评价的内容也有所差异。但从总体上看,社会评价主要包括社会影响分析、项目与所在地区的互适性分析和社会风险分析三个方面的内容。

(1) 总量指标

评价特大型建设项目对区域经济和宏观经济影响的总量指标有:增加值、净产值、社会纯收入等指标。

增加值是指项目的建成投产对区域经济和国民经济的净贡献,即每年形成的国民生产总值。项目的国民经济增加值可按收入法计算。

$$增加值 = 项目范围内全部劳动者报酬 + 固定资产折旧 + 生产税净额 + 营业盈余$$

净产值是指项目全部效益扣除各项费用(不包括工资及附加费)后的余额。

社会纯收入是指净产值扣除工资及附加费后的余额。

(2) 结构指标

结构指标用于分析各要素的构成和影响,包括:影响力系数、三次产业结构、就业结构等。

影响力系数也称带动度系数,是指特大型项目所在的产业的增加产出满足社会需求,每增加一个单位最终需求时,对国民经济各部门产生的增加产出的影响。表示公式为:

$$影响力系数 = \sum_{i=1}^{n} b_{ij} \bigg/ \left(\sum_{j=1}^{n} \sum_{i=1}^{n} b_{ij} \bigg/ n \right)$$

式中:b_{ij}为列昂惕夫逆矩阵系数,或称完全消耗系数,表示生产第j个部门的一个最终产品对第i个部门的完全消耗量;n表示国民经济的产业部门总数。

当影响力系数大于1时,表示该产业部门增加产出对其他产业部门产出的影响程度超过社会平均水平,系数越大,其对经济增长的影响越大。

产业结构以各产业增加值计算,反映各产业在国内生产总值中所占份额的大小。

就业结构包括就业的产业结构和就业的知识结构,前者指各产业就业人数的比例,后者指就业者各不同知识水平的所占比例。

(3) 社会与环境指标

① 就业效果指标

实现充分就业是国民经济发展的重要目标之一,劳动力就业效果一般用项目单位投资带来的新增就业人数来表示,即:

$$单位投资就业效果 = 新增总就业人数(包括本项目和相关项目) / 项目总投资$$

总就业效果又可分为直接投资就业效果(项目自身新增就业数与项目总投资的比值)和间接投资就业效果(与项目相关行业新增就业数与项目总投资的比值)。

② 收益分配效果

分配效果指标用于检验项目收益分配在国家、地方、企业、职工间的分配比重是否合理。主要有以下几项:

$$国家收益分配比重 = 项目上缴国家的收益 / 项目的总收益 \times 100\%$$

$$地方收益分配比重 = 项目上缴地方的收益 / 项目的总收益 \times 100\%$$

$$企业收益分配比重 = 企业的收益 / 项目的总收益 \times 100\%$$

$$职工收益分配比重 = 职工的收益 / 项目的总收益 \times 100\%$$

③ 资源和环境影响效果指标

对资源和环境影响效果指标主要有节能效果指标、节约时间效果指标、节约用地效果指标、节约水效果指标等几类。

节能效果指标以项目的综合能耗水平来反映。

$$项目的综合能耗水平 = 项目的综合能耗 / 项目的净产值$$

节约时间效果指标对交通运输类项目较适用。

节约用地效果指标用单位投资占地来反映。

$$单位投资占地 = 项目土地占用量 / 项目总投资 (m^2 / 万元)$$

节约水效果指标以项目单位产值或产品耗水量表示。

$$项目单位产值或产品耗水量 = 项目总耗水量 / 项目总产值(总产量)(m^3/(人 \cdot 日))$$

项目单位产值或产品耗水量与国家或地方规定的定额相比,可判定项目的节水效果。

(4) 国力适应性指标

特大型项目的建设需要大量的人力、财力、物力的投入,必然会对国家的承受能力提出考验。我国资源相对匮乏,人口众多,所以,除对特殊技能的人才需求要作专门分析外,一般的国力适应性评价主要指财力和物力评价。

国家财力是指一定时期国家所拥有的资金实力,包括:国内生产总值、国家财政收入、信贷总额、外汇储备、可利用的国外资金等。财力承担能力一般通过国内生产总值增长率、特大型项目年度投资规模分别占国内生产总值、全社会固定资产投资和国家预算内投资等指标的比重来衡量。

国家物力是指国家所拥有的物资资源,包括工农业主要年产品及储备量,矿产资源储备量、森林、草场以及水资源等。一般特大型建设项目物力承担能力主要指能源、钢材、水泥和木材等主要物资的供应能否支持项目的建设,可用特大型项目对这几类主要物资的年度需求量占同期产量的比重来衡量。

6.4 项目后评价

作为固定资产投资前期工作的重要组成部分,投资项目的可行性研究和项目评价正在我国全面推行并起到一定的作用。但是,可行性研究和项目评价是在项目建设前进行的,其判断、预测是否正确,项目的实际效果究竟如何,这都需要在项目竣工投产后根据实际数据资料进行再评价来进行检验,这种再评价就是项目后评价。

6.4.1 项目后评价的概念

项目后评价是指对已经完成的项目的目的、执行过程、效益、作用和影响所进行的系统、客观的分析,即根据项目的实际成果和效益,检查项目预期的目标是否达到,项目是否合理有效,项目的主要效益指标是否实现;通过分析评价,找出成败的原因,总结经验教训;通过及时有效的信息反馈,为未来新项目的决策和提高、完善投资决策管理水平提出建议;同时也为项目实施运营中出现的问题提出改进建议,从而达到提高投资效益的目的。

项目后评价根据上述基本概念可知,项目后评价的目的与作用主要为:

(1) 总结项目管理的经验教训,提高项目管理水平

项目后评价通过对已建成项目实际情况的分析研究,总结项目管理经验,指导未来项目管理活动,从而可以提高项目管理水平。

(2) 提高项目决策科学化水平

项目前评价是项目投资决策的依据,但前评价中所作的预测是否准确,需要后评价来检验。有了后评价,就建立并完善了工程项目决策的反馈机制。项目全寿命期各阶段工作及评价流程如图 6.3 所示。

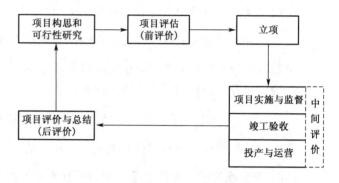

图 6.3　项目全寿命期的评价过程图

(3) 为政府制订投资计划、政策提供依据

通过项目后评价能够发现宏观投资管理中的不足,从而使政府能及时地修正某些不适应经济发展的技术政策,修订某些已经过时的指标参数。同时,政府还可以根据后评价所反馈的信息,合理确定投资规模和投资流向,协调各产业、各部门之间及其内部的各种比例关系,并运用法律的、经济的、行政的手段,建立必要的法令、法规、制度和机构,促进投资项目的良性循环。

(4) 对项目建成后的经营管理进行诊断,提出完善项目的建议方案

项目后评价是在项目运营阶段进行的,因而可以分析和研究项目投产初期和达产时期的实际情况,比较实际情况与预测情况的偏离程度,探索产生偏差的原因,提出切实可行的措施,从而促使项目运营状态正常化,充分发挥项目的经济效益和社会效益。

6.4.2　项目后评价的内容

1) 项目目标评价

评定项目立项时所预定的目标的实现程度,是项目后评价的主要任务之一。项目后评价要对照原定目标所需完成的主要指标,根据项目实际完成情况,评定项目目标的实现程度。如果项目的预定目标未全面实现,需分析未能实现的原因,并提出补救措施。目标评价的另一项任务,是对项目原定目标的正确性、合理性及实践性进行分析评价。有些项目原定的目标不明确,或不符合实际情况,项目实施过程中可能会发生重大变化,如政策性变化或市场变化等,项目后评价要给予重新分析和评价。

2) 项目实施过程评价

项目的过程评价应对立项评估或可行性研究时所预计的情况与实际执行情况进行比较和分析,找出差别,分析原因。过程评价一般要分析以下几个方面:

(1) 项目的立项、准备和评估;

(2) 项目的内容和建设规模；
(3) 项目进度和实施情况；
(4) 项目投资控制情况；
(5) 项目质量和安全情况；
(6) 配套设施和服务条件；
(7) 受益范围与受益者的反映；
(8) 项目的管理和机制；
(9) 财务执行情况等。

3) 项目效益评价

项目的效益评价是对项目实际取得的效益进行财务评价和国民经济评价，其评价的主要指标应与项目前评价的一致，即内部收益率、净现值及贷款偿还期等反映项目盈利能力和清偿能力的指标。但项目后评价采用的数据是实际发生的，而项目前评价采用的则是预测的。

4) 项目影响评价

项目的影响评价内容包括：

(1) 经济影响评价

主要分析项目对所在地区、所属行业以及国家所产生的经济方面的影响，包括分配、就业、国内资源成本(或换汇成本)、技术进步等。

(2) 环境影响评价

根据项目所在地(或国)对环境保护的要求，评价项目实施后对大气、水、土地、生态等方面的影响，评价内容包括项目的污染控制、地区环境质量、自然资源的利用和保护、区域生态平衡和环境管理等方面。

(3) 社会影响评价

对项目在社会的经济、发展方面的效益和影响进行分析，重点评价项目对所在地区和社区的影响，评价内容一般包括贫困、平等、参与、妇女和可持续性等。

5) 项目持续性评价

项目的持续性是指在项目的建设资金投入完成之后，项目的既定目标是否还能继续，项目是否可以持续地发展下去，项目业主是否愿意并可能依靠自己的力量继续去实现既定目标，项目是否具有可重复性，即能否在未来以同样的方式建设同类项目。项目持续性评价就是从政府的政策、管理、组织和地方参与，财务因素，技术因素，社会文化因素，环境和生态因素以及其他外部因素等方面来分析项目的持续性。

6.4.3 项目后评价的方法与程序

1) 评价方法

(1) 统计预测法

项目后评价包括对项目已经发生事实的总结和对项目未来发展的预测。后评价时点前的统计数据是评价对比的基础，后评价时点的数据是评价对比的对象，后评价时点后的数据是预测分析的依据。

① 统计调查

统计调查是根据研究的目的和要求，采用科学的调查方法，有策划有组织地收集被研究对象的原始资料的工作过程。统计调查是统计工作的基础,是统计整理和统计分析的前提。

统计调查是一项复杂、严肃和技术性较强的工作。每一项统计调查都应事先制定一个指导调查全过程的调查方案,包括确定调查目的;确定调查对象和调查单位;确定调查项目,拟订调查表格;确定调查时间;制订调查的组织实施计划等。

统计调查的常用方法有直接观察法、报告法、采访法和被调查者自填法等。

② 统计资料整理

统计资料整理是根据研究的任务,对统计调查所获得的大量原始资料进行加工汇总,使其系统化、条理化、科学化,得出反映事物总体综合特征的工作过程。

统计资料整理分为分组、汇总和编制统计表三个步骤。分组是资料整理的前提,汇总是资料整理的中心,编制科学的统计表是资料整理的结果。

③ 统计分析

统计分析是根据研究的目的和要求,采用各种分析方法,对研究的对象进行解剖、对比、分析和综合研究,以揭示事物内在联系和发展变化的规律性。

统计分析的方法有分组法、综合指标法、动态数列法、指数法、抽样和回归分析法、投入产出法等。

④ 预测

预测是对尚未发生或目前还不明确的事物进行预先的估计和推测,是在现时对事物将要发生的结果进行探索和研究。

项目后评价中的预测主要有两种用途,一是对无项目条件下可能产生的效果进行假定的估测,以便进行有无对比;二是对今后效益的预测。

(2) 对比法

① 前后对比法

前后对比法是指将项目实施前与项目实施后的情况加以对比,以确定项目效益的一种方法。在项目后评价中,它是一种纵向的对比,即将项目前期的可行性研究和项目评估的预测结论与项目的实际运行结果相比较,以发现差异,分析原因。这种对比用于揭示计划、决策和实施的质量,是项目过程评价应遵循的原则。

② 有无对比法

有无对比是指将项目实际发生的情况与若无项目可能发生的情况进行对比,以度量项目的真实效益、影响和作用。这种对比是一种横向对比,主要用于项目的效益评价和影响评价。有无对比的目的是要分清项目作用的影响与项目以外作用的影响。

(3) 因素分析法

项目投资效果的各种指标,往往都是由多种因素决定的。只有把综合性指标分解成原始因素,才能确定指标完成好坏的具体原因和症结所在。这种把综合指标分解成各个因素的方法,称为因素分析法。运用因素分析法,首先要确定分析指标的因素组成,其次是确定各个因素与指标的关系,最后确定各个因素对指标影响的份额。

(4) 定量分析与定性分析相结合

定量分析是通过一系列的定量计算方法和指标对所考察的对象进行的分析评价;定性分析是指对无法定量的考察对象用定性描述的方法进行的分析评价。在项目后评价中,应尽可能用定量数据来说明问题,采用定量的分析方法,以便进行前后或有无的对比。但对于无法取得定量数据的评价对象或对项目的总体评价,则应结合使用定性分析。

2) 评价执行程序

项目后评价的类型很多,各个项目后评价的要求也不同。因此,各个项目后评价的执行,其内容和程序都是有所差异的。在此只介绍项目后评价一般的、通用的执行程序。

(1) 提出问题

明确项目后评价的具体对象、评价目的及具体要求。项目后评价的提出单位可以是国家计划部门、银行部门、各主管部门,也可以是企业(项目)自身。

(2) 筹划准备

筹划准备阶段的主要任务是组建一个评价工作小组,并按委托单位的要求制订项目后评价计划。项目后评价计划的内容包括评价人员的配备、建立组织机构的设想、时间进度的安排、内容范围与深度的确定、预算安排、评价方法的选定等。

(3) 深入调查,收集资料

制订调查提纲,确定调查对象和调查方法,并开展实际调查工作,收集后评价所需要的各种资料和数据。这些资料和数据主要包括项目建设资料、国家经济政策资料、项目运营情况的有关资料、项目实施和运营影响的有关资料、同行业有关资料以及与后评价有关的技术资料及其他资料。

(4) 分析研究

根据项目后评价的内容,运用各类定性、定量方法进行分析,发现问题,提出改进措施。

(5) 编制报告

项目后评价报告是项目后评价工作的最后成果。后评价报告既要全面、系统,又要反映后评价目标。项目类型不同,后评价报告的内容和格式也不完全一致。一般而言,项目后评价报告应包括总论、项目前期工作评价、项目实施评价、项目运营评价、项目经济后评价、结论等几个主要方面。

习 题

1. 什么是建设项目?如何界定一个建设项目的范围?
2. 项目建设周期包括哪几个阶段?各个阶段有哪些主要工作内容?
3. 我国将项目可行性研究分为几个阶段?各个阶段的作用和任务是什么?
4. 投资项目可行性研究的内容有哪些?
5. 可行性研究中,关于项目经济性评价有哪些?有什么异同?
6. 可行性研究报告的深度有何要求?
7. 什么叫项目后评价?项目后评价具有什么作用?
8. 根据评价时点的不同,项目后评价分为几类?各类后评价分别包括哪些方面的内容?

7 建设项目财务分析

建设项目财务分析（也称财务评价）是在完成市场调查与预测、拟建规模、营销策划、资源优化、技术方案论证、投资估算与资金筹措等可行性分析的基础上，对拟建项目各方案投入与产出的基础数据进行推测、估算，对拟建项目各方案进行评价和选优的过程。本章主要以国家发展改革委与建设部于2006年颁发的《建设项目经济评价方法与参数》（第三版）所确定的理论与方法为基础，阐述建设项目财务分析的内容、方法和基本步骤，并通过计算示例的演示，说明财务评价报表的编制过程。

7.1 财务分析的内容与类型

7.1.1 财务分析的内容

财务分析是在国家现行财税制度和价格体系的前提下，从项目的角度出发，计算项目范围内的财务效益和费用，分析项目的盈利能力和清偿能力，判断项目的财务可行性，明确项目对财务主体的价值以及对投资者的贡献，为投资决策、融资决策以及银行审贷提供依据。

建设项目财务评价的内容应根据项目性质、项目目标、项目投资者、项目财务主体以及项目对经济与社会的影响程度等具体情况确定。

对于经营性项目应主要分析项目的盈利能力、偿债能力和财务生存能力；对于非经营性项目应主要分析项目的财务生存能力。

1）项目的盈利能力分析

通过一系列指标计算分析项目在财务上的盈利能力，其主要分析指标包括项目投资财务内部收益率和财务净现值、项目资本金财务内部收益率、投资回收期、总投资收益率和项目资本金净利润率等。

2）偿债能力

通过一系列指标计算分析使用债务资金的项目是否具有偿还贷款的能力，其主要指标包括利息备付率、偿债备付率和资产负债率等。

3）财务生存能力

分析项目是否有足够的净现金流量维持正常运营，以实现财务可持续性。财务可持续性首先体现在有足够大的经营活动净现金流量。其次，各年累计盈余资金不应出现负值。若出现负值，应进行短期借款，同时分析该短期借款的年份长短和数额大小，进一步判断项目的财务生存能力。

7.1.2 融资前分析和融资后分析

项目决策分为投资决策和融资决策两个层次。投资决策重在考察项目净现金流的价值是否大于其投资成本;融资决策重在考察资金筹措方案能否满足要求。严格地说,投资决策在前,融资决策在后。根据不同的决策需要,财务分析可分为融资前分析和融资后分析。一般宜先进行融资前分析,在融资前分析结论满足要求的情况下,初步设定融资方案,再进行融资后分析。在项目的初期研究阶段,例如项目建议书阶段,也可只进行融资前分析。

1) 融资前分析

融资前分析是指在考虑融资方案前就可以开始进行的财务分析,即不考虑债务融资条件下进行的财务分析。融资前分析只进行盈利能力分析,并以投资现金流量分析为主要手段。融资前项目投资现金流量分析,是从项目投资总获利能力角度,考察项目方案设计的合理性,以动态分析(折现现金流量分析)为主,静态分析(非折现现金流量分析)为辅。

进行现金流量分析应正确识别和选用现金流量,包括现金流入和现金流出。融资前财务分析的现金流量应与融资方案无关。从该原则出发,融资前项目投资现金流量分析的现金流量主要包括建设投资、营业收入、经营成本、流动资金、营业税金及附加和所得税。为了体现与融资方案无关的要求,各项现金流量的估算中都需要剔除利息的影响,所以采用不含利息的经营成本作为现金流出;在流动资金估算、经营成本中的修理费和其他费用估算过程中应注意避免利息的影响。

根据需要,可从所得税前和(或)所得税后两个角度进行考察,选择计算所得税前和(或)所得税后指标。所得税前和所得税后分析的现金流入完全相同,但现金流出略有不同,所得税前分析不将所得税作为现金流出,所得税后分析视所得税为现金流出。

2) 融资后分析

在融资前分析结果可以接受的前提下,可以开始考虑融资方案,进行融资后分析。融资后分析包括项目的盈利能力分析、偿债能力分析以及财务生存能力分析,进而判断项目方案在融资条件下的合理性。融资后分析是比选融资方案,进行融资决策和投资者最终决定出资的依据。可行性研究阶段必须进行融资后分析,但只是阶段性的。实践中,在可行性研究报告完成之后,还需要进一步深化融资后分析,才能完成最终融资决策。

7.1.3 新设项目法人财务分析和既有项目法人财务分析

根据项目融资主体的不同,可分为新设法人项目融资和既有法人项目融资。

1) 新设法人项目融资及财务分析

新设法人融资方式是以新组建的具有独立法人资格的项目公司为融资主体的融资方式。采用新设法人融资方式的建设项目,项目法人大多是企业法人。社会公益性项目和某些基础设施项目也可能组建新的事业法人实施。采用新设法人融资方式的建设项目,一般是新建项目,但也可以是将既有法人的一部分资产剥离出去后重新组建新的项目法人的改扩建项目。

新设法人融资方式的基本特点是:

(1) 由项目发起人(企业或政府)发起组建新的具有独立法人资格的项目公司,由新组建的项目公司承担融资责任和风险;

(2) 建设项目所需资金的来源,包括项目公司股东投入的资本金和项目公司承担的债务资金;

(3) 依靠项目自身的盈利能力来偿还债务;

(4)一般以项目投资形成的资产、未来收益或权益作为融资担保的基础。

采用新设法人融资方式,项目发起人与新组建的项目公司分属不同的实体,项目的债务风险由新组建的项目公司承担。

新设项目法人项目财务评价的主要内容是在编制财务现金流量表、利润与利润分配表、资金来源与运用表、借款还本付息计划表的基础上,进行盈利能力分析和偿债能力分析。由于项目能否还贷,取决于项目自身的盈利能力,因此必须认真分析项目自身的现金流量和盈利能力。

2) 既有法人项目融资及财务分析

既有法人融资方式是以既有法人为融资主体的融资方式。采用既有法人融资方式的建设项目,既可以是技术改造、改建、扩建项目,也可以是非独立法人的新建项目。

既有法人融资方式的基本特点是:

(1)由既有法人发起项目,组织融资活动并承担融资责任和风险;

(2)建设项目所需的资金,来源于既有法人内部融资、新增资本金和新增债务资金;

(3)新增债务资金依靠既有法人整体(包括拟建项目)的盈利能力来偿还;

(4)以既有法人整体的资产和信用作债务担保。

由于既有项目法人项目不组建新的独立法人,项目的运营与理财同现有企业的运营与理财融为一体,因此与新设项目法人项目相比,其财务评价复杂程度高,牵扯面广,需要的数据多,涉及项目和企业两个层次、"有项目"与"无项目"两个方面,其特殊性主要表现在:

(1)在不同程度上利用了原有资产和资源,以增量调动存量,以较小的新增投入取得较大的效益;在财务评价中,注意应将原有资产作为沉没费用处理。

(2)原来已在生产,若不改扩建,原有状况也会发生变化,因此项目效益与费用的识别与计算要比新设项目法人项目复杂得多,着重于增量分析与评价。例如,项目的效益目标既可以是新增生产线或新品种,又可以是降低成本、提高产量或质量等多个方面;项目的费用不仅要考虑新增投资、新增成本费用,而且还要考虑因改造引起的停产损失和部分原有资产的拆除和迁移费用等。

(3)建设期内建设与生产可能同步进行,出现"有项目"与"无项目"计算期是否一致问题。这时应以"有项目"的计算期为基础,对"无项目"进行计算期调整。调整的手段一般是追加投资或加大各年修理费,以延长其寿命期,在某些特殊情况下,也可以将"无项目"适时终止,其后的现金流量作零处理。

(4)项目与企业既有联系又有区别。既要考察项目给企业带来的效益,又要考察企业整体的财务状况,这就提出了项目范围界定的问题。对于那些难以将项目(局部)与企业(整体)效益与费用严格区分的项目,增量分析将会出现一定的困难,这时应把企业作为项目范围,从总量上考察项目的建设效果。

按照费用与效益识别的有无对比原则,对既有项目法人项目而言,为了求得增量效益与费用的数据,必须要计算以下五套数据。

(1)"现状"数据,反映项目实施前的效益和费用现状,是单一的状态值。

(2)"无项目"数据,指不实施该项目时,在现状基础上考虑计算期内效益和费用的变化趋势(其变化值可能大于、等于或小于零),经合理预测得出的数值序列。

(3)"有项目"数据,指实施该项目后计算期内的总量效益和费用数据,是数值序列。

(4)"新增"数据,是"有项目"与"现状"效益和费用数据的差额。

(5)"增量"数据,是"有项目"与"无项目"效益和费用数据的差额,即"有无对比"得出的数据。

以上五套数据中,"无项目"数据的预测是一个难点,也是增量分析的关键所在,应采取稳妥的原则,避免人为地夸大增量效益。若将"现状"数据和"无项目"数据均看作零,则"有项目"数据与"新增"数据、"增量"数据相同,这时有项目就等同于新设项目法人项目。

7.2 财务分析的基本方法

财务分析的方法是根据建设项目经济要素的基础数据,编制财务分析辅助报表,估计财务效益和费用,在此基础上编制财务分析的基本报表,计算财务分析指标,并进行建设项目财务可行性的判断。

7.2.1 财务分析报表

1) 财务分析报表的构成

财务分析报表由辅助报表和基本报表共同组成。首先通过财务评价基础数据与参数的确定、估算与分析,编制出财务评价的辅助报表;将辅助报表中的基础数据进行汇总后编制出用于财务评价的基本报表。财务分析报表的构成可见表7.1所示。

表7.1 财务分析报表构成

辅助报表	基本报表
B1 建设投资估算表(概算法) B2 建设投资估算表(形成资产法) B3 建设期利息估算表 B4 流动资金估算表 B5 项目总投资使用计划与资金筹措表 B6 营业收入、营业税金及附加和增值税估算表 B7 总成本费用估算表(生产要素法) B7$_{基1}$ 外购原材料费估算表 B7$_{基2}$ 外购燃料和动力费估算表 B7$_{基3}$ 固定资产折旧费估算表 B7$_{基4}$ 无形资产和其他资产摊销估算表 B7$_{基5}$ 工资及福利费估算表 B8 总成本费用估算表(生产成本加期间费用法)	B9 项目投资现金流量表 B10 项目资本金现金流量表 B11 投资各方现金流量表 B12 利润与利润分配表 B13 财务计划现金流量表 B14 资产负债表 B15 借款还本付息计划表

2) 财务分析基本报表的内容

(1) 财务现金流量表

反映项目计算期内各年的现金流入与流出,用以计算各项动态和静态评价指标,进行项目财务盈利能力分析。具体可分为下列三种类型:

① 项目投资现金流量表:该表以项目为一个独立系统,从融资前的角度出发,不考虑投资来源,假设全部投资都是自有资金。用于计算项目投资内部收益率及净现值等财务分析指标。

② 项目资本金现金流量表:该表从项目法人(或投资者整体)的角度出发,以项目资本金作为计算基础,把借款还本付息作为现金流出。用于计算项目资本金财务内部收益率。

③ 投资各方现金流量表:该表分别从各个投资者的角度出发,以投资者的出资额作为计

算的基础,用于计算投资各方内部收益率。只有投资者中各方有股权之外的不对等利益分配时,投资各方的收益率才会有差异,才需要编制此表。

（2）利润与利润分配表

反映项目计算期内各年的营业收入、总成本费用、利润总额、所得税及税后利润的分配情况,用于计算总投资收益率、项目资本金净利润率等指标。

（3）财务计划现金流量表

反映项目计算期内各年的投资、融资和经营活动所产生的各项现金流入和流出,计算净现金流量和累计盈余资金,分析项目的财务生存能力。

（4）资产负债表

用于综合反映项目计算期内各年末资产、负债和所有者权益的增减变化及应对关系,计算资产负债率。

（5）借款还本付息计划表

反映项目计算期内各年借款本金偿还和利息支付情况,用于计算借款偿还期或者偿债备付率、利息备付率等指标。该表可以与辅助报表中的"建设期利息估算表"合二为一。

3）辅助报表与基本报表的关系

图7.1给出了辅助报表与基本报表之间的关系与数据走向。可以看出,财务评价的数据是从辅助报表流向基本报表的,辅助报表是基本报表的基础,而基本报表则是计算财务评价各类指标的依据。

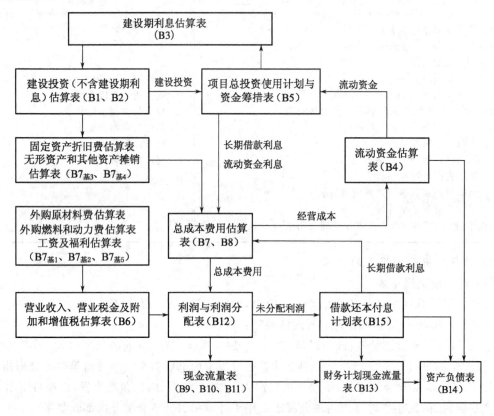

图7.1 辅助报表与基本报表之间的关系

7.2.2 财务分析指标体系构成及其与基本报表的关系

财务分析指标体系如图 7.2 所示。

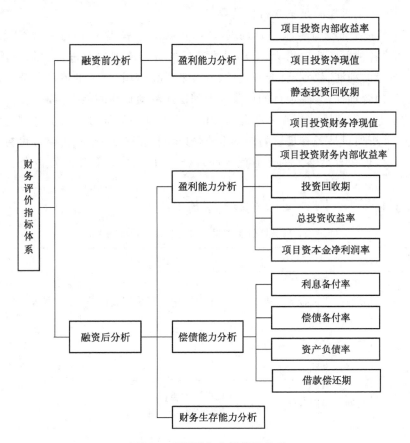

图 7.2 项目财务分析指标体系

融资前分析以动态分析为主静态分析为辅。融资前动态分析以营业收入、建设投资、经营成本和流动资金的估算为基础,考察整个计算期内现金流入和流出,计算项目投资内部收益率和净现值等指标。融资前静态分析可计算静态投资回收期指标,用以反映收回项目投资所需要的时间。融资后分析以融资前分析和初步的融资方案为基础,考察项目在拟定融资条件下的盈利能力、偿债能力和财务生存能力,判断项目方案在融资条件下的可行性。

融资后的盈利能力分析主要是考察项目投资的盈利水平,它直接关系到项目投产后能否生存和发展,是评价项目在财务上可行性程度的基本标志。盈利能力的大小应从两方面进行评价:

(1)项目达到设计生产能力的正常生产年份可能获得的盈利水平,即主要通过计算总投资收益率、资本金净利润率等静态指标,考察项目在正常生产年份年度投资的盈利能力,以及判别项目是否达到行业的平均水平。

(2)项目整个寿命期间内的盈利水平,即主要通过计算财务净现值、财务内部收益率以及投资回收期等动态和静态指标,考察项目在整个计算期内的盈利能力及投资回收能力,判别项目投资的可行性。

融资后的偿债能力分析主要是考察项目的财务状况和按期偿还债务的能力,它直接关系到企业面临的财务风险和企业的财务信用程度。偿债能力的大小应从两方面进行评价:

(1) 考察项目偿还建设投资国内借款所需要的时间,即通过计算借款偿还期,考察项目的还款能力,判别项目是否能满足贷款机构的要求。

(2) 考察项目资金的流动性水平,即通过计算利息备付率、偿债备付率、资产负债率、流动比率、速动比率等各种财务比率指标,对项目投产后的资金流动情况进行比较分析,用以反映项目寿命期内各年的利润、盈亏、资产和负债、资金来源和运用、资金的流动和债务运用等财务状况及资产结构的合理性,考察项目的风险程度和偿还流动负债的能力与速度。

融资后的财务生存能力分析在财务分析辅助表和利润与利润分配表的基础上编制财务计划现金流量表,分析项目是否有足够的净现金流量以维持正常运营,实现财务可持续性。这里的可持续性首先体现在有足够大的经营活动净现金流量,其次是各年累计盈余资金不应出现负值。

财务评价指标与其基本报表的关系见表7.2所示。

表 7.2 财务评价基本报表与财务评价指标的关系

评价内容	基本报表	静态指标	动态指标
盈利能力分析	项目投资现金流量表	项目投资静态投资回收期	项目投资财务内部收益率 项目投资财务净现值 项目投资动态投资回收期
	项目资本金现金流量表		项目资本金财务内部收益率
	投资各方现金流量表		投资各方财务内部收益率
	利润和利润分配表	总投资收益率 项目资本金净利润率	
偿债能力分析	资产负债表 建设期利息估算表 借款还本付息计划表	资产负债率 偿债备付率 利息备付率	
财务生存能力分析	财务计划现金流量表	累计盈余资金	

7.2.3 财务分析步骤

财务评价可分为以下几个步骤:

1) 基础数据的调查与测算

在熟悉拟建项目基本情况基础上,通过调查研究、分析、预测确定或相关专业人员提供的,例如产出物数量、销售价格、原材料及燃料动力消耗量及其价格、人员数量和工资、折旧和摊销年限、成本计算中的各种费率、税率、汇率、利率、计算期和运营负荷等,收集整理出初级基础数据;通过初级数据计算、派生出来,例如成本费用、销售(营业)收入、销售税金与附加、增值税等数据,供下一步财务分析之用。

2) 评价参数的选用

这里的评价参数主要指判别用参数,即用于判别项目效益是否满足要求的基准参数,例如基准收益率或最低可接受收益率、基准投资回收期、基准投资利润率等,这些基准参数往往需要通过专门分析和测算得到,或者直接采用有关部门或行业的发布值,或者由投资者自行确定。

3）辅助报表的编制

依据上述的基础数据,估算项目的财务效益和费用,进而编制财务评价的辅助报表。

4）基本报表的编制与指标计算

编制融资前分析的基本报表与指标的基本步骤：

（1）估算建设投资、营业收入、经营成本和流动资金；

（2）编制项目投资现金流量表,计算项目投资内部收益率、净现值和项目静态投资回收期等指标；

（3）如果分析结果表明项目效益符合要求,再考虑融资方案,继续进行融资后分析；

（4）如果分析结果不能满足要求,可以通过修改调整项目的方案设计以达到项目效益的要求,如果修改或调整后仍然不能满足要求,可以据此作出放弃项目的建议。

编制融资后分析的基本报表与指标的基本步骤：

（1）在融资前分析结论满足要求的情况下,初步设定融资方案；

（2）在已有财务分析辅助报表的基础上,编制项目总投资使用计划与资金筹措表和建设期利息估算表；

（3）编制项目资本金现金流量表,计算项目资本金财务内部收益率指标,考察项目资本金可获得的收益水平；

（4）编制投资各方现金流量表,计算投资各方的财务内部收益率指标,考察投资各方可获得的收益水平。

5）作出财务效益分析结论

利用各基本报表,可直接计算出一系列财务评价的指标,包括反映项目的盈利能力、偿债能力的静态和动态指标。将这些指标值与国家有关部门规定的基准值进行对比,就可得出项目在财务上是否可行的评价结论。

为了减少项目在未来实施过程中不确定性因素对经济评价指标的影响,保证项目效益的兑现,在财务分析后,还要进行不确定性分析,包括盈亏平衡分析和敏感性分析。

7.3 财务分析指标的计算方法

7.3.1 盈利能力指标计算

盈利能力分析是项目财务评价的主要内容之一,通过计算财务净现值、财务内部收益率、投资回收期、总投资收益率和项目资本金净利润率等指标,考察项目财务上的盈利能力。

1）静态指标

所谓静态指标,就是在不考虑资金的时间价值前提下,针对项目或方案的经济效果所进行的经济计算与度量。财务评价中主要有下列几个静态指标：

（1）项目投资回收期（P_t）

投资回收期(或投资返本年限)是以项目的净收益回收项目全部投资所需的时间,或者说是为补偿项目的全部投资而要积累一定的净收益所需的时间。项目评价求出的投资回收期(P_t)与基准投资回收期(P_c)比较,当$P_t \leqslant P_c$时,表明项目投资能在规定的时间内收回,能满足设定的要求。投资回收期一般以年为单位,并从项目建设开始年算起。若从项目投产年算起,应予注明。项目投资回收期可采用下式计算:

$$\sum_{t=1}^{P_t}(CI-CO)_t = 0 \tag{7.1}$$

式中:CI——现金流入量;

CO——现金流出量;

$(CI-CO)_t$——第t年的净现金流量;

P_t——投资回收期(年)。

投资回收期可用现金流量表中累计净现金流量计算求得,详细计算公式为:

$$P_t = T - 1 + \frac{\left|\sum_{i=1}^{T-1}(CI-CO)_i\right|}{(CI-CO)_T} \tag{7.2}$$

式中:T——各年累计净现金流量首次为正值或零的年数。

(2)总投资收益率(ROI)

总投资收益率是指项目达到设计生产能力后的正常生产年份的年息税前利润或运营期内年平均息税前利润($EBIT$)与项目总投资(TI)的比率。其计算公式为:

$$ROI = \frac{EBIT}{TI} \times 100\% \tag{7.3}$$

式中:$EBIT$——项目正常年份的年息税前利润或运营期内年平均息税前利润;

TI——项目总投资。

总投资收益率可根据利润与利润分配表、总投资使用计划与资金筹措表求得。在财务评价中,将总投资收益率与同行业的基准收益率对比,以判别项目单位投资盈利能力是否达到所要求的水平。

(3)项目资本金净利润率(ROE)

资本金净利润率是指项目达到设计生产能力后的正常生产年份的年净利润或运营期内年平均净利润(NP)与项目资本金(EC)的比率,它反映投入项目的资本金的盈利能力。资本金净利润率可根据利润与利润分配表、投资使用与资金筹措计划表求得。其计算公式为:

$$ROE = \frac{NP}{EC} \times 100\% \tag{7.4}$$

式中,净利润就是"利润与利润分配表"中的税后利润。

2)动态指标

所谓动态指标,就是在考虑(以复利方法计算)资金的时间价值情况下,对项目或方案的经济效益所进行的计算与度量。与静态指标相比,它的特点是能够动态地反映项目在整个计算期内的资金运动情况,包括投资回收期以后若干年的经济效益、项目结束时的固定资产余值及流动资金的回收等。

动态指标的计算是建立在资金等值的基础上的,即将不同时点的资金流入与资金流出换算成同一时点的价值。它为不同方案和不同项目的经济比较提供了同等的基础,并能反映出未来时期的发展变化情况。

常用的财务评价动态指标有如下几个:

(1) 财务净现值($FNPV$)

财务净现值是指项目按设定的折现率(i_c)将各年的净现金流量折现到建设起点(建设期初)的现值之和。当$FNPV \geq 0$时,项目财务上盈利能力可接受;当$FNPV < 0$时,项目财务上不可行。利用财务现金流量表可以计算出财务净现值$FNPV$,其表达式为

$$FNPV = \sum_{t=1}^{n} \frac{(CI-CO)_t}{(1+i_c)^t} \tag{7.5}$$

式中:i_c——设定的折现率。取部门或行业的基准收益率或最低可接受收益率。

n——计算期年数。包括建设期和生产运营期,一般取10~20年。

(2) 财务内部收益率($FIRR$)

财务内部收益率是指项目在计算期内各年净现金流量现值累计等于零时的折现率。若$FIRR \geq i_c$,项目财务上盈利能力可接受;若$FIRR < i_c$,项目财务上不可行。其表达式为:

$$\sum_{t=1}^{n} \frac{(CI-CO)_t}{(1+FIRR)^t} = 0 \tag{7.6}$$

应当指出的是,在项目财务评价中,存在三个不同的内部收益率:项目财务内部收益率、项目资本金内部收益率和投资各方内部收益率。尽管对应的财务现金流量表内涵不完全一样,但其内部收益率的表达式和计算方法是完全相同的。

7.3.2 偿债能力指标计算

偿债能力分析主要是针对使用债务性资金的项目,通过编制借款还本付息计划表,计算借款偿还期、利息备付率、偿债备付率等指标,分析项目的借款偿还能力;并通过编制财务计划现金流量表和资产负债表,考察项目的财务状况。

1) 借款偿还期(P_d)

借款偿还期是指在国家财政规定及项目具体财务条件下,项目投产后以可用作还款的利润、折旧、摊销及其他收益偿还(最大能力还款)建设投资借款本金(含未付建设期利息)所需要的时间,一般以年为单位表示。该指标适用于那些没约定偿还期限而希望尽快还款的项目,计算出的数据越小,说明偿债能力越强。其表达式为:

$$I_d = \sum_{t=1}^{P_d} R_t \tag{7.7}$$

式中:I_d——建设投资借款本金和(未付)建设期利息之和;

P_d——借款偿还期(从借款开始年计算,若从投产年算起时应予注明);

R_t——第t年可用于还款的最大资金额。

实际应用中,借款偿还期可由借款还本付息计划表直接推算,以年表示。其计算式为:

$$P_d = 借款偿还后开始出现盈余的年份 - 开始借款年份 + \frac{当年借款额}{当年可用于还款的金额} \tag{7.8}$$

当借款偿还期满足贷款机构的要求期限时,即认为项目是有清偿能力的。

2) 利息备付率和偿债备付率

对于某些涉及利用外资的项目,其国外或境外的借款偿还期限已经预先约定,这时应计算利息备付率和偿债备付率,以考察项目偿还利息或债务的保障能力。并根据不同的还款方式,计算约定期内各年应偿还的本金和利息数额。

(1) 利息备付率(ICR)

利息备付率是指在借款偿还期内的息税前利润(EBIT)与应付利息(PI)的比值,它从付息资金来源的充裕性角度反映项目偿付债务利息的保障程度和支付能力,计算公式如下:

$$ICR = \frac{EBIT}{PI} \tag{7.9}$$

式中:$EBIT$—— 息税前利润;

PI—— 计入总成本费用的应付利息。

利息备付率应分年计算。利息备付率至少应大于2;若低于1则表示没有足够的资金支付利息,偿债风险很大。

(2) 偿债备付率(DSCR)

偿债备付率是指在借款偿还期内,用于计算还本付息的资金($EBITDA - T_{AX}$)与应本付息金额(PD)的比值,它从还本付息资金来源的充裕性角度反映项目偿付债务本息的保障程度和支付能力,计算公式如下:

$$DSCR = \frac{EBITDA - T_{AX}}{PD} \tag{7.10}$$

式中:$EBITDA$—— 息税前利润加折旧和摊销;

T_{AX}—— 企业所得税;

PD—— 应本付息金额,包括还本金额、计入总成本费用的全部利息。

偿债备付率应分年计算。偿债备付率至少应大于1;若低于1则表示没有足够的资金偿付当期债务,需通过短期借款偿付已到期债务。

3) 资产负债率(LOAR)

资产负债率是指各期末负债总额(TL)与资产总额(TA)的比率,表示总资产中有多少是通过负债得来的。它是评价项目负债水平的综合指标,反映项目利用债权人提供资金进行经营活动的能力,并反映债权人发放贷款的安全程度。资产负债率可由资产负债表求得,其计算公式为:

$$LOAR = \frac{TL}{TA} \times 100\% \tag{7.11}$$

式中：TL——期末负债总额；

TA——期末资产总额。

一般认为,资产负债率的适宜水平在40%～60%。对于经营风险较高的企业,例如高科技企业,为减少财务风险应选择比较低的资产负债率;对于经营风险低的企业,例如供水、供电企业,资产负债率可以较高。我国交通、运输、电力等基础行业,资产负债率平均为50%,加工业为65%,商贸业为80%。而英国、美国资产负债率很少超过50%,亚洲和欧盟则明显高于50%,有的成功企业达70%。

4）流动比率

流动比率是指一定时点上流动资产与流动负债的比率,反映法人偿还流动负债的能力。流动比率可由资产负债表求得,其计算公式为：

$$流动比率 = 流动资产 \div 流动负债 \times 100\% \tag{7.12}$$

一般认为流动比率为200%（即经验值为2∶1）较适当,理由是变现能力差的存货通常占流动资产总额的一半左右。但到20世纪90年代以后,由于采用新的经营方式,平均值已降为1.5∶1左右。例如,美国平均为1.4左右,日本为1.2左右,达到或超过2的企业已经是个别现象。

5）速动比率

速动比率是指一定时点上速动资产与流动负债的比率,反映法人在短时间内偿还流动负债的能力。速动比率可由资产负债表求得,其计算公式为：

$$速动比率 = 速动资产 \div 流动负债 \times 100\% \tag{7.13}$$

式中,速动资产＝流动资产－存货。

一般认为速动比率为100%较适当。但20世纪90年代以来已降为80%左右。在有些行业,例如小型零售商很少有赊销业务,故很少有应收账款,因此速动比率低于一般水平,并不意味着缺乏流动性。

7.4 财务分析示例

7.4.1 项目概况与基础数据

某企业拟投资一个新项目,原始资料简化如下：

项目建设期为2年,生产期为8年,项目建设投资（不含建设期借款利息和购置固定资产进项增值税）10 000万元,资本金2 000万元（建设期第1年投入1 200万元,第2年投入800万元）,银行借款8 000万元（建设期分年与资本金同比例投入）。建设投资预计90%形成固定资产,10%形成无形资产。固定资产按年限平均法计提折旧,折旧年限10年,残值率为5%;无形资产按5年摊销。流动资金投资1 000万元,资本金400万元,其余全部使用贷款,并在投产年一次投入。其他数据见表7.3。

建设投资贷款年利率为9.65%,按季计息,采用最大还款能力还款方式还款,贷款银行要求项目投产后的还款期不长于5年;流动资金贷款年利率为10%,按年计息。假定增值税税率为13%,城乡维护建设税、教育费附加税及地方教育附加的税率合计为10%,所得税率为25%,税前投资基准收益率为15%,税前、税后基准投资回收期分别为5年和6年,税后资本金基准收益率为18%。

表7.3 示例项目财务分析基础数据　　　　　　　　　　　　单位:万元

年份	1	2	3	4	5~10
建设投资	6 000	4 000			
其中:资本金	1 200	800			
借款	4 800	3 200			
年销售收入(不含销项税)			5 000	7 000	7 000
年经营成本(不含进项税)			2 300	2 700	2 700
进项增值税税额			200	300	300
流动资产总额			1 400	1 400	1 400
其中:应收账款			400	400	400
存货			600	600	600
现金			400	400	400
流动负债总额			400	400	400
其中:应付账款			400	400	400

7.4.2 财务分析报表编制与指标计算

本节中各表格数据可能有个位数误差,这是因计算结果取整数而致。

1) 建设期利息估算表的编制

建设期利息估算表见表7.4。

表7.4 建设期利息估算表　　　　　　　　　　　　单位:万元

序号	项目	合计	建设期	
			1	2
1	建设期利息	904	240	664
1.1	期初借款余额		0	5 040
1.2	当期借款		4 800	3 200
1.3	当期应计利息		240	664
1.4	期末借款余额		5 040	8 904
2	其他融资费用	0	0	0
3	合计(1+2)	904	240	664

表7.4中数据计算如下:

建设期投资贷款年利率为9.65%,按季计息,则年有效利率为

$$i=\left(1+\frac{9.65\%}{4}\right)^4-1=10\%$$

当总贷款分年均衡发放时,建设期利息的计算可按当年借款在年中支用考虑,即当年贷款按半年计息,上年贷款余额按全年计息。可根据下式计算:

$$建设期各年应计利息=\left(年初借款余额+\frac{当年借款额}{2}\right)\times 年有效利率$$

则

第 1 年利息=(0+4 800/2)×10%=240(万元)

第 2 年利息=[(4 800+240)+3 200/2]×10%=664(万元)

2) 税金及附加、增值税估算表的编制

税金及附加、增值税估算表见表 7.5。

表 7.5 税金及附加、增值税估算表　　　　　　　　单位:万元

序号	项目	计算期									
		1	2	3	4	5	6	7	8	9	10
1	营业收入			5 000	7 000	7 000	7 000	7 000	7 000	7 000	7 000
2	税金及附加			45	61	61	61	61	61	61	61
2.1	资源税										
2.2	消费税										
2.3	增值税附加			45	61	61	61	61	61	61	61
3	增值税			450	610	610	610	610	610	610	610
3.1	销项税额			650	910	910	910	910	910	910	910
3.2	进项税额			200	300	300	300	300	300	300	300

该示例中,购置固定资产进项增值税按第二种方法处理(参见 2.3.2),税金及附加只有 3 项增值税附加税(城乡维护建设税、教育费附加和地方教育附加)。以第 3 年为例,数据计算过程如下:

第 3 年销项增值税额=5 000×13%=650(万元)

第 3 年增值税额=650-200=450(万元)

第 3 年增值税附加=450×10%=45(万元)

3) 固定资产折旧费估算表的编制

固定资产折旧费估算见表 7.6。

表 7.6 固定资产折旧费估算表   单位:万元

序号	项目	计算期									
		1	2	3	4	5	6	7	8	9	10
1	固定资产原值			9 904							
2	当期折旧费			941	941	941	941	941	941	941	941
3	年末固定资产净值			8 963	8 023	7 082	6 141	5 200	4 259	3 318	2 377

从示例所给的已知条件可知,项目建设投资(不含建设期利息)的 90% 形成固定资产,折旧年限 10 年,按平均年限法计提折旧,残值率为 5%,计算得

固定资产原值 = 投资所形成的固定资产 + 建设期利息 = 10 000 × 90% + 904
= 9 904(万元)

$$年折旧率 = \frac{1 - 残值率}{折旧年限} \times 100\% = \frac{1 - 5\%}{10} \times 100\% = 9.50\%$$

年折旧额 = 固定资产原值 × 年折旧率 = 9 904 × 9.50% = 941(万元)

第 3 年固定资产净值 = 年初固定资产净值 − 当期折旧费 = 9 904 − 941 = 8 963(万元)

4) 无形资产摊销费估算表的编制

无形资产和其他资产摊销估算表见表 7.7。

表 7.7 无形资产摊销费估算表   单位:万元

序号	项目	计算期									
		1	2	3	4	5	6	7	8	9	10
1	无形资产原值			1 000							
2	当期摊销费			200	200	200	200	200			
3	无形资产净值			800	600	400	200	0			

从示例所给的已知条件可知,项目建设投资的 10% 形成无形资产,按 5 年摊销,年摊销费按下式计算:

$$年摊销费 = \frac{无形资产原值}{摊销年限}$$

无形资产原值 = 10 000 × 10% = 1 000(万元)

年摊销额 = 1 000/5 = 200(万元)

5) 借款还本付息计划表、总成本费用估算表及利润与利润分配表的编制

常用的银行贷款还款方式有等额还本付息方式、等额本金利息照付和利息照付本金一次偿还等等多种方式,项目财务分析实践中可根据银行的项目贷款意向书的初步贷款方案而定,相关的利息支付和本金偿还额可根据第 1 章的方法计算。

对于贷款方案不确定的,项目财务分析时常采用最大还款能力还款方式计算。最大还款能力还款方式是在借款时借贷双方没有规定偿还借款的期限,而是依据项目以后产生的经济效益以及公司当期的财务状况,尽最大能力把可用于还款的全部资金用于偿还项目借款的本金和利息。

在货款方案确定情况下,借款还本付息计划表、总成本费用估算表及利润与利润分配表三个表可按顺序进行编制。货款方案不能确定的情况下采用最大还款能力还款方式,则需要进行"三表联算"。

本示例采用最大还款能力还款方式,下面将详细说明三表联算的编制过程:建设投资借款还本付息计划表见表 7.8,流动资金借款还本付息计划表见表 7.9,总成本费用估算表见表 7.10,利润与利润分配表见表 7.11。

(1) 编制借款还本付息计划表

编制"借款还本付息计划表"时,建设期的利息计算同"建设期利息估算表"。这一计算过程是基于这样的假设:在建设期,建设项目既不归还借款本金,也不支付借款利息,建设期利息资本化。这样,建设期利息复利计算并累加到借款本金上。当生产期开始还款时,需要归还的建设投资借款本金则为建设期借款加上建设期各年应计的利息。

建设投资借款的还本资金来源于项目运营所获得的未分配净收益,包括未分配利润、折旧和摊销等。流动资金借款通常采用长期负债筹资方式,在财务分析中处理方式一般是考虑在项目运营初期借入流动资金并长期占用,中间各年只付息不还本,在计算期最后一年末一次偿还本金(可用回收的流动资金偿还)。借款利息支付可设为通过营业收入收回的利息(已被计在总成本费用中,并在计算利润时已扣除)支付。

由于本示例的建设投资借款本金偿还是按最大能力还款方式计算的,借款还本付息计划表的编制取决于可用于偿还本金的数额,即未分配利润、折旧费、摊销费总和,利息支出则取决于年初借款余额,而未分配利润的大小又向上追溯,与"总成本费用"有关。因此,在具体编制报表时,必须逐年地在"借款还本付息计划表""总成本费用估算表""利润与利润分配表"三张表间循环填写,直到长期借款还清为止。

根据该表按下式可计算出借款偿还期:

$$借款偿还期 = 借款偿还后开始出现盈余的年份 - 1 + \frac{当年应还借款额}{当年还本资金来源金额}$$

$$= 6 - 1 + \frac{1\,387}{3\,315} = 5.42(年)$$

表 7.8 建设投资借款还本付息计划表   单位:万元

序号	项目	计算期									
		1	2	3	4	5	6	7	8	9	10
1	借款										
1.1	年初本息余额		5 040	8 904	7 340	4 471	1 387				
1.2	本年借款	4 800	3 200								
1.3	本年应计利息	240	664	890	734	447	139				
1.4	本年还本付息			2 454	3 603	3 531	1 526				
1.4.1	其中:还本			1 564	2 869	3 084	1 387				
1.4.2	付息			890	734	447	139				

(续表)

序号	项目	计算期									
		1	2	3	4	5	6	7	8	9	10
1.5	年末本息余额	5 040	8 904	7 340	4 471	1 387	0				
2	债券										
3	借款和债券合计	5 040	8 904	7 340	4 471	1 387	0				
4	还本资金来源			1 564	2 869	3 084	3 315	3 192	3 127	3 127	3 127
4.1	当年可用于还本的未分配利润			423	1 728	1 943	2 175	2 051	2 186	2 186	2 186
4.2	当年可用于还本的折旧			941	941	941	941	941	941	941	941
4.3	当年可用于还本的摊销			200	200	200	200	200			
4.4	以前年度结余可用于还本资金										
4.5	用于还本的短期借款										
4.6	可用于还款的其他资金										
计算指标	借款偿还期:5.42 年										

表 7.9 流动资金借款还本付息计划表　　　　　　　单位:万元

序号	项目	计算期									
		1	2	3	4	5	6	7	8	9	10
1	本年借款			600							
2	年初本息余额				600	600	600	600	600	600	600	600
3	本年应计利息			60	60	60	60	60	60	60	60
4	本年还本付息			60	60	60	60	60	60	60	660
4.1	其中:还本										600
4.2	付息			60	60	60	60	60	60	60	60
5	年末本息余额			600	600	600	600	600	600	600	

表 7.10 总成本费用估算表　　　　　　　　　　　　　　　　　　　　　　　　　单位:万元

序号	项目	计算期									
		1	2	3	4	5	6	7	8	9	10
1	经营成本			2 300	2 700	2 700	2 700	2 700	2 700	2 700	2 700
2	折旧费			941	941	941	941	941	941	941	941
3	摊销费			200	200	200	200	200			
4	财务费用			950	794	507	199	60	60	60	60
4.1	其中:建设借款利息			890	734	447	139				
4.2	流动资金借款利息			60	60	60	60	60	60	60	60
5	总成本费用(1+2+3+4)			4 391	4 635	4 348	4 040	3 901	3 701	3 701	3 701

表 7.11 利润与利润分配表　　　　　　　　　　　　　　　　　　　　　　　　　单位:万元

序号	项目	计算期									
		1	2	3	4	5	6	7	8	9	10
1	营业收入			5 000	7 000	7 000	7 000	7 000	7 000	7 000	7 000
2	税金及附加			45	61	61	61	61	61	61	61
3	总成本费用			4 391	4 635	4 348	4 040	3 901	3 701	3 701	3 701
3.1	其中:利息			950	794	507	199	60	60	60	60
4	利润总额(1-2-3)			564	2 304	2 591	2 899	3 038	3 238	3 238	3 238
5	息税前利润(4+3.1)			1 514	3 098	3 098	3 098	3 098	3 298	3 298	3 298
6	弥补以前年度亏损										
7	应纳税所得额(4-6)			564	2 304	2 591	2 899	3 038	3 238	3 238	3 238
8	所得税			141	576	648	725	760	810	810	810
	调整所得税			379	775	775	775	775	825	825	825
9	税后利润(4-8)			423	1 728	1 943	2 175	2 279	2 429	2 429	2 429
10	提取法定盈余公积金							228	243	243	243
11	提取任意盈余公积金										
12	应付利润(股利分配)										
13	未分配利润(9-10-11-12)			423	1 728	1 943	2 175	2 051	2 186	2 186	2 186

(2) 编制总成本费用估算表

根据基础数据和前面诸表的数据,就可以完成总成本费用估算表的编制(相关费用的含义参见第 2 章相关内容)。但需注意,在总成本费用估算表中,财务费用一项包括了长期借款与流动资金借款的利息支出,而利息支出则需根据各年年初借款余额来计算。其中,长期借款余额要涉及总成本费用估算表、利润与利润分配表和借款还本付息计划表的循环计算,故只能逐年地进行编制。

(3) 利润与利润分配表

在利润与利润分配表中,产品营业收入、税金及附加以及总成本费用数据取自辅助报表,其中,总成本费用只能逐年填写。有了利润总额,就可以计算出所得税、税后利润、盈余公积金、未分配利润等数据。要说明的是,根据现行会计准则,营业收入、总成本费用均按不含税价格计算,若两者按含税价格计算,计算利润时尚需要扣除增值税一项。

利润与利润分配表中的"调整所得税"是项目财务分析的专用术语,主要用于融资前分析的投资现金流量表(参见表 7.12)的编制。调整所得税是按总成本中不计入利息时所计算的利润总额为基数计算的所得税,调整所得税计算公式为

$$调整所得税 = 息税前利润 \times 所得税税率$$

在项目财务分析采用最大还款能力还款时,一般可假定项目运营阶段的还款期不进行利润分配,所有的税后利润都可以用来归还借款,即未分配利润等于税后利润。利润与利润分配表中的未分配利润应计入借款还本付息计划表,作为偿还长期借款本金的来源之一,从而可完成总成本费用估算表、利润与利润分配表、借款还本付息计划表的循环计算。

(4) 三表联算过程

以第 3、第 4 年计算为例,我们来看三表联算过程。

首先编制"借款还本付息表",先计算出利息:

第 3 年建设投资借款利息 = 年初本息余额 × 建设投资借款年有效利率
$$= (8\,000 + 904) \times 10\% = 890 (万元)$$

第 3 年流动资金借款利息 = 流动资金借款额 × 流动资金借款年有效利率
$$= 600 \times 10\% = 60 (万元)$$

这时候因为并不知道第 3 年的未分配利润,所以无法计算出第 3 年建设借款还本额,所以无法再继续计算第 4 年的数据。这时候,只能跳去编"利润与利润分配表",但我们又发现要计算第 3 年的利润及未分配利润,我们还要先计算出第 3 年的总成本费用,则需要跳到"总成本费用估算表"。由于有了第 3 年的利息,我们就可计算出第 3 年总成本费用为 4 391 万元。把这个数据代入"利润与利润分配表"中,就可计算出第 3 年的利润总额。

第 3 年利润总额 = 5 000 − 45 − 4 391 = 564 (万元)

第 3 年所得税 = 564 × 25% = 141 (万元)

第 3 年税后利润 = 564 − 141 = 423 (万元)

由于在还款期可以不进行利润分配,所以第 3 年未分配利润等于第 3 年税后利润,即 423 万元。把这个数据代入"借款还本付息表"中的还本资金来源中,这样就计算出第 3 年的还本额,于是就可计算出第 3 年年末本息余额,也即第 4 年年初本息余额。

第 3 年年末建设投资借款本息余额 = 8 904 − 1 564 = 7 340 (万元)

进而就可以计算出第 4 年建设投资借款利息：
第 4 年建设投资借款利息＝7 340×10%＝734(万元)
这样，又进入第 4 年的三表联算过程。依此类推，最终完成对这三张报表的编制。

6) 投资现金流量表与资本金现金流量表的编制

编制项目投资现金流量表(表 7.12)和项目资本金现金流量表(表 7.13)时，现金流入、现金流出的诸项数据均来自前述的辅助报表和基本报表。由表可计算出净现金流量、累计净现金流量，并计算出所得税前后的财务内部收益率、财务净现值、投资回收期及资本金内部收益率等指标。

表 7.12 项目投资现金流量表   单位：万元

序号	项目	计算期									
		1	2	3	4	5	6	7	8	9	10
1	现金流入			5 000	7 000	7 000	7 000	7 000	7 000	7 000	10 377
1.1	营业收入			5 000	7 000	7 000	7 000	7 000	7 000	7 000	7 000
1.2	回收固定资产余值										2 377
1.3	回收流动资金										1 000
2	现金流出	6 000	4 000	3 724	3 536	3 536	3 536	3 536	3 586	3 586	3 586
2.1	建设投资	6 000	4 000								
2.2	流动资金投资			1 000							
2.3	经营成本			2 300	2 700	2 700	2 700	2 700	2 700	2 700	2 700
2.4	税金及附加			45	61	61	61	61	61	61	61
2.5	调整所得税			379	775	775	775	775	825	825	825
3	税后净现金流量(1−2)	−6 000	−4 000	1 276	3 464	3 464	3 464	3 464	3 414	3 414	6 791
4	累计税后净现金流量	−6 000	−10 000	−8 724	−5 259	−1 795	1 670	5 134	8 549	11 963	18 755
5	税前净现金流量(3＋2.5)	−6 000	−4 000	1 655	4 239	4 239	4 239	4 239	4 239	4 239	7 616
6	累计税前净现金流量	−6 000	−10 000	−8 345	−4 106	133	4 372	8 611	12 850	17 089	24 705
计算指标	税前投资财务内部收益率：28%；税后投资财务内部收益率：22% 税前投资财务净现值(i_c=15%)：5 277 万元；税后投资财务净现值(i_c=15%)：2 866 万元 税前投资回收期：4.97 年；税后投资回收期：5.52 年										

在资本金现金流量表编制中，资本金投资包括建设投资和流动资金投资中的资本金，借款本金偿还包括建设投资和流动资金借款的本金偿还，借款利息支付包括建设投资和流动资金借款的利息支付。

表 7.13　项目资本金现金流量表　　　　　　　　　　　　　单位:万元

序号	项目	计算期									
		1	2	3	4	5	6	7	8	9	10
1	现金流入			5 000	7 000	7 000	7 000	7 000	7 000	7 000	10 377
1.1	营业收入			5 000	7 000	7 000	7 000	7 000	7 000	7 000	7 000
1.2	回收固定资产余值										2 377
1.3	回收流动资金										1 000
2	现金流出	1 200	800	5 400	7 000	7 000	5 072	3 581	3 631	3 631	4 231
2.1	资本金投资	1 200	800	400							
2.2	借款本金偿还			1 564	2 869	3 084	1 387	0	0	0	600
2.3	借款利息支付			950	794	507	199	60	60	60	60
2.4	经营成本			2 300	2 700	2 700	2 700	2 700	2 700	2 700	2 700
2.5	税金及附加			45	61	61	61	61	61	61	61
2.7	所得税			141	576	648	725	760	810	810	810
3	净现金流量(1−2)	−1 200	−800	−400	0	0	1 928	3 419	3 369	3 369	6 146
计算指标	资本金财务内部收益率:36%										

本示例中,项目投资现金流量表和资本金现金流量表营业收入、经营成本均为不含税价格计算的,同时销项增值税和进项增值税均没有计入现金流量。若收入和成本按含税价格计算,或者销项税计入现金流入、进项税计入现金流出,则需要在现金流出中增加"增值税"一项。

7) 财务计划现金流量表

财务计划现金流量表反映项目计算期各年的投资、融资及经营活动的现金流入和流出。该报表中的诸项数据均来自前述的辅助报表和基本报表。由表可计算出盈余资金和累计盈余资金,为编制资产负债表提供依据。本示例项目的财务计划现金流量表见表 7.14。回收固定资产余值和回收流动资金一般是在项目结束后发生,通常在财务计划现金流量表中不再列入。另一种做法是在计算期结束后再增加一列上年余值栏,用于列入回收固定资产余值和流动资金。

表 7.14　财务计划现金流量表　　　　　　　　　　　　　单位:万元

序号	项目	计算期									
		1	2	3	4	5	6	7	8	9	10
1	经营活动净现金流量(1.1−1.2)			2 514	3 663	3 591	3 514	3 479	3 429	3 429	3 429
1.1	现金流入			5 650	7 910	7 910	7 910	7 910	7 910	7 910	7 910
1.1.1	营业收入			5 000	7 000	7 000	7 000	7 000	7 000	7 000	7 000
1.1.2	增值税销项税额			650	910	910	910	910	910	910	910
1.1.3	补贴收入										

(续表)

序号	项目	计算期									
		1	2	3	4	5	6	7	8	9	10
1.1.4	其他流入										
1.2	现金流出			3 136	4 247	4 319	4 396	4 431	4 481	4 481	4 481
1.2.1	经营成本			2 300	2 700	2 700	2 700	2 700	2 700	2 700	2 700
1.2.2	增值税进项税额			200	300	300	300	300	300	300	300
1.2.3	税金及附加			45	61	61	61	61	61	61	61
1.2.4	增值税			450	610	610	610	610	610	610	610
1.2.5	所得税			141	576	648	725	760	810	810	810
1.2.6	其他流出										
2	投资活动净现金流量(2.1−2.2)	−6 000	−4 000	−1 000							
2.1	现金流入										
2.2	现金流出	6 000	4 000	1 000							
2.2.1	建设投资	6 000	4 000								
2.2.2	维持运营投资										
2.2.3	流动资金			1 000							
2.2.4	其他流出										
3	筹资活动净现金流量(3.1−3.2)	6 000	4 000	−1 514	−3 663	−3 591	−1 586	−60	−60	−60	−660
3.1	现金流入	6 240	4 664	1 000							
3.1.1	项目资本金投入	1 200	800	400							
3.1.2	建设投资借款（含建设期利息）	5 040	3 864								
3.1.3	流动资金借款			600							
3.1.4	债券										
3.1.5	短期借款										
3.1.6	其他流入										
3.2	现金流出	240	664	2 514	3 663	3 591	1 586	60	60	60	660
3.2.1	各种利息支出	240	664	950	794	507	199	60	60	60	60
3.2.2	偿还债务本金			1 564	2 869	3 084	1 387				600
3.2.3	应付利润（股利分配）										
3.2.4	其他流出										
4	净现金流量(1+2+3)						1 928	3 419	3 369	3 369	2 769
5	累计盈余资金						1 928	5 348	8 717	12 087	14 856

8）资产负债表

资产负债表一般是项目财务分析最后编制的报表,该表反映计算期各年末资产、负债及所有者权益的状况,并遵循"资产=负债+所有者权益"会计等式。该表数据均来自前面所编制的报表,若某年或某几年出现"资产≠负债+所有者权益",则说明前面报表编制有误。因此,该表也兼具检验财务分析报表编制正确与否的功能。本示例项目的资产负债表见表7.15。资产负债表的数据为各年年末那个时间点的资产、负债和所有者权益的数值,所以取值均为累计值、余值或净值等,其中在建工程应为各年建设投资(含建设期利息)累计值。

表7.15 资产负债表　　　　　　　　　　　　　　　　　　单位:万元

序号	项目	计算期									
		1	2	3	4	5	6	7	8	9	10
1	资产	6 240	10 904	11 163	10 022	8 881	9 669	11 947	14 376	16 804	18 633
1.1	流动资产总额			1 400	1 400	1 400	3 328	6 748	10 117	13 487	16 256
1.1.1	现金			400	400	400	400	400	400	400	400
1.1.2	累计盈余资金						1 928	5 348	8 717	12 087	14 856
1.1.3	应收账款			400	400	400	400	400	400	400	400
1.1.4	存货			600	600	600	600	600	600	600	600
1.2	在建工程	6 240	10 904								
1.3	固定资产净值			8 963	8 022	7 081	6 140	5 200	4 259	3 318	2 377
1.4	无形及递延资产净值			800	600	400	200				
2	负债及所有者权益(2.4+2.5)	6 240	10 904	11 163	10 022	8 881	9 669	11 947	14 376	16 804	18 633
2.1	流动负债总额			400	400	400	400	400	400	400	400
2.1.1	应付账款			400	400	400	400	400	400	400	400
2.1.2	短期借款										
2.1.3	预收账款										
2.2	建设投资借款余额	5 040	8 904	7 340	4 471	1 387					
2.3	流动资金借款余额			600	600	600	600	600	600	600	
2.4	负债小计(2.1+2.2+2.3)	5 040	8 904	8 340	5 471	2 387	1 000	1 000	1 000	1 000	400
2.5	所有者权益	1 200	2 000	2 823	4 551	6 494	8 669	10 947	13 376	15 804	18 233
2.5.1	资本金	1 200	2 000	2 400	2 400	2 400	2 400	2 400	2 400	2 400	2 400
2.5.2	资本公积金										
2.5.3	累计盈余公积金						228	471	714	956	

(续表)

序号	项目	计算期									
		1	2	3	4	5	6	7	8	9	10
2.5.4	累计未分配利润			423	2 151	4 094	6 269	8 319	10 505	12 691	14 877
计算指标	资产负债率/%	80.77	81.66	74.71	54.59	26.88	10.34	8.37	6.96	5.95	2.15
	流动比率	—	—	3.50	3.50	3.50	8.32	16.87	25.29	33.72	40.64
	速动比率	—	—	2.00	2.00	2.00	6.82	15.37	23.79	32.22	39.14

7.4.3 财务效益分析结论

1) 盈利能力分析

表 7.16 中的盈利能力分析指标来自投资现金流量表(表 7.12)和资本金现金流量表(表 7.13)计算出的财务内部收益率、财务净现值和投资回收期等指标,总投资收益率和资本金净利率可根据利润及利润分配表的各年利润及投资额进行计算。

根据利润与利润分配表(表 7.11),计算运营期年平均息税前利润与净利润:

$$年平均息税前利润 = \frac{1\,514 + 3\,098 \times 4 + 3\,298 \times 3}{8} = 2\,975(万元)$$

$$年平均净利润 = \frac{423 + 1\,728 + 1\,943 + 2\,175 + 2\,279 + 2\,429 \times 3}{8} = 1\,979(万元)$$

项目总投资取建设投资、建设期利息与流动资金投资之和(参见 2.1.1),根据投资及资本金数据可计算指标:

$$总投资收益率 = \frac{2\,975}{10\,000 + 904 + 1\,000} \times 100\% = 25\%$$

$$资本金净利率 = \frac{1\,979}{1\,200 + 800 + 400} \times 100\% = 82\%$$

表 7.16 示例项目盈利能力分析

	评价指标	计算结果	评价基准
融资前财务分析	税前投资财务内部收益率	28%	≥15%
	税前投资财务净现值	5 277 万元	≥0
	税前投资回收期	4.97 年	≤5 年
	税后投资财务内部收益率	22%	≥15%
	税后投资财务净现值	2 566 万元	≥0
	税后投资回收期	5.52 年	≤6 年
融资后财务分析	资本金财务内部收益率	36%	≥18%
	总投资收益率	25%	≥15%
	资本金净利率	82%	—

从表 7.16 中融资前后评价指标可看出,该项目有较强的盈利能力,满足投资收益率的要求,且能保证在基准投资回收期内收回投资。

2) 偿债能力分析

本示例项目采用的最大还款能力还款方式还款,因此计算的指标是借款偿还期。根据借款还本付息表(表 7.8)计算出的借款还款期为 5.42 年,不含建设期则为 3.42 年,满足银行要求的投产后 5 年还款期期限要求。

从表 7.15 的资产负债表计算的资产负债率、流动比率和速动比率来看,尽管计算期前 3 年的资产负债率高于 40%~60% 的适宜水平,但总体呈下降趋势,且计算期 10 年的平均资产负债率为 35%,说明负债水平并不高,贷款安全程度较高。生产期各年的流动比率均大于 2.0、速动比率均大于 1.0,说明项目偿还流动负债及其快速偿付的能力较强、资产的流动性较好。总体上,项目在计算期内财务状况较好。

3) 财务生存能力分析

从表 7.14 的财务计划现金流量表来看,项目生产期各年经营活动的净现金流量较多,计算期初期的建设期和还款期累计盈余资金为 0,资金的来源和应用维持平衡,未出现个别年份为负值而需要增加短期借款的情况;计算期的其他年份累计盈余资金均大于 0,且逐年增长。可见,在计算期内项目可维持正常运营,财务可持续性较好,财务生存能力较强。

习 题

1. §7.4 财务分析示例中其他条件不变,假定融资方案已定,采用四年等额还本付息方式。请编制项目现金流量表,计算项目投资的税前净现值、内部收益率和资本金税后净现值,进行项目盈利能力分析。
2. 某公司拟生产一种新的产品,以自有资金购入新产品专利,价格为 20 万元。设备投资 100 万元(自有资金 40 万元,贷款 60 万元),年初安装即可投产使用。厂房利用单位一座闲置的一直无法出租或转让的厂房。生产期和设备折旧期均为 5 年,设备采用直线折旧法,残值率 5%,5 年后设备市场净价值(扣除拆卸费)估计 10 万元。专利转让费在生产期 5 年内平均摊销。产品第一年的价格为 18 元/件,以后每年递增 2%;经营成本第一年为 10 元/件,以后每年递增 10%。设备贷款第一年初即全部发放,贷款期 5 年,等额还本付息,利率 5%。流动资金全部用自有资金。流动资金(净营运资金)各年需要量(占用量)及产品产量见表 7.17。该公司适用所得税税率为 33%,确定的基准收益率为 15%。

表 7.17 流动资金各年需要量及产品产量表

时间点/年	0	1	2	3	4	5
占用流动资金/万元	10	10	17	25	21	0
产量/万件			5	8	12	10	6

(1) 计算该项目各年的偿债备付率和利息备付率,进行项目清偿能力分析。

（2）编制项目现金流量表，计算项目全部的投资的税前净现值和资本金税后净现值，进行项目盈利能力分析。
3. 简述建设项目财务分析的核心内容与方法。
4. 简述建设项目财务评价中还本付息的几种主要方法。

8 经济费用效益分析和费用效果分析

为了加强和完善宏观调控,建设项目不仅需要做市场分析、技术方案分析、财务分析及社会评价等,还需要进行经济费用效益分析。尤其对于财务现金流量不能全面、真实地反映其经济价值,需要进行经济费用效益分析的项目,费用效果分析的结论将作为项目决策的主要依据之一。

8.1 经济费用效益分析概述

8.1.1 经济费用效益分析的目的

建设项目的经济费用效益分析是从资源合理配置的角度,用影子价格、影子汇率和社会折现率等费用效益分析参数,分析计算项目投资的经济效率和对社会福利所做出的贡献,以评价项目的经济合理性。

经济费用效益分析的主要目的:

(1) 全面识别整个社会为项目付出的代价,以及项目为提高社会福利所做出的贡献,评价项目投资的经济合理性;

(2) 分析项目的经济费用效益流量与财务现金流量存在的差别,以及造成这些差别的原因,提出相关的政策调整建议;

(3) 对于市场化运作的基础设施等项目,通过经济费用效益分析来论证项目的经济价值,为制定财务方案提供依据;

(4) 分析各利益相关者为项目付出的代价及获得的收益,通过对受损者及受益者的经济费用效益分析,为社会评价提供依据。

8.1.2 经济费用效益分析的项目范围

在完全竞争的完善的市场经济体系下,竞争市场机制能够对经济资源进行有效配置,产出品市场价格将以货币形态反映边际社会效益,而投入品市场价格将反映边际社会机会成本。利润最大化的导向使得资源得以有效配置,基于此的项目财务分析与经济费用效益分析的结论将会一致,不需要单独进行经济费用效益分析。但是在现行的经济体制下,由于市场本身的原因及政府不恰当的干预,都可能导致市场配置资源的失灵,市场价格难以反映建设项目的真实经济价值,客观上需要通过经济费用效益分析来对财务分析中失真的结果进行修正,对投资的经济合理性作出判断,并作为投资决策的依据。

1) 现阶段需要进行经济费用效益分析的项目

(1) 自然垄断项目

对于电力、电信、交通运输等行业的项目,存在着规模效益递增的产业特征,企业一般不会按照帕累托最优规则进行运作,从而导致市场配置资源失效。

(2) 公共产品项目

公共产品项目是指其提供的产品或服务在同一时间内可以被共同消费,具有"消费的非排他性"和"消费的非竞争性"特征。由于市场价格机制只有通过将那些不愿意付费的消费者排除在该物品的消费之外才能得以有效运作,因此市场机制对公共产品项目的资源配置失灵。

(3) 具有明显外部效果的项目

外部效果是指一个个体或厂商的行为对另一个个体或厂商产生了影响,而该影响的行为主体又没有负相应的责任或没有获得应有报酬的现象。产生外部效果的行为主体由于不受预算约束,因此常常不考虑外部效果的结果承受者的损益情况。这样,这类行为主体在其行为过程中常常会低效率甚至无效率地使用资源,造成消费者剩余与生产者剩余的损失及市场失灵。

(4) 对于涉及国家控制的战略性资源开发及涉及国家经济安全的项目,往往具有公共性、外部效果等综合特征,不能完全依靠市场配置资源。

(5) 政府对经济活动的干预,如果干扰了正常的经济活动频率,也是导致市场失灵的重要因素。

2) 从投资管理角度现阶段需要进行经济费用效益分析的项目

(1) 政府预算内投资(包括国债资金)的用于关系国家安全、国土开发和市场不能有效配置资源的公益性项目和公共基础设施建设项目、保护和改善生态环境项目、重大战略性资源开发项目;

(2) 政府各类专项建设基金投资的用于交通运输、农林水利等基础设施、基础产业建设项目;

(3) 利用国际金融组织和外国政府贷款,需要政府主权信用担保的建设项目;

(4) 法律、法规规定的其他政府性资金投资的建设项目;

(5) 企业投资建设的涉及国家经济安全、影响环境资源、公共利益、可能出现垄断、涉及整体布局等公共性问题,需要政府核准的建设项目。

3) 经济费用效益分析的内容

经济费用效益分析的主要工作包括:识别经济效益和费用、测算和选取影子价格、编制经济费用效益分析报表、计算费用效益分析指标并进行方案比选。

8.1.3 建设项目费用效益分析与财务分析的关系

费用效益分析和财务分析是建设项目经济评价的两个层次,它们相互联系,有共同点又有区别。费用效益分析可以单独进行,也可以在财务分析的基础上进行调整计算。

1) 共同点

(1) 评价目的相同

费用效益分析和财务分析都是要寻求以最小的投入获得最大的产出。

(2) 评价基础相同

费用效益分析和财务分析都是在完成了产品需求预测、工程技术方案、资金筹措等可行性研究的基础上进行的,都使用基本的经济评价理论,即费用与效益比较的理论方法。

(3) 评价的计算期相同。

2）区别

（1）分析角度和基本出发点不同

财务分析是站在项目层次上,从项目的经营者、投资者、未来的债权人角度,分析项目和各方的收支和盈利状况及偿还借款能力,以确定投资项目的财务可行性。费用效益分析则是从国家和地区的层次上,从全社会的角度考察项目需要国家付出的代价和对国家的贡献,以确定投资项目的经济合理性。

（2）费用、效益的划分不同

财务分析是根据项目直接发生的实际收支确定项目的效益和费用,凡是项目的货币支出都视为费用,税金、利息等也均计为费用。费用效益分析则着眼于项目所耗费的全社会有用资源来考察项目的费用,而根据项目对社会提供的有用产品（包括服务）来考察项目的效益。税金、国内借款利息和财政补贴等一般并不发生资源的实际增加和耗用,多是国民经济内部的"转移支付",因此,不列为项目的费用和效益。

（3）采用的价格不同

财务分析要确定建设项目在财务上的现实可行性,因而对投入物和产出物均采用财务价格,即现行的市场价格（预测值）。费用效益分析则采用反映货物的真实经济价值,反映机会成本、供求关系以及资源稀缺程度确定的影子价格。

（4）主要参数不同

财务分析采用的汇率一般选用当时的官方汇率,折现率是因行业而异的基准收益率或最低可接受收益率。费用效益分析则采用国家统一测定和颁布的影子汇率和社会折现率。

8.2 经济效益与费用的识别与计算

8.2.1 经济效益与费用识别的原则

经济效益与费用分析是以实现社会资源的最优配置从而使国民收入最大化为目标的,因此凡是增加国民收入的就是经济效益,凡是减少国民收入的就是经济费用,这是一条基本原则。

1）增量分析原则

项目的经济效益与费用分析是建立在增量效益和增量费用识别与计算基础上的,因此不应考虑沉没成本和已实现的效益。按照"有无对比"增量分析的原则,通过项目的实施效果与无项目情况下可能发生的情况进行对比分析,作为计算机会成本或增量效益的依据。

2）关联效果原则

效益与费用分析是从国民经济的整体利益出发,其系统分析的边界是整个国民经济。在做费用效益分析中要考虑项目投资可能产生的其他关联效应,不仅要识别项目自身的内部效果,还需要识别项目对国民经济其他部门和单位产生的外部效果。

3）以本国居民作为分析对象原则

对于跨越国界,对本国之外的其他社会成员产生影响的项目,应重点分析对本国公民新增的效益和费用。项目对本国以外的社会群体所产生的效果,应进行单独陈述。

4）剔除转移支付原则

项目的某些财务收益和支出,从国民经济角度看,并没有造成资源的实际增加或减少,而是国民经济内部发生的"转移支付",在做费用效益分析时不计作项目的经济效益与费用。税赋、补贴、借款和利息都属于转移支付,在进行经济费用效益分析时不得再计算其影响。但一些税收和补贴可能会影响市场价格水平,导致财务价格可能并不反映真实的经济成本和效益,因此在经济费用效益分析中,转移支付应进行下面的区别对待:

(1) 剔除企业所得税或补贴对财务价格的影响;

(2) 一些税收、补贴或罚款往往是用于校正项目"外部效果"的一种重要手段,这类转移支付不可剔除,可以用于计算外部效果;

(3) 项目投入与产出中的流转税(营业税、增值税、消费税)应具体问题具体处理。

8.2.2 经济效益与费用流量的构成分析与计算

项目投资所造成的经济费用或效益的计算,应在利益相关者分析的基础上,研究在特定的社会经济背景条件下相关利益主体获得的收益及付出的代价,计算项目相关的费用和效益。项目的效益是指项目对国民经济所作的贡献,分为直接效益和间接效益;项目的费用是指国民经济为项目付出的代价,分为直接费用和间接费用。

1) 计算的原则

(1) 支付意愿原则

项目产出物的正面效果的计算遵循支付意愿原则,用于分析社会成员为项目所产出的效益愿意支付的价值。

(2) 受偿意愿原则

项目产出物的负面效果的计算遵循受偿意愿原则,用于分析社会成员为接受这种不利影响所得到补偿的价值。

(3) 机会成本原则

项目投入的经济费用的计算应遵循机会成本原则,用于分析项目所占用的所有资源的机会成本。机会成本应按资源的其他最有效利用所产生的效益进行计算。

(4) 实际价值计算原则

项目经济费用效益分析应对所有费用和效益采用反映资源真实价值的实际价格进行计算,不考虑通货膨胀因素的影响,但应考虑相对价格变动。

2) 直接费用和直接效益

直接费用是指由项目使用投入物所形成,并在项目范围内计算的费用。一般表现为:

(1) 其他项目为供应本项目投入物而扩大生产规模所耗用的资源费用;

(2) 减少对其他项目(或最终消费者)投入物的供应而放弃的效益;

(3) 增加进口(或减少出口)所耗用(或减收)的外汇等。

直接效益是指由项目产出物直接生成,并在项目范围内计算的经济效益。一般表现为:

(1) 增加该产出物或者服务的数量以满足国内需求的效益;

(2) 替代其他相同或类似企业的产出物或服务,使被替代企业减产或停产从而减少国家有用资源耗费而减少的效益;

(3) 增加出口(或减少进口)从而增收(或节支)的外汇效益等。

完全为新建生产性项目服务的商业、卫生、文化教育等生活福利设施的投资应计为项目的费用。这些生活福利设施所产生的效益,可视为完全体现在项目的直接效益中,一般不必单独核算。

3）间接费用和间接效益

间接费用是指国民经济为项目付出了代价，但在项目的直接费用中未得到反映的部分，例如项目对自然环境造成的损害、项目产品大量出口引起国内相同产品出口价格的下降等。

间接效益是指项目为国民经济作出了贡献，但在直接效益中未得以反映的部分，例如技术扩散效果、项目对上下游企业带来的相邻效果以及乘数效果等。

间接费用和间接效益统称为外部效果。对显著的外部效果应做定量分析，计入项目的总效益和总费用中；不能定量的，应尽可能作定性描述。外部效果的计算范围应考虑环境及生态影响效果、技术扩散效果和产业关联效果。为防止外部效果计算扩大化，项目的外部效果一般只计算一次性相关效果，不应连续计算。

以某城市交通轻轨项目为例，间接经济效益包括市民节约出行时间、环境素质被改善、降低能源消耗以及减轻公共投资等；项目间接费用的显著例子是工业项目运营中排放的废水、废气和废渣造成环境污染引起的费用。由于当前在可行性研究的同时，开展环境预评价，且在可行性研究报告中已包括有关环境保护的内容，要求提出污染物的治理措施，以实现达标排放，同时又将环保措施所需花费的投资计入项目建设投资中，所以，一般情况下可不必另计间接费用，但情况特殊时需另行考虑。

4）转移支付

项目的某些财务收益和支出，如缴纳的税金、国内贷款利息和补贴等，从国民经济角度看，并没有造成资源的实际增加或者减少，称为国民经济内部的"转移支付"，不计作项目的效益与费用。如果以项目的财务评价为基础进行项目的效益与费用评价时，应从财务效益与费用中剔除在经济效益评价中计作转移支付的部分。

（1）税金

无论是增值税、所得税还是关税等都是政府调节分配、供求关系的手段，纳税对于企业财务评价来说，确实为一项费用支出。但是对于国民经济评价来说，它仅仅表示项目对国民经济的贡献有一部分转移到政府手中，由政府再分配。项目对国民经济的贡献大小并不随税金的多少而变化，因而它属于国民经济内部的转移支付。

土地税、城市维护建设税和资源税等是政府为了补偿社会耗费而代为征收的费用，这些税种包含了很多政策因素，并不代表社会为项目付出的代价。因此，原则上这些税种也视为项目与政府间的转移支付，不计为项目的费用或效益。

（2）补贴

政府对项目的补贴，仅仅表示国民经济为项目所付出的代价中，有一部分来自政府财政支出中的补贴这一项。但是，整个国民经济为项目所付代价并不以这些代价来自何处为计算依据，更不会由于有无补贴或补贴的多少而改变。因此，补贴也不是国民经济评价中的费用或效益。

（3）国内贷款利息

国内贷款利息在企业财务评价资本金财务现金流量表中是一项费用。对于国民经济评价来说，它表示项目对国民经济的贡献有一部分转移到了政府或国内贷款机构。项目对国民经济所作贡献的大小，与所支付的国内贷款利息多少无关。因此，它也不是费用或效益。

（4）国外贷款与还本付息

在国民经济评价中,国外贷款和还本付息根据分析的角度不同,有两种不同的处理原则。

① 在项目国民经济效益费用流量表中的处理

在项目国民经济效益费用流量表中,把国外贷款也看作国内投资,以项目的全部投资作为计算基础,对拟建项目使用的全部资源的使用效果进行评价。由于随着国外贷款的发放,国外相应的实际资源的支配权力也同时转移到了国内。这些国外贷款资源与国内资源一样,也存在着合理配置的问题。因此,在项目国民经济效益费用流量表中,国外贷款和还本付息与国内贷款和还本付息一样,既不作为效益,也不作为费用。

② 在国内投资国民经济效益费用流量表中的处理

为了考察国内投资对国民经济的实际贡献,应以国内投资作为计算的基础,因此在国内投资国民经济效益费用流量表中,把国外贷款的还本付息视为费用。

8.3 经济费用效益分析中几个重要参数

经济费用效益分析是把从国民经济的大系统中,以国家与社会的角度考察建设项目对国民经济的效益贡献以及经济合理性。分析中所用的经济参数是影子价格、影子工资、影子汇率和社会折现率等。

8.3.1 影子价格

1) 现行价格的不合理性

财务评价中对投入物和产出物都采用现行的市场价格,而不管这种价格是否合理。进行经济费用效益分析的项目需要确定整个社会为项目付出的代价,以及项目为提高社会福利所作出的贡献,故要准确地计量项目的费用和效益。然而,在我国现实经济生活中,由于经济机制、经济政策、社会和经济环境以及历史等原因,市场价格与实际价值严重脱节甚至背离。因而,在费用效益分析中,依据一定原则确定,能够反映投入物与产出物真实经济价值的合理价格,就是影子价格。

2) 影子价格的含义

影子价格是一种能够确切地反映社会效益和费用的合理价格,它是在社会最优的生产组织情况下,供应与需求达到均衡时的产品和资源的价格。

从理论上说,影子价格可以通过数学规划的方法求得。在数学上,影子价格是目标函数对某一约束条件的一阶偏导数,表现为线性规划中的对偶解,非线性规划中的拉格朗日乘数,以及最优控制问题中的哈密尔顿乘数。而在不同的经济问题中,则由于目标不一致而显现出多变的"面孔"。在以最少费用为目标时,它表现为增加单位产品所耗费的边际成本;在以最大收益为目标时,它表现为增加单位资源投入所获得的边际收益;若以消费者最大效用为目标,则是增加单位物品供应所增加的边际效用,或者消费者为了获取效用所愿支付的价格。

影子价格既然是用于衡量项目对整个社会福利的贡献,因而它的确定必然涉及国民经济的各个环节以及它们相互之间的复杂关系。想从理论上求解模型得到影子价格,按目前的条件,几乎是不可能的。西方经济学认为,在完全竞争条件下,由市场供需状况调节的价格能反映其社会价值,因而这种情况下的价格就是影子价格。但是,完全竞争的条件在各国国内市场都是不存在的。一般地说,国际市场的价格,受垄断、干预、控制的情况较少,因而实际上常以国际市场价格代表影子价格。

3) 投入物和产出物的分类

在确定影子价格前,首先需将项目的投入物和产出物进行分类,以便用不同的方法对投入物和产出物进行影子价格的测算。

项目的投入物或产出物按是否影响进出口把货物区分为外贸货物和非外贸货物。外贸货物是指其生产、使用将直接或间接影响国家进口或出口的货物,即产出物中直接出口、间接出口或替代进口的货物;投入物中直接进口、间接进口或减少出口(原可用于出口)的货物。非外贸货物则是指其生产、使用将不影响国家进口或出口的货物。其中包括"天然"不能进行外贸的货物或服务,如建筑物、国内运输等,还包括由于地理位置所限,运输费用过高或受国内外贸易政策等限制而不能进行外贸的货物。此外,在实践中,还可参照该种货物的对外贸易占国内总产量的比例来判断是否将其归为外贸货物,例如超过10%者归为外贸货物,低于此比例者归为非外贸货物(直接进出口者除外)。

除了上述传统的货物外,劳动力、土地以及自然资源作为特殊的投入物,也要进行影子价格的确定。

4) 外贸货物的影子价格

外贸货物的影子价格以口岸价格为基础,先乘以影子汇率(SER)换算成人民币,再经适当加减国内的运杂费用和贸易费用来确定。实践中,为了简化计算,可以只对项目投入物中直接进口的和产出物中直接出口的,采取进出口价格测定影子价格,对于间接进出口的仍按国内市场价格定价。

5) 非外贸货物的影子价格

非外贸货物影子价格的确定分为两种情况,一种是适用于国内市场没有价格管制的产品或服务,以市场价格为基础进行影子价格的测算;另一种是适用于由政府进行价格调控的产品或服务,以成本分解法、消费者支付意愿和机会成本来进行影子价格的测算。

成本分解一般按下列步骤进行:

(1) 按生产费用要素,列出某种非外贸货物的财务成本、单位货物耗费的建设投资额及占用的流动资金,并列出该货物生产厂的建设期限、建设期各年投资比例。缺少建设投资资料的,可按固定资产原值除以设定的固定资产形成率求得建设投资费用。

(2) 剔除上述数据中可能包括的税金。

(3) 按照本节中所述的确定外贸货物和非外贸货物影子价格的原则和方法,对外购原材料、燃料和动力等投入物的费用进行调整。其中有些可以直接使用国家计委组织测算的影子价格或换算系数。对重要的外贸货物应自行测算影子价格。重要的非外贸货物可再进一步进行成本分解。有条件时,也应对投资中某些占比例较大的费用项目进行调整。

(4) 工资及提取的职工福利基金和其他支出,原则上不予调整。

(5) 计算总投资(包括建设投资和流动资金)的资金回收费用,对折旧和流动资金利息进行调整。

(6) 必要时按上述办法对分解成本后仍为非外贸货物的子项目进行第二轮成本分解。

(7) 综合上述各步骤之后,即可得到该种非外贸货物的分解成本。

6) 特殊投入物的影子价格

(1) 劳动力的影子价格

劳动力作为一种资源,看作是建设项目的特殊投入物,经济费用效益分析中应采用影子工资计量劳动力的劳务费用。影子工资一般由两部分组成:一是由于项目使用劳动力而导致别处被迫放弃的原有净效益,从这方面看,影子工资体现了劳动力的机会成本;二是因劳动力的就业或转移增加的社会资源消耗,如交通运输费用、城市基础设施配套及管理费用、培训费用等,反映了国家和社会为此付出的代价。

$$影子工资 = 名义工资 \times 影子工资换算系数$$

式中,名义工资为财务评价中的工资及职工福利费之和。影子工资换算系数的取值:对于非技术性工种,换算系数为 0.8;对于技术性工种,换算系数为 1。

(2) 土地的影子价格

土地是一种特殊投入物,在我国是一种稀缺资源。项目使用了某块土地,其他项目则不能再使用,这块土地也就不能用来种庄稼或住人。因此,土地的影子价格应反映土地用于拟建项目后,不能再用于其他项目所放弃的国民经济效益,以及国民经济为其增加的资源消耗。土地的影子价格按城镇土地和农用土地分别计算。

城镇的土地已经很大程度上存在由市场形成的交易价格,市区内的土地、城市郊区的土地可以按照支付意愿原则,采取市场价格测定影子价格。市场价格主要包括土地出让金、征地费、拆迁安置补偿费等。

农用土地的影子价格是指项目占用农用土地后国家放弃的收益,由土地的机会成本和因土地转变用途而发生的新增资源消耗两部分构成。

即: $$土地的经济成本 = 土地机会成本 + 新增资源消耗 \quad (8.1)$$

在实际的项目评价中,农用土地的影子价格可以从财务评价中土地的征地费用出发进行调整计算。一般情况下,属于机会成本性质的费用,如土地补偿费、青苗补偿费等,按照机会成本计算方法调整计算;属于新增资源消耗的费用,如拆迁费、剩余劳动力安置费、养老保险费等,按影子价格调整计算;属于转移支付的,如粮食开发基金、耕地占用税等,应予以剔除。

经济费用效益分析对土地费用有两种具体处理方式:一是计算项目被占用土地在整个占用期间可能获得最佳用途的逐年净效益现值之和,作为土地费用计入项目建设投资中;二是将逐年净效益的现值换算成等值效益,作为项目每年的投入。一般采用前一种方式处理。

(3) 自然资源的影子价格

各种有限的自然资源也属于特殊投入物。一个项目使用了矿产资源、水资源、森林资源等,都是对国家资源的占用和消耗,这些资源也具有影子价格。矿产等不可再生资源的影子价格应当按资源的机会成本计算,水和森林等可再生资源的影子价格可以按资源再生费用计算。

8.3.2 影子汇率

影子汇率是单位外币用国内货币表示的影子价格,是能反映外汇增加或减少对国民经济贡献或损失的汇率,反映外币的真实价值,体现了从国家角度对外汇价格的估量。国民经济评价中涉及外汇与人民币之间的换算均应采用影子汇率,同时影子汇率又是经济换汇成本或经济节汇成本指标的判据。

影子汇率通过影子汇率换算系数计算,影子汇率换算系数是影子汇率与国家外汇牌价的比值,由国家统一发布并定期调整。根据现阶段外汇供求情况、主要进出口商品的国内外价格的比较、出口换汇成本及进出口关税等因素综合分析,目前我国的影子汇率换算系数取值为1.08。在项目评价中,将外汇牌价乘以影子汇率换算系数即得影子汇率。

影子汇率取值的高低,直接影响项目(或方案)比选中的进出口抉择。国家可以利用影子汇率作为杠杆,对进出口项目施加影响。影子汇率越高,外汇的影子价格就越高,产品是外贸货物的项目经济效益就越好,项目就容易通过。反之项目就不容易通过。影子价格较高时,引进方案的费用较高,评价的结论将不利于引进项目。

影子汇率以美元与人民币的比价表示,对于美元以外的其他国家货币,应根据项目评价确定的某个时间国家公布的国际金融市场美元与该种货币兑换率,先折算为美元,再用影子汇率换算成人民币。

8.3.3 社会折现率

社会折现率是社会对资金时间价值的估算,是从整个国民经济角度出发所要求的资金投资收益率标准,代表占用社会资金所应获得的最低收益率,其存在的基础是不断增长的扩大再生产。

社会折现率是根据我国在一定时间内的投资效益水平、资金机会成本、资金供求状况、合理的投资规模以及项目国民经济评价的实际情况进行测定的,它体现了国家的经济发展目标和宏观调控意图。国家发展和改革委员会、建设部发布的《建设项目经济评价方法与参数(第三版)》中将社会折现率规定为8%,供各类建设项目评价时统一采用。

社会折现率是项目经济评价的重要通用参数,在项目国民经济评价中作为计算经济净现值的折现率,并作为经济内部收益率的判据,只有经济内部收益率大于或等于社会折现率的项目才可行。它也是项目和方案相互比较选择的主要判据,因此它同时兼有判别准则参数和计算参数两种职能,适当的社会折现率有助于合理分配建设资金,引导资金投向对国民经济贡献大的项目,调节资金供需关系,促进资金在短期和长期项目间的合理配置。当国家需要缩小投资总规模时,可以提高社会折现率,反之则降低社会折现率。同样,在方案或项目比选时,社会折现率越高,越不利于初始投资大而后期费用节约或收益增大的方案或项目,因为后期的效益折算为现值时其折减率较高。当社会折现率较低时,情况正好反过来。

8.4 经济费用效益分析常用指标及表格

8.4.1 经济费用效益分析指标

经济费用效益分析主要是进行经济盈利能力分析,其主要指标是经济内部收益率和经济净现值等。此外,还可以根据需要和可能计算间接费用和间接效益,纳入费用效益流量中,对难以量化的间接费用、间接效益应进行定性分析。

1) 经济内部收益率($EIRR$)

经济内部收益率是指项目在计算期内各年经济净效益流量的现值累计等于零时的折现率。它是反映项目对国民经济所作净贡献的相对指标,也表示项目占用资金所获得的动态收益率。其表达式为:

$$\sum_{t=1}^{n} \frac{(B-C)_t}{(1+EIRR)^t} = 0 \qquad (8.2)$$

式中：B——国民经济效益流量；
C——国民经济费用流量；
$(B-C)_t$——第 t 年的国民经济净效益流量；
n——计算期。

如果经济内部收益率大于或等于社会折现率，表明项目资源配置的经济效率达到了可以接受的水平。

2）经济净现值（$ENPV$）

经济净现值是指用社会折现率将项目计算期内各年的净效益流量折算到建设期初的现值之和。它是反映项目对国民经济所作净贡献的绝对指标。当经济净现值大于零时，表示国家为拟建项目付出代价后，除了得到符合社会折现率的社会盈余外，还可以得到以现值计算的超额社会盈余。其表达式为：

$$ENPV = \sum_{t=1}^{n} \frac{(B-C)_t}{(1+i_s)^t} \qquad (8.3)$$

式中：i_s——社会折现率。

如果经济净现值大于或等于 0，表明项目可以达到符合社会折现率的效率水平，认为该项目从经济资源配置的角度可以被接受。

3）经济效益费用比（R_{BC}）

经济效益费用比是指项目在计算期内效益流量的现值与费用流量的现值之比。其表达式为：

$$R_{BC} = \frac{\sum_{t=1}^{n} B_t (1+i_s)^{-t}}{\sum_{t=1}^{n} C_t (1+i_s)^{-t}} \qquad (8.4)$$

式中参数含义同上。

如果经济效益费用比大于 1，表明项目资源配置的经济效率达到了可以被接受的水平。

8.4.2 经济费用效益分析报表

经济费用效益流量表的编制，可以按照经济费用效益识别和计算的原则和方法直接进行，也可以在财务分析的基础上将财务现金流量转换为反映真正资源变动状况的经济费用效益流量。

1）在财务分析基础上进行经济费用效益流量的识别和计算应注意的问题

（1）剔除财务现金流量中通货膨胀因素，得到以实价表示的财务现金流量；

（2）剔除运营期财务现金流量中不反映真实资源流量变动状况的转移支付因素；

（3）用影子价格和影子汇率调整建设投资各项组成，并剔除其费用中的转移支付项目；

（4）调整流动资金，将流动资产和流动负债中不反映实际资源耗费的有关现金、应收、应付、预收、预付款项，从流动资金中剔除；

（5）调整经营费用,用影子价格调整主要原材料、燃料及动力费用、工资及福利费等；

（6）调整营业收入,对于具有市场价格的产出物,以市场价格为基础计算其影子价格；对于没有市场价格的产出物,以支付意愿或接受补偿意愿的原则计算其影子价格；

（7）对于可货币化的外部效果,应将货币化的外部效果计入经济效益费用流量；对于难以进行货币化的外部效果,应尽可能地采用其他量纲进行量化；难以量化的,应进行定性描述,以全面反映项目的产出效果。

2）经济费用效益分析报表构成

经济费用效益分析报表构成见表8.1所示。

表8.1 项目经济费用效益分析报表的构成

基本报表	辅助报表
• 项目投资经济费用效益流量表	• 经济费用效益分析投资费用估算调整表 • 经济费用效益分析经营费用估算调整表 • 项目直接效益估算调整表 • 项目间接费用估算调整表 • 项目间接效益估算调整表

8.4.3 项目经济费用效益分析示例

某项目财务分析的投资现金流量表如表8.2所示。

表8.2 某项目投资现金流量表　　　　　　　　　单位：万元

序号	项目	建设期		生产期		
		1	2	3	4~9	10
1	现金流入	0	0	3 500	4 500	5 488
1.1	营业收入			3 500	4 500	4 500
1.2	回收固定资产余值					688
1.3	回收流动资金					300
1.4	其他现金流入					
2	现金流出	2 000	1 000	3 029	3 306	3 306
2.1	建设投资（不含建设期利息）	2 000	1 000			
2.2	流动资金			300		
2.3	经营成本			2 500	3 000	3 000
2.4	营业税金及附加			11	15	15
2.5	增值税			218	291	291
2.6	其他现金流出					
3	净现金流量（1-2）	-2 000	-1 000	471	1 194	2 182

(续表)

序号	项目	建设期		生产期		
		1	2	3	4~9	10
4	累计净现金流量	−2 000	−3 000	−2 529		6 817
计算指标	项目财务内部收益率	25%				
	项目财务净现值($i_c=15\%$)	1 327 万元				
	投资回收期	5.12 年				

项目总投资组成有关数据说明见表 8.3。

表 8.3 项目总投资组成及说明 单位:万元

序号	费用名称	投资额	说 明
1	建设投资	3 167	
1.1	静态部分	2 820	工程建设总耗电量为 10 万 kW·h
1.1.1	建筑工程费	726	其中:各种税金约占 10%
1.1.2	设备工器具购置费	1 160	其中:进口主要设备使用外汇折合人民币 900 万元,各种税金约占 20%
1.1.3	安装工程费	400	其中:各种税金约占 5%
1.1.4	工程建设其他费用	400	其中:土地费用 300 万元
1.1.5	基本预备费	134	基本预备费费率为 5%
1.2	动态部分	347	
1.2.1	涨价预备费	180	
1.2.2	建设期利息	167	
2	流动资金	300	
3	项目投入总资金	3 467	0

除了电价[现电网供电价格为 0.6 元/(kW·h)]外,项目投入物和产出物的价格及工资等都是市场价格,并与国际市场价格很相近。其中土地是征用耕地 100 亩,按基年(距开工年 2 年)测算的每亩农作物国民经济净效益为 870 元,以后每年增长率预计为 1%,土地征用发生的房屋迁建补偿、附属设施补偿等新增资源消耗按国民经济费用测算方法确定为 100 万元。项目所造成的环境污染而导致的实际损失为 350 万元/年。该项目使用的电能主要是利用电网的富余电量,电网发电成本(均为自由调节的市场价格所决定)构成见表 8.4 所示。

表 8.4 电网发电成本构成

费用项目	成本/[元/(kW·h)]
燃煤成本	0.1
日常运营及维护费用	0.08
电厂与电网折旧费用	0.06

(续表)

费用项目	成本/[元/(kW·h)]
财务费用	0.04
合计：发电成本	0.28

电厂发电量在上网各环节的损耗率为6%，由电网至项目的输变电工程建设成本已包括进工程建设投资中，输变电环节的电量损耗为1%。生产期间每年的耗电量为40万kW·h。影子汇率换算系数1.08，外汇牌价1美元=6.4人民币，社会折现率8%。

1) 计算电的影子价格和土地国民经济费用

(1) 电力影子价格

因为电力是利用电网的富余电量，所以可用可变成本作为电力出厂影子价格。
则电力影子价格为

$$(0.1+0.08)\div(1-6\%)\div(1-1\%)=0.193[元/(kW·h)]$$

(2) 土地国民经济费用

因测算的每亩农作物国民经济净效益每年增长1%，故需采用等比现金流量序列公式计算土地的国民经济费用。

土地国民经济费用＝土地机会成本＋新增资源消耗

$$=870\times(1+1\%)^{2+2}\times\frac{1}{8\%-1\%}\left[1-\left(\frac{1+1\%}{1+8\%}\right)^{10}\right]\times100+1\,000\,000$$

$$=1\,631\,588(元)=163(万元)$$

2) 计算国民经济费用调整

(1) 投资费用调整

用静态投资调整

$$[2\,820-(0.6-0.193)\times10-726\times10\%+(900\times1.08-900)-1\,160\times20\%-400\times5\%+(163-300)]\times(1+5\%)=2\,548(万元)$$

投资费用按第1年和第2年的2:1的比例计算第1年和第2年分别为1 698万元和850万元。

(2) 经营费用调整

财务现金流量中的经营成本含有进项增值税，应扣除，并调整电费。
第3年国民经济费用调整为（其他年可类推）

$$2\,500-291-(0.6-0.193)\times40=2\,193(万元)$$

(3) 营业收入调整

财务现金流量中的销售收入含有销项增值税，应扣除。
第3年国民经济销售收入调整为（其他年可类推）

$$3\,500-509=2\,991(万元)$$

3) 编制国民经济效益费用流量表(表8.5)

表 8.5 国民经济效益费用流量表　　　　　　　　单位：万元

序号	项目	建设期		生产期							
		1	2	3	4	5	6	7	8	9	10
1	效益流量	0	0	2 991	3 846	3 846	3 846	3 846	3 846	3 846	4 834
1.1	销售收入			2 991	3 846	3 846	3 846	3 846	3 846	3 846	3 846
1.2	回收固定资产余值										688
1.3	回收流动资金										300
1.4	项目外部效益			0	0	0	0	0	0	0	0
2	费用流量	1 698	850	2 793	2 920	2 920	2 920	2 920	2 920	2 920	2 920
2.1	建设投资	1 698	850								
2.2	流动资金投资			300							
2.3	经营费用			2 193	2 620	2 620	2 620	2 620	2 620	2 620	2 620
2.4	项目间接费用			300	300	300	300	300	300	300	300
3	净效益流量 (1—2)	−1 698	−850	198	926	926	926	926	926	926	1914

项目经济净现值($i=8\%$)　ENPV=2 141 万元

8.5　经济费用效果分析

当工程项目的效果难于或不能货币化，或货币化的效果不是工程项目目标的主体时，在经济评价中应采用费用效果分析法。其结论可以作为项目投资决策的依据之一。

8.5.1　费用效果分析的概念

1) 费用效果分析的含义

费用效果分析是通过比较项目预期的效果与所支付的费用，判断项目的费用有效性或经济合理性。费用效果分析中的费用系指为实现项目预定目标所付出的财务代价或经济代价，采用货币计量；效果系指项目的结果所起到的作用、效应或效能，是项目目标的实现程度。按照项目要实现的目标，一个项目可选用一个或几个效果指标。

费用效果分析有广义与狭义之分，广义费用效果分析并不刻意强调采用何种计量方式，狭义的费用效果分析专指耗费采用货币计量，效果采用非货币计量的分析方法。项目评价中一般采用狭义的概念。

费用效果分析只能比较不同方案的优劣，不能像费用效益分析那样保证所选方案的效果大于费用。因此，根据社会和经济发展的客观需要直接进行费用效果分析的项目，在充分论证项目必要性的前提下，重点是制定实现项目目标的途径和方案，并根据以尽可能少的费用获得尽可能大的效果原则，通过多方案比选，提供优选方案或进行方案优先次序排队，以供决策。

2）费用效果分析与费用效益分析的比较

在项目经济分析中，财务盈利能力、偿债能力分析必须采用费用效益分析方法。因为在市场经济中，货币是最为统一和认可的参照物，在不同产出物（效果）的叠加计算中，各种产出物的价格往往是市场认可的公平权重。而总收入，净现金流量等指标是效果的货币化表达。当项目效果或其中主要部分易于货币化时也应当采用费用效益分析方法。费用效益分析的优点是简洁、明了、结果透明，易于被人们接受。

费用效果分析回避了效果定价的难题，直接用非货币化的效果指标与费用进行比较，方法相对简单，最适用于效果难于货币化的领域。当涉及发达程度不同的地区、不同收入阶层的代内公平、涉及当代人和未来人福利的代际公平，以及环境、生态的价值，生命和健康的价值，人类自然和文化遗产的价值，通过义务教育促进人的全面发展的价值等问题，不仅是十分复杂的也是很难定价的。不同的测算方法，测算出的结果可能相差数十倍，还会引起争议、降低评价的可信度。另外，在可行性研究的不同技术经济环节，如场址选择、工艺比较、设备选型、总图设计、环境保护、安全措施等，无论进行财务分析，还是进行经济费用效益分析，都很难直接与项目最终的货币效益挂钩测算。对这类项目，适宜采用费用效果分析。

费用效果分析既可以应用于财务现金流量，也可以用于经济费用效益流量。在项目各个环节的方案比选、项目总体方案的初步筛选中，可以用费用效果分析财务现金流量；对于项目主体效益难以货币化的，则用费用效果分析取代费用效益分析，并作为经济分析的最终结论。

8.5.2 费用效果分析的方法

1）采用费用效果分析的条件

费用效果分析遵循多方案比选的原则，进行相对效果评价，所分析的项目应满足下列条件：

（1）备选方案不少于两个，且为互斥方案或可转化为互斥型方案；

（2）备选方案应具有共同的目标，目标不同的方案、不满足最低效果要求的方案不可进行比较；

（3）备选方案的费用应能货币化，且资金用量不应突破资金限制；

（4）效果应采用同一非货币计量单位衡量，如果有多个效果，其指标加权处理形成单一综合指标；

（5）备选方案应具有可比的寿命周期。

2）费用效果分析的步骤

（1）确立项目目标；

（2）构想和建立备选方案；

（3）将项目目标转化为具体的可量化的效果指标；

（4）识别费用与效果要素，并估算各个备选方案的费用与效果；

（5）利用相关指标，综合比较、分析各个方案的优缺点；

（6）推荐最佳方案或提出优先采用的次序。

3）费用效果分析的基本指标

费用效果分析中可采用效果费用比为基本指标，计算公式如下：

$$R_{\frac{E}{C}} = \frac{E}{C} \tag{8.5}$$

式中：$R_{\frac{E}{C}}$——效果费用比；
   E——项目效果；
   C——项目的计算期费用，用现值或年值表示。

有时，为了方便或习惯起见，也可采用费用效果比指标，按下式计算：

$$R_{\frac{C}{E}} = \frac{C}{E} \tag{8.6}$$

费用的测算是项目从建设投资开始到项目终结整个过程期限内所发生的全部费用，包括投资、经营成本、末期资产回收和拆除、恢复环境的处置费用。$\left[\frac{E}{C}\right]_0$ 是该类项目的基准指标，即该类项目可行的最低要求。

4) 费用效果分析的基本方法

(1) 最小费用法，也称固定效果法。指在效果相同的条件下，应选取费用最小的备选方案；
(2) 最大效果法，也称固定费用法。指在费用相同的条件下，应选取效果最大的备选方案；
(3) 增量分析法。当效果与费用均不固定，且分别具有较大幅度的差别时，应比较两个备选方案之间的费用差额和效果差额，分析获得增量效果所付出的增量费用是否值得。

在项目的效果有明确数量要求时，例如需要增加的供水量或污水处理量是明确的，即可采用达到相同目标所需费用最低的方案。当对费用有明确的规定时，例如扶贫款计划额度明确，则需采用相同费用条件下效果最大的方案。有时，各个方案的费用与效果都不固定，则必须进行增量分析，分析增加的效果与增加的费用相比是否值得。不可盲目选择效果与费用比值最大的方案。

习 题

1. 在费用效益分析中，如何识别费用和效益？
2. 影子价格的寻求思路是什么？
3. 某化工项目财务评价现金流量如表 8.6 所示。

表 8.6 某化工项目财务评价现金流量表　　　　　　单位：万元

序号	项目	建设期	生产期		说明
		1	2～10	11	
1	现金流入	0	2 000	2 700	
1.1	销售收入		2 000	2 000	不含增值税
1.2	回收固定资产余值			200	
1.3	回收流动资金			500	
1.4	其他现金流入				
2	现金流出	4 300	800	800	

(续表)

序号	项目	建设期	生产期		说明
2.1	建设投资(不含建设期利息)	3 800			
2.2	流动资金	500			
2.3	经营成本		780	780	不含增值税,其他税占0.6%
2.4	销售税金及附加		20	20	
2.5	增值税				
2.6	其他现金流出				
3	税前净现金流量	−4 300	1 200	1 900	
4	累计税前净现金流量	−4 300		8 400	
5	所得税		250	250	
6	税后净现金流量	−4 300	950	1 650	
7	累计税后净现金流量	−4 300		5 900	

计算指标:

项目税后财务内部收益率 $FIRR=18.64\%$

项目税后财务净现值 $(i=10\%) FNPV=1\,642.93 (万元)$

总投资估算表如表 8.7。

表 8.7 项目投入总资金估算表 单位:万元

序号	费用名称	投资额	说明
1	建设投资	3 850	
1.1	静态部分	3 570	工程建设总耗电量为 10 万 kW·h
1.1.1	建筑工程费	800	其中:各种税金约占 10%
1.1.2	设备工器具购置费	1 500	其中:进口主要设备使用外汇折合人民币 1 000 万元,各种税金约占 20%
1.1.3	安装工程费	500	其中:各种税金约占 5%
1.1.4	工程建设其他费用	600	其中:土地费用 400 万元
1.1.5	基本预备费	170	基本预备费费率为 5%
1.2	动态部分	280	
1.2.1	涨价预备费	230	
1.2.2	建设期利息	50	
2	流动资金	500.00	
3	项目投入总资金	4 350.00	

除了电价[现电网供电价格为 0.6 元/(kW·h)]外,项目投入物和产出物的价格及工资等

都是市场价格,并与国际市场价格很相近。其中土地是征用耕地 100 亩,按基年(距开工年 2 年)测算的每亩农作物国民经济净效益为 870 元,以后每年增长率预计为 1%,土地征用发生的房屋迁建补偿、附属设施补偿等新增资源消耗按国民经济费用测算方法确定为 100 万元。项目所造成的环境污染造成的实际损失为 300 万元/年。

该项目使用的电能主要是利用电网的富余电量,电网发电成本(均为自由调节的市场价格所决定)构成见表 8.8。

表 8.8 电网发电成本

费用项目	成本/[元/(kW·h)]
燃煤成本	0.1
日常运营及维护费用	0.08
电厂与电网折旧费用	0.06
财务费用	0.04
合计:发电成本	0.28

电厂发电量在上网各环节的损耗率为 6%,由电网至项目的输变电工程建设成本已包括进工程建设投资中,输变电环节的电量损耗为 1%。生产期间每年的耗电量为 40 万 kW·h。影子汇率换算系数 1.08,若外汇牌价 1 美元=6.3 人民币元,社会折现率 10%。

问题:
(1) 计算电力影子价格和土地国民经济费用。
(2) 计算国民经济投资费用和经营费用。
(3) 编制国民经济效益费用流量表并计算经济净现值。

9 不确定性分析与风险分析

投资项目的经济效果与其投资、成本、产量、售价等经济要素之间呈一种函数关系,这些经济要素取值的变化会引起经济效果数值的变化。在以上各章所介绍的经济分析和经济评价中,投资、成本、产量、售价等经济要素的取值均为确定值,由此计算出的经济效果数值亦为确定值,这种经济分析和经济评价属于确定性分析。然而,在现实的经济评价中,除了对已建成项目的事后评价外,绝大多数是对新建、扩建、改建项目的评价。这些新建、扩建、改建项目经济评价所用的基础数据,如投资、成本、产量、售价等经济要素的取值,都来自预测或估算。尽管可以使用各种方法对诸经济要素进行有效的预测或估算,但其预测值或估算值都不可能与将来的实际情况完全相符,甚至可能由于社会、经济形势的突变发生剧烈的变化。也就是说,这些经济要素是变化的,是不确定的和有风险的。

9.1 不确定性与风险概述

9.1.1 不确定性与风险的含义

1)不确定性

这里所讲的不确定性,一是指影响方案经济效果的各种经济要素(比如各种价格、销售量)的未来变化带有不确定性,科学技术的进步和经济、政治形势的变化都会使生产成本、销售价格、销售量等发生变化;二是指测算方案各种经济要素的取值(比如投资额、产量)由于缺乏足够的信息或测算方法上的误差,使得方案经济效果评价指标值带有不确定性。

不确定性的直接后果是方案经济效果的实际值与评价值相偏离,从而使得按评价值做出的决策带有不确定性,甚至造成决策的失误。为了提高经济效果评价的可靠性和经济决策的科学性,就需要在确定性评价的基础上,进一步分析各种外部条件的变化或预测数据的误差对方案经济效果的影响程度,以及方案本身对这些变化和误差的承受能力,这就是不确定性分析,它也是财务评价的内容之一。

2)风险

风险是指未来发生不利事件的概率或可能性。换句话说,是在某一个特定时间段里,人们所期望达到的目标与实际出现的结果之间产生的距离称之为风险。投资建设项目经济风险是指由于不确定性的存在导致项目实施后偏离预期财务和经济效益目标的可能性。风险是由风险事故、风险因素和风险损失等要素组成。

(1)风险事故

这是指造成生命、财产损害的偶发事件,是造成损失的直接原因。风险事故意味着风险的可能性转化成了现实性。风险事故发生的根源主要有三种:

① 自然现象,如地震、台风、洪水等;
② 社会政治、经济的变动,如社会动乱、汇率的变动等;
③ 人或物本身内在属性、缺陷,如疾病、设备故障等。

(2) 风险因素

这是指引起或增加风险事故发生的机会或扩大损失幅度的原因和条件。构成风险因素的条件越多,发生损失的可能性就越大,损失就会越严重。风险因素是风险事故发生的潜在原因,是造成损失的内在的或间接的原因。

根据影响损失产生的可能性和程度,风险因素可分为有形风险因素和无形风险因素。

① 有形风险因素

有形风险因素是指导致损失发生的物质方面的因素。比如,财产所在的地域、建筑结构和用途等。南方地域要比北方地域发生洪灾的可能性大;木质结构的房屋要比水泥结构的房屋发生火灾的可能性大;机动车从事营运的要比非营运的发生交通事故的可能性大。

② 无形风险因素

文化、习俗和生活态度等一类非物资形态的因素也会影响损失发生的可能性和受损的程度。无形风险因素包括道德风险因素和行为风险因素两种。

(i) 道德风险因素是指人们以不诚实、或不良企图、或欺诈行为故意促使风险事故发生,或扩大已发生的风险事故所造成的损失的因素。

(ii) 行为风险因素是指由于人们行为上的粗心大意和漠不关心,而引发风险事故发生和扩大损失程度的因素。

(3) 风险损失

这是指由于一个或多个意外事件的发生,在某一特定条件和特定项目(企业)内外产生的多种损失的综合。产生于企业内部的损失,称企业风险损失;其余称企业外部风险损失。

9.1.2 不确定性分析与风险分析的区别与联系

1) 不确定性与风险

不确定性与风险是相伴而生的,但它们的概念并不完全相同。不确定性的结果可能高于预期目标,也可能低于预期目标,而通常是将结果低于预期目标的不确定性称为风险。另外,不确定性和风险的"未知"程度不同。虽不知道确切的实际结果,但知道各种结果发生的可能性,称之为风险;连实际结果发生的可能性都不知道的,称之为不确定性。不确定性是风险的起因。

2) 不确定性分析与风险分析

(1) 不确定性分析通过对拟建项目具有较大影响的不确定性因素进行分析,计算基本变量的增减变化引起项目财务或经济效益指标的变化,找出最敏感的因素及其临界点,预测项目可能承担的风险,使项目的投资决策建立在较为稳妥的基础上。

(2) 经济风险分析是通过对风险因素的识别,采用定性或定量分析的方法估计各风险因素发生的可能性及对项目的影响程度,揭示影响项目成败的关键风险因素,提出项目风险的预警、预报和相应的对策,为投资决策服务。

(3) 不确定性分析与风险分析既有联系,又有区别。两者的主要区别在于分析内容、方法和作用的不同。不确定性分析只是研究各种不确定因素对方案结果的影响,但不知道这些不确定因素可能出现的状态及其发生的可能性,因而也就不知道方案出现各种结果的可能性;而风险分析则要通过预先知道不确定因素可能出现的各种状态及其可能性,求得对方案各种结果影响的可能性,进而判断方案的风险程度。

通过不确定性分析可以找出影响项目效益的敏感因素,确定敏感程度,但不知这种不确定性因素发生的可能性及影响程度。进行风险分析可以得知不确定性因素发生的可能性以及给项目带来经济损失的程度。不确定性分析找出的敏感因素又可以作为风险因素识别和风险估计的依据。

9.1.3 不确定性分析与风险分析的基本方法

不确定性分析主要包括盈亏平衡分析和敏感性分析。风险分析多采用定性与定量相结合的方法,分析风险因素发生的可能性及给项目带来经济损失的程度,主要包括专家调查法、层次分析法、概率树和蒙特卡洛模拟法。

1) 盈亏平衡分析

各种不确定因素(如投资、成本、销售量、销售价格等)的变化会影响方案的经济效果,当这些因素的变化达到某一临界值时,就会使方案的经济效果发生质的变化,影响方案的取舍。盈亏平衡分析的目的就是寻找这种临界值,以判断方案对不确定因素变化的承受能力,为决策提供依据。

盈亏平衡分析是研究产品产量、成本和盈利之间的关系,所以又称为量本利分析。其基本原理是通过分析产品产量、成本和盈利之间的关系,找出方案在产量、单价、成本等方面的盈利亏损临界点。其中一个重要概念就是盈亏平衡点(Break Even Point,BEP)又称零利润点、保本点、盈亏临界点、损益分歧点、收益转折点。BEP通常是指全部销售收入等于全部成本时(销售收入线与总成本线的交点)的产量。以盈亏平衡点作界限,当销售收入高于盈亏平衡点时企业盈利,反之,企业就亏损。

2) 敏感性分析

敏感性分析是经济决策中一种常用的不确定性分析方法,用以考察项目涉及的各种不确定因素对项目基本方案经济评价指标的影响。通常,不确定因素的变化会导致项目目标值的变化。当因素变化不大,而方案目标值变化很大时,称该方案为敏感方案,否则为不敏感方案;在多个不确定因素中,某个因素的变化对方案目标值的影响特别大时,就称该不确定因素为方案的敏感因素。敏感性分析包括单因素敏感性分析和多因素敏感性分析。

3) 专家调查法

由风险管理专家凭借经验对项目(企业)可能面临的各类风险逐一列出,并根据不同的标准进行分类,对其风险程度做出定性估计。专家所涉及的面应尽可能广泛些,要有一定的代表性。一般的分类标准为:直接或间接,财务或非财务,政治性或经济性等。这种方法又有多种方式:召集有关专家开会、专家信函咨询或采用问卷调查。专家调查法简单、易操作,集多位专家的经验形成分析结论,比一般的经验识别法更具客观性。

4) 层次分析法

层次分析法(Analytic Hierarchy Process,AHP)该方法是美国运筹学家匹兹堡大学教授萨蒂于20世纪70年代初提出的一种定性与定量相结合的层次权重决策分析方法。层次分析法是一种多准则决策分析方法,在风险分析中它有两种用途:一是将风险因素逐层分解识别,直至最基本的风险因素,称为正向分解;二是两两比较同一层次风险因素的重要程度,列出该层风险因素的判断矩阵(该矩阵可由专家调查法得出),判断矩阵的特征根就是该层次各个风险因素的权重,利用权重与同层次风险因素概率分布的组合,求得上一层风险的概率分布,直至求出总目标的概率分布,也称反向合成。

5) 概率树分析

概率树分析是假定风险变量之间是相互独立的,在构造概率树的基础上,将每个风险变量的各种状态取值组合计算,分别计算每种组合状态下的评价指标值及相应的概率,得到评价指标的概率分布,并统计出评价指标低于或高于基准值的累计概率,计算评价指标的期望值、方差、标准差和离散系数。可以绘制以评价指标为横轴,累计概率为纵轴的累计概率曲线。

6) 蒙特卡洛模拟法

蒙特卡洛模拟法(Monte-Carlo Simulation)又称随机模拟法或统计试验法,是一种通过对随机变量进行统计试验和随机模拟,求解数学、物理以及工程技术等有关问题的近似的数学求解方法。

蒙特卡洛模拟法是采用随机抽样的方法抽取一组输入变量的数值,并根据这组输入变量的数值计算项目评价指标,抽样计算足够多的次数可获得评价指标的概率分布,并计算出累计概率分布、期望值、方差、标准差,计算项目由可行转变为不可行的概率,从而估计项目投资所承担的风险。

模拟法要通过反复抽样来模拟项目的各种随机状态,且样本数需足够大,因而计算工作量非常大,用手工计算进行大样本模拟是很困难的,一般需借助计算机进行模拟计算。

9.2 盈亏平衡分析

根据生产成本及销售收入与产量(销售量)之间是否呈线性关系,单方案盈亏平衡分析可分为线性与非线性盈亏平衡分析。

9.2.1 线性盈亏平衡分析

单方案盈亏平衡分析,是通过分析产品产量、成本和盈利能力之间的关系,找出方案盈利与亏损在产量、单价、单位产品成本等方面的临界值,以判断方案在各种不确定因素作用下的抗风险能力。

1) 基于的假设

进行线性盈亏平衡分析,是把量本利三者间的关系以线性方程表示。通常需要作以下假定:

(1) 生产量等于销售量,统称为产销量,并用 Q 表示。

(2) 单位变动成本不变,生产总成本表现为产销量的线性函数,即:

生产总成本=固定成本+变动成本=固定成本+单位变动成本×产销量

若以 C 表示生产总成本,C_v 表示单位变动成本,C_f 表示固定成本,则上式可写成:

$$C = C_f + C_v \cdot Q \tag{9.1}$$

式中：C——生产总成本；

C_f——固定成本（以不含进项增值税价格计算）；

C_v——单位产品变动成本（以不含进项增值税价格计算）。

（3）在一定时期和一定的产销量范围内，产品销售单价不变，产品销售收入为产销量的线性函数，即

$$销售收入＝产品销售单价×产销量$$

若以 B 表示销售收入，P 表示产品销售单价（不含销项增值税），则

$$B = P \cdot Q \tag{9.2}$$

（4）在一定时期和一定的产销量范围内，单位产品售价及销售税率保持不变，可假设税金及附加为产销量的线性函数，即

$$税金及附加＝单位产品税金及附加×产销量$$

销售收入扣减税金及附加为销售净收入，公式表达为

$$销售净收入＝销售收入－税金及附加＝（产品销售单价－单位产品税金及附加）×产销量$$

即
$$B = (P - T_b) \cdot Q \tag{9.3}$$

式中：B——销售净收入（不含销项增值税、税金及附加）；

P——单位产品价格（不含销项增值税）；

T_b——单位产品税金及附加；

Q——产品销售量。

2）盈亏平衡点及其确定

盈亏平衡点（BEP）是方案盈利与亏损的临界点。

由于销售收入与产品销售量之间存在着线性和非线性两种关系，因而盈亏平衡点也有两种不同形式，即线性平衡点和非线性平衡点。

线性平衡点为销售收入与产品销售量呈线性关系时所对应的盈亏平衡点，如图 9.1 所示。图中横坐标表示产品产量（或产品销售量），纵坐标表示销售净收入与产品成本，销售净收入线 B 与总成本线 C 的交点即为盈亏平衡点 BEP。在 BEP 的左边，总成本大于销售净收入，方案亏损；在 BEP 的右边，销售净收入大于总成本，方案盈利；在 BEP 点上，销售净收入等于产品总成本，方案不盈不亏。

在销售净收入及产品成本与产品产量均呈线性关系的情况下，可以很方便地用解析方法求解出盈亏平衡点。设盈亏平衡点所对应的产量为 Q^*，根据盈亏平衡点的定义有

$$B = C \tag{9.4}$$

即

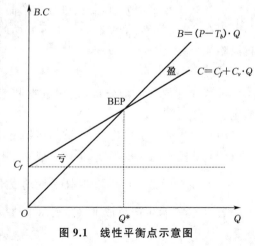

图 9.1 线性平衡点示意图

$$(P - T_b) \cdot Q^* = C_f + C_v \cdot Q^* \tag{9.5}$$

则

$$Q^* = \frac{C_f}{P - T_b - C_v} \tag{9.6}$$

Q^* 是以产量表示的盈亏平衡点,称为盈亏平衡产量;$P - T_b - C_v$ 表示每销售一个单位产品在补偿了变动成本、税金及附加之所剩,被称为单位产品的边际贡献。盈亏平衡产量就是以边际贡献补偿固定成本的产量。

Q^* 是方案保本的产量下限,其值越低,表示方案适应市场变化的能力越强,即抗风险能力越强。

除了用产量表示外,盈亏平衡点还可以用销售净收入、生产能力利用率、销售价格、单位产品变动成本等来表示。

在产品销售价格、固定成本、变动成本不变的情况下,盈亏平衡销售净收入为

$$B^* = (P - T_b) \times Q^* = \frac{(P - T_b) \cdot C_f}{P - T_b - C_v} \tag{9.7}$$

设方案设计生产能力为 Q_d,在产品销售价格、固定成本、变动成本不变的情况下,盈亏平衡生产能力利用率为

$$E^* = \frac{Q^*}{Q_d} \times 100\% = \frac{C_f}{(P - T_b - C_v) \cdot Q_d} \times 100\% \tag{9.8}$$

若按设计生产能力进行生产和销售,且产品固定成本、变动成本不变,则盈亏平衡销售价格为

$$P^* = \frac{B}{Q_d} + T_b = \frac{C}{Q_d} + T_b = \frac{C_f}{Q_d} + C_v + T_b \tag{9.9}$$

若按设计生产能力进行生产和销售,且产品销售价格、固定成本不变,则盈亏平衡单位产品变动成本为

$$C_v^* = \frac{C - C_f}{Q_d} = \frac{B - C_f}{Q_d} = P - T_b - \frac{C_f}{Q_d} \tag{9.10}$$

【例 9.1】 某工程方案设计生产能力为 1.5 万吨/年,产品销售价格为 2 850 元/吨,税金及附加为 70 元/吨,年总成本为 3 600 万元,其中固定成本为 1 500 万元。试求以产量、销售收入、生产能力利用率、销售价格和单位产品变动成本表示的盈亏平衡点。

解:首先计算单位产品变动成本

$$C_v = \frac{C - C_f}{Q_d} = \frac{(3\ 600 - 1\ 500) \times 10^4}{1.5 \times 10^4} = 1\ 400(元/吨)$$

盈亏平衡产量为

$$Q^* = \frac{C_f}{P - T_b - C_v} = \frac{1\ 500 \times 10^4}{2\ 850 - 70 - 1\ 400} = 10\ 870(吨) = 1.087(万吨)$$

盈亏平衡销售净收入为

$$B^* = (P - T_b) \cdot Q^* = (2\,850 - 70) \times 1.087 = 3\,022(万元)$$

盈亏平衡生产能力利用率为

$$E^* = \frac{Q^*}{Q_d} \times 100\% = \frac{1.087}{1.5} \times 100\% = 72.5\%$$

盈亏平衡销售价格为

$$P^* = \frac{C_f}{Q_d} + C_v + T_b = \frac{1\,500 \times 10^4}{1.5 \times 10^4} + 1\,400 + 70 = 2\,470(元/吨)$$

盈亏平衡单位产品变动成本为

$$C_v^* = P - T_b - \frac{C_f}{Q_d} = 2\,850 - 70 - \frac{1\,500 \times 10^4}{1.5 \times 10^4} = 1\,780(元/吨)$$

通过计算盈亏平衡点,结合市场预测,可以对方案发生亏损的可能性作出大致判断。在上例中,如果未来的产品销售价格及生产成本与预期值相同,方案不发生亏损的条件是年销售量不少于 1.087 万吨,生产能力利用率不低于 72.5%,销售收入不低于 3 022 万元。如果按设计生产能力进行生产并全部销售,生产成本与预期相同,方案不发生亏损的条件是产品销售价格不低于 2 620 元/吨;销售价格和固定成本与预期相同,方案不发生亏损的条件是单位产品变动成本不高于 1 780 元/吨。

9.2.2 非线性盈亏平衡分析

项目在实际运行时,成本、产/销量、产品售价并不单纯表现为线性关系,而是随着市场情况、项目运营情况的变化,表现出非线性的关系。当销售收入函数与成本函数呈非线性变化趋势时,对其进行的盈亏平衡分析就是非线性盈亏平衡分析。

这时,对应于销售量 Q_0 的销售收入为

$$B = \int_0^{Q_0} [P(Q) - T_b] dQ \tag{9.11}$$

销售收入与产品销售量呈非线性关系时所对应的盈亏平衡点称为非线性平衡点,如图 9.2 所示。由于销售收入为曲线,故图中有两个盈亏平衡点。BEP_1、BEP_2 所对应的盈亏平衡产量分别为 Q_1^* 和 Q_2^*,当产量 Q 低于 Q_1^* 和高于 Q_2^*,均会因生产成本高于销售收入而使方案亏损;产量只有在 Q_1^* 和 Q_2^* 之间,方案才盈利。因此,方案必须在 Q_1^* 和 Q_2^* 之间安排生产与销售。

确定非线性平衡点的基本原理与线性平衡点相同,即运用销售收入等于总成本之方程

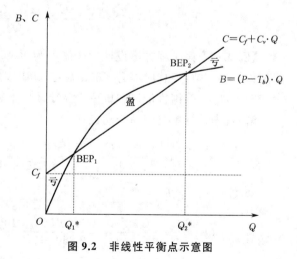

图 9.2 非线性平衡点示意图

求解，其平衡点往往不止一个，若要求某一特定值，如最大利润等，还要应用利润函数对产量求导获解。

9.3 敏感性分析

敏感性分析中，可能对方案经济效果产生影响的不确定因素有投资额、建设工期、产品产量、产品价格、产品成本以及汇率等。通过分析这些因素单独变化或多因素变化对经济效果指标的影响，把握敏感性因素，并从敏感性因素变化的可能性以及测算的误差，分析方案风险的大小。

9.3.1 敏感性分析的一般程序

敏感性分析的步骤与内容如下：

(1) 确定敏感性分析指标找出对目标值会产生影响的不确定性因素

敏感性分析的对象是具体的技术方案及其反映的经济效益，即方案的经济效果指标，如净现值、净年值、内部收益率、投资回收年限等。这些指标一般应与该方案确定性分析所用的指标一致，以便综合分析与决策。

(2) 计算该方案的目标值

一般将在正常状态下的经济效益评价指标数值作为目标值。

(3) 选择不确定因素，设定其变化幅度

在进行敏感性分析时，并不需要对所有的不确定因素都加以考虑和计算，而应视方案的具体情况选取几个变化可能性较大，对经济效益目标值影响作用较强的因素。例如：投资额变化、产品售价变动、产/销量变动等；或是建设期缩短，达产期延长等，这些都会对方案的经济效益大小产生影响。

在选定了需要分析的不确定因素后，还要结合实际情况，根据其可能波动的范围，设定不确定因素的变化幅度，如5％、10％、15％等。

(4) 计算影响程度

对于各个不确定因素的各种可能变化幅度，分别计算其对分析指标影响的具体数值，即固定其他不确定因素，变动某一个或某几个因素，计算经济效果指标值。

在此基础上，建立不确定因素与分析指标之间的对应数量关系，并用图或表格表示。

(5) 分析、判别敏感因素

敏感因素是指其数值变化能显著影响分析指标的不确定因素。判别方法是通过比较在同一变化幅度下各因素的变动对分析指标的影响程度，影响程度大者为敏感因素，此为相对测定法；或设各不确定因素均向不利于方案的方向变化，并取可能对方案最不利的数值，计算方案的经济效果指标，视其是否达到使方案无法被接受的程度，如 $NPV<0$ 或 $IRR<i_0$。如果某个因素可能出现的最不利数值使方案变得不可接受，则表明该因素为方案的敏感因素，此为绝对测定法。

① 敏感度系数

在相对测定法中以敏感度系数表示敏感因素的影响程度，即项目评价指标变化的百分率与不确定因素变化的百分率之比。敏感度系数高，表示项目效益对该不确定因素敏感程度高。计算公式如下：

$$S_{AF} = \frac{\Delta A/A}{\Delta F/F} \tag{9.12}$$

式中：S_{AF}——评价指标 A 对于不确定因素 F 的敏感度系数；

$\Delta F/F$——不确定因素 F 的变化率，%；

$\Delta A/A$——不确定因素 F 发生 ΔF 变化率时，评价指标 A 的相应变化率，%；

$S_{AF}>0$，表示评价指标与不确定因素同方向变化；$S_{AF}<0$，表示评价指标与不确定因素反方向变化；$|S_{AF}|$ 较大者敏感度系数高。

② 临界点

在绝对测定法中以临界点表示对项目评价值的影响大小。临界点是指不确定性因素的变化是项目由可行变为不可行的临界数值，可采用不确定性因素相对基本方案的变化率或其对应的具体数值表示。当该不确定因素为费用科目时，即为其增加的百分率；当其为效益科目时为降低的百分率。当不确定因素的变化超过了临界点所表示的不确定因素的极限变化时，项目将由可行变为不可行。

(6) 综合评价，优选方案

根据确定性分析和敏感性分析的结果，综合评价方案，并选择最优方案。

9.3.2 单因素敏感性分析

根据每次计算时不确定性因素变动数目的多少，敏感性分析法可以分为单因素敏感性分析法和多因素敏感性分析法。

每次只变动一个因素而其他因素保持不变时所做的敏感性分析法，称为单因素敏感性分析法。

【例 9.2】 某市将引进一个机械配套生产项目，项目设计生产能力为年产 10 万台，主要经济参数估算结果如下：初始投资额为 1 550 万元，预计产品价格 50 元/台，年经营成本 190 万元，运营年限 10 年，运营期末残值为 100 万元，行业基准收益率为 12%。试对该项目进行单因素敏感性分析。

解：(1) 计算财务净现值(NPV_0)

进行项目的确定性分析：

$$NPV_0 = (500-190) \times (P/A, 12\%, 10) + 100 \times (P/F, 12\%, 10) - 1\,550$$
$$= 233.76 \text{ 万元}$$

(2) 选定不确定性因素

根据项目的研究目的，选定投资额、单位产品价格和年经营成本作为不确定性因素，并在初始值的基础上按照 ±10%、±20% 的幅度变动，逐一计算出相应的指标财务净现值，计算结果列于表 9.1 中。

表 9.1 单因素敏感性分析表　　　　　　　　　　单位：万元

不确定因素	变化幅度				
	−20%	−10%	0	+10%	+20%
投资额	543.76	388.76	233.76	78.76	−76.24
单位产品价格	−367.61	−48.74	233.76	368.17	798.78
年经营成本	448.47	341.12	233.76	126.41	19.06

(3) 敏感度系数及临界点计算

经上表计算得知,财务净现值对投资额、单位产品价格、年经营成本的敏感度系数依次为:

$$S_{AF}^1 = \frac{(-76.24-233.76)/233.76}{20\%-0} = -6.63$$

$$S_{AF}^2 = \frac{(798.78-233.76)/233.76}{20\%-0} = 12.09$$

$$S_{AF}^3 = \frac{(19.06-233.76)/233.76}{20\%-0} = -4.59$$

取 $NPV=0$ 为临界点,计算投资额变化幅度:
$NPV(x_1) = (500-190) \times (P/A, 12\%, 10) + 100 \times (P/F, 12\%, 10) - 1550 \times (1+x_1)$
$\qquad = 0, x_1 = 15.08\%$

计算单位产品价格变化幅度:
$NPV(x_2) = [500 \times (1+x_2) - 190] \times (P/A, 12\%, 10) + 100 \times (P/F, 12\%, 10) - 1550$
$\qquad = 0, x_2 = -8.27\%$

计算年经营成本的变化幅度
$NPV(x_3) = [500 - 190(1+x_3)] \times (P/A, 12\%, 10) + 100 \times (P/F, 12\%, 10) - 1550$
$\qquad = 0, x_3 = 21.77\%$

(4) 依据临界点及上述计算结果,绘制单因素敏感分析图,见图 9.3。

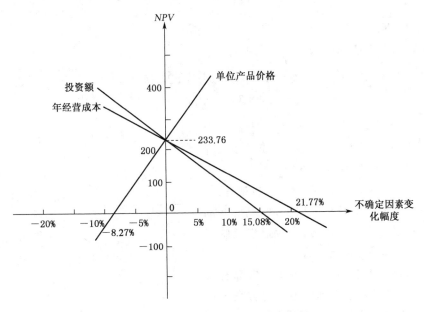

图 9.3 【例 9.2】单因素敏感性分析图

(5) 项目评价分析

由图中可以看出三条线的斜率从大到小依次是:

单位产品价格＞投资额＞年经营成本

由此可见,按净现值对各个因素的敏感程度来排序:

单位产品价格＞投资额＞年经营成本

最敏感的因素是产品价格。因此，从方案决策的角度来讲，应该对产品价格进行进一步准确的市场测算。因为从项目风险角度来说，如果未来产品价格发生变化的可能性大，则意味着这一投资项目的风险性也较大。

9.3.3 多因素敏感性分析

单因素敏感性分析的方法简单，但其不足在于忽略了因素之间的相关性。事实上，有些因素的变动不是独立的，相互之间有相关性，某一个因素变动的同时其他因素也会有相应的变动。多因素敏感性分析考虑了这种相关性，通过几个因素同时变动对项目产生的综合影响，弥补单因素分析的局限性，较全面地解释了事物的本质。

由于各种因素可能发生的不同变动幅度的组合关系很复杂，组合方案很多，所以多因素敏感性分析的计算较复杂。如果需要分析的不确定因素不超过三个，而且经济效果指标的计算也比较简单，则可以用解析法与作图法相结合的方法进行分析。

【例 9.3】 根据例 9.2 给出的数据，对投资额与单位产品价格的联动进行多因素敏感性分析。

解：同时考虑投资额与单位产品价格的变动，则方案净现值的计算公式为

$$NPV = -1\,550(1+a) + [500(1+b) - 190](P/A, 12\%, 10) + 100(P/F, 12\%, 10)$$

经整理得：$NPV = 233.76 - 1\,550a + 2\,825.1b$

取 NPV 的临界值，即令 $NPV=0$，则有

$$233.76 - 1\,550a + 2\,825.1b = 0$$
$$b = 0.548\,7a - 0.082\,7$$

这是一个直线方程。将其绘制在坐标图上（图9.4），即为一条 $NPV=0$ 的临界线。在临界线上，$NPV=0$；在临界线左上方的区域，$NPV>0$；在临界线右下方的区域，$NPV<0$。也就是说，如果投资额与单位产品价格同时变动，只要变动范围不越过临界线进入右下方的区域（包括临界线上的点），方案都是可以接受的。

无论单因素还是多因素敏感性分析都有其局限性，它只考虑了各个不确定因素对方案经济效果的影响程度，而没有考虑各不确定因素在未来发生变动的概率，这可能会影响分析结论的准确性。实际上，有些不确定因素非常敏感，一旦

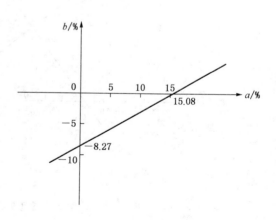

图 9.4 【例 9.3】多因素敏感性分析图

发生变动对方案的经济效果影响很大，但它发生变动的可能性（概率）很小，以至于可以忽略不计；而另一些因素可能不是很敏感，但它发生变动的可能性很大，实际所带来的"不确定性"比那些敏感因素更大。这个问题是敏感性分析所无法解决的，必须借助于概率分析方法。

9.4 风险性分析

风险分析有狭义和广义两种,狭义的风险分析是指通过定量分析的方法给出完成任务所需的费用、进度、性能三个随机变量的可实现值的概率分布。而广义的风险分析则是一种识别和测算风险,开发、选择和管理方案来解决这些风险的有组织的手段。它包括风险识别、风险评估和风险对策三个基本阶段。这是从定性分析到定量分析,再从定量分析到定性分析的过程。

9.4.1 风险识别

识别风险是风险分析的基础,通过运用系统论的方法对项目进行全面考察综合分析,找出潜在的各种风险因素,并对各种风险进行比较、分类,确定各因素间的相关性与独立性,判断其发生的可能性以及对项目的影响程度,按其重要性进行排队,或赋予权重。

1) 风险识别的方法

风险识别应根据项目的特点选用适当的方法,包括宏观领域中的决策分析和微观领域的具体分析,常用的方法有问卷调查、专家调查法和情景分析等。具体操作中,一般通过问卷调查或专家调查法完成。

2) 项目经济风险的主要来源

对投资项目而言,经济风险的来源主要来自以下几个方面:

(1) 政策方面

由于政府政策调整,使项目原定目标难以实现所造成的损失,如税收、金融、环保、产业政策等的调整变化,税率、利率、汇率、通货膨胀的变化都会对项目经济效益带来影响。

(2) 市场方面

市场风险是竞争性项目最主要的风险,且涉及的风险因素也是多方面的:一是市场的实际供求总量与预测值的偏差;二是项目产品缺乏市场竞争力;三是市场的实际价格与预测值的偏差。

(3) 技术方面

项目在技术方面可能遇到的风险可分为:一是项目建成后生产中的技术风险;二是项目建设过程中的技术风险。

生产中的技术风险是指项目所用技术的风险。在项目决策中,虽然对拟采用的生产技术的先进性、可靠性、适用性和可得性等进行了必要的分析论证,选定的技术认为是合适的,但不能因此就认为所选的技术一定没风险。由于各种主观和客观原因,仍有可能发生预想不到的问题,如运行后达不到设计生产能力、质量不过关、消耗指标偏高,甚至外界的技术进步使得项目的技术水平相对降低,从而影响了项目的竞争力和经济效果。

建设过程中的技术风险是指项目建设过程中由于技术水平的限制或技术工作的不周所导致的风险,如地质情况勘探与实际的偏差致使投资金额和工期的增加,工程量预计不足致使投资估算不敷需要,计划不周致使建设工期拖延等。

(4) 资源方面

由于人们对自然资源认识的局限性和工作深度的不足,对地下资源储量、水资源可利用量等的实际量与预测量可能会有较大的出入,外购原材料和燃料的来源也存在可靠性风险问题,尤其是大宗原材料和燃料,供应量、价格以及运输保障程度等都可能是风险因素之一。

(5) 融资方面

融资成本和资金来源都可能引起投资项目的融资风险。融资成本直接影响项目的经济效果,影响融资成本的因素很多,如贷款利率升高、利率汇率变化或计划不周及外部条件等因素导致建设工期拖延导致融资成本升高等。资金来源的可靠性、充足性和及时性也是风险识别应考虑的因素。

(6) 组织管理方面

项目组织的风险可能由于项目组织结构不当,管理机制不完善或是主要管理者能力不足等,导致项目不能按计划建成投产,投资超出估算;或在项目投产后,未能制定有效的企业竞争策略,在市场竞争中失败。

(7) 配套条件方面

投资项目需要的外部配套设施,如供水、供电、对外交通以及上下游配套工程等,虽然在投资项目决策评价时已作了分析,但实际情况仍然可能存在外部配套设施没有如期落实等问题,导致投资项目不能正常发挥效益,从而带来风险。

(8) 外部环境方面

外部环境包括自然环境、经济环境、社会环境和政治环境。有些外部环境因素对某些项目会产生较大的影响,如难以抗拒的自然力对项目的破坏或对项目建设条件、生产条件的影响;有些因素甚至会影响到所有项目,如社会、政治的动荡对项目所产生的威胁。

(9) 其他方面

对于某些项目,还要考虑其特有的风险因素。如中外合资项目,还要考虑与合资对象的合作协调性问题等。

3) 风险识别应注意的问题

(1) 风险的最基本特征是具有不确定性和损害性,要从这一基本特征去识别风险因素;

(2) 在项目不同阶段的主要风险有所不同,因此识别风险因素要按项目的不同阶段进行;

(3) 不同行业项目的主要风险有可能不同,因此识别风险因素要有行业的针对性;

(4) 对于项目的不同管理主体可能会有不同的风险,即使同样的风险,对不同管理主体的影响程度也可能不同,因此识别风险因素要区分项目的管理主体;

(5) 判断风险因素要考虑其相互间的独立性与相关性。

4) 风险识别的步骤

风险识别是一项极富艺术性的工作,要求风险分析人员熟悉投资项目的特点,具有较强的洞察能力、分析能力以及丰富的实际经验。

风险识别的一般步骤为:

(1) 明确风险分析所指向的预期目标;

(2) 找出影响预期目标的全部因素;

(3) 分析各因素对预期目标的相对影响程度;

(4) 根据对各因素向不利方向变化的可能性进行分析、判断,确定主要风险因素。

9.4.2 风险评估

风险评估可以分为风险估计和风险评价两部分,也可以综合起来系统论述。

1）风险估计

风险估计是指在对不利事件所导致损失的历史资料分析的基础上,运用概率统计等方法对特定不利事件发生的概率以及风险事件发生所造成的损失作出定量估计的过程。

风险估计的主要内容:一是确定风险因素发生的概率;二是计算风险事件各种后果的数值大小;三是估计上述数值的变化范围及其限定条件。

风险估计的方法包括风险概率估计方法和风险影响估计方法两类,前者分为主观估计和客观估计,后者有概率树分析、蒙特卡洛模拟等方法(见图9.5)。

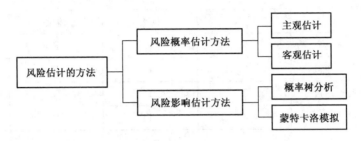

图 9.5　风险估计的方法

客观概率估计是指应用客观概率对项目风险进行的估计,它利用同一事件,或是类似事件的数据资料,计算出客观概率,即实际发生的概率。这需要足够的信息,但事实上很难得到。

主观概率估计是由富有经验的、掌握相关知识或对类似事件做过比较的专家做出的推断概率。当有效统计数据不足或是不可能进行试验时,主观概率是唯一选择。

主观概率专家评估法是以信函、开会或其他形式向专家进行调查,专家凭借经验独立地对风险因素及其风险程度进行评定,然后对多位专家的评定结论进行汇总和统计分析的一种方法。

专家评估法是一种定性的风险估计方法。为了使结果具有一定的代表性,一般应邀请20位左右熟悉行业情况和风险评估的专家,至少不少于10位。在具体操作时,通常可以事先拟订风险因素与风险程度估计表格,请每位专家对各类风险因素的风险程度进行选择,最后将各位专家的意见进行汇总和统计分析。

2）风险评价

风险评价是在风险识别和风险估测的基础上,对项目经济风险进行综合分析,是依据风险对项目经济目标的影响程度进行项目风险分级排序的过程。风险评价是对风险发生的概率,损失程度,结合其他因素进行全面考虑,评估发生风险的可能性及危害程度,并与公认的安全指标相比较,以衡量风险的程度,并决定是否需要采取相应的措施的过程。

风险评价通常需要构建项目风险的系统评价模型,列出各种风险因素发生的概率及概率分布,确定可能导致的损失大小,以定性与定量相结合的方法综合分析该项目的关键风险,从而确定项目的整体风险水平,为如何处置这些风险提供决策参考依据。风险评价的判断标准可采用两种类型:

(1) 以经济指标的累计概率、标准差为判别标准

① 财务(经济)内部收益率大于等于基准收益率的累计概率值越大,风险越小;标准差越小,风险越小。

② 财务(经济)净现值大于或等于零的累计概率值越大,风险越小;标准差越小,风险越小。

（2）以综合风险等级为判别标准

风险等级的划分既要考虑风险因素出现的可能性又要考虑风险出现后对项目的影响程度。风险等级有多种表述方法，一般多选择矩阵列表法划分（《建设项目经济评价方法与参数（第三版）》）。矩阵列表法简单直观，将风险因素出现的可能性及对项目的影响程度构造成一个矩阵列表，风险可划分为五个等级（参见表9.2）。

表 9.2　综合风险等级分类表

综合风险等级		风险影响的程度			
		严重	较大	适度	低
风险的可能性	高	K	M	R	R
	较高	M	M	R	R
	适度	T	T	R	I
	低	T	T	R	I

综合风险等级 K、M、T、R、I 的含义如下：
① K(Kill)：表示项目风险很强，出现这类风险就要放弃项目；
② M(Modify Plan)：表示项目风险强，需要修正拟议中的方案，通过改变设计或采取补偿措施等；
③ T(Trigger)：表示项目风险较强，设定某些指标的临界值，指标一旦达到临界值，就要变更设计或采取补偿措施等；
④ R(Review and Reconsider)：表示项目风险适度（较小），适当采取措施后不影响项目；
⑤ I(Ignore)：表示项目风险弱，可以忽略。

【例 9.4】 某项目建设期 1 年，生产运营期 10 年。建设投资、年销售收入和年经营成本的估计值分别为 80 000 万元、35 000 万元和 17 000 万元。经调查认为，项目的主要风险因素有建设投资、年销售收入和年经营成本，每个风险因素有三种状态，其概率分布如表 9.3 所示。试计算该项目财务净现值的期望值和财务净现值大于或等于零的累计概率（$i=10\%$）。

表 9.3　风险因素概率分布表

风险因素	变化率		
	+20%	0%	-20%
建设投资	0.6	0.3	0.1
年销售收入	0.5	0.4	0.1
年经营成本	0.5	0.4	0.1

解：（1）构造概率树

本例共 3 个变量，每个变量有 3 种状态，故有 3×3×3＝27 种组合，其概率树见图 9.6。图中圆圈内的数字表示各种状态发生的概率，第 1 分枝表示建设投资、年销售收入、年经营成本均增加 20% 的情况，称为第 1 事件；第 2 分枝表示建设投资、年销售收入均增加 20%，年经营成本不变的情况，称为第 2 事件……

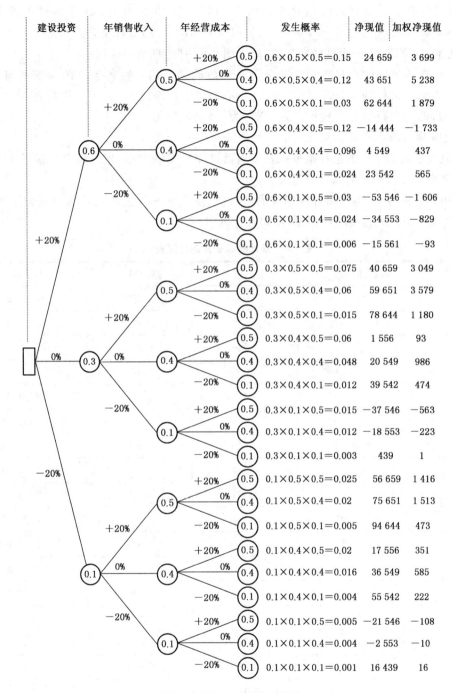

图 9.6 【例 9.4】概率树计算

（2）计算净现值的期望值

首先，计算各种可能事件发生的概率。第 1 事件的发生概率为 0.6×0.5×0.5＝0.15；第 2 事件的发生概率为 0.6×0.5×0.4＝0.12。依此类推，计算出 27 个事件的发生概率，填入图 9.6 中"发生概率"列下。

其次，计算各事件的净现值。第 1 事件的净现值为－80 000×1.2＋(35 000×1.2－

$17\,000\times1.2)(P/A,10\%,10)(P/F,10\%,1)=24\,659$ 万元；第 2 事件的净现值为 $-80\,000\times1.2+(35\,000\times1.2-17\,000\times1.0)(P/A,10\%,10)(P/F,10\%,1)=43\,651$ 万元；依此类推,计算出 27 个事件的净现值,填入图 9.6 中"净现值"列下。

最后,计算各事件的加权净现值和项目净现值的期望值。将各事件的净现值与其发生概率相乘,得到各事件的加权净现值,填入图 9.6 中"加权净现值"列下。再将各事件的加权净现值求和,即为项目财务净现值的期望值,为 20 593 万元。

(3) 计算净现值小于零的累计概率

净现值大于或等于零的累计概率反映了项目风险程度的大小,累计概率越接近 1,说明项目的风险越小,反之,项目的风险就越大。

可以用列表的方法,将各事件及相应的净现值、发生概率等按净现值从小到大排列,如表 9.4,并将发生概率按照排列顺序累加,得到累计概率。

表 9.4 累计概率及方差计算表

事件	净现值	发生概率	累计概率	方差
7	−53 546	0.030	0.030	164 897 301
16	−37 546	0.015	0.045	50 701 978
8	−34 553	0.024	0.069	72 986 776
25	−21 546	0.005	0.074	8 878 435
17	−18 553	0.012	0.086	18 389 204
9	−15 561	0.006	0.092	7 842 549
4	−14 444	0.120	0.212	147 306 847
26	−2 553	0.004	0.216	2 143 007
18	439	0.003	0.219	1 218 517
13	1 556	0.060	0.279	21 743 324
5	4 549	0.096	0.375	24 711 109
27	16 439	0.001	0.376	17 253
22	17 556	0.020	0.396	184 408
14	20 549	0.048	0.444	93
6	23 542	0.024	0.468	208 672
1	24 659	0.150	0.618	2 479 708
23	36 549	0.016	0.634	4 073 544
15	39 542	0.012	0.646	4 308 625
10	40 659	0.075	0.721	30 197 967
2	43 651	0.120	0.841	63 803 168
24	55 542	0.004	0.845	4 885 638

(续表)

事件	净现值	发生概率	累计概率	方差
19	56 659	0.025	0.870	32 518 694
11	59 651	0.060	0.930	91 533 847
3	62 644	0.030	0.960	53 048 751
20	75 651	0.020	0.980	60 628 704
12	78 644	0.015	0.995	50 548 884
21	94 644	0.005	1.000	27 417 798
合计		1.000		946 674 801

注:方差=(净现值－净现值的期望值)^2×发生概率

由表 9.4 可求得,净现值小于零的概率为 0.216+(0.219-0.216)×2 553/(439+2 553)=0.218 6,即项目不可行的概率为 21.86%。

(4) 计算净现值的方差、标准差和离散系数

$$项目净现值的方差\ \sigma^2 = 946\ 674\ 801(见表\ 9.4\ "方差"合计)$$

$$标准差\ \sigma = 30\ 768$$

$$离散系数\ \sigma/\bar{x} = 30\ 768/20\ 593 = 1.49$$

从项目净现值小于零的概率和离散系数看,该项目的风险较大。

9.4.3 风险对策

风险对策是在风险识别和风险评估的基础上,根据投资主体的风险态度,制定的应对风险的策略和措施。在项目经济风险中找出关键风险因素,对项目的成败具有重大影响。采取相应的对策,可以尽可能地降低风险的不利影响,实现预期投资效益。

1) 选择风险对策的原则

(1) 贯穿于项目可行性研究的全过程

可行性研究是一项复杂的系统工程,而经济风险来源于技术、市场、工程等各个方面,因此应从规划设计工程上采取规避防范风险的措施,做到防患于未然。

(2) 针对性

总体而言,投资项目可能涉及的风险因素是多种多样的。就某一个投资项目而言,由于其特点不同,风险对策应具有针对性,针对特定项目的主要或关键风险因素,制定相应的风险对策,将其影响程度降低到最低。

(3) 可行性

风险对策的制定应立足于客观现实,提出的风险对策应在各方面切实可行。这种可行,不仅仅是技术上的可行,还要考虑人力、物力和财力上的可行。

(4) 经济性

规避防范风险是要付出代价的,如果风险对策的费用远大于风险损失,则该对策将毫无意义。因此,制定风险对策还应考虑经济性,对风险对策所付出的代价和风险可能造成的损失进行

权衡,旨在寻求以最少的费用获取最大的风险效益。

2) 决策阶段的风险对策

(1) 提出多个备选方案,通过多方案的技术、经济比较,选择最优方案;

(2) 对有关重大工程技术难题潜在风险因素提出必要研究与试验课题,准确地把握有关问题,消除模糊认识;

(3) 对影响投资、质量、工期和效益等有关数据,如价格、汇率和利率等风险因素,在编制投资估算、制订建设计划和分析经济效益时,应留有充分的余地,谨慎决策,并在项目执行过程中实施有效监控。

3) 建设或运营期的风险对策

任何一个投资项目都会有风险,如何面对风险,人们有不同的选择。一是不畏风险,为了获取高收益而甘愿冒高风险;二是一味回避风险,绝不干有风险的事,因此也就失去了获得高收益的机会;三是客观地面对风险,采取措施,设法降低、规避、分散或防范风险。即使做第一种选择,也不是盲目地冒风险,也要尽可能地降低、规避、分散或防范风险。应对风险的常用策略和措施有:

(1) 风险回避

风险回避是投资主体完全规避风险的一种做法,即断绝风险的来源。简单的风险回避是一种消极的风险处理方法,因为投资主体在规避风险的同时,也放弃了潜在收益的可能性。因此,风险回避对策的采用一般都很谨慎,只有在对风险的存在和发生,对风险损失的严重性有把握的情况下才考虑采用。一般来说,风险回避用于以下几种情况:

① 某种风险可能造成的损失相当大,且发生的频率较高;

② 风险损失无法转移,或者其他风险防范对策的代价非常昂贵。

(2) 风险分担

风险分担是针对风险较大,投资人无法独立承担,或是为了控制项目的风险源,而采取与其他企业合资或合作的方式,共同承担风险、共享收益的方法。

(3) 风险控制

风险控制是针对可控性风险采取的防止风险发生,减少风险损失的对策。显然,风险控制不是放弃风险,而是通过制订计划和采取措施来降低风险出现的可能性或者减少风险造成的损失。风险控制是绝大多数项目广泛采用的主要风险对策。

风险控制必须根据项目的具体情况提出有针对性的措施,它们可以是组织措施、技术措施和管理措施等。通常,风险控制措施可以按控制阶段分为事前控制、事中控制和事后控制。事前控制的目的主要是为了降低风险出现的概率,事中控制和事后控制则主要是为了减少风险损失的程度。

(4) 风险转移

风险转移是指通过一定的方式将可能面临的风险转移给他人,以降低甚至减免投资主体的风险程度。风险转移有两种方式,一是将风险源转移出去;二是将风险损失转移出去。就投资项目而言,第一种风险转移方式实质上是风险回避的一种特殊形式。例如,将建成的项目转让给他人,以回避运营的风险,或者将项目建设中风险大的部分分包给他人承包建设。风险损失转移的主要形式是保险和合同。

① 保险转移　通过向保险公司投保的方式将项目风险全部或部分损失转移给保险公司,

这是风险转移中使用的最为广泛的一种方式。凡是保险公司可以投保的险种,都可以通过投保的方式转移全部或部分风险损失。

② 合同转移　通过合同约定将全部或部分风险损失转移给其他参与者。例如,在新技术引进合同中,可以加上达不到设计能力或设计消耗指标时的赔偿条款,以将风险损失转移给技术转让方。再如,在项目建设发包时,采用固定总价合同,将材料涨价风险转移给承包商。

(5) 风险自担

风险自担就是投资主体将风险损失留给自己承担。风险自担适用于两种情况:

① 已知有风险,但由于可能获得相应的利益而需要冒险时,必须保留和承担这种风险,如风险投资项目。

② 已知有风险,但若采取某种风险对策措施,其费用支出高于自留风险的损失时,投资主体常常自动自担风险。

上述风险对策不是互斥的,实践中常常组合使用。

习　题

1. 某企业生产某种产品,设计年产量为 6 000 件,每件产品的出厂价格估算为 50 元,企业每年固定性开支为 66 000 元,每件产品成本为 28 元。试计算:

   (1) 企业的最大可能盈利;

   (2) 企业不盈不亏时最低产量;

   (3) 企业年利润为 5 万元时的产量。

2. 某工厂生产和销售某种产品,单价为 15 元,单位变动成本为 12 元,全月固定成本 10 万元,每月销售 4 万件。由于某些原因,其产品单价将降至 13.5 元,同时每月还将增加广告费 2 万元。

   试计算:

   (1) 该产品此时的盈亏平衡点;

   (2) 增加销售多少件产品才能使利润比原来增加 5%?

3. 某企业有一扩建工程,建设期 2 年,生产运营期 8 年,现金流量如表 9.5 所示。设基准折现率为 12%,不考虑所得税,试就投资、销售收入、经营成本等因素的变化对投资回收期、内部收益率、净现值的影响进行单因素敏感性分析,画出敏感性分析图,并指出敏感因素。

表 9.5　现金流量表　　　　　　　　　　　　　　　　　　　　单位:万元

年　末	1	2	3	4	5	6	7	8	9	10
投资	−1 600	−2 600								
销售收入			2 600	4 200	4 200	4 200	4 200	4 200	4 200	4 200
经营成本			1 800	3 000	3 000	3 000	3 000	3 000	3 000	3 000
期末资产残值										600
净现金流量	−1 600	−2 600	800	1 200	1 200	1 200	1 200	1 200	1 200	1 800

4. 设有 A、B 两个方案,经初步分析,销售情况及其对应的概率和净现值如表 9.6 所示。试比较这两个方案风险的大小。

表 9.6 销售情况及其对应的概率和净现值

销售情况	概率	净现值/万元	
		方案 A	方案 B
好	0.6	20	15
一般	0.2	5	10
差	0.2	−5	5

5. 某工业项目建设期需要 1 年,第二年可开始生产经营,但项目初始投资总额、投产后每年的净收益以及产品的市场寿命期是不确定的,各不确定因素的各种状态及其发生概率和估计值见表 9.7。设各不确定因素之间相互独立,最低希望收益率为 20%,试用概率树法进行风险评估。

表 9.7 各种状态与其发生概率和估计值

	发生概率	初始投资/万元	寿命期/年	年净收益/万元
乐观状态	0.17	900	10	500
最可能状态	0.66	1 000	7	400
悲观状态	0.17	1 200	4	250

下 篇

工程设计与施工经济性分析

10 工程设计与经济的关系

工程设计是根据建设工程和法律法规的要求,对建设工程所需的技术、经济、资源、环境等条件进行综合分析、论证,编制建设工程设计文件,提供相关服务的活动。包括总图、工艺设备、建筑、结构、动力、储运、自动控制、技术经济等工作。它是建设项目生命周期的重要阶段和工程创新的核心过程,是工程建设中处理技术与经济关系的关键性环节。工程设计与经济之间有着密不可分的联系:一是先进的科学技术要通过工程设计才能转化为社会生产力;二是现代经济理念要通过规划设计才能融入现代工程建设中;三是工程设计直接影响工程投资费用及工程使用和维护费用。

10.1 工程设计的经济内涵

10.1.1 价值要素转化为设计因素

就像本书在绪论中所提到的那样,建筑价值要素包含多个方面,涵盖了人文因素方面,有效的技术,自然、文化和经济环境,业主与设计者的哲学理念和偏好,以及对公众健康、安全和福利的关注等,它们对工程的形式、特点和质量均会产生影响。

所有的这些价值领域并不是对任何一个工程方案都具有相同的重要性,工程设计人员在设计策划时需要考虑并决定哪些价值要素应该成为特定工程方案的核心问题并转化为相关的设计因素,这是一种基于多因素综合评价的设计选择过程。经历这一过程的工程设计往往会成为一种优秀的设计产品,这在建筑设计中表现尤为突出;而没有经过这一过程的工程设计则可能流于平庸,甚至在某些方面表现为劣质或失败。

1) 人文要素的转化

建筑是一种社会性艺术。如果没有需要庇护的人文活动或人类事业,就没有了产生建造的理由,也就没有分析和选择建造场地的理由,更不需要考虑任何其他的问题。因此,人文要素是工程设计中要考虑的重要内容,它涵盖容纳性、社会接触性和舒适性,包括功能、社会、身体、生理和心理等方面。工程设计人员应对工程的人文需求做出评估,以此作为创作的基础材料,并将其转化为设计因素。

在设计过程中,人文要素可以转化为以下几个方面的工程设计因素:①需要庇护的功能性活动;②需要维护的社会关系;③用户的自然特征和需求;④用户的生理特征和需求;⑤用户的心理特征和需求。所有这些因素需要在设计策划过程中进行评估并予以界定。

2) 环境要素的转化

可能影响到工程设计的重要环境要素包括场地、气候、城市和地区文脉、有效的资源和废物的处置,它们对建筑物、构筑物及使用者生存状态具有直接和关键的影响。如果设计师设计出一个与特定场地、气候或其他环境因素不相适宜的工程方案,那么依此而建造的建筑产品,即使不是立时,也会在将来某一时候发生与环境相关的问题。例如,有的建筑物或构筑物破坏了美丽景观,有的朝向会在炎热的夏天受到阳光直射,有的建筑部件受到侵蚀会使建筑物逐渐老化;有的建筑物或构筑物可能被设计坐落在一个冲积平原或排灌区,会被暴风雨所摧毁或冲垮,而有的则由其所产生的废弃物污染邻近的河流或湖泊。所以,环境要素是进行工程设计的重要信息,完整的环境信息是一个设计成功的基本因素。

3) 文化要素的转化

文化要素与人文要素在概念上区分比较困难。这里所指的人文要素是针对建筑物的业主和用户而言,而文化要素则是整个社会或社区对工程的期望,对建筑物或构筑物的空间上的感觉和愿望,这些是与文化相关的因素。例如,如果建筑物或构筑物属于某个特定的具有社会服务意义的机构,如教育机构、医疗机构、商贸机构、行政机构等,则设计师应识别公众对其应具有的社会价值的需求,并在建筑空间和形式设计上适应这种需求。文化要素的其他方面,如地区语言与艺术传统、历史与文化背景、工程设计规范等相关法规、地区的城市建设规划等相关政策等,都应在设计中得到体现。

4) 技术要素的转化

建筑工程的技术要素包括材料、建筑体系和建造过程等。从建筑历史发展的角度,有效的技术一直都是影响建筑的主要因素。例如,假如石材是唯一可以选用的建筑材料,那么拱券则可以是解决大跨度的唯一方法。现代的工程设计者可以从大量的各种有效的建筑材料、建筑体系和建造过程中进行选择,主要依据业主对材料的偏好和要求、设计人员对技术要素的经验,以及其可获得性、价格和美学因素为基础。技术要素的转化过程选择是设计过程中技术方案评选的一项重要工作。

5) 时间要素的转化

时间要素包括建筑物的生长性、变化性和长久性。大多数的拥有建筑物的机构或企业未来呈增长趋势,如果该设施具有生长的潜力,设计者应该考虑增长会发生在什么样的区域,以什么样的形式进行,从而向业主提出在建设地点和范围上的建议并被业主所接纳,同时提出满足增长性需求的方案。优秀的设计方案也应考虑到使用者对建筑物使用需求变化的影响,这些变化是由于技术变得落后及新设备、新系统的使用所造成的。尽管设计者可能很难预测这些变化的具体细节,但采用较自由的跨度结构体系,将管线和其他服务建筑部品设计得稍大一些,可以使空间具有多功能性,有助于适应变化。此外,有些建筑物或构筑物是临时性的,而有些则需要持久的使用甚至永久性地保存。设计者应针对不同的时间要求,选择适宜的技术。

6) 美学要素的转化

美学要素是设计者创作的驱动力,这一点在建筑师身上表现尤为突出。在多种设计因素统筹中,建筑师总是偏爱形式、空间及其相关意义等由美学要素转化的设计因素。不仅如此,几乎所有的业主也对他们的建筑有着外观上相应的目标和要求,他们希望向社区中的其他人表达自己企业的性质,他们会喜欢某种材料、形状和颜色,他们会对自己的建筑与周围环境如何产生关联具有非常强烈的偏好等。设计者应尽力去理解业主、用户和整个社会的美学偏好,并结合自己的思考,通过形式、空间及相关意义等设计因素予以表达。

7) 安全要素的转化

安全要素是政府对于"公众健康、安全和福利"的保护要求,例如,政府对工程设计的若干规范,对设计单位的资质规定,对工程设计人员的各种执业资格的认证等。安全要素体现在结构、防火、建筑物和环境释放的化学或生物污染物、人员(用户、建筑物内外活动人群)的安全、预防犯罪等设计因素中。安全要素应该成为工程设计过程中最重要的转化要素,也许其他要素会有所冲突,譬如前述的美学要素和下面所论及的经济要素,但由安全要素转化的设计因素必须在设计中得到充分考虑,并需要设计人员创造性地解决冲突问题。

8) 经济要素的转化

业主与设计人员之间的最大矛盾就是关于费用的问题。业主总是希望用最低费用建造高质量的建筑物,甚至放弃后者而宁愿选择前者。但是,从20世纪80年代以来,人们认识到由廉价的材料和系统建造的建筑物需要花费大量的运行、维护和能源费用,从建筑物的生命周期来看,低造价未必具有优越性。这就是在章节2.1中所提出的全寿命周期成本的概念。因此,在工程设计过程中,设计者应考虑建筑物在建造、运行、维护、能源等方面费用,提出能被业主所接纳的合理方案。

10.1.2 外部性理论与设计评价

在经济学理论中,按竞争性和排他性特征,将产品区分为私有物品、自然垄断产品、共有资源和公共物品等四类。竞争性是指增加一个消费者,需要减少任何其他消费者对这种产品的消费;排他性是指产品一旦生产出来,只有付费才可以使用;或者说,一个产品被一个人用了,则排除了另一个人使用的可能性。私人物品既具有排他性,又有竞争性;公共物品既无排他性,又无竞争性;共有资源有竞争性,但没有排他性;自然垄断产品有排他性,但没有竞争性。

尽管在一般概念上,工程设计提供的产品就是空间,更准确地说,是一段时间内附带某种服务的空间。例如,收费的室内球场、度假旅馆、出租公寓、商品住宅、工业厂房等。这些空间不同于自然地理上的空间,在市场交易中属于私人(个人、公司或机构)物品,属于一个直接的买主或消费者的空间。但是,当从空间概念转换到环境概念时,就会发现,工程设计产品在某些部分具备了公共物品所具有的非竞争性和非排他性特征。例如,建筑物漂亮的外观、开放的广场以及宜人的绿化园地等产品,一个人享用这些产品时并不减少他人对它的享用,建造者在享用这些产品时并不能排除其他人的享用(即使他想排除,高昂的排除成本会让他放弃)。工程设计的公共物品特性所产生的外部效应可运用外部性理论进行解释。

外部性理论是现代经济学中的一个概念,按萨缪尔森的定义:"外部性是指那些生产或消费对其他团体强征了不可补偿的成本或给予了无须补偿的收益的情形。"即,外部性是某个经济主体对另一个经济主体产生一种外部影响,而这种外部影响又不能通过市场价格进行买卖。外部性可以分为外部经济(或称正外部经济效应、正外部性)和外部不经济(或称负外部经济效应、负外部性)。外部经济就是一些人的生产或消费使另一些人受益而又无法向后者收费的现象;外部不经济就是一些人的生产或消费使另一些人受损而前者无法补偿后者的现象。例如,绿化园林工程所构造的美景给路人带来美的享受,但他不必付费,这样就产生了外部经济效果;建筑物外墙或外装饰所产生的噪光,如果反射系数大大超过了人体所能承受的生理适应范围,就会造成视环境污染,建筑物所有者并不需要对受污染者进行补偿,就构成了外部不经济效果。

建筑的外部性主要体现在以下几个方面:

1) 资源

建筑系统与能源、水、土地、原材料等自然资源的利用有着密切关系,而且建筑中资源使用效率较低。例如,一些地方不顾当地经济发展水平和实际需要,盲目扩大城市建设规模,搞劳民伤财的"形象工程""政绩工程";我国的建筑能耗还比较高,是具有相同气候条件发达国家的2~3倍,但舒适性却很差;建筑系统的资源高消耗状况难以改变,还存在浪费现象,如每年生产的实心黏土砖毁坏了20多万亩农田、盲目发展水景观等资源消耗高的项目等。尽管建筑生产过程中资源的消耗不是无偿的,但资源价格处于较低水平,高消耗和浪费资源构成了外部不经济性,节约资源构成了外部经济性。

2) 公害

凡由于人类活动污染和破坏环境,对公众的健康、安全、生命、公私财产及生活舒适性等造成的危害均为公害(Public Nuisance)。被称为"七大典型公害"的大气污染、恶臭、噪音、水质污染、振动、土壤污染和地基下沉等,都与建筑有直接或间接的联系。与建筑相关的其他公害还包括噪光、建筑固体废弃物等。公害构成了建筑外部不经济性。

3) 景观

景观是指具有审美特征的自然和人工的地表景色,由地理圈、生物圈和人类文化圈共同作用形成,涉及地理、生态、园林、建筑、文化、艺术、哲学、美学等多个方面。建筑设计中有专门的"景观设计",即在建筑设计或规划设计的过程中,对周围环境要素的整体考虑和设计,包括自然要素和人工要素,使得建筑(群)与自然环境产生呼应关系。显然,园林、建筑物等构成了现代景观的重要组成部分。景观具有显著的外部性,所建设的优美园林及建筑物构成外部经济性,而工程建设中对历史文化名城和风景名胜区重开发、轻保护,侵占绿地、毁损树木则构成了外部不经济性。

可以说,建筑外部性概念非常广泛,还包括法律、历史、风俗、文化、技术以及机构制度等各个无形因素,包括了在本书10.1.1章节中的除经济要素之外的其他价值要素。尽管本书着重讨论如何对工程设计进行经济性判断,但纯粹经济要素只是设计优劣的一个侧面,而且它不可能孤立于其他侧面而存在,实际上,上述的价值要素无论哪个方面最终都直接或间接地与经济要素相联系。现代经济学研究范围已经从商品性或物质性拓展到研究人类全部行为以及与之相关的全部决策领域,所以对工程设计经济性的研究,应涉及工程内部及外部与经济要素发生某些关系的各种价值要素,而且也不仅是先验性的价值思考,更重要的是源于人类生活需求的价值评价。工程设计的经济外部性分析,可以说是把所有价值要素反映到经济领域的一种判断与评价方法,它不仅揭示了工程设计可能出现低效率资源配置的根源,而且为如何评价和判断工程设计优劣提供了一个宏观的视野,一个更为恰当、更加全面的评价准则。

10.1.3 可持续发展理论与绿色建筑、生态建筑

在近代科学诞生之前,人类自然观主要是神学的、有机论的世界观,近代科学的诞生促进了自然观的革命,形成了机械论自然观。在机械论哲学和近代科学的作用下,自然被看成了一个没有经验、没有情感、毫无灵性、呆板、单调的客体,人类主体性得到张扬(人类中心主义),主体凌驾于客体之上并对客体进行操纵、控制和征服,这从实践和价值两方面导致了人与自然的对立关系。受到这种自然价值观的影响,西方许多国家采取了"经济先发展,环境后治理"的经济发展观,尽管取得巨大的经济增长,但导致各种资源的过度开采和利用,"三废"肆意排放,造成生态环境不断恶化。

20世纪初期,随着相对论和量子力学等现代物理学革命,人类的科学观和方法论发生了根

本性的变革，人们开始用系统自然观去考察自然与环境。20世纪中后期，进入工业化社会的西方国家面临着人口、就业、资源、能源、环境等一系列严重问题，许多学者开始用系统理论研究经济发展与环境、资源等关系，考虑人与自然的协调发展问题。但是，这一时期人们并没有脱离人类中心主义的自然观，对生态的保护和环境的治理，也是从人类的利益和价值出发，缩小了自然环境概念的外延。许多发展中国家仍沿袭着经济优先发展观，一些西方国家出于自身利益，将"肮脏工业"向发展中国家转移，人类生存与发展环境继续日益恶化。

面对现代生态危机，人类开始全面反思人与自然之间的关系。20世纪末，随着西方环境伦理学、大地伦理学和深层生态学等的出现，人类开始超越人类中心主义，将道德关怀的对象扩展至整个生态系统，走向生态中心主义，形成了生态自然观。与此同时，以生态自然观为理论基础的可持续发展理论也逐渐形成。以1992年世界环境与发展大会通过的《21世纪议程》为标志，可持续发展理论作为新的发展观为世界各国所接受，成为一种注重长远发展的新的经济增长模式。

人类的营建活动是对环境主要的影响因素之一，所以可持续建筑概念的提出是建筑界对可持续发展思想的回应。实际上，早在19世纪，"生态建筑"思想就出现在建筑理论与实践中，"绿色建筑"思想则起源于20世纪六七十年代或更早。90年代可持续发展理论一经提出，即被融入了建筑理论中，以1993年国际建协在芝加哥会议上通过的《芝加哥宣言》和美国出版的《可持续发展设计指导原则》一书列出的"可持续建筑设计细则"为标志，代表着现代可持续建筑理论体系已经形成。尽管由于可持续建筑概念的广泛性和包容性（如有人称之为"绿色建筑"、"生态建筑"或"与环境共生建筑"等），以及人们对解决环境问题的不同态度和建筑活动的不同视点，使可持续建筑的理论与实践表现出多种分野，并且每一种分野都有自己独特的框架体系和实践方法，但是世界建筑向智能舒适、节能省耗、生态环保方向发展的趋势已很了然，以可持续发展为宗旨、以适宜技术为手段、以生态性为标志的新型建筑体系正在形成。

我国在过去经济困难时期，曾经为了追求一定的建筑数量，建造了相当多的"标准低、消耗高、污染重"的建筑物。例如，北方一些地区为了压低造价而降低了建筑物围护结构的保温性能（如减薄砖墙、把双层玻璃窗改为单层等），结果使冬季采暖能耗大幅度增加，不仅大幅提高了建筑全寿命费用，还加剧了城市大气污染。而近年来，我国经济发展对建设大型和超大型的建筑的需求越来越多，但是出现了一些外国疯狂建筑师把中国作为他们宣泄个人艺术偏好和实现个人理想的建筑作品实验场，设计出那些在他们国家可能永远不可能被实施的奇异建筑。一些建筑超标准，超规范，违反了基本结构原理或者国际通用的安全规范；一些建筑表面是低能耗甚至零能耗的，而忽视了为实现零能耗所耗费的巨大的物化的能量。显然，上述两类现象都是一种非可持续发展的建筑类型代表。

为推进我国建筑走可持续发展之路，国家建设部和科学技术部于2005年联合编制和颁布了《绿色建筑技术导则》。2006年，建设部又出台了《绿色建筑评价标准》（GB/T 50378—2006)、《绿色建筑评价标识管理办法》及《绿色建筑评价技术细则》，并启动了绿色建筑认证工作。由此可见，可持续发展理念将是未来我国工程设计的主导方向，政府将为之进行长久的不懈的努力。

按可持续发展理论，可持续发展的具体内容涉及经济可持续发展、生态可持续发展和社会可持续发展三方面的协调统一，要求人类在发展中讲究经济效率、关注生态和谐和追求社会公平。它已经超越了单纯的环境保护，将环境问题与发展问题有机地结合起来，构成一个有关社会经济发展的全面性战略方针。在工程设计方面的体现,正如《绿色建筑技术导则》3.1款所述:"绿色建筑应坚持'可持续发展'的建筑理念。理性的设计思维方式和科学程序的把握,是提高绿色建筑环境效益、社会效益和经济效益的基本保证。"由此可见,可持续建筑设计理论是多元价值向设计因素转化的一个集成,是工程设计外部经济性理论的一次升华。

10.1.4 低碳经济、低碳城市与低碳建筑、节能建筑

联合国政府间气候变化专门委员会(IPCC)综合评估报告认为,源于化石燃料使用的温室气体排放是导致全球气候变暖的主要原因。气候变暖改变着自然系统的正常运行,撼动人类赖以生存的物质基础,并使强降水、热浪、异常雨雪冰冻天气、洪涝灾害等极端天气频率更高、强度更大、危害程度更深。面对全球气候变化,急需世界各国协同减低或控制二氧化碳排放,1997年的12月,《联合国气候变化框架公约》第三次缔约方大会在日本京都召开,包括我国在内的149个国家和地区的代表通过了旨在限制发达国家温室气体排放量以抑制全球变暖的《京都议定书》。2005年2月16日,《京都议定书》正式生效。低碳经济的思想产生于这一时期,2003年英国能源白皮书《我们能源的未来:创建低碳经济》首次提出了"低碳经济(Low-carbon Economy)"一词。

低碳经济就是指在可持续发展理念指导下,通过技术创新、制度创新、产业转型、新能源开发等多种手段,尽可能地减少煤炭石油等高碳能源消耗,减少温室气体排放,达到经济社会发展与生态环境保护双赢的一种经济发展形态。低碳经济是以低能耗、低污染、低排放为基础的经济模式,是人类社会继农业文明、工业文明之后的又一次重大进步。由于城市能源消费是全球碳排放的主要来源,低碳城市成为解决温室气体和气候变化问题非常关键的一环,于是在"低碳经济"概念出现之后,又有了"低碳城市(Low-carbon City)"的说法。低碳城市就是指以低碳经济为发展模式,以低碳生活为行为特征,以低碳社会为建设目标的经济、社会、环境相互协调的可持续发展的城市。

如今,应对气候变化,削减温室气体排放,发展"低碳经济"和"低碳城市",已经成为全球共同的课题。2007年,我国政府发布了《中国应对气候变化国家方案》,明确了到2010年中国应对气候变化的目标和基本原则,这是发展中国家在该领域的第一份国家方案。根据国家发改委的数据,截至2010年上半年,中国单位GDP能耗在2005年基础上累计降低了13%,"十一五"规划(2006年至2010年)中的单位GDP能耗降低20%的约束性指标有望实现。2009年11月26日我国政府对外宣布,到2020年中国单位国内生产总值二氧化碳排放比2005年下降40%~45%,并将此作为约束性指标纳入国民经济和社会发展中长期规划。与此同时,我国保定、杭州等一些城市也纷纷提出了建设低碳城市的目标。

低碳经济和低碳城市的建设与发展,建筑节能将起到很重要的作用。从全球范围来看,建筑消耗着近50%的能源、水和材料。建筑使用能源以供给舒适生活所需的采暖、制冷和照明,这些能源大部分来自矿物燃料的燃烧,并释放 CO_2。据有关资料,我国建筑能耗约占社会总能耗的30%,每建成1平方米的建筑约释放出0.8吨碳,城市生活碳排放中约有60%来自建筑物使用过程。因此,"低碳建筑"这一概念应运而生,并已逐渐成为国际建筑界的主流趋势。所谓低碳建筑,就是指在建筑材料与设备制造、施工建造和建筑物使用的整个生命周期内,减少化石能源的使用,提高能效,降低二氧化碳排放量。

近年来在欧洲兴起了被动式低碳建筑设计,它提倡借助自然的力量,减少传统能源以及水

资源的使用,充分利用可再生能源,其宗旨是通过建筑设计达到尽可能低的二氧化碳排放量,通过它可引入其他可持续发展的因素,如节能材料和新能源的应用、健康生态的室内外环境。基本设计方法包括:

- 设计成果应是地方环境的产物;
- 让自然环境显现;
- 设计结合自然;
- 以生态效益指导设计;
- 人人参与;
- 微气候建筑设计策略。

其中,微气候建筑设计策略是通过改善建筑周围的风、阳光、辐射、气温和温度条件等微气候来改善室内热环境,包括规划层面、建筑层面、细部层面和建筑材料与设备层面几个方面的策略。在规划层面上,要考虑建筑选址基础的日照、遮阳、通风和其他不利因素;在建筑层面上,要考虑建筑体型系数、朝向与体型关系、风向与体型关系等;在细部层面上,要考虑围护结构的外墙节能(保温外墙体、双层玻璃幕墙、绿化墙体等)、门窗节能(保温门窗、隔热玻璃、绝热窗框等)、屋顶节能(保温屋顶、倒置式屋顶、通风屋顶等);在设备层面上,要考虑采暖、制冷和照明等建筑能耗较大的部分采用低能耗的设备,如地(水)源热泵系统、置换式新风系统、地面辐射采暖系统等,以及在建筑中采用新能源设备,如太阳能热水系统、光电屋面板、外墙板、遮阳板、空间墙和玻璃幕墙等。

由此可见,低碳建筑与出现更早的节能建筑虽然在目的上有所差异,但殊途同归,其本质是一致的,就是减少建筑能耗。同时,低碳建筑也延续了绿色建筑和生态建筑的思想,可以说,低碳建筑继承了节能建筑、绿色建筑和生态建筑的设计思想,并将三者整合为一个新的体系。欧洲已经制定了一系列国际和国内的建筑规范、法规和条例来应对气候变化。例如,英国的《可持续发展住宅规范》制定了走向零碳住宅的三个步骤,到 2016 年达到零碳排放;威尔士议会制定的目标是到 2011 年所有的新建建筑都应该是零碳排放。可以预计,在 10 年内欧洲各国所有的建筑都会逐渐实现"零碳",我国也将会出台相关的低碳建筑的标准和规范等。低碳建筑设计理论和方法将是未来的设计师们必须掌握的知识和技能。

10.1.5 工程设计的综合效益概念

随着社会的发展,人们对建筑的效能和标准要求也越来越高,建筑效能的概念和内涵也是随之延伸。根据现代建筑理论,建筑物的效能主要有:

(1) 为人类各种活动提供容器;
(2) 作为特定气候的调节器或过滤器;
(3) 作为文化的符号;
(4) 作为环境的主要影响物之一;
(5) 作为资源的消费者和改变土地价值的投资对象。

这 5 个方面是建筑学中对建筑产品的定性要求,也正是 10.1.1 中所述的价值转化的设计因素。除了第(3)项之外,其他各项对应的价值都可以定量化,在这里称之为效益。它们对应着不同的效益类型:①第(5)项是对资本投资的满足程度,对应于经济效益;②第(1)项是对人类活动空间的满足程度,对应于社会效益;③第(2)、(4)项分别是对室内环境调节器与建筑物对室外环境影响的满足程度,对应于环境效益。

由此可见,建筑物的效能可以产生经济、社会与环境等三种效益。这三种效益是相互联系的,如美好的环境(环境效益好)可以直接提升建筑物的价值(经济效益好),但是它们也可能发生矛盾,例如提升环境品质(环境效益好)则需要花费更多的建造成本(经济效益差)。在实践中,常常会见到,有些工程为了追求本身的经济效益,而牺牲整体的社会效益及环境效益,造成了工程外部不经济性,与可持续发展理念相违背。

从工程设计在建筑物形成过程的关键作用来看,工程设计对建筑所产生的三种效益起到决定性的作用。所以,在进行设计方案比选和经济分析过程中,应从社会的整体出发进行衡量。这个社会整体效益,称之为综合效益,它包括前面所提到的经济效益、社会效益和环境效益等三个方面。

1)经济效益

经济效益概念有广义和狭义之分,广义的经济效益是指一项工程比没有该工程所增加的各种物质财富,尤其指可以用货币计量的财富的总称。这一定义包括了整体(国家或集体)利益与个体利益(企业)两个方面;而狭义的经济效益则是指企业经济效益,也称为财务效益。这里所指经济效益即是后者。工程设计所涉及的经济效益包括工程的有形的或者可以用货币计量的投入和产出,如产品、土地、能源、材料与劳动力等,也包括一些无形的或者无法用货币计量的因素,如企业家的智慧、工程技术人员的智力、时间、美丽的景观、心灵的感受、信誉和品牌效应等。

2)社会效益

社会效益是一项工程对社会福利方面所作各种贡献的总称。就一个特定的工程而言,项目社会效益可能包括正的社会效益,如增加就业机会、提高居民收入、提高生活水平、增加公共服务功能等,也可能包括负的社会效益,即社会费用,如拆迁、安宁生活的破坏、增加公众生活成本等。对于社会效益评价,随社会制度的不同而异。在纯商品社会中,经济效益往往起主导作用,但人们已发现它不可能成为唯一的评价标准;在商品经济只占一定成分的社会中,就更如此了。因此,比选工程设计方案时,均应同时考虑经济效益和社会效益,并加以区分并进行评价。

3)环境效益

人类的生活和生产活动必然会引起环境发生各种各样的变化,环境效益就是对人类社会活动的环境变化后果的衡量。建筑及其建造过程在创造人工环境的同时,对自然环境的影响正在日益扩大,以城市中二氧化碳的排放量为例,其中几乎有50%的总量是来自建筑物建造与使用过程之中。此外,如不正确的土地开垦的方法使水土大量流失;许多大城市的空气受到工业废气、民用燃煤烟雾等的污染,严重影响居民健康;河流、湖泊及地下水大量受到工业排放物的污染,使许多水生物大幅度减少,饮水水质受到威胁;城市噪音不断增加;许多自然风景、名胜古迹、历史文物遭到破坏。这些都与建筑工程有着千丝万缕的联系。

可以看出,工程设计的综合效益实际也是多元价值在设计中转化的目标和设计外部经济性的要求,也只有考虑了经济、社会和环境三个方面综合效益的工程设计,才是真正的可持续设计。对于大型的工程,如成片的旧城改造或新区建设,新的卫星城、科技园或工业园区、大型工厂及其生活区的建设等,其设计方案需要分别进行经济、社会和环境三个方面的评估;对于中小型工程的设计,一般是以其本身直接发挥的作用(经济效益)进行定量评估为主,同时兼顾对其社会及环境产生的影响进行的定性分析。尽管这还是属于局部性的分析,但有了一个全面的生活质量指标内涵为背景,便有利于做出更全面的结论。

10.2 工程设计中的经济参数

10.2.1 工程设计中的关键经济参数

工程设计中所涉及的工程经济要素包括费用、效益和税收等多个方面。同一个建设项目,采用不同的工程设计方案,不仅费用上有很大差异,工程效益也会有一定影响。譬如,房地产开发项目,采用不同的平面布局会影响建造费用和维护费用的大小,也会影响到销售水平和销售价格,甚至关系到政府向开发者征收的土地增值税和向购房者征收的契税等。当然,对这些经济要素的分析通常在工程决策阶段就已经进行,在工程设计阶段,一般是在既定的效益目标的情况下,去考虑如何选择更为经济的设计方案。因此,工程设计中考虑的关键经济参数就是费用。

这里的费用包括了第 2 章所阐述的工程经济要素中的投资和费用两个方面,即用货币量度的从事某项工程投资经济活动全过程而投入的社会所拥有的各种资源,主要包括土地、资本(资金和物质资料等)、能源与劳动力(含智力)等。在工程设计经济分析中,把费用区分为一次性工程建造投资和全寿命费用(LCC,Life-Cycle Cost)两个概念。这两个概念对于工程设计决策的影响是不同的,一次性建造投资主要影响工程建造的经济标准(即单位造价水平),而全寿命费用则关系到工程全寿命周期的经济效益。

在设计过程中,工程设计人员与业主之间最容易发生矛盾的地方就是费用的问题。对于工程设计人员来说,他们总是希望将人文、文化、环境、技术、时间、安全、美学等价值要素在他的作品中得以最完美的体现,费用不是他们所关心的问题,设计产品的完美性才是他们追求的目标。最终的结果,设计的作品体现了设计者的追求,但其建造所花费的费用可能远远超过了业主的设想。就大多数业主来说,他们底线是建造项目要花费多少资金,他们总是希望花最少的钱造出他们所需要的最佳品质的工程。

因此,业主通常最关心的是最初的建设资金,他们想尽可能地降低这些费用,甚至想着尽量少支付设计费用。在西方国家,20 世纪 80 年代由于建设资金及维护费用的高利率、持续增长的能源价格以及对建筑的运行和维护费用的认识,人们清楚地意识到建筑物的生命周期费用其实比最初的建设费用要重要得多。由廉价的材料和系统建造的工程很快就会失去其初期低造价的优势,未来几十年的维护需要花费大量的运行、维护和能源费用。20 世纪 90 年代,我国工程建设领域也开始提倡关注工程全周期费用的问题。但是,由于工程建设体制以及运营使用阶段费用的模糊性和不确定性,最初的工程建设费用节省仍然是大多数业主最看重的。而一旦建成并投付使用,业主又总是希望建筑物是由高质量的材料和系统建造而成的,而忘记了自己是在宁愿降低工程的品质也要将造价控制在预算范围内的情况下实施该项目的。费用是工程设计中关键的经济要素,也是工程设计中必须妥善解决的关键经济问题,既不能一味追求并不适合工程特点和要求的多余的功能品质,而花费超额的建设投资,也不应该只为了节省初期的造价,而忽视了在使用阶段花费的太多维护和运行费用。合理解决这个问题,要依靠工程设计师的能力、经验和职业与社会责任感。一般在设计前,工程设计人员要弄清楚业主最初到底能接受什么样的方案;在构思设计方案过程中,要综合考虑各项价值要素的转化、外部经济性和建筑的可持续性等,针对工程的特点和要求,提出一个合理的设计思路;在设计过程中与业主进行沟通,阐述自己的思路,并有责任引导业主方做出正确的选择。

设计过程中,业主方在费用问题上常犯的一个错误,就是用低得不切实际的设计费去雇一个设计单位来进行设计,这只会导致设计师不会花太多的时间仔细考虑规划和设计方案,反而导致整体费用的增加。业主应明白这样一个事实,解决建筑功能和技术因素需要花费大量的时间,而比较各种不同材料和系统的生命周期费用则需要更多的时间。他更要明白的是,在他为工程所有的花费中,最有效的花费是包括设计服务在内的各类工程咨询业务费用。

图 10.1 是根据国外经验数据描述的不同建设阶段影响建设项目投资程度,我国也是大致类似的一个情形。从图 10.1 中可看出,在项目决策阶段,影响项目投资的可能性 95%~100%;在初步设计阶段,影响项目投资的可能性为 75%~95%;在技术设计阶段,影响项目投资的可能性为 35%~75%;在施工图设计阶段,影响项目投资的可能性则为 5%~35%;而施工阶段,影响项目投资可能性在 5% 以下。很显然,业主要真正实现项目费用的节省,关键在于投资决策和设计阶段,而在做出投资决策后,项目费用节省的关键就是设计阶段。

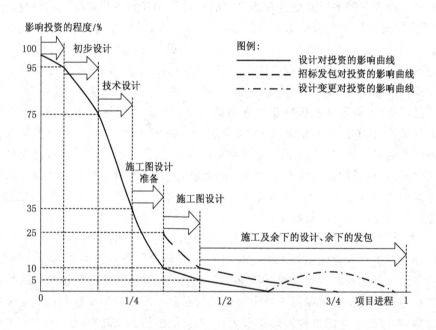

图 10.1　工程建设各阶段对投资影响程度示意图

图 10.2 显示项目建设各阶段项目费用节省潜力。根据国外经验数据,设计费约占建设投资的 2%~10%,占全寿命周期费用的 1% 以下,但设计工作对项目一次投资影响可能性却很大,且决定了工程使用后运营费用、日常维护管理费用和维修及更新费用以及使用期满后的报废拆除费用的大小。

因此,在工程设计阶段,设计人员应有充分的时间和相应的报酬来进行工程设计方案的优化、比较和选择,为业主提供一个技术先进、可行和可靠而在全寿命期经济合理的工程系统。

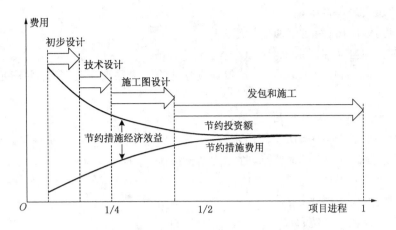

图 10.2 工程建设各阶段投资节省潜力图线

10.2.2 一次性建造投资

在第 2 章中曾详细阐述过程工程建设投资的构成等,它的构成包括了保证一个项目从筹建始到投入运营止所需的全部费用,包括有形物质投入和无形的技术与资金投入。从工程设计角度进行投资分析,主要考虑有形的物质投入,为区别起见,称之为一次性建造投资。为便于进行设计阶段的工程费用经济分析,可将一次性建造投资分解为三个层次:一是满足建筑安全功能要求的费用;二是满足建筑基本使用功能要求的费用;三是满足建筑舒适功能要求的费用。

1) 满足安全功能要求的费用

建造投资费用分配首先应满足建筑安全的基本要求,称为第一层次费用。它主要用于下列保证建筑安全性的工程部品:

- 地基及主体承重结构;
- 防火设施及消防系统;
- 走道、楼梯等安全防护设施;
- 防盗设施及警报系统(银行等特殊建筑物);
- 防毒、除尘、屏蔽等密封工程和设施(特殊设施或一些工业建筑物);
- 有毒排放物的处理设施(排放污染物的工业项目);
- 其他安全投入。

工程设计中,在保持一定的建设规模的前提下所确定的投资计划,首先必须最大程度地满足第一层次工程部品的需求,余额才能用来满足第二和第三层次功能的要求。

2) 满足基本使用功能要求的费用

建造投资分配第二个层次是实现建筑物基本使用功能的要求,主要包括以下工程部品费用:

- 自然采光及人工照明设施及系统等;
- 载客及运货电梯、自动扶梯;
- 卫生设施及给排水系统;
- 厨房设施(生活用建筑物);

- 废物及垃圾处理设施；
- 电话、传真、广播、网络等通信设施；
- 智能装置和自动控制系统等。

在满足第一层次费用需求之后，建造投资应分配给第二层次工程部品，并满足相应的规范要求。

3）满足舒适功能要求的费用

在满足第一层次和第二层次功能需求后，建造投资余额用于完成满足保证人体健康、环境美化和室内舒适功能的工程部品需求，称之为第三层次费用，主要工程部品包括：

- 自然通风及人工换气设施；
- 维护结构的保温隔热；
- 采暖空调设施及系统；
- 室内外装饰及装修等；
- 建筑物内庭院；
- 建筑物外园林与绿化。

通常，设计人员首选必须在各种安全规范（防火、抗震、结构）的框架内进行设计，即预算建设资金首选要满足第一层次功能的需求。剩余的预算建设资金可以用于第二和第三层次功能。如果预算建设资金不足，那么就有可能在使用功能和舒适功能上降低标准，而对于重要的建筑，则可能会毁掉一些新颖的设计构思；而如果预算资金过多，则会导致一些不切实际的设计，造成投资的浪费。如何准确地估算一次性建造投资的问题，不属于本书讨论的范围，有兴趣的读者可以参考有关工程估价方面的文献。本书要讨论的是，在工程设计中如何避免一次性建造费用超过预算资金限额，并通过设计经济分析和设计优化节省建造费用。

在设计前或设计策划过程中，应对工程各部品可能的建造费用进行精确评估，将资金预算分解到以利于设计中对费用控制的程度。这种对最高建造费用的简单直接说明，对业主和设计师都很有帮助，可以使他们避免那些超出预算允许范围的设计，保证设计方案在业主预算限额内得到实施，这也是最有益和最有效的节省费用的方法。如果预算超出业主的资金计划，则业主将采取多种方法进行处理，或者追加预算，或者减小空间尺度和规模、降低材料和系统的品质等级，或者使用其他方法来保证方案的实施。这一过程中，设计经济分析工作将会发挥关键的作用。

实际上，在设计前或设计策划过程中进行调整所需的费用比起在设计和建造过程中的任何阶段进行调整所需的费用都要小。因为即使在设计的早期阶段发现可能的超支问题，也会使建筑师陷入繁重的重新设计的工作之中；而如果到了工程施工竞标过程中或建造施工过程中才发现建造费用超过预算的问题，那么对于业主和设计师来说都是灾难性的结果。设计师花费几个月或更长的时间所推敲的设计文件需要重新修改，业主花费了大量无谓的时间，占用或耗费了设施费用和管理费用等。即使业主愿意并有能力追加投资资金，也导致了建造费用的膨胀。如果设计合同规定重新设计的费用由设计师来承担的话，这也会使设计师耗费大量的财力。如果设计文件也不充分和细致而导致了超支问题在建造施工过程中才得以暴露的话，所增加的费用可能会造成业主的巨大损失，甚至有时会导致其破产，并会对设计师提起法律诉讼。

10.2.3 建筑物全寿命费用

人们习惯把建筑视为一种"作品",随着建筑物的竣工而宣告实现,这时人们所关心的是最大限度地利用和节约一次性投入。从经济学角度,建筑物更应该被视为一个具有特定功能的"产品",随着它的使用而开始发生与经济支出相关的持久联系。即人们为建筑物所付出的费用远远不止一次性建造投资,而且还包括贯穿于其整个寿命期内的各项支出,经济学家称之为"全寿命费用"。它的大小与工程设计有着极为密切的关系。

全寿命费用包括建筑物在其使用年限之内所发生的全部费用,即:
- 工程一次性建造投资;
- 使用期间的操作运行费用;
- 维修、更换及改造费用;
- 税款及保险费;
- 停止使用后的残值等。

有关工程一次性建造投资已在前文进行了专门论述,这里重点从运行、维护、能源等几个方面讨论建筑物使用阶段的费用等是如何受设计影响的。

1) 运行

建筑物使用阶段的运行费用筹划应纳入设计过程和设计方案的比选之中。在设计前或策划过程中,有必要调查并表明与运行费用直接相关的各种信息。例如,一个住宅区域或写字楼是采用警卫人员多人值守安全防护系统,还是安装智能化的安防系统,如全自动监控系统、边界防越系统、中央报警系统等,这些方面的运行费用相关信息应调查清楚,它们直接影响到全寿命期运行费用的大小。再如,办公设施、商业设施和工业设施的平面和空间规划,则会影响到运行过程中需要附加的人员时间或运输消耗等,这些都会对运行费用带来重大影响。

2) 维护

就像运行问题一样,通常维护问题会在设计策划和设计过程中被忽略了,因为业主想要在此项目上花费最小的初始费用。但是,事与愿违,很多工程材料和几乎所有的工程系统的初始费用都与维护费用相关。如果一味地寻求低廉的价格,那么在设计中就不得不使用低品质的材料和系统。与高质量的产品相比,低品质的材料和系统通常都需要较多的维护费用,并且寿命周期较短,并需要更频繁的维护、维修和替换。例如,屋面防水系统种类有叠层沥青系统、改性沥青防水卷材、高分子防水卷材、金属屋面、喷涂聚氨酯泡沫等,它们的初始费用、防水性能和耐久性都有差异,但几乎可以肯定的一点是,廉价的防水系统需要更多的维护费用,在建筑物寿命期内需要更多次的修复或更换。

3) 能源

前文中多次提到能源问题,并将其作为一种环境因素进行了讨论,在这里主要讨论能源费用问题,能源费用是建筑运行费用的组成部分,对于常年使用空调系统的一些办公建筑来说,能源费用是惊人的。英国的一项统计数据表明,一座使用期限为 50 年的常年使用空调的办公建筑,总能源费用是最初造价的 14 倍。工程设计中常碰到的与能源相关的费用问题,主要是空调方案的选择。例如,带有电热片的整体式空调设备初始费用较低,但运行中加热费用却很高,而采用热泵型空调或燃气式空调,初始费用较高而可能节省运行费用。

初期建造投资费用是一次性的,而运行、维护和能源等费用则会持续贯穿建筑的整个使用寿命周期,随着能源价格的攀升,它将会变成最主要的费用。德国一项统计资料表明,80年使用期的普通住宅寿命周期的维修总费用为初期建造费用的1.3~1.4倍。对于业主和设计师来说,了解全寿命期费用种类、相对重要性和费用大小是很重要的,以避免在设计中产生误解。一般应在策划过程中或者在设计之前就应将所构思方案和备选方案的全寿命费用信息阐述清楚,以供业主进行抉择。如果业主一定要在非常有限的一次性建造投资条件下获得一座特定尺度的建筑物,那么设计师有必要在设计初始阶段或在设计策划过程中就向其清晰阐明使用一些低廉材料和系统可能会导致的高额维护费用。业主的选择:可能是愿意承担高额的维护费用;也可能是不愿意承担,而宁愿减少所需建筑规模,或者增加初始投资费用预算,以保证采用高品质的材料和系统。基于全寿命费用的设计方案经济比较将在第11章和第12章中专门阐述。

10.3 影响工程经济性的设计技术参数

10.3.1 工程设计中的技术参数

从设计艺术观点来看,建筑实物产品作为工程设计的成果,它包括了以下几个方面的建筑形态特征:

- 平面——内部空间与功能;
- 立面——空间表面;
- 外观——外部空间与造型;
- 平衡与简洁;
- 比例与尺度;
- 形式与空间的关系;
- 视觉心理影响;
- 风格;
- 装饰与装潢。

从建筑技术观点来看,上述建筑形态特征可以转换成下列技术参数语言来描述:

- 形状与尺寸;
- 规模与大小;
- 结构与类型;
- 平衡与稳定;
- 力量与约束;
- 强度与刚度;
- 安全与耐久。

这些工程设计的技术参数的选择对初期的建造投资和使用阶段费用大小都有不同程度的影响,下文将对此从工业建筑和民用建筑两大类建筑类型角度进行更深入的分析。对影响工程经济性的设计技术参数分析反映工程设计的经济实质。优秀的工程设计不仅仅是工程类专业学生设计课程得高分的作品,也不仅仅是刊登在宣传手册或广告上的图片、展示室的模型和被建筑杂志的评论家所乐道的建筑。纵观建筑史,现实生产过程对建筑学影响巨大的,并不是各个学派所持的不同观点,而是形式与结构、设计的主观性与社会经济状况客观性之间相互依存的力量。从这个角度看,工程设计作品或产品成功的一个重要因素是对费用问题的有效控制。工程设计产品只是在工程实现过程中的一个阶段,而经济问题却是一直贯穿整个工程建设过程的关键因素。鉴于前面提到的投资费用限额问题,可以说,对工程经济性认识只会给工程设计带来更大的创造性,而不是限制了设计者的创作自由度。只有将技术先进性与经济合理性结合起来进行审视,设计者才能对工程设计作品有一个比较接近真实的把握和感知,也只有这样,才能设计出高品质的设计产品。因此,优秀的工程设计师既要具有先进的工程技术学术立场和眼光,同时又要对日常的、大量的工程经济活动有明确的认知,并有能力把经济性融入技术参数语言体系中。

10.3.2 工业建筑设计中影响经济性的技术参数

1) 厂区总平面图设计

厂区总平面图设计是否经济合理,对整个工程设计和施工以及投产后的生产、经营都有重大影响,正确合理的总平面设计可以大大减少建筑工程量,节约建设用地,节省建设投资,降低工程造价和生产后的使用成本,加快建设速度,并为企业创造良好的生产组织、经营条件和生产环境以及企业形象,还可以创造优美的艺术整体。

总平面图设计的原则包括:

(1) 节约用地。优先考虑采用无轨运输,减少占地指标;在符合防火、卫生和安全距离要求并满足工艺要求和使用功能的条件下,应尽量减少建筑物、生产区之间的距离,应尽可能地设计外形规整建筑,以提高场地的有效使用面积;

(2) 按功能分区,结合地形地质、因地制宜、合理布置车间及设施;

(3) 合理布置厂内运输和选择运输方式;

(4) 合理组织建筑群体。

评价总图设计的主要技术经济指标有:

(1) 建筑系数

即建筑密度,是指厂区内(一般指厂区围墙内)建筑物、构筑物和各种露天仓库及堆场、操作场地等的占地面积与整个厂区建筑用地面积之比。它是反映总平面图设计用地是否经济合理的指标,建筑系数越大,表明布置越紧凑,节约用地,减少土石方量,又可缩短管线距离,降低工程造价。

(2) 土地利用系数

是指厂区内建筑物、构筑物、露天仓库及堆场、操作场地、铁路、道路、广场、排水设施及地上地下管线等所占面积与整个厂区建设用地面积之比,它综合反映出总平面布置的经济合理性和土地利用效率。

(3) 工程量指标

它是反映工厂总图投资的经济指标,包括:场地平整土石方量、铁路道路和广场铺砌面积、排水工程、围墙长度及绿化面积。

(4) 运营费用指标

反映运输设计是否经济合理的指标,包括:铁路、无轨道路每吨货物的运输费用及其经常费用等。

2）工业建筑的空间平面设计

（1）合理确定厂房建筑的平面布置

平面布置应满足生产工艺的要求，力求合理地确定厂房的平面与组合形式，各车间、各工段的位置和柱网、走道、门窗等。单层厂房平面形状越接近方形越经济，并尽量避免设置纵横跨，以便采用统一的结构方案，尽量减少构件类型，简化构造。

（2）厂房的经济层数

单层厂房。对于工艺上要求跨度大和层高高，拥有重型生产设备和起重设备，生产时常有较大振动和散发大量热与气体的重工业厂房，采用单层厂房是经济合理的。

多层厂房。对于工艺紧凑，可采用垂直工艺流程和利用重力运输方式、设备与产品重量不大，并要求恒温条件的各种轻型车间，采用多层厂房。多层厂房具有占地少、可减少基础工程量、缩短运输线路以及厂区的围墙的长度等。层数的多少，应根据地质条件、建筑材料的性能、建筑结构形式、建筑面积、施工方法和自然条件（地震、强风）等因素以及工艺要求等具体情况确定。

多层厂房的经济层的确定主要考虑两个因素：一是厂房展开面积的大小，展开面积越大，经济层数就越可增加；二是与厂房的长度与宽度有关，长度与宽度越大，经济层数越可增加，造价随之降低。

（3）合理确定厂房的高度和层高

层高增加，墙与隔墙的建造费用、粉刷费用、装饰费用都要增加；水电、暖通的空间体积与线路随之增加；楼梯间与电梯间设备费用也会增加；起重运输设备及其有关费用都会提高；还会增加顶棚施工费。

决定厂房高度的因素是厂房内的运输方式、设备高度和加工尺寸，其中以运输方式选择较灵活。因此，为降低厂房高度，常选用悬挂式吊车、架空运输、皮带输送、落地龙门吊以及地面上的无轨运输方式。

（4）柱网选择

对单跨厂房，当柱距不变时，跨度越大则单位面积造价越小，这是因为除屋架外，其他结构分摊在单位面积上的平均造价随跨度增大而减少；对于多跨厂房，当跨度不变时，中跨数量越多越经济，这是因为柱子和基础分摊在单位面积上的造价减少。

（5）厂房的体积与面积

在满足工艺要求和生产能力的前提下，尽量减少厂房体积和面积以减少工程量和降低工程造价。为此，要求设计者尽可能地选用先进生产工艺和高效能设备，合理而紧凑地布置总平面图和设备流程图以及运输路线；尽可能把可以露天作业的设备尽量露天而不占厂房的设计方案，如炉窑、反应塔等；尽可能采用将小跨度、小柱距的分建小厂合并为大跨度、大柱距的大厂房设计方案，提高平面利用率，减少工程量，降低造价。

10.3.3　民用建筑设计中影响经济性的技术参数

住宅建筑在民用建筑中占了很大比例，下面重点论述住宅建筑设计参数的经济性问题。

1）住宅小区规划设计

我国城市居民点的总体规划一般是按居住区、小区和住宅组三级布置，由几个住宅组组成一个小区,由几个小区组成一个居住区。

小区规划设计应根据小区的基本功能要求确定小区构成部分的合理层次与关系,据此安排住宅建筑、公共建筑、管网、道路及绿地的布局,确定合理的人口与建筑密度、房屋间距与建筑层数,合理布置公共设施项目的规模及其服务半径,以及水、电、热、燃气的供应等。

评价小区规划设计的主要技术经济指标见表10.1所示。

表10.1 小区规划设计的主要评价指标

指标名称	指标说明	备注
人口毛密度/(人/ha)	每公顷居住小区用地上容纳的规划人口数量	居住小区用地包括住宅用地、公建用地、道路用地和公共绿地等四项用地
人口净密度/(人/ha)	每公顷住宅用地上容纳的规划人口数量	住宅用地指住宅建筑基底占地及其四周合理间距内的用地,含宅间绿地和宅间小路等
住宅面积净密度/(m²/ha)	每公顷住宅用地上拥有的住宅建筑面积	亦用"住宅容积率"指标,即以住宅建筑总面积(万平方米)与住宅用地(万平方米)的比值表示
建筑面积毛密度/(m²/ha)	每公顷居住小区用地上拥有的各类建筑的总建筑面积	亦用"容积率"指标,即以总建筑面积(万平方米)与居住小区用地(万平方米)的比值表示
住宅建筑净密度/%	住宅建筑基底总面积与住宅用地的比率	
建筑密度/%	居住小区用地内各类建筑的基底总面积与居住小区用地的比率	
绿地率/%	居住小区用地范围内各类绿地的总和占居住小区用地的比率	绿地应包括公共绿地、宅旁绿地、公共服务设施所属绿地和道路绿地等,即道路红线内的绿地,不应包括屋顶、晒台的人工绿地
土地开发费/(万元/ha)	每公顷居住小区用地开发所需的前期工程的测算投资	包括征地、拆迁、各种补偿、平整土地、敷设外部市政管线设施和道路工程等各项费用
住宅单方综合造价/(元/m²)	每平方米住宅建筑面积所需的工程建设的测算综合投资	包括土地开发费用和居住小区用地内的建筑、道路、市政管线、绿化等各项工程建设投资及必要的管理费用

2) 住宅建筑的层数

(1) 层数与用地

在多层或高层住宅建筑中,总建筑面积是各层建筑面积的总和,层数越多,单位建筑面积所分摊的房屋占地面积就越少。但随着建筑层数的增加,房屋的总高度也增加,房屋之间的间距必须加大。因此,用地的节约量并不随层数的增加而按同一比例递增。据实测计算,住宅建筑超过5~6层,节约用地的效果就不明显。

(2) 层数与造价

建筑层数对单位建筑面积造价有直接影响,但影响程度对各分部结构却是不同的。屋盖部分,不管层数多少,都共用一个屋盖,并不因层数增加而使屋盖的投资增加。因此,屋盖部分的单位面积造价随层数增加而明显下降。基础部分,各层共用基础,随着层数增加,基础结构的荷载加大,必须加大基础的承载力,虽然基础部分的单位面积造价随层数增加而有所降低,但不如屋盖部分那样显著。承重结构,如墙、柱、梁等,随层数增加,要增强承载能力和抗震能力,这些分部结构的单位建筑造价将有所提高。门窗、装修以及楼板等分部结构的造价几乎不受层数的影响,但会因为结构的改变而变化。

(3) 住宅层数的综合经济分析

住宅层数在一定范围内增加,除了具有降低造价和节约用地的优点外,单位建筑面积的楼内部和外部的物业管理费用、公用设备费用、供水管道、煤气管道、电子照明和交通等投资和日常运行费用随层数增加而减少。但是,目前黏土砖的标号一般只能达到 7.5 MPa 强度,则建 7 层以上的住宅,需改变承重结构。高层建筑还会因为要经受较强的风荷载和抗震能力,需要提高结构强度,改变结构形式。而且,如果超过 7 层,要设置电梯设备,需要更大的楼内交通面积(过道、走廊)和补充设备(供水设备、供电设备等)。因此,7 层以上的住宅的工程造价会大幅度增加。

从土地费用、工程造价和其他社会因素综合角度分析,一般来说,中小城市以建造多层住宅较为经济;在大城市可沿主要街道建设一部分高层住宅,以合理利用空间,美化市容;对于土地价格昂贵的地区来讲,高层住宅为主也是比较经济的。当然,在满足城市规划要求等条件下,开发住宅的类型是由房地产开发单位根据市场行情进行经济分析比较后决定的。随着我国居民的生活水平和居住水平的提高,一些城市出现了低密度住宅群。

3) 住宅的层高

住宅的层高直接影响住宅的造价,因为层高增加,墙体面积和柱体积增加,并增加结构的自重,会增加基础和柱的承载力,并使水卫和电气的管线加长。降低层高,可节省材料、节约能源,有利于抗震,节省造价。同时,降低层高可以减少住宅建筑总高度,缩小了建筑之间的日照距离,所以降低层高也能起到节约用地的效果。但是,层高的确定还要结合人们的生活习惯和卫生标准。目前一般住宅的层高为 2.8 米。

在多层住宅建筑中,墙体所占比重大,是影响造价高低的主要因素之一。衡量墙体比重的大小,常采用墙体面积系数作为指标:

$$墙体面积系数 = \frac{墙体面积(m^2)}{建筑面积(m^2)}$$

墙体面积系数大小与住宅建筑的平面布置、层高、单元组成等均有密切的关系。

4) 住宅建筑的平面布置

评价住宅建筑平面布置的主要技术经济指标见表 10.2 所示。

表 10.2 住宅建筑平面布置的主要技术经济指标

指标名称	计算公式	说明
平面系数	$K_1 = \dfrac{居住面积(m^2)}{建筑面积(m^2)}$	居住面积是指住宅建筑中的居室净面积
辅助面积系数	$K_2 = \dfrac{辅助面积(m^2)}{居住面积(m^2)}$	辅助面积是指住宅建筑中楼梯、走道、卫生间、厨房、阳台、贮藏室等的面积

(续表)

指标名称	计算公式	说 明
结构面积系数	$K_3 = \dfrac{结构面积(m^2)}{建筑面积(m^2)}$	结构面积是住宅建筑各层平面中的墙、柱等结构所占的面积
外墙周长系数	$K_4 = \dfrac{建筑物外墙周长(m)}{建筑物建筑面积(m^2)}$	

根据住宅建筑平面技术经济指标，住宅建筑平面设计参数的经济性有以下几个方面：

（1）在相同建筑面积时，住宅建筑平面形状不同，住宅的外墙周长系数也不相同，显然平面形状越接近方形或圆形，外墙周长系数越小，外墙砌体、基础、内外表面装修等减少，造价降低。考虑到住宅的使用功能和方便性，通常单体住宅建筑的平面形状多为矩形。

（2）住宅建筑平面的宽度。在满足住宅功能和质量的前提下，加大住宅进深（宽度），即采用大开间，对降低造价有明显效果，因为进深加大，墙体面积系数相应减少，造价降低。

（3）住宅建筑平面的长度。按设计规范，当房屋长度增加到一定程度时，就要设置带有两层隔墙的变温伸缩缝；当长度超过 90 m 时，就必须有贯通式的过道，这些都要增加造价，所以一般住宅建筑长度以 60～80 m 较为经济，根据户型（每套的户室数及组合）的不同，有 2～4 个单元。

（4）结构面积系数是衡量设计方案经济性的一个重要指标。结构面积越小，有效面积就越大。结构面积系数除与房屋结构有关外，还与房屋外形及其长度和宽度有关，同时也与房间平均面积大小和户型组成有关。

习 题

1. 从经济学的观点，结合我国的国情，讨论我国所倡导的"适用、经济、安全、美观"建筑设计方针。
2. 通过实例，阐述价值要素向设计要素的转化。
3. 搜集国内外成功的节能建筑、生态建筑、绿化建筑或低碳建筑实例，阐述它们在设计中如何考虑自然、环境、资源和能源等因素，并分析其综合效益。
4. 在经济条件的制约之下就只能墨守成规，不思进取吗？建设投资资金的限制真的会约束设计师的创造力和对建筑艺术的追求吗？搜集一些成功的案例，讨论设计师如何在经济条件制约下，通过有效地设计方法，在工程的总体布局、功能配置、空间组合或技术选择等，达到工程的建设要求，或创造出较多的使用价值。
5. 生态建筑是否就意味着要花费更多的建设资金？试举例说明。
6. 调查目前我国公共建筑能源消耗的数据，了解我国政府在公共建筑节能方面所做的工作、制定的相关节能设计标准和提出的节能设计方法，讨论其意义。
7. 选择所在学校的一类建筑，如教学楼、宿舍、图书馆等，调查和统计它们的电源消耗量，讨论如何在学校建筑设计中进行低碳设计。
8. 在第 7 题基础上，进一步调查某个建筑的工程造价数据和使用阶段的各项运行和维修费用数据，计算全寿命期各项费用，并进行比较分析。
9. 比较单跨厂房和多跨厂房、点式住宅和条型住宅之间的使用功能、能源消耗与经济性等方面的差异性。

11 工程设计方案的选择、优化与决策

工程设计经济性最终都体现在具体设计方案上,所以要实现设计经济性,设计师在设计过程中需要基于经济性角度对所构思的设计方案进行比选、优化,最终做出决策。这一过程是无法独立于工程设计程序的,可以说与设计过程融于一体。设计师也许可以借助于经济师的支持,但要设计师提出更经济的设计方案,可能勉为其难。因此,现代工程建设需要设计师具备工程设计方案的经济性比较、优化和决策的技能。

11.1 建筑策划与工程经济分析

11.1.1 设计策划

策划,通常被认为是为完成某一任务或为达到某一预期的目标,对所采取的方法、途径、程序等进行周密和逻辑的考虑而拟订的方案计划。设计策划是指以可行性研究报告为依据,从工程技术角度,客观分析项目的实际特点,建立设计目标,规定设计要求,安排应开展的各种设计活动,对各种设计因素进行总体计划,确定实现既定目标和计划所应遵循的方法及程序,最终形成项目的设计任务书。

在现代社会,蕴含着人类对美好未来进行规划与预见的设计活动已经渗透到社会生活所有层面,创造着人类生活和生产活动所需要的各种物质财富和精神财富,这使得设计本身变得越来越复杂。现代设计的复杂性决定了设计不再是一个或几个设计师凭借经验和感觉可以完成的,设计团队合理的、有秩序的、充满创意的设计活动需要有严密的、系统的、规范的设计策划来进行组织、协调和安排。尤其,工程设计是一个综合性强、复杂程度高的工作,所涉及的因素是设计者个人所无法控制和确定的,在科技高速发展的时代,新技术、新材料、新设备和新工艺等已广泛地应用在工程中,设计策划所具备的综合性可应对纷繁复杂的现代工程设计创作活动。

总之,设计策划是为在项目立项之后进行的工程设计提供科学而逻辑的设计依据,是设计工作开展的前提和基础,是设计任务书确定的特定环节,是保证经济效益、环境效益和社会效益等多元价值要素转化为设计因素的重要过程。设计策划彻底改变了传统的由业主提出直接设计任务书、设计师按任务书要求进行设计的做法,是适应现代工程建设要求的设计流程变革。

11.1.2 经济评估是设计策划内容之一

设计策划作为工程设计之前的一个重要环节,是将工程期望和要求的自然语言转化为设计语言的过程。它依据可行性研究或总体规划所确定的基本目标,对项目社会环境、人文环

境、物质环境进行实态调查,根据用地区域的功能性质划分,确定项目的性质、品质和级别,确定设计依据及空间、环境的设计基准,提出基本的技术构想,并预测和评价未来的使用效果和效益进行分析评价(如图11.1所示)。

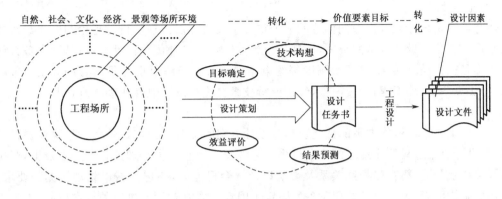

图 11.1　设计策划环节

从图11.1可看出,经济评估是设计策划的一个重要内容。具体体现在:

(1)在策划开始阶段,需要对工程外部条件进行调查,其中一项重要内容就是调查项目的社会人文环境,包括经济环境、投资环境、技术环境、人口构成、文化构成、生活方式等。

(2)在策划过程中,需要根据工程的空间构想和技术构想(如建筑材料、构造方式、施工技术手段、设备标准等)估算出主要单位工程投资,确定工程一次性投资总额,并据此修正技术构想。

(3)对于大型商业性或生产性项目,在策划过程中还需要估算按现行空间和技术构想下,项目建成后运营费用和收益变化,计算项目的损益及可能的回报率,进行经济预测,并反过来调整空间与技术构想。

11.1.3　经济分析技术是设计策划的重要手段

在可行性研究或总体规划与工程设计之间设置设计策划这一环节,其目的是追求设计的合理性、科学性和逻辑性,所以它具有承上启下的作用和研究领域的双向渗透性与综合性。它向上渗透于项目立项环节,研究社会、环境、经济等宏观因素与设计项目的关系,分析设计项目在社会环境中的层次、地位及社会环境对项目要求的品质,分析项目对环境的积极和消极影响,进行经济损益的计算,确定和修正项目的规模,确定项目的基调,把握项目的性质;它向下渗透到工程设计环节,研究景观、朝向、空间组成、技术特点等相关因素,分析设计项目的性格,并依据实态调查的分析结果,确定设计的内容以及可行空间的尺寸大小。

设计策划这种双向渗透性和综合性,需要综合事态调查中获得的所有信息。因此,除了工程技术理论与方法外,它需要借助于前面各章所介绍的工程经济分析方法和其他的社会学和经济学理论与技术,如调查统计分析方法、系统工程学、运筹学等,主要用于:

(1)设计方案的比较与选择

由于建设目标的不同,项目性质、使用的侧重点不同,所以在设计方案的评价中各相关量的评价标准和尺度也就各种各样。不同的设计者提出的设计方案,与设计师对工程的理解及价值的认识和追求有着较大的关系,所以各设计方案特征也有着显著的差异。同时,工程各相关利益方对工程价值的需求也不相同,甚至冲突。因此,对一个工程多个设计方案之间的比较通常是无法根据一个单一的因素做出判断,需要进行多方位的综合评价。多元变量分析评价法可使其得到较满意的解决。

(2) 优化设计

优化设计是设计经济性得到体现的一个重要手段与方法。现代设计理论与方法最重要的特征是设计优化与设计技术的统一,即现代设计方法就是一种优化设计方法,从而保证最终的设计方案是一个满足几何、强度及刚度等约束条件同时在经济上也是最节省的方案。数学规划法、寻优算法、系统工程技术等技术经济分析技术在优化设计中得到普遍的应用。

(3) 设计决策

设计决策是设计最终方案的选定。尽管设计方案的综合比较与评价为设计决策提供了支持,但是设计决策过程要比想象的复杂许多。它涉及工程和人类心理的相互关系及影响、生理的相互关系及影响、精神的相互关系及影响以及社会机能等,还包括城市景观协调的要求、技术经济的制约因素、施工建设费用及条件限定等因素。需要对设计决策的潜在机制、人类工程价值要求的多样性、时代和社会发展的连续性对设计决策影响。社会学方法及机会成本、边际效用和比较优势等经济学理论在其中都发挥着较大作用。

11.2 经济学视阈下的设计方案选择理论

11.2.1 设计可能性的边界

正如绪论中所论述的,经济学是研究和处理资源有效配置的理论。任何一项工程建设都会消耗各种资源,如土地、建筑材料、资金、人力和时间等。工程技术本身由于受到科学技术发展水平的限制,它也不可能是无限可以使用,所以它也可以纳入一种广义的资源范畴。工程设计活动在工程建设过程中扮演着资源配置的角色。以建筑设计为例,受到其他经济活动(如农业耕地)竞争,在水平广度上受到土地资源限制;受到工程技术条件限制,在垂直空间高度上也不能无限度地扩张。所以,资源的稀缺性和有限性构成了工程设计思维中的可能性边界。下面以较复杂的建筑设计中典型的土地资源要素为例来说明这种设计可能性的边界。

土地作为建筑设计要素,在建筑中有不同含义的表达,如资源、场地、位置与环境等。但不论在哪个层面上,土地资源的有效性都意味着一种设计的"边界思维"。因为新建筑一旦介入到城市或区域的环境当中,就会引起现状的某些方面改变。为了保证建筑场地与其他周围用地单位拥有共同的协调环境和各自利益,场地开发和建筑设计必须遵守一定的公共限制。公共限制条件主要来自国家或地方政府的有关法律、法规、规范、标准等规定,例如城市规划、消防、人防、交通、环保、市政等主管部门都有着各自规定的公共限制条件。这些公共限制条件可综合概括为平面限度、剖面限度和容量限度等三个方面,构成了建筑设计的可能性边界。

1) 平面限度

平面限度中一般包括下列边界限制:

(1) 建设用地边界线:即业主(开发商、建设单位或土地使用者)所取得使用权的土地边界线。在土地私有的西方国家,一般称之为地产线(Property Line)。在我国,该线有时又被称为征地线。建设用地边界线是场地的最外围界线,它侧重于强调土地使用、收益和处分等权能的财富属性和经济责任,具有严谨的法律意义。但是,地产线并不是对场地可建设使用范围的最终限定。

(2) 道路红线:它是城市道路(含居住区级道路)用地的规划控制线。道路红线之间限定的范围是由城市的市政、交通部门统一建设管理,建筑物的地下部分或地下室、建筑基础及其他地下管线一般不允许突入道路红线之内。此外,对于建筑的窗罩、遮阳设施、雨棚、挑檐等突入道路红线内的宽度和高度应符合有关规范的规定。

(3) 建筑控制线:又称建筑线或建筑红线,是建筑物基底位置的控制线。建筑控制线所划定的范围就是可建建筑区域的范围,它的划定主要考虑如下因素:

① 道路红线后退:场地与道路红线重合时,一般以道路红线为建筑控制线。有时因城市规划需要,主管部门常常在道路红线以外另订建筑控制线,这种情况称为红线后退(或后退红线)。

② 用地边界后退:在确定建筑物基底位置时还要考虑到建筑与相邻场地或相邻建筑之间的关系。为了满足防火间距、消防通道和日照间距而划定的建筑控制线,称为后退边界。

2) 剖面限度

剖面限度主要有下面几种情况:

(1) 按照国家或地方制定的有关条例和保护规则,在国家或地方公布的各级历史文化名城、历史文化保护区、文物保护单位和风景名胜区及其周围一定范围内划定保护区或建筑控制地带,对有关工程建设行为加以限制,对建筑高度有相应的范围限制。

(2) 当建筑处于居住区内,或比邻居住区的住宅楼时,建筑高度要受到日影规定的限制。

(3) 当建筑处于市中心或区中心的临街位置,或处于步行街两侧的位置时,为确保道路日照,建筑高度要考虑街道宽度的影响,称之为"斜线控制"。

3) 容量限度

平面限度与剖面限制确定了场地内最大可建建筑范围,但是通常一块场地内不可能全部建成建筑物,土地产出还包括广场、绿地、园林、交通道路等多种功能。在一块有限的用地范围内,提高建筑容量可以提高土地的利用效益,但会带来建筑环境的劣化,降低使用的舒适度。所以,通常政府部门会对建筑容量做出公共限制条件,即规定容积率(参见表10.1)。在现行城市规划法规体系下,政府部门通过编制各类用地的控制性详细规划规定容积率。例如,独立别墅住宅区为0.2~0.5,6层以下多层住宅区为0.8~1.2,19层以上住宅区为2.4~4.5等。各城市在容积率规定上有所差别。

平面限度确定了场地平面中最大可建建筑区域,剖面限度确定了场地剖面中最高可建高度,容量限度确定了场地内最多可建的建筑规模。建筑设计师在这三个边界所构成的空间限度内,寻求最合理场地空间形态方案,既能满足业主对经济价值的追求,也能保证社会价值体现和建筑师对美学的追求,做到经济效益、社会效益与环境效益相协调,实现最佳土地资源利用模式。

建筑设计理论中有关形态组合的研究,也反映出边界思维的效用。例如,同样的建筑面积,适用于同样功能的房间。其长度与宽度之间的组合可以有很多种,甚至无数种。但是,反之,不同的组合则反映了或塑造了不同的空间围合效果以及不同的外部环境质量。图11.2显示了在一块场地(同样平面限度)上,有同样容积率的高密度方案与低密度方案之间的两种模型对比效果。

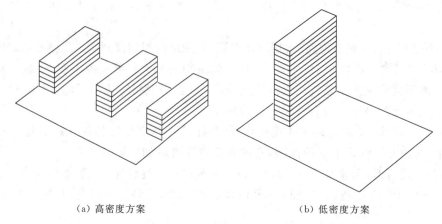

（a）高密度方案　　　　　　　　　　（b）低密度方案

图 11.2　高密度方案模型与低密度方案模型之间的对比效果

类似土地资源这样约束的设计可能性边界条件，在设计中还有许多，但它们远没有土地资源约束条件这么复杂。工程设计中还有众多的其他设计可能性边界条件，如结构可靠性与耐久性要求、防火与抗震条件、环境标准等，留给读者思考和总结。

11.2.2　方案选择的机会成本原理

同一个工程项目可以提出多种不同的设计结果，人们需要在不同方案之间进行取舍。不同方案有着各自不同的特点，不论最后做出何种选择，有一点是共同的，那就是，一旦做出选择，就意味着放弃其他可能性。经济学认为，在选择中为了得到一个结果所必须放弃的其他可能结果，就是选择的"机会成本"。正如工程经济学原理所强调的，在工程经济分析中不可忽视机会成本。这就要求工程设计人员在做出方案选择前，需要确定相关方案的机会成本。这项工作也可以在经济分析人员协助下完成。

在一般情况下，设计方案的机会成本并不是简单的投资估算。方案设计过程会涉及考虑多个价值要素（参见 10.1.1），这些因素之间呈现出相互联系、相互制约或相互竞争多种不同的关系。虽然我们无法从数学上给出它们之间严密和准确的函数关系，但从经济学角度上同样可以给出类似于数学的正相关、负相关和无相关的关系定义。如一项价值要素提高，则另一项与之相关的价值要素也呈升高的趋势，则是正相关；如一项价值要素提高，与之相关的另一项价值要素呈下降趋势，则是负相关；如一项价值要素变化，其他没有变化的价值要素，则是无相关。从设计经济性来说，确定各个价值要素相关关系是很重要的，设计过程中需要在不同的价值要素之间，特别是负相关因素之间进行取舍。一个设计方案如果强调某一个价值要素取较高的值，则必须以与其负相关的价值要素降低为代价。在经济学中，通常用"机会成本"来衡量和体现"代价"。所以，除以货币形式计算的方案成本（即通常所说的概预算）外，设计方案的机会成本还应包括这些"代价"。

例如，在一个住宅区规划设计中，当采用高密度方案时，就意味着放弃了可以获得的开敞疏朗的外部环境为代价，而这个代价就是高密度布局方案的机会成本。反之，如果采取了低密度的方案，那么它虽然获得了园林般的外部环境，但同时它就放弃了提高容积率的机会，从而使工程单位成本上升。按经济学理论，机会成本小的那个方案应更具有优势。

工程设计中一些价值要素放弃的"代价"似乎是无法用货币或其他数据进行估计的，或者是无法估计出准确的值,如环境污染、人文价值的降低等。这就意味着,准确衡量机会成本的大小是很困难的。目前,还没有一套全面的规则可以准确说明在竞争交替关系中方案所承受的机会成本可兑换成多少货币量。但是,只要能够确定或意识到选择该方案所放弃的东西是什么,并能衡量所得到的是否能够补偿所放弃的,那么就能有效地避免方案选择中对机会成本的忽视,从而保证能够为方案决策提供正确的依据。

譬如,一个写字楼项目,尽管表面上是开发商以现货或准现货(楼花)的方式进行销售,但开发决策者和设计者对设计方案的选择是以市场的需求为根本的出发点,是"以销定产",这是一个成熟的市场行为。所以,对机会成本的衡量可以从考察买者的行为开始,并仍可在市场经济分析框架内来考量其设计方案的机会成本。

经济学原理表明,影响一种物品的需求量,或者影响消费者决定的因素包括价格、收入、预期、嗜好、心理效用等。价格和收入决定写字楼的消费企业对写字楼单元面积的需求;预期会影响消费企业是购买写字楼还是租赁写字楼,如果预期写字楼会升值,则他们会优先购买写字楼;嗜好则表明消费企业对写字楼平面布局及周边配套设施的需求;心理效用是消费企业对写字楼所赋予的其他非物质的需求,如荣誉、身份和地位等。如果写字楼选择建在城市较边缘地区,尽管建造成本低,但是会失去众多的消费客户,因为与建在城市CBD区域的写字楼项目相比,它交通不便且配套设施不全。此外,多数客户在他们愿意支付的总价限度内,会宁愿在城市CBD区域内选择一个面积较小的单元,以此来满足某种心理效用。在不动产领域,这种现象被称为"所有权的骄傲",以此提高企业的荣誉。因此,在实践中,我们可以找到开发在城市边缘或设施配套不完善地域的写字楼项目失败的案例。

由此可见,机会成本原理可简化工程设计方案选择所面临的复杂的经济问题,并且跨越了"经济"与"非经济"之间的界线,为设计人员思考设计经济性、设计决策风险和潜在代价问题提供一个简单的方法。要说明的是,强调机会成本原理是强调设计方案选择过程中的基本思路和思维方式,并不强求代价的数量化,这实际上也是很难做到的。

11.2.3 边际效用理论

在经济学理论中,效用是指商品满足人的欲望的能力,或者说,效用是指消费者在消费商品时所感受到的满足程度。边际效用是指在一定时间内消费者增加一个单位商品或服务所带来的新增效用,它为经济分析和决策提供了一个可靠合理的依据和思路。在边际效用理论中,边际成本和边际收益是两个重要的概念,本书在第2章对此有过阐述。只有当一种行动的边际收益大于边际成本时,一个理性决策者才会采取这项行动。

工程设计经济分析主要是解决设计参数与经济参数(参见第10章)之间的关系问题,许多设计方案的决策需要考察现有行动方案技术参数变动调整情况下的设计经济性变化情况。从边际效用理论来看,这些调整可看作为边际变动。这揭示了分析工程效益的另一条思路,即通过分阶段的设计方案改进,并进行累积性的经济评价,分析改进对总收益的影响,从而进行设计方案的选择。

例如,一个商品住宅区开发项目设计方案会涉及容积率设计参数的选择。考虑满足容积率控制指标的两种方案:低密度方案与高密度方案。假设住宅层数相同(满足剖面限度),那么低密度方案的住宅产量少,高密度方案的住宅产量多。住宅区开发的总成本包括较多的内容,这里简单归类为土地开发成本和建造成本。不管采用何种密度方案,土地规模是不变的,获得土地使用权的成本及拆迁、补偿、土地整理等费用并不随住宅产量而变化,所以土地费用是固定成本。建造成本则随住宅产量增加而增加,可认为是变动成本(有读者会认为建造成本中一部分是固定成本。情况确实如此,有兴趣的读者可对此进行更深入的分析。这里做这样的简单划分主要是为了分析方便)。

由于低密度方案中住宅少而投入的总成本也少,高密度方案中由于住宅多而总成本也高,低密度方案似乎更合理。但是,用边际效用理论分析,就会得出完全不一样的结论。从低密度向高密度变动时,多建一栋住宅,如果增加的可变成本(边际成本)小于增加的收益(边际收益),那么在低密度方案基础上提高建筑密度的决策就是理性的决策,反之,如果边际成本大于边际收益,那么提高建筑密度的做法就是非理性的。理论上,边际成本等于边际收益时的建筑密度就是最优密度。

当然,边际成本和边际收益的确定远比上例要复杂许多。事实上,开发密度不仅仅是住宅的一个重要的经济学属性,而且还是一个极其重要的居住生活质量参数。对于一些住宅消费群体,住宅区环境质量可能会成为影响其购买决策的一个重要指标。很显然,如果消费者愿意购买低密度住宅,并愿意为此支出更多的费用,那么低密度方案高于高密度方案的收益就是机会收益(对于高密度方案来说,就是机会成本),应计入低密度方案的边际收益。此外,如果低密度住宅有较好的市场行情,那么销售周期就比较短,开发成本中的时间成本(主要是贷款利息等)就会相应减少,这也是其机会收益,可计减其边际成本。

11.3 设计方案比较与选择过程

11.3.1 明确方案比较前提与可比性条件

各个工程项目所寻求的效益是有差别的,据此可将工程划分为三种不同的性质的项目:

① 营利性项目。该类性质的项目在满足社会需求时,主要是追求经济效益,在评价中以经济效益为主,并兼顾社会与环境效益,如旅馆、商店、餐厅等。

② 非营利性项目。该类性质的项目以实现社会效益或环境效益为主,适当考虑经济效益,如公立学校、公立医院、博物馆、市政基础设施工程等。

③ 半营利性项目。该类性质的项目兼顾社会效益与经济效益,并注意环境效益,如影剧院、体育场馆、收费公路等。性质不同的设计方案之间是难以比较的,也没有比较的意义。

因此,首先应明确项目的性质,在此基础上才能对不同方案之间的效益进行比较,这是一个设计方案比较的基本前提。

在确立了方案比较的基本前提后,还应注意方案的可比性条件。如果比选方案之间可比性条件不成立,就无法保证比较结果的可靠性和决策的正确性。可比性条件包括:

(1) 资料和数据的可比性

对各方案的数据资料的搜集和整理的方法要加以统一,所采用的定额标准、价格水平、计算范围、计算方法等应该一致。经济分析是预测性的计算,费用和收益都是预测值,因而不必要也不可能十分精确,它允许舍弃一些细枝末节,以便把注意力集中在主要的经济要素计算上。只要主要要素(包括投入和产出)计算比较准确,就能保证经济分析的质量,得出正确的结论。

确定分析计算的范围是保证资料数据可比性的一个重要方面。确定计算范围,即规定方案经济效果计算的起讫点。方案的比选必须以相同的经济效果计算范围为基础,才具有可比性。对于原来已经花费的费用和已经取得的收入在进行方案的比较时一般是不考虑的,只考虑由于本方案所引起的新增费用和新增收益。例如,闲置的设备或设施被利用,如果没有出卖或出租的可能,应作为沉没成本;但如果有其他利用的机会(出卖或出租),则应考虑作为机会成本。

经济分析同样要考虑不同时期价格的影响,如果忽视不同时期价格的变化,则分析结论就会有偏差。一般常采用某一年的不变价格进行技术经济分析计算,这就是为了消除不同时期价格不可比因素的影响。

(2) 功能的可比性

对比方案之间应具有相同的基本功能条件,如项目性质、建设目的、产品类型等。如果不同方案的产出功能不同,或产出虽然相同,但规模相当悬殊的技术方案,或产品质量差别很大的技术方案,都不能直接进行对比。当然,产品功能绝对相同的方案是很少的。只要基本功能趋于一致,可以认为它们之间具有可比性。当方案的产出质量是相同时,如果只是规模相差较大,可以采取几个规模小的方案合起来,与规模大的方案相比较。当规模相差不大时,也可用单位产品的投入量,或单位投入的产出量指标来衡量其经济效益。

(3) 时间的可比性

时间因素包括建筑建造周期、使用年限、投资回收期以及折旧等因素。一般来说,实际工作中所遇到的互斥方案通常具有相同的寿命期,这是两个互斥方案必须具备的一个基本的可比性条件。但是,也经常遇到寿命不等的方案需要比较的情况,理论上来说是不可比的,因为无法确定短寿命的方案比长寿命的方案寿命所短的那段时间里的现金流量。但是,在实际工作中又会经常遇到此类情况,同时又必须做出选择。这时候需要对方案的寿命周期采取一定的方法进行调整,使它们具有可比性(参见第 4 章)。

11.3.2 确立方案比较的目的

任何方案的提出都是为了达到一定的目的,或者追求投资利润,或者是为了取得一定数量的产品,或者是为了提高已有产品的质量,或者是为了改善劳动生产条件,或者是为了提供某种形式的服务,等等。总之,任何技术方案都是根据项目预定的目的而制定的。所以,在对设计方案比较之前,应当从工程的性质、规模及有关特点出发,明确本设计要达到的目的,这关系到设计方案评价的方向、方法和价值等。"目的"赋予具体的数量、程度或其他可以衡量的标准,就构成了"目标"。

工程建设所包含的多元价值内涵(参见第 10 章)使得设计方案选择是一个面临多目的的问题,厘清和确立目的(目标),是在方案比较前的一个重要环节。这一过程应注意以下几点:

(1) 明确要考虑哪些目的,区分目的重要程度。尽管工程设计要考虑多种价值要素转化,但不同的专业工程、不同的设计阶段、不同的场所条件、不同的项目性质等,设计方案需要考虑的价值要素类型和数量是不同的。所以,在方案构思和比较之前,要明确本次设计要考虑哪些目的。同时,也要区别各个目的之间重要程度,以利于在目的之间存在冲突情况下进行方案的选择。例如,建筑设计方案需要考虑建筑美学、环境质量、使用方便性与安全性、全寿命期的经济性等,而结构设计方案更关注结构的可靠性和建造的经济性;同样是结构设计,对于公共建筑(如学校、体育馆等),结构可靠性比建造经济性更重要,而对于其他建筑,在满足规范规定的可靠性要求的条件下,建造经济性则显得更重要。

(2)厘清目的之间的关系。工程的多元价值要素在转化为设计元素过程中,会涉及处理价值要素之间的冲突与矛盾,设计方案形成与选择是寻求设计目的之间的综合平衡。寻求这种综合平衡,就需要厘清目的上下位关系和同级目的之间的相互关系,构成工程设计的目的系统。例如,"结构可靠性"是上位目的,其下位目的包括"安全性"、"适用性"和"耐久性"。再例如,"结构可靠性"与"建造经济性"这两个目的之间存在着矛盾,如同一个多层房屋建筑方案,从砖混结构到框架结构甚至剪力墙结构方案均可供选择,其结构可靠性逐渐增强,而经济性却逐渐减弱。结构的可靠性并非是越高越好,更不能为追求经济性而忽视结构耐用年限、使用方式、荷载情况、防火等级和抗震标准等条件的要求,结构设计方案形成与选择就是在结构可靠性与经济性之间取得一种合理的平衡。

(3)尽可能地减少目的的数量。在设计方案比较时,如果设立太多的目的(目标),方案比较则显得比较困难,有时甚至难于取舍,也未必能选出最佳的方案。因此,在确立目的时,应尽可能地减少目的数量。可采用的策略有:①考虑社会、经济、技术和场地条件,区别有实现可能的目的和受条件限制暂时无法实现或者在本工程内不可能实现的目的,从而把后者排除;②区别目的之间的重要程度,把重要性大的目的设定为主要评价目标;③合并一些相关的目的,把区分意义不大的相近目的合并成一个综合目的;④对于不能再减少的目的,应尽可能地再次区分重要程度或主次顺序。例如,受设计规范的约束,目前结构类型等住宅内在品质越来越雷同,美好的居住环境已经成为消费者和投资者更为看重目的。"美好居住环境"目的可以由多个下位目的达到,如建筑密度、容积率、健身设施及场地、绿地、花园、小品及人工水景,等等。可对它们进行合并处理,针对住宅产品面向的消费群体的需求区分重要性,并根据客观条件分析哪些容易实现、哪些难以实现。如果住宅区项目是在北方缺水地区,挖湖造景形成超大水面景观显然是难以实现的一个目的。

(4)设立评价指标体系,将目的转化为可以进行衡量的目标

确立了目的后,需要对目的赋予一定的定量或定性的标准,即将目的转化为目标,才可用于方案的比较。通常,采用一系列指标对目标进行定量或定性的描述。例如,对于住宅区的环境质量的目标,可规定出建筑密度、容积率、绿地率(面积)、健身设施数量与场地面积、小品数量与规模、树种种类等数量标准或具体说明;对于经济性目标,可规定主要单位工程(如土建、装修、绿化等)的成本控制目标。制定出合理的指标,是进行方案评价和比较的基础。不同的指标满足程度决定了工程效益,设计方案的比较与评价就是要以指标体系为依据,对设计方案进行综合分析,判断不同设计方案的优劣,探求改进设计效果的途径。

11.3.3 设计方案比较程序

以综合效益(包括社会效益、环境效益和经济效益)为最高目的的工程设计方案比较程序包括了前述的比较前提、可比性条件和比较目的等在内的若干步骤。虽然它可以独立地划分成若干阶段,但是正如在11.1中所强调的,它不应独立于工程设计过程体系,而是与设计策划和设计过程有机黏合的一个程序,因为任何企图改进设计效益的设想均将通过设计本身来实现。本书11.1已对设计策划与工程经济分析黏合关系进行了阐述,图11.3则展示了设计方案比较过程及与工程设计过程之间的联系。

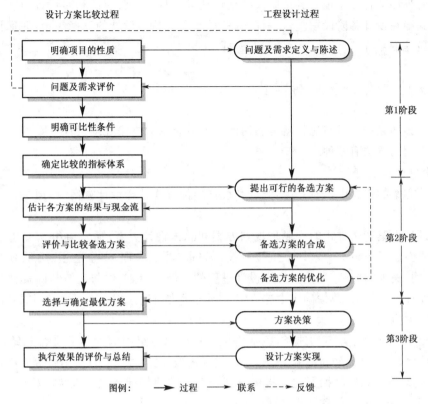

图 11.3 设计方案比较过程与工程设计过程及相关联系

从图 11.3 可以看出,工程设计过程与工程设计方案的经济分析比较过程是无法严格区分的,设计过程的活动为方案经济分析比较过程的各个阶段提供了基础信息,而方案经济分析比较过程活动为工程设计过程中方案的制订和决策提供了依据。整体过程可以划分为三个阶段:

(1) 第 1 阶段是设计与设计方案评选的准备阶段。其中,"问题及需求评价"是指项目设立要解决的实际问题或需要满足的需求,它将表明需要通过经济分析与比较进行设计决策的各种情况。对任何问题或需求应该进行系统的描述,对所处环境的界限与程度进行详细的定义。这一阶段包含着一个反馈回路,即需要对工程设计过程中提出的"问题及需求"进行评价,对它们进行反复研究,将评价环节所获得的信息对原描述或定义进行修正,直至委托人与设计者之间达成共识。

(2) 第 2 阶段是提出备选方案并进行评比阶段。该阶段也包含着一个反馈回路,即通过设计过程提出多个备选方案(设计深度在 20%~40%),并经过设计评价过程,分析各设计方案存在的优劣之处,并反馈给设计过程,融合各方案的优点,对方案进行合成。如是结构设计,还可以进一步进行优化设计工作,并修正相关方案作为新的备选方案,再进行评比过程,直至选出两个或更多个综合经济效益较佳的方案。

(3) 第 3 阶段是设计方案决策与实现阶段。该阶段是对第 2 阶段所提出的多个方案进行选择和决策,并将最终选择的方案付诸实施,即开展深度设计及建造施工。这一阶段也包含着一个反馈,即将实施的效果反馈给设计评价过程,以利于提高以后评价工作质量。

上述的程序适合一个项目各个阶段的设计任务,包括规划设计、初步设计、技术设计、施工图设计等。即在设计各阶段重复这一程序,有助于项目整体设计的正确决策,并保证实现工程综合效益最佳的目标。

11.4 设计方案经济分析与比较方法

设计方案的经济分析与比较就是利用前面章节介绍的方法处理设计方案的经济比较与选择问题。常用的方法有三种:

1) 多指标综合评价法

在设计方案的选择中,采用方案竞选和设计招标方式选择设计方案时,通常采用多指标综合评价法。

采用设计方案竞选方式的一般是规划方案和总体设计方案,通常由组织竞选单位邀请有关专家组成专家评审组。专家评审组按照技术先进、功能合理、安全适用、满足节能和环境要求、经济实用、美观的原则,并同时考虑设计进度的快慢、设计单位与建筑师的资历信誉等因素综合评定设计方案优劣,择优确定中选方案。评定优劣时通常以一个或两个主要指标为主,再综合考虑其他指标。

设计招标中对设计方案的选择,通常由设计招标单位组织的评标委员会总结设计方案按设计方案优劣、投入产出经济效益好坏、设计进度快慢、设计资历和社会信誉等方面进行综合评审确定最优标。评标时,可根据主要指标再综合考虑其他指标选优的方法,也可采用打分的方法,制定一个综合评价值来确定最优的方案。

2) 单指标评价方法

单指标可以是效益性指标或者是费用性指标。效益性指标主要是对于方案的不同,方案的收益或者功能也有差异的方案的比较选择,可采用第4章中的互斥方案比选的方法选优。对于专业工程设计方案和建筑结构方案的比选来说,更常见的是,尽管设计方案不同,但方案的收益或功能没有太大的差异,这种情况下可采用单一的费用指标,即采用最小费用法选择方案。

采用费用法比较设计方案也有两种方法:一种是只考察方案初期的一次性费用,即造价或投资;另一种方法是考察设计方案全寿命周期的费用。考虑全寿命周期费用是比较全面合理的分析方法,但对于一些设计方案,如果建成后的工程在日常使用费用上没有明显的差异或者以后的日常使用费难以估计时,可直接用造价(投资)来比较优劣。

3) 价值分析方法

价值分析(即价值工程)是一种相当成熟和行之有效的管理技术与经济分析方法,一切发生费用的地方都可以用其进行经济分析和方案选择。工程建设需要大量的人、财、物,因而价值工程方法在工程建设领域也得到了较广泛的应用,并取得了较好的经济效益。例如:美国在对俄亥俄拦河大坝的设计中,从功能和成本两个角度综合分析,最后提出了改进的设计方案,把溢水道的闸门的数量从17扇减为12扇,同时改进了闸门施工用的沉箱结构,在不影响功能和可靠性的情况下,筑坝费用节约了1930万美元,而聘用咨询单位进行价值分析只花了1.29万美元,取得了投入1美元收益近1500美元的效益。再如,上海华东电子设计院承担宝钢自备电厂储灰场长江边围堰设计任务,原设计为土石堤坝,造价在1500万元以上。设计者通过对钢渣物理性能和化学成分分析试验,在取得可靠数据以后,经反复计算,证明用钢渣代替抛石在技术上是可行的,并经试验坝试验,最后提前一个月工期建成了国内首座钢渣黏土夹心坝。建成的大坝稳定而坚固,经受了强台风和长江特高潮位同时的袭击。该方案比原设计方案节省投资 700 多万元。

【例 11.1】 某工厂拟建几幢仓库,初步拟定 A、B、C 三种结构设计方案。三种方案的费用如表 11.1 所示。试分析在不同建筑面积范围采用哪个方案最经济($i_c = 10\%$)?

表 11.1 例 11.1 仓库结构方案的经济数据

方案	造价/(元/m² 建筑面积)	寿命/年	维修费/(元/年)	其他费/(元/年)	残值/元
A	600	20	28 000	12 000	0
B	725	20	25 000	7 500	造价×3.2%
C	875	20	15 000	6 250	造价×1.0%

解决实际工程的经济问题,首先应对问题进行分析。对于本问题,首先可以确定的是不管采用哪种方案,仓库所发挥的功能是一致的,因此可采用最小费用法比较各方案费用大小选优;其次,是分析各方案费用的情况,三个方案在初期投资有差异,另外各方案的年度费用也不相同,一般来说,这种情况下应该考虑方案的全寿命周期的费用。依据上述两点,就该方案进行进一步比较。

设仓库的建筑面积为 x m²。则

$$PC_A = 600x + (28\ 000 + 12\ 000)(P/A, 10\%, 20)$$
$$= 600x + 40\ 000 \times 8.513\ 5$$
$$= 340\ 540 + 600x$$

$$PC_B = 725x + (25\ 000 + 7\ 500)(P/A, 10\%, 20) - 725x \times 3.2\% \times (P/F, 10\%, 20)$$
$$= 725x + 32\ 500 \times 8.513\ 5 - 725x \times 3.2\% \times 0.148\ 64$$
$$= 276\ 689 + 721.6x$$

$$PC_C = 875x + (15\ 000 + 6\ 250)(P/A, 10\%, 20) - 875x \times 1.0\% \times (P/F, 10\%, 20)$$
$$= 875x + 21\ 250 \times 8.513\ 5 - 875x \times 1.0\% \times 0.148\ 64$$
$$= 180\ 912 + 873.7x$$

显然,三个方案的费用现值 PC 与建筑面积 x 之间成函数关系,利用优劣平衡分析法,求出三个方案的优劣平衡分歧点:$x_{AB} = 525$ m²,$x_{BC} = 629$ m²,$x_{AC} = 582$ m²(如图 11.4)。

根据图 11.4 分析,可得出以下分析结论:

(1)当仓库的面积小于 582 m²,选择 C 方案经济;

(2)当仓库的面积大于 582 m²,选择 A 方案经济;

(3)B 方案在任何情况下都是不经济的。

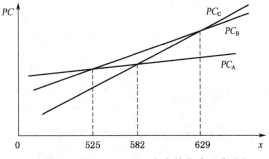

图 11.4 例 11.1 的 A、B、C 三方案的优劣平衡分析

【例 11.2】 某家具展销城工程采用普通钢框架结构体系,主梁采用焊接工形截面;柱采用焊接箱型截面。框架的横向和纵向梁柱按刚性连接设计,次梁为工字形截面单跨简支梁;基础采用柱下独立基础,总建筑面积为 12 668.8 m²,横向柱距为 4×7 200 mm+3×9 000 mm+4×7 200 mm。纵向柱距为 6×6 000 mm。第一层高为 4.5 m,其余层高为 3.9 m。楼面恒荷载为 4.5 kN/m²,活荷载为 5.0 kN/m²,屋面为屋顶花园上人屋面,恒荷载为 5.0 kN/m²,活荷载为 3.5 kN/m²,该工程位于 7 度抗震区,三类场地,框架的抗震等级为三级。在轻钢结构建筑中,楼盖的合理选择对整个结构的安全性、经济性显得至关重要。本工程提出了四个楼盖结构设计方案:压型钢板组合楼盖、现浇整体混凝土楼盖、SP 预应力空心板楼盖和混凝土叠合板楼盖。试对它们进行比较选择。

从工程本身的要求及结构特点出发,楼盖结构形式的选择要考虑以下几个方面:
(1) 保证楼盖有足够的平面整体刚度;
(2) 减轻楼盖结构的自重及减小楼盖结构层的高度;
(3) 有利于现场安装方便及快速施工;
(4) 较好的防火、隔音性能,并便于敷设动力、设备及通信等管线设施;
(5) 相对低廉的造价。

四种结构类型楼盖均满足结构安全性的要求。表 11.2 中给出评价指标及四种方案的各指标的情况。评审专家组给出了 8 个指标的权重,并按 5 分制给每个方案的各指标进行打分量化,结果如表 11.3 所示。然后,可能求出各方案的综合评价值。从表 11.3 可以看出,混凝土叠合板楼盖方案得分最高,应作为优先选择的方案,其次为现浇混凝土楼盖方案。从计算中也可以看出,如果项目对施工工期要求不紧,现浇混凝土楼盖方案也是一个很好的方案。实际上,在这种情况,"施工进度"指标的权重则会减少,如"施工进度"指标权重调整为 0.1,"平面刚度"指标权重调整为 0.3,重新计算可得到混凝土叠合板楼盖方案得分为 3.84,现浇混凝土楼盖方案得分为 4.02。

表 11.2 指标及各方案的指标优劣情况

	指标	平面刚度	施工进度	楼板跨度	管线布置	防火性能	楼板开洞	防水性能	楼盖造价/(元/m²)
方案指标优劣	压型钢板组合楼盖	最好	较快	较小	好	差	不易	好	180
	现浇整体混凝土楼盖	好	慢	小	一般	好	易	最好	110
	SP 预应力空心板楼盖	较差	最快	大	最好	差	不易	不好	150
	混凝土叠合板楼盖	较好	快	较大	不好	好	易	一般	130

表 11.3 指标权重及方案的各指标得分

	指标	平面刚度	施工进度	楼板跨度	管线布置	防火性能	楼板开洞	防水性能	楼盖造价	加权得分
	权重	0.25	0.15	0.05	0.03	0.25	0.02	0.05	0.2	
方案指标得分	压型钢板组合楼盖	5	3	2	4	2	2	4	1	2.86
	现浇整体混凝土楼盖	4	1	1	3	5	4	5	5	3.87
	SP 预应力空心板楼盖	2	5	5	5	2	2	2	3	2.89
	混凝土叠合板楼盖	3	4	4	2	5	4	3	4	3.89

11.5 优化设计

11.5.1 优化设计的概念

优秀的设计师在设计创作中会产生寻找到最好方案的强烈愿望,这种寻找最好方案的过程就是优化设计。在优化设计领域,结构设计师们表现尤为突出。从20世纪初开始,许多优秀结构设计师都为此进行不懈的努力,但是由于受到对数学和力学认知水平及科学计算手段的限制,设计优化技术发展比较缓慢。直至20世纪四五十年代,数学规划理论的创立,为结构设计提供了优化理论基础;60年代,有限元理论的提出,为结构优化提供了系统化数值计算方法;而同时期,计算机技术飞速发展,为结构优化设计提供了强大的计算工具。从那时起,结构设计优化技术有了质的飞跃。

优化设计是相对于传统设计而言。传统的结构设计是设计者首先根据设计要求,按设计者的实践经验,参考类似工程设计,确定结构方案;然后,再进行强度、刚度、稳定性等各方面的计算。这种计算一般是起一种校核及补充细节的作用,主要是为了证实设计方案的可行性。传统结构设计的特点是所有参与计算的量必须是常量,能证明设计方案是"可行的",但未必是"最优的"。特别是,当设计者的经验不足时或者是新型结构设计,设计方案通常只是一种"可行的"方案。

优化设计是设计者根据预定的设计要求,在全部可能的结构方案中,利用数学手段,计算出若干个设计方案,根据计算结果,从中选择一个最佳方案。因而优化设计所得到的结果,不仅仅是"可行的",而且是"最优的"。"最优"概念不是绝对的,而是相对设计者预定的要求而言。随着科学技术的发展及设计条件的变动,最优的标准也将发生变化。优化设计反映了人们对客观世界认识的深化,它要求人们根据事物的客观规律,在一定的物质基础和技术条件下,充分发挥人的主观能动性,得出最优的设计方案。

在传统设计中,虽然设计者有条件时也是要研究几个方案来进行比较,从而对结构布局、材料选择、构件尺寸等进行修改,以便得到更为合理的方案,但是往往由于时间的限制、计算工作量过大等原因,方案比较这一环节受到很大的限制,有时甚至是不可能的。与传统设计方法相比较,优化设计具有如下三个特点:①需要建立一个确定反映设计问题的数学模型;②方案参数调整是计算机沿着使方案更好的方向自动进行的,从而选出最优方案;③依靠计算机的运算速度,可以在很短的时间内从大量的方案中选出"最优方案"。

11.5.2 优化设计基本方法

从理论上来说,结构设计优化是在满足约束条件下按预定目标(如重量最轻、造价最小等)求出的最优设计。涉及三个要素:①设计变量。即在优化设计过程中变化的量,是结构直接优化的对象,可分为简单变量、结构几何变量和材料特性变量等。②目标函数。优化过程中所要找的极小(或极大)的函数,是设计变量取得最优解的依据。③约束。即结构设计所必须满足的限制条件,包括几何、强度及刚度等约束条件。能用显式表示的称为显约束,不能用显式表示的称为隐约束。常见的有几何约束、应力约束、位移约束和稳定约束等。约束也是设计变量的函数。通常,按照优化方法特征,可将优化方法分为准则法和数学规划法。

1) 准则法

准则法是从结构力学原理出发,首先选定使结构达到最优的准则,然后根据准则建立达到优化设计的迭代公式,寻求结构的最优解。结构在多个独立荷载作用下,每一杆件至少在一个独立荷载系下其应力达到容许值,从而得到重量最轻的目的。这就是满应力设计准则。具体优化时,常用满应力法。此外,还有位移、频率、临界力和能量约束的准则法。

用这些准则进行设计,构成了准则法的各种优化方法。如满应力设计优化法,就是以满应力为其准则,使结构构件中的应力达到材料的极限容许应力,从而使材料得到充分利用的一种工程结构优化方法。满应力设计法中最简单的一种方法是应力比法,它首先选择一组初始设计方案,按照力学分析求出各杆件在各工况中的最不利应力,将其与容许应力进行比较。若小于容许应力,则表示材料未充分发挥作用,可减小其截面;反之则增大其截面,重新进行迭代计算。迭代计算时,杆件截面面积分别乘上一个系数,它是当前杆件应力与容许应力之比。运用满应力设计法进行优化设计时,对一个结构设计方案在各种工况下进行结构整体分析,得到它的内力分布,然后把结构拆开成若干部分,根据各部分的受力状态进行分步优化,修改其设计变量,最后将各部分重新结合起来得到新的设计方案,这样完成一次迭代,接着进行下一次迭代,直至收敛。可见,满应力设计法是一个最简单的分步优化法,其他准则法则更加复杂。

以静定桁架结构为例,静定结构的特点是,当结构布局已定或已给荷载情况下,结构各杆件内力与杆件截面尺寸和所用材料无关。因而,在调整截面时,各杆件内力保持为已知常数。设第 i 杆件的内力为

$$F_i = \sigma_i A_i \quad (i = 1, 2, \cdots, N) \tag{11.1}$$

且保持不变。

式中:A_i——第 i 杆件的截面面积;

σ_i——第 i 杆件的应力。

应力比法的迭代过程如下:

(1) 初始方案

根据设计经验或力学分析估选一个初始设计方案

$$\overline{A}^{(0)} = [A_1^{(0)}, A_2^{(0)}, \cdots, A_N^{(0)}]$$

称为初始点。对初始方案进行力学分析,求出各构件在各工况中的最不利应力

$$\sigma_i^{(0)} = \max_j (\sigma_{ij}^{(0)}) \tag{11.2}$$

式中:$\sigma_{ij}^{(0)}$——第 i 杆件在第 j 工况的应力;

$\sigma_i^{(0)}$——第 i 杆件在各工况中的最不利应力。

(2) 修改截面

将 $\sigma_i^{(0)}$ 与其允许值 σ_i^* 相比较,若 $\sigma_i^{(0)} < \sigma_i^*$ 表示材料未充分发挥作用,可减小截面;若 $\sigma_i^{(0)} > \sigma_i^*$ 表示材料超载,应增加其截面。对桁架结构,可用

$$A_i^{(1)} = \frac{\sigma_i^{(0)}}{\sigma_i^*} \cdot A_i^{(0)} = \mu_i^{(0)} A_i^{(0)} \quad (i = 1, 2, \cdots, N) \tag{11.3}$$

式中:$\mu_i^{(0)}$——应力比。

若还规定有截面尺寸约束 $A_i \geqslant A_i^*$，则

$$A_i^{(1)} = \max\{\mu_i^{(0)} A_i^{(0)}, A_i^*\} \tag{11.4}$$

以，$\boldsymbol{A}^{(1)} = [A_1^{(1)}, A_2^{(1)}, \cdots, A_N^{(1)}]$ 作为下一轮迭代循环的起点。用同样的方法，求出 $\boldsymbol{A}^{(2)}$。如此循环，逐次逼近满应力解。

（3）迭代终止条件

当某一循环的起点和终点足够接近时，即

$$\left| \frac{A_i^{(k-1)}}{A_i^{(k)}} - 1 \right| \leqslant \varepsilon_1 \quad (i = 1, 2, \cdots, N) \tag{11.5}$$

或当

$$\left| \mu_i^{(k-1)} - 1 \right| \leqslant \varepsilon_2 \quad (i = 1, 2, \cdots, N) \tag{11.6}$$

时，即可终止迭代。式中，ε_1 和 ε_2 为预定的精度。

应力比法是满应力设计的最简单迭代方法，静定结构满足内力不变的假定，一次循环就能得到满应力解。而对于超静定结构，由于杆件内力随本杆件及其他杆件截面改变而变化，内力不变假定不能满足，所以需要多次迭代才可能得到满应力解。

2）数学规划法

数学规划法是从解极值问题的数学原理出发，运用数学规划等以求得一系列设计参数的最优解。对于任意优化问题，都可以归结为如式(11.7)所示的数学模型。

$$\begin{aligned} \min\ &f(X) \\ \text{s.t.} &\begin{cases} g_j(X) \leqslant 0 & (j = 1, 2, \cdots, m) \\ h_k(X) = 0 & (k = m+1, m+2, \cdots, p) \\ X \in \mathbf{R}^n \end{cases} \end{aligned} \tag{11.7}$$

在模型中，$f(X)$ 是目标函数，$g_j(X)$、$h_k(X)$ 是约束函数，它们均是设计变量向量 X 的函数。当三个函数均是线性函数时，称为线性规划问题，否则称为非线性规划问题。另外，还有动态规划、几何规划等。当 m 和 p 均为 0 时，称无约束优化问题，否则称为有约束优化问题。线性规划问题的基本解法是单纯形法。该法在约束界面上由一个顶点搜索到另一个顶点，一直找到最优解为止。非线性规划通常分为两类算法。①转化法：将受约束的非线性规划先转化为一系列无约束非线性规划，然后利用无约束优化算法求解，称为序列无约束优化算法，例如罚函数法等。②直接法：在优化中直接和约束相联系。其要点是在设计空间的可行区中从任选的一个设计点出发，寻找可行点的方向和合适的步长，由前一个点走到下一个点，每步检查，逐步逼向最优点。其遵循的原则是：不违背约束，且目标函数有所改善。各种走法包括求梯度的可行方向法和最速下降法等及不求梯度的复形法等。受约束非线性规划还可采用将原来的非线性规划转化为一系列比较简单的受约束数学规划来求解，如序列近似规划法、序列线性规划法、序列二次规划法，或者转化为无约束的数学规划方法。

仍以静定桁架结构为例。设某静定结构由 N 根杆件组成，有 p 种工况，第 i 杆在第 j 工况中最不利内力的绝对值为 $F_{ij}(j = 1, 2, \cdots, p)$，设其中最不利者为 F_i，即

$$F_i = \max(F_{i1}, F_{i2}, \cdots, F_{ip}) = \max_j (F_{ij}) \tag{11.8}$$

满应力优化设计可归结为如下数学规划模型：

求设计方案 $\boldsymbol{A} = [A_1, A_2, \cdots, A_N]^{\mathrm{T}}$

使

$$W(\overline{A}) = \sum_{i=1}^{N} c_i A_i \to \min \tag{11.9}$$

并满足

$$\begin{cases} \sigma_i = \dfrac{F_i}{A_i} \leqslant \sigma_i^* \\ A_i > 0 \\ i = 1, 2, \cdots, N \end{cases} \tag{11.10}$$

式中：$c_i(i=1,2,\cdots,N)$ 均为正的已知常数。

只有应力约束时的结构最小体积设计、最轻重量设计或最低造价设计均可归纳为式(11.8)和式(11.9)的数学模型。

11.5.3 优化设计方法的发展

准则法最大优点是收敛快，要求重复分析次数一般跟变量数目没有多大关系，迭代次数通常 10 次左右，所以它能适用较大型结构的优化。但它的缺点是缺乏严格的理论根据，得到的解一般不是真正的最优解，而是接近优化的解，优化的目标也只限于重量最轻、体积最小或造价最低。近年来，国外学者对准则法作了较大的改进，它已能用于求解达到上百万个设计变量的问题。数学规划法的优点是有着严格的理论基础与较大的适应性，其缺点是求解的规模有时受到限制及求解效率较低。

于是，有研究者探求这两种方法的交流与渗透，在 20 世纪 70 年代末，形成了一种将二者结合起来的方法，称之为逼近概念方法。该方法充分运用力学理论和各种逼近手段，把高度非线性问题演化为一些逼近带显式的约束问题，成功地实现了简化，从而可以有效地运用数学规划法以迭代方法求解，所以又称为序列线性规划法。该方法首先用于桁架截面的优化，采用了杆件截面积倒数作为设计变量及对偶规划方法，从而取得了较好的优化效果。此后，国内外学者把逼近概念方法从桁架断面优化推广应用到梁、板、壳等结构尺寸优化、形状优化及离散优化，并取得了相当大的成果。

在现代结构优化技术中，由于数学规划有着前述的优点，特别是与有限元结构分析相结合后，它已经成为在方案确定情况下参数优化的主要方法与途径。但是，当今结构优化的发展已不仅是参数优化问题，而是要求方案优化。即优化的目标不再停留或局限在按函数极值理论求最优点，而是追求整体(或系统)优化和多目标优化等更高层次的优化。于是，一些新的系统化的结构优化技术，如仿生学方法、系统优化、自动优化、智能优化等开始出现。而对于大多数结构设计师和大多数工程结构设计来说，传统的直觉优化方法和试验优化方法由于易操作性、实用性和快捷性的特点，仍然得到广泛的应用。现代复杂结构的优化，则是多个优化技术的组合使用。

在实践中，一方面既要考虑设计需要实现的功能，以及工程安全性和可靠性，另一方面又要考虑工程造价的高低，要在这两者之间进行权衡，即要以最低的费用来实现设计产品的必要的功能。有关结构优化如果单纯从数学的角度用数值计算的方法来操作的话，意义不大，可操作性也不强。在工程实践中结合工程结构设计的特点，一般还有直觉优化、试验优化等的方法来优化结构。图11.5是目前常用的结构设计优化技术分类。

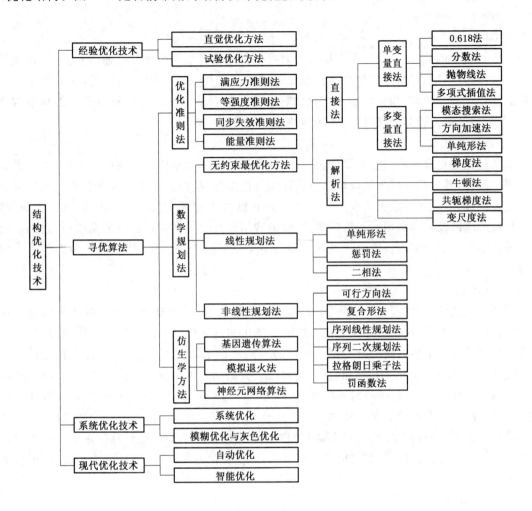

图 11.5 常用结构设计优化技术分类

1) 直觉优化

直觉优化是设计者根据经验和直觉知识,不需要通过分析计算就做出判断性选择的一种方法,所以又称为经验优化。直觉优化方法是传统的、常用的、也是简单易行的方法,它取决于设计者直觉知识的广泛性、经验判断的推理能力及丰富的设计技术。虽然随着计算机在建筑结构设计中得到广泛应用,结构设计师们已经从传统的公式运算中解放出来,但结构设计还有许多问题是计算机无法完全解决的。例如,对于同一建筑方案,可能有许多不同的结构布置方案;确定了结构布置的建筑物,即使在同种荷载情况下也存在不同的分析方法,分析过程中设计参数、材料、荷载的取值也不是唯一的,建筑物细部的处理更是不尽相同等。这些问题解决主要依靠结构设计师的主观判断,即在结构设计的一般规律指导下,依靠结构设计师的工程实践经验进行解决,这一过程称之为概念设计。所以,直觉优化又称为概念设计优化。

2) 试验优化

当对设计对象的机理不是很清楚、或对其制造与施工经验不足、各个参数对设计指标的主次影响难以分清时,试验优化是一种可行的优化设计方法。根据模型试验所得结果,可以寻找出最优方案。

3) 仿生学方法

随着仿生学的巨大进展,近十多年来人们对生物进化现象发生浓厚兴趣,因为它们在漫长演变过程中按照"适者生存"的原理逐渐从最简单的低等生命一直进化到人类,本身就是一个绝妙的优化过程。目前,模拟自然界进化的算法有模仿自然界过程算法与模仿自然界结构算法,主要分为基因遗传算法、模拟退火法和神经元网络算法等。

4) 系统优化技术

系统优化是更大范围综合的优化,是从一个建筑结构工程整体角度去研究分析,以寻求综合效果的最佳,其目标一般为使设计具有良好功能前提下,获得整体性的近期和长远的经济效益。而传统设计(包括一般优化设计),只考虑到非整体性(构件或分部)的初始造价。工程结构设计一般应涉及三项费用——整体造价、维护费用与自然灾害带来的损失期望值,它们所反映出的近期与远期经济效益应统一地纳入设计方案的计算中去,以便能定量地做出经济上的比较。

5) 自动优化

自动优化技术自20世纪70年代末开始研究而发展起来,自动优化设计技术实际是计算机辅助设计(CAD)与优化理论相结合的结果。优化理论不仅能使设计优化目标得以实现,而且也能给设计带来某些方面的自动化。优化的理论与技术,在当今其功能与过去相比已明显地扩大,它与CAD自动化是相辅相成的,也是难以分离的。因为设计任务是科学地选择参数,在满足约束条件下,以实现某种目标的要求,故在设计过程中需要不断地选择最佳参数和评价方案,可以说CAD自动化在某种程度上要依靠优化来实现;另一方面随着图形功能的发展,从而迅速地推动了CAD的发展,于是大量CAD软件及工作站的出现,使计算技术的结构工程设计能力大大加强,这又对计算机提出了更高要求,即把优化方法纳入CAD系统中来,以形成集成化程度更高的CAD系统。

6) 智能优化

人工智能与优化理论相结合,从而构成了智能优化。计算机辅助技术的主要发展方向之一是人工智能,它的理论和技术得到应用的主要形式是专家系统。结构工程的专门知识可归结为两大部分:一部分为确定性内容,如公认的结论、能用计算公式所表达者等。这部分一般都已被归纳到现行的规范和手册中,以供随时使用;另一部分为经验性、判断性知识,专家系统的建立是为了把专家的知识和经验综合起来,结合数据进行分析和处理,并通过一定的法则,完成某些推理。在优化设计领域,可利用专家系统,即使在专家们不在场的情况下,也可以利用他们的知识和经验,对有关问题进行评价和决策。专家系统还可以将本次设计的某些新经验反馈给知识库,完成系统的自学习过程。

11.6 设计决策

美国电机工程发明与设计大师米登多夫(Middendorf,1986)指出:"工程设计是一个重复的决策制定活动。在这个活动中,为了满足人们的需求,设计师们应用科技知识来设计大致与他们所知的以前做出东西不同的系统、装置或者流程。"广义的设计决策包括设计方案比较全过程(图 11.3),狭义的设计决策则是指设计方案比较程序的最后一个环节,即对设计方案的最终抉择。

从工程经济学角度,可以把工程设计看作是一种产品设计,但是与批量生产的工业产品不同的是,工程设计产品之间存在着差异性,即个性;与一般艺术品的完全独特性相比,工程设计产品应遵循共同的设计规范和设计标准等,即共性。个性是对创新性的追求,共性是对经济性的需求。决策者从自身的需求出发,从个性与共性之间寻求满足自身需求的平衡,选出认为最合理的方案。合理性是设计方案决策的依据。

11.6.1 设计合理性的判断准则

尽管有许多种方法支持设计方案的评选和决策,但实践中设计决策者的判断将最终决定方案的取舍。设计决策者对设计合理性进行判断的首要准则就是合目的性,即必须符合所确定的目标标准。正如前文多处所论及的那样,工程设计目标是一个多元价值系统,对设计合理性进行的决策也是基于多元目标的一个决策。

起初,人们对工程取舍更注重实用目的。以建筑设计为例,它包含了功能和美学两大范畴,尽管这并不是人们建筑活动的全部目的,但可以肯定地说,人类从事建造的最初冲动纯属是实用性的,只有在人类抽象思维的能力得到发展后,建筑作为象征的重要性才得以体现。从这个意义上讲,建筑在其发展过程中,建筑设计在其合乎实用目的性方面显得尤为重要。

随着时代的发展,工程作为一种经济产品和社会公共物品的属性日益凸显,这就迫使人们考虑设计合目的性与社会学(包括经济学)的内在联系。工程设计中开始强调使用者的需要,强调工程与其环境之间的关系,强调技术的特性。以建筑设计为例,在 20 世纪 70 年代初的"能源危机"之后,国际上流行的纪念式建筑风格已经让位,而更富有人性、更关注建筑使用者需要和更关心使用者生活方式的建筑风格正在涌现。设计过程中,建筑设计师有意识地寻求与规划师、结构工程师和社会学家进行更大范围的合作,把创新的工程技术和富于表现力的设计美学结合起来反映在建筑的人文主义价值观中。

但是,多元目标体系之间的冲突性是无法回避。如建筑设计中,更有意义的社会实效目的与建筑设计师对其作品的想法和感受可能会存在矛盾。然而,在对工程设计方案的决策中,夸大目标之间的分歧是没有意义的,要做出有效率的决策,需要寻找目标之间的共性。事实上,对不同设计方案差异性不在于工程的形式问题,最终都可落实在工程的社会效应上,在某种意义上,对工程设计的恰当评价的准则正在于此。20 世纪 80 年代后提出的生态设计理论及实践的拓展,正是体现了设计合理性问题在人文价值目标上获得的全面定位。

因此,从设计决策的逻辑顺序来看,目的是人们做出决定的重要因素,这是确定无疑的。但是一个设计方案仅是合目的性还不行,还必须符合条件,包括公共政策、市场需求以及土地资源的利用模式等人文和自然条件等。目标是否合理并不是以目的本身是理性的或非理性来划分,也不是因为它是符合社会目标而非个人目标就更具有合理性,关键在于它是否合乎条件。例如,在现代建筑史中,"乌托邦"设计和规划理念的失败,并不是它不符合目的,而是因为它不符合条件,所以只能是一种空想。在实践中,有些设计和规划方案之所以被放弃、搁置和被推延,其重要原因也是不符合条件,缺乏可行性。

工程作为一种产品,属于社会生产范畴。设计则作为工程建设的先导和依据,任何决策都必然受目的和条件这两个基本要素的制约。目的决定设计的方向和主旨,条件则决定着设计的可行性和代价。

11.6.2 设计决策的潜在机制

工程设计的决策者是谁？这似乎是一个难以回答的问题。在现实生活中，也许很多人不懂得工程设计本身的特性，但是他们却不可避免地受到设计决策结果（或后果）的影响，人们的生活环境与质量随着设计决策的合理与否以及设计水平的高低而提高或降低。所以，工程相关的利益方有许多，就设计阶段而言，包括了工程项目的拥有者（业主单位）、使用者、设计者、政府及包括公众在内的与工程相关的第三方，他们从不同的角度和途径、以不同的方式影响着工程设计决策。

表面上，项目业主是设计方案的直接决策者，但事实上他只是拥有对最终方案的选择权，并依据设计师对方案的解释进行决策，而设计方案的细节及专业技术内容的决定权则属于设计师，业主只有一定的建议权。对于设计师而言，他们有权将他们对工程的构想变成可视的设计蓝图或模型，但他们对最终方案只是没有权力的建议者，有时他们脑力劳动成果在最终实物实现的过程中被很大程度地改动了，有时甚至被拒绝（方案竞选失败）。事实上，方案设计决策过程最具挑战性的方面是设计者与业主之间在某些关键问题上互不认同，并可能导致最终的合作失败。

政府通过制定设计边界规范（参见 11.2.1）及其他的公共政策和标准作为业主或设计师选择和确定设计方案的约束条件，并通过项目立项和图纸审批程序否定或批准工程设计。公众及相关的第三方对项目设计方案决策的影响，一方面来自代表他们利益的公共政策和能够维护工程公共安全的相关政府机构；另一方面，对于突破公共政策和公共安全监管约束的工程，公众可采用法律途径，甚至采取"集体行动"（这是一种不受鼓励的行为，甚至会演变为一种非法行为）来影响项目的最终决策。使用者对工程设计决策的影响可分为三种情况：一是有些工程的使用者就是业主自身，其影响前文已述；二是有些公共建筑（如学校、影剧院、体育场馆等）的使用者则为公众，兴办公共建筑的政府机构则代表公众利益，同时也行使业主的决策权力；三是有些商业建筑（住宅、写字楼等）的使用者为建筑物的购买者，他们的市场消费选择行为将影响房地产开发者对投资产品的决策。

设计决策的潜在机制使得设计方案的决策具有极大的挑战性，这源于工程利益相关者各自追求的价值目标侧重点上的差异。设计师从技术角度去思考问题，如建筑设计师会考虑空间尺度、领域感、色彩等，并追求个人的审美价值和空间形态创新。但是，其他工程利益相关者可能并不了解设计的专业知识，所以可能并不像设计师那样思考问题。政府可注重工程的政治因素，如"形象工程"；投资人注重市场因素，如消费者的需求倾向；公众则关注环境价值。工程项目或建筑物代表了一种投资对象，开发者和产权所有者有权获得合理的回报，所以他们有理由要求工程设计能满足他们对工程价值的预期。而从民主的或者伦理道德上的观念来看，受工程影响的公众同样应该对设计具有发言权。

这一潜在的决策机制并不是要求、也不可能做到让工程所有相关利益方都参与到工程设计决策中，事实上直接参与工程设计决策的仍只是业主与设计师，其他相关利益者对决策的影响都是间接地通过业主和设计师将在决策过程中将其他利益相关者对工程的价值主张融入决策判断准则中。因此，这一种"融入"就显得相关重要。如果设计师或业主在设计决策中忽视了或者没有重视这种"融入"，则其他利益相关者必然会以其他的方式介入设计决策。这种"介入"必然会影响工程的实施，可能需要重新提出方案甚至否决工程。显然，这是业主和设计师都不愿意看到的事。从经济学角度来看,工程活动是将各种不同类型的资源转换成社会基础设施和生产生活场所的经济过程,而资源的稀缺性意味着在很大程度上可以将工程设计的直接用户利益与社会总体目标相统一。

从上述分析中可以得到这样的结论,尽管工程相关的利益各方对工程的理解都非常广泛,但是如果把社会公众和生活环境这些受设计影响的因素作为广义的"业主"的话,那么能够为"公众利益"提供服务的设计决策机制就会形成,而机制的关键是业主和设计师在决策中将其他无法直接参与决策的利益相关者的价值诉求纳入决策判断的准则——目的与条件中。现在的问题是,如何来实现这样的机制?

在资源与环境问题尚未引起普遍关注的时候,工程设计的主导思想是以直接的业主为中心,满足人的当前需求为目的,以产品是否顺利在市场上实现经济价值作为评价设计成败的标准。然而,随着资源与环境问题的日益严峻,"建设性破坏"这一极具时代色彩的词汇出现了,这意味着宏观领域的问题对于微观的设计领域影响已经显得极其重要。宏观领域的资源与环境效益与工程全寿命周期各个阶段,包括规划、设计、投资、采购、施工、维护和运行使用等,有着不可分割的联系,于是全寿命周期费用理论被提了出来。而工程设计及其决策是工程全寿命周期转换过程中的一个关键环节,它对于全寿命周期费用起着至关重要的作用。

于是,基于全寿命周期费用理论的评价方法——LCA(Life Cycle Assessment)在设计决策中得到应用。20世纪90年代以来,随着可持续发展思想的广泛传播,绿色建筑和低碳建筑概念的产生,LCA的方法也正在建筑材料、工程技术乃至整个设计领域寻找新的专业结合点,诞生了许多新颖的设计思念和术语,如"从摇篮到坟墓"分析(Cradle to Grave Analysis)、生态平衡(Eco-balance)、生态面分析(Eco-profile Analysis)、为环境而设计(Design for Environment)、工程生态学(Industrial Ecology)、生态设计(Eco-design)等。

可以说,实现设计决策潜在机制的有效路径是采用寿命周期评价方法。在这个意义上,工程设计决策不仅是表明一个方案的确定,而且更能体现为微观与宏观相协调的一个过程,并使得工程设计决策的合目的性走向工程全寿命期过程合理性,契合了工程建设作为一种社会生产活动而存在的意义。

11.6.3 设计决策方法

设计方案决策过程通常有两种情形:一个是从整体式的,即对提出的多个设计方案进行最终效益的一次性预期评价,并做出判断和选择;另一个是分阶段式的,从设计开始到最后的每一阶段都进行评价和选择,通过积累性的评价来获得合目的性和条件的设计方案。无论哪种情形,显然决策的结果总是选择更有优势的方案。如果一个方案在各项指标都比另一个方案有着绝对优势,这样决策很容易。但是,绝对优势是有条件或者是有范围限制的,在一定条件下或一定范围内有绝对优势,超越了限定的条件或范围,优势可能就不复存在了。特别是,工程设计多元价值指标之间的冲突和设计潜在的决策机制决定了在实践中几乎很难找到"绝对优势"的设计方案,这是设计决策面临的困境。解决设计决策困境的方法还得从经济学中寻找。

在经济学中,"绝对优势"这一术语用来衡量两个具有相同性能产品之间的投入与产出关系,产出相同而投入生产要素较少的产品生产者在生产这类物品上具有绝对优势。西方古典经济学代表人物亚当·斯密在其著作《国民财富的性质和原因的研究》中提出了绝对成本说

(Theory of Absolute Cost)，又称为绝对优势理论(Theory of Absolute Advantage)。该理论的基本精神是各国按成本的绝对优势或绝对利益进行分工生产产品并交换，将会使各国的资源、劳动和资本得到最有效的利用，大大提高劳动生产率和增加物质财富，并使各国从贸易中获益。绝对成本说解决了具有不同优势的国家之间的分工和交换的合理性。但是，这只是国际贸易中的一种特例。如果一个国家在各方面都处于绝对优势，而另一个国家在各方面则都处于绝对劣势，那么它们之间应该怎么样？斯密的理论对此无法做出回答。

斯密之后的古典经济学另一位代表人物大卫·李嘉图在其著作《政治经济学及赋税原理》中提出了比较成本学说(Theory of Comparative Cost)，后人称为比较优势理论(Theory of Comparative Advantage)，对上述问题做了完美的解释。比较成本学说认为，国际贸易产生的基础并不限于生产技术的绝对差别，只要各国之间存在着生产技术上的相对差别，就会出现生产成本和产品价格的相对差别，从而使各国在不同的产品上具有比较优势，使国际分工和国际贸易成为可能，进而获得比较利益。例如，假设A国投入1个劳动力，能生产衣服3件，或者电子产品6件，而B国同样投入1个劳动力，能生产衣服2件或者电子产品3件。可见，无论制衣与电子加工B国的效率都赶不上A国，但这绝不意味着在国际竞争中，B国的制衣、电子行业均会被A国同行挤掉。计算一下就可发现，在A国要多生产1件衣服，必须放弃2件电子产品，而在B国多生产1件衣服，只需放弃3/2件电子产品。也就是说，A国生产衣服的机会成本要比B国高，生产电子产品则相反。对A国最有利的战略不是凭技术优势将B国的所有行业挤掉，而是集中生产自己机会成本低的产品，而将机会成本高的产品交给B国去生产，然后交换自己所需的产品，都能获得贸易利益。可见，在经济学中，"比较优势"这一术语的含义就是生产机会成本较低的产品在生产中具有比较优势。

从发展历程看，比较优势理论发生了较大的变化，在研究领域上由一般贸易理论发展成为产业分析和决策的工具，在方法上从静态、单因素、一方、单对象、变动适应的比较扩展到动态、多因素、多方、多对象、主要创造的比较。比较优势原理也成为设计决策的主要方法，被设计决策者们自觉或不自觉地应用到设计决策中。下面通过例子来说明这一应用。

以住宅设计决策为例，考虑两种情况：一个是北方城市中建有大面积水景的住宅小区，另一个是在南方地区建设具有相同标准和条件的水景住宅。由于自然条件因素，北方水环境面临蒸发量大、降水不足、地下径流严重、后期水源养护等问题，所以北方带有超大水面的住宅小区建设平均成本要明显高于南方。如果住宅的销售价格一样，那么南方水景住宅比北方水景住宅具有绝对优势。在上述条件下，水景住宅建在北方还是建在南方的决策显然是相当容易的一件事。北方水景住宅的寿命周期成本明显高于南方水景住宅，所以在南方开发水景住宅方案更为合理，既合乎目的，也合乎条件。

但是，上述分析只是从资源使用的角度，并基于南北方住宅价格相同，这样一种理想化的情况，未考虑它们所面临的市场差异。房地产经济学研究表明，城市住宅市场是一种地区性市场，存在着明显的区域差异化特征。假如在南方地区某个滨水城市，城市水域分布较广，开发水景住宅的获利程度可能并不如普通住宅；而假如在北方某个城市，由于水景住宅的稀缺性，它可能有着很好的市场预期。在这些情况下，绝对优势原理似乎无法再给出合理的决策解释。因此，对设计方案选择或者对建筑效益预期评价过程中，作为一个理性决策者，不仅要考虑绝对优势，还要考虑比较优势。

还是以住宅设计决策为例来说明这一原理。假设，某地块开发考虑在两种方案中选择：一个方案是水景住宅;另一个方案是与特定资源条件无关的普通住宅。选择其中一个就意味着必须放弃另一个,即前者的实施是以放弃后者为代价,这就是机会成本。两个方案之间是替代关系,即它们互相作为对方的机会成本而存在。在相同的市场条件下,如果水景住宅获利较高,那么开发普通住宅的机会成本就高;反之,如果开发普通住宅获利较少,那么开发水景住宅的机会成本就低,就具有了比较优势。很显然,比较优势原理较好地反映了市场状况,并很好地解释了为什么在北方缺水的城市之所以开发水景住宅,在建设用地短缺的地区之所以开发花园别墅,在旧城改造中之所以采取居住与商业土地功能置换,以及出现小区开发由普通标准配置向文化体育居住复合地产项目的转变等现象。这些现象都可以看作是由机会成本衡量而引出的考虑比较优势所采取合理的市场行为。

相对机会成本所体现的比较优势为设计决策提供了可靠的方法,这也意味着对设计方案机会成本识别和合理估量的重要意义。例如,在北方缺水城市建设水景住宅,在水资源紧缺、水价逐年上调等条件下,水景因素对项目的长期综合效益的影响是非常大的,所以在对其环境效益、社会效益和经济效益评价中,可以把人工水景作为一个重要因素加以考虑,分析其投入与收益关系,在可能的限度内选定最高美化目的方案。一些创新的设计与技术也由此而诞生,如利用中水处理技术,建立中水回用设施,用于北方地区缺水城市的人工水景系统和绿化浇灌。实际上,随着对水资源问题的重视、用水配额制的推行、水价的提升,南方一些城市的人工水景也开始应用中水系统。

另外一个应该注意的问题是,许多情况下人们应从更大的范围来考虑机会成本,并重新估量原先可能已经定论的比较优势。实践中出现的一些问题,很值得深思。例如,为居住者的方便,原有的小区绿地就得改建为商铺或停车位吗?经济适用房难道只能建在交通不便、公共设施不全的偏远地块吗?为降低建设成本,政府廉租房的设计就不需要节能构造了吗?在旧城改造中,原来居住的贫困居民就应该被大量迁出,西方社会学家所称的"过滤"(filtering)现象是无法避免的吗?等等。诸如此类的问题,人们也许可以从不同的角度进行研究,但显然设计决策起到了决定性的作用。

实践证明,经济、社会及环境效益以及单项与整体效益之间,往往会发生矛盾或冲突,需要综合协调。设计决策中,为避免这些冲突,有必要确立一些优先次序,基本原则如下:

(1) 所有的工程设计都必须达到国家规定的质量与环境指标。

(2) 一般情况下,工程效益要服从社会整体效益。对于大型建设项目,这一点尤其显得必要。

(3) 其他的各种效益冲突,应由设计师或者在设计师的建议下由业主根据项目的性质、规模以及冲突的具体内容和程度,在保证环境与社会效益的基础上,通过对机会成本的衡量和对边际效用的比较来综合考虑工程的整体效益,避免或最大限度地减少冲突。

习 题

1. 列举工程设计中除土地资源边界条件之外的其他一些设计可能性边界条件,并进行讨论。
2. 分析工程设计各类价值要素或目标之间的关系。
3. 以工程设计实例说明各类工程设计价值要素之间的相关关系。

4. 我国的建筑设计方针是"适用、经济、安全、美观",也有专家建议,现在还应加上"环境质量""生态性"等作为共同的目标群。试论述它们之间存在的交替和相互竞争关系所形成的代价与机会成本。

5. 某开发商开发的别墅区,在设计时设计师考虑选择家用中央空调系统。该别墅区每幢各三层,建筑面积大约都在 230 m²,每座别墅需要配备空调的房间有 8 间,安装水系统家用中央空调系统,需要配置 9 台室内风盘。现有两种品牌的家用中央空调系统供选择:①A 型初始购置费(包括安装费用)为 7.6 万元,年平均运行费用 4 260 元(按现行电价计算);②B 型初始购置费(包括安装费用)为 6.0 万元,年平均运行费用 6 300 元(按现行电价计算)。空调平均使用寿命为 20 年,均没有残值。基准收益率为 6%。

    (1) 用单指标评价方法选择最优型号。
    (2) 假设空调的使用寿命不确定,如何选择?
    (3) 与 B 型相比,A 型为一知名品牌,具有低故障率、稳定性好、运行可靠、智能化程度高、售后服务体系完善等优势,综合考虑以上因素,又如何进行选择?

6. 选择图 11.5 某一类优化技术,搜集相关文献资料,撰写一篇 3 000 字以上的读书报告。

7. 讨论建设性破坏的观念对于构建设计决策机制的意义。

8. 选择一种新的设计理念,并论述它们对设计决策的影响。

9. 中国有句古语:两害相权取其轻,两利相权取其重。可以说,它体现了比较优势原理的基本精神。举例阐述这一理念在设计决策中的应用。

12 主要专业工程设计的经济性

不同专业工程,如规划、建筑、结构、工程设备等,其设计的经济性问题,有着各自不同的特点。因此,需要从各类专业工程设计的经济性表征出发,分析影响工程经济性的因素,寻求相应的经济性策略。这里所指的经济性,不再仅是传统意义上的经济含义,而是本书所强调的,它是一种包含经济效益、社会效益和环境效益在内的综合效益概念。

12.1 建设用地与布局模式的效率性分析

建设用地是工程设计的基本条件之一。工程设计对用地的经济性考虑就是对建设用地的适应性进行分析,寻求建设用地的限制与工程之间的最佳结合点,使二者得以协调和平衡,以充分发挥建设用地的效率和作用。

12.1.1 土地的属性

对建设用地经济性研究,首先要了解土地的属性。土地的属性包括资源属性、生态属性、资产属性、社会属性和法律属性。前两者也可以称为自然属性,资产属性也可称为经济属性。

1) 土地的资源属性

土地是一种综合性的自然资源,与大气、水、生物、矿产等单项资源相比,土地是人类生存所需要的最基本的、最广泛、最重要的资源。土地资源属性具有如下基本特征:(1)稀缺性。地球表面陆地的土地面积总量是有限的,人类各种生活和生产活动为土地利用进行着竞争。(2)时间上的可变性。土地随自然气候和时间变化而产生的季节性变化,如动植物的生长与死亡、土壤的冻结与融化、河水侵蚀等,这些都影响着土地的固有性质和生产特征。(3)空间上的不可移动性。地球上不同位置的土地占有特定的地理空间,每一块土地的绝对位置和各块土地之间的相对位置都是固定的,每块土地环境、能量与物质构成在一定时空范围内基本上也是固定的。

2) 土地的生态属性

土地是由气候、土壤、水文、地形、地质、生物及人类活动的结果所组成的综合体,土地资源各组成要素相互依存、相互制约,构成完整的资源生态系统。从生态学角度看,土地具有以下重要功能:(1)养育功能。土地的本质属性是有生产力,它可以生产出人类需要的植物和动物产品。(2)净化功能。土地上的植物可净化受污染的空气;进入土地的污染物质在土体中可通过扩散、分解等作用逐步降低污染物浓度;或经沉淀、胶体吸附等作用使污染物发生形态变化;或通过生物和化学降解,使污染物变为毒性较小或无毒性甚至有营养的物质。(3)再生功能与非再生性。生长在土地上的生物不断地生长和死亡,土壤中的养分和水分及其他化学物质不断地被植物消耗和补充,这使得土地资源本身具有可更新性。但是,人类对土地的掠夺性开发又破坏了土地生态系统的平衡,土地原有性质可能被彻底破坏而不可逆转和恢复,使土地丧失再生功能。

3) 土地的资产属性

土地作为一种资产,通常称为地产(Estate in Land)。地产具有如下特性:(1)不动性。由于其不可移动性,所以它不能随着产权的转移而改变其实体的空间位置,这就决定了它是一种不动产。(2)个体的异质性。由于形成地产的区位、地理、土壤、地质等不同,从而体现为地产的质量差异、用途差异、经济价值差异。(3)多用途的生产力。土地既可以作为农业生产资料,发挥其自然生产力,又可以作为城建、交通、国防、旅游等非农业利用,发挥其劳动生产力,又可成为人类活动空间,发挥其环境生产力和生态生产力。(4)价值和价格的二重性。土地具有使用价值和交换价值,并表现为价值的二重性:一是作为自然物的土地价值,二是凝集作为开发土地的劳动产品价值。价格是价值的货币表现,因此土地价格同样具有这二重性。

4) 土地的社会属性

在利用土地资源进行物质资料生产时,土地就构成了社会生产力的物质要素。社会生产离不开土地资源,土地所有制构成了生产资料所有制的重要组成部分。人类对土地的开发利用和占有过程,一方面形成了人与土地的关系,另一方面形成了人与人之间的关系。在不同社会形态下,土地资产所有制的形式决定了社会制度的基础,从奴隶制社会到社会主义社会的发展历史已深刻地证明了这一点。土地所有制性质体现了土地社会属性本质,土地问题影响到社会的政治、经济等诸多方面。目前,我国有土地国有制和农村土地集体所有制两种土地所有制形式。

5) 土地的法律属性

土地的法律属性体现于土地的权籍,包括地权和地籍。地权包括土地所有权及使用权。土地所有权是土地所有者拥有的、受到国家法律保护的排他性专有权利,可细分为占有权、使用权、收益权、处分权等权能;土地使用权指的是按法律规定,对一定土地进行利用、管理并取得收益的权利。地籍即土地的户籍,是记载土地的位置、界址、数量、质量、权属和用途等基本状况的簿册。地籍是对土地进行科学管理的基础,地籍提供具有法律依据的、精确的、连续的空间位置、数量、质量等方面的基本资料,是调整土地关系、合理组织土地利用的基本依据。

12.1.2 建设用地的效率性

土地的自然属性和经济属性揭示了人类对土地利用的效率需求,从工程建设上就体现为提高建设用地的效率性,即提高土地资源投入和产出成果的对比关系。这可以从宏观和微观两个角度进行分析。

从宏观角度上看,土地作为人类生存最重要也是最基本的资源,其所具有的稀缺性属性和生态属性要求人们必须集约化利用土地。特别是城市的居住建筑、公共建筑、工业建筑、市政基础设施工程的建设用地以及交通运输工程的建设用地,将可能彻底破坏土地资源的可再生性。大量地侵占耕地、林地、草地和湿地建设工程,将可能破坏人类生存的最基本的物质基础。

从微观角度上看,土地供给的稀缺性表现为在某一地区、某种用途的地产供不应求,形成了稀缺的经济资源。无论是城市的居住地产、商业地产、工业地产,还是旅游地产,都存在着供应的稀缺问题。政府对工程建设用地严格的宏观控制更加大了这种供求的矛盾。因此,工程的决策与设计必须实现这种稀缺资源的最大利用价值,寻求建设用地最高最优的用途。从工

程设计角度,提高建筑用地效率的路径有以下几个方面:

(1) 建设用地是工程建设的基地,它一般是自然形成的,具有空间不可移动属性,由此导致每块建设用地都具有其自身的相对地理优势及土壤和地貌特征,这就是土地的工程特性。土地的工程特性由地基承载力、地下水、地形、水文、地貌等诸多要素综合作用形成,它直接决定作为某类工程建设用地的适宜性及限制性,同时也影响着工程的投资费用。因此,一方面在工程设计前应该选择适合本工程特点的建设用地,另一方面在工程设计中应分析基地的本身特征,充分利用基地自身的优势,选择适宜的总体平面布局和设计方案,达到节省投资的目的。

(2) 建设用地的经济属性已不再表现为土地肥沃的生产力,而是表现在土地在城市中特定地点所产生的环境与区位的价值和土地开发的劳动价值上。因此,工程设计中应充分利用建设用地的个体异质属性,通过人为地对土地开发,使其具有很好的利用条件,以提高土地的利用效率,并由此转化为工程效益。而且,建设用地作为一种资产,它不会像其他类型的资产那样,随着时间的推移总是不断地折旧直至报废。土地经营者对土地的投资、土地周围设施的改善、土地用途的改变和土地需求量的增加,土地不仅不会折旧,反而还可以反复使用和永续利用,并随着人类劳动的连续投入而不断发挥它的性能。甚至它还能随着社会经济的发展,实现其自然增值。因此,建设用地的选择和开发方案的设计,必须寻找建设用地的最大的经济潜力,最大程度地发掘建设用地的开发价值。

(3) 土地作为一种有机的生态系统,保持着自身相对稳定的存在状态。但是,如果改变该资源生态系统中的某种成分,就很难确保周围的环境保持完全不变。建设用地的开发必然会改变基地的表层结构或形态,破坏土地原有性质和再生功能,它与生态平衡之间的冲突是无可避免的。但是,通过精心的设计和妥善的管理,人们是能够做到维持土地生态系统的基本稳定状态,并能够通过人的干预使土地资源的生态价值得以提升。正如在第10章和第11章中所强调的那样,工程设计不仅要关注经济效益,更重要的还要关注环境效益和社会效益,以期取得工程的综合效益最大化。同样,在工程设计中保持和提高建设用地生态价值也是提高建设用地效率性的一个重要方面。

综上所述,提高建设用地的效率性,一是寻找合适的建设用地,二是提高地块的产出成果,包括经济成果和生态成果两个方面。从工程经济学角度,就是进行建设用地的评价和选择及研究场地布局模式的合理性。

12.1.3 建设用地的选择与评估

1) 建设用地条件分析

建设用地的各种内在和外在条件构成了建设用地的组成要素,造就了工程基地的性格特征。只有在对建设用地条件充分了解和分析的基础上,才能对土地的工程承载力、生态承载力和最佳用途做出合理的判断。建设用地条件包括以下几个方面:

(1) 自然条件——地形、地貌、气象、地质、水文、土壤、植被等。

(2) 环境条件——区域位置、周边道路与交叉口、周围建筑物与绿化、市政基础设施等。

(3) 规划条件——用地红线、容积率、建筑密度、出入口限制、空间要求、高度控制、环境保护等。

2) 建设用地评估与选择要考虑的因素

建设用地评估与选择主要考虑以下的因素:

(1) 预期——工程未来的产出能力。

(2) 变化——影响建设用地与工程产出的自然环境、经济和社会因素、政府政策等的变化。

(3) 供给和需求——供给与需求的相互作用是工程价值实现的唯一决定因素。

(4) 竞争——地块所在区域的市场的竞争情况。

(5) 替代方案——选择该地块,放弃了哪些机会(机会成本)。

(6) 土地剩余产出——按经济学的观点,工程建设产出对生产的四个要素回报的顺序为:①劳动报酬;②资本投资(包括建筑物投资,不含土地投资)回报;③经营管理者(企业家)才能的回报;④余额,即为土地剩余产出,代表土地资本投资回报。

(7) 整合和聚集效益——当工程与所在社区中存在着相当程度的经济、环境和社会的一致性时,工程建设将会产生最大化的价值。这个价值不一定完全体现在更多的投资者经济效益回报上,它更应该是一个综合效益。

(8) 边际成本和边际贡献——对现有方案的任何改进,只有其增加的现金流是追加投资的合理回报,才能证明其合理性。

(9) 经济外部性——指特定外在因素可能对工程产生的积极或消极的经济影响,即通常所说的项目位址概念。它可以全面地体现"预期"与"变化"理论。

(10) 最高和最优用途——根据最高剩余产出确定的土地用途,并且在可预期的未来,这些用途必须在法律、经济、社会、环境和自然上都具有合理性。

在建设用地的研究不同阶段,如建设地区的选择、地点的选择和地块的选择等阶段,上述因素考虑的重要程度有所不同。

3) 建设用地选择的过程与方法

建设用地选择过程是比较复杂的,需要在考察建设用地的历史、生态和建设意向基础上,运用不同的方式和方法进行研究、分析和比较用地条件和因素,选择最适宜的建设用地,以期后续阶段能获得更广阔的设计思路和富有洞察力的设计构思。基本过程如下:

(1) 根据工程的建设目标,拟定初步的设计意图,据此确定所需要的建设用地条件和各条件的重要程度,并从上述因素中找出对本工程建设用地选择起决定性影响的因素,以此作为建设用地选择的基础。

(2) 对于初步确定的满足工程基地基本条件的多个可行建设用地,设计师需要逐个研究。具体研究工作包括:①不必刻意按设计意图去考察基地,甚至可以忘却建设用地的用途,冷静地观察基地的条件与特征,寻找发现独特的或揭示性的线索,这有助于后续再开展设计的种种构想;②追溯基地的历史,包括自然演变、先前的使用与关联等;③调查决策者和使用者对基地形象的看法等;④对建设用地所具有的过渡性的、将消失的或正在消失的、永久的、自然发展的特征加以区分;⑤视建设用地为一个正在进行循环的生态系统,考察加入的人类生产或生活活动对生态系统冲突的方面,考虑如何维持其自身,分析可能会受到人的活动破坏的薄弱环节。这些研究工作的成果将为建设用地的选择提供决策依据。

(3) 如果撇开工程本身研究建设用地,没有任何意义的,所以建设用地的研究与选择过程总是伴随着设计师的设计构思形成过程。一般情况下,设计师会带着初始的设计意图去寻找建设用地,但直接找到与初始设计意图完全一致的建设基地可能性较小。在基地研究过程中,设计师可能需要不断地调整工程设计思路,尝试各种可能性与适应性,并不断地在发展各种潜在的可能性中调整既定的设计目标和设计格局,提出满足工程建设目标并包含设计构思的建设用地方案。这一过程中,会应用到设计可能性边界理论、机会成本原理、边际效用理论等工程设计经济理论与方法。

(4) 对所提出的多个建设用地方案进行比较,特别是对比和评估各方案起决定性作用的因素。多目标、多指标的综合评价方法是比较适用的方法,只有经过多因素、多方案的比较,才能形成一个综合效益最优的、令人信服的方案。采用相对优势原理,最终决策建设用地方案。

4) 不同情况下的建设用地方案的评估与选择

建设用地的选择有几种不同的情况:

(1) 第一种情况是业主只确定了建设意向,但并没有选定工程基地。在这种情况下,业主往往要求设计者提出建设用地的选择建议。在这种情况下,建设用地的选择包含对几个选址方案进行综合评估,或是在业主所确定的某一地区选定一块适合的基地。根据基础条件和工程需要的条件对比,对几个地址进行初步评估,在排除一些明显不适用的方案后,形成一组有价值的选址比较方案。经过对评估因素的量值的分析和计算后,排除某些指标(评估因素)不能为业主所接受的基地,如坡度过大、费用过高、必须特别加以保护的文物、极易受损害、征地困难、基地狭小、场地状况不良、开发不相匹配、污染严重、交通不便等。对最后剩余的基地方案进一步地分析,按决定性因素满足程度或综合评分对方案进行排序,并提出各自相应的设计构思,形成最终的选址建议书,并协助业主确定最终的选址方案。

(2) 第二种情况是业主选定了工程基地,要求设计者根据基础条件,提出用地的最佳使用效益方案。这种情况下,需要将建设用地的内涵价值、社会生态效益、地方文脉以及交通、人的行为、工程本身等因素加以综合分析,以发掘建设用地的市场潜力为目标,寻求建设用地的最高最佳用途,构建发展目的和框架。在发展目的和框架下,再确定具体的设计目标,以便明确建设用地的使用性质。在这一过程中,应对方案之间的使用性质和发展意向进行比较分析,包括布局草图、市场分析和投资效益分析,从生态平衡、市场和社会目标等几个方面对方案进行质量评估,确定建设用地的最佳用途方案。在此过程中,建筑用地的总体设计也会逐步形成。

(3) 第三种情况是在建设用地和初步意向确定的情况下,对两者之间的适应性和最佳使用性质做出评估,以反馈初步发展意向的适应程度和市场效益的预期结果。这种情况是最常见的建设用地分析工作,它通常包含在工程可行性研究(项目评估)工作中。评估结论一种可能是提出对既定开发意向进行调整的建议,发挥建设用地的最高最佳用途;另一种可能针对既定的开发意向,提出基地的重新选择建议。值得注意的是,建设用地的评价应是一个连续的动态过程,随着建设的进展和建设条件的改变,应对用地环境情况进行连续调查,并对工程开发意向做出适宜的调整。

【例 12.1】 VK 房地产开发企业的住房开发项目城市选择和建设用地选择过程。

VK 是致力于居住物业开发的国内著名企业,2000 年以来,首先倾向于在深圳、上海、北京、广州等 4 个核心城市深入发展,在这些城市 VK 占有较大的市场份额。在核心城市提高市场份额有利于确立 VK 在全国的领先地位,有着较好的发展前景预期。选择的依据是:(1)核心城市在市区人口、GDP、商品房销售量、商品房销售金额、房地产投资额、人均可支配收入等指标上均领先于其他城市;(2)核心城市 GDP 总量占全国总量的比重为 12.4%,商品房销售量占全国比重为 21%,说明经济越发达的城市其房地产市场活跃程度越甚,倍数效应越明显,值得投资。

其次,VK 进入其他非核心城市的选择中,按上述几个指标选择排名前 20 的 VK 尚未进入的城市。在符合条件的非核心城市中再重点考核以下几个因素:(1)城市本身地位与辐射力;

(2)当地房地产市场的活跃程度;(3)当地政府的欢迎与重视程度;(4)集团本身的管理跨度和资源支持情况;(5)所选城市在房地产市场投入资源的增速要与全国市场的发展趋势保持一致,以防出现市场异常超速发展或过热的现象;(6)所选城市的商品房销售额增幅要快于销量的增幅,以使其达到价升量增。

VK 在 2007 年底与主要从事商业地产开发的 FD 公司合作,分别持股 60% 和 40% 共同出资 24 亿多元收购了上海 DJ 公司未开发的位于上海浦东新区南部的御桥 B 地块。该地块面积 41 万 m^2,拟开发约 80 万 m^2 的住宅和 30 万 m^2 的商业公建。VK 选择购置该建设用地进行开发,主要基于以下因素的分析:(1)利润空间——折合楼面地价 6 000 元/m^2,邻近楼盘售价已达 13 000 元/m^2。(2)政府相关政策举措——上海市核心城区密度超过 4 万人/km^2,相当于纽约、巴黎核心城区人口密度的 2 倍。上海市正着力解决人口密集问题,根据城市规划,至 2010 年计划有 1 000 万人口迁移至外环线以外。大量人口从中心区外迁,必然使中心区周边地块的房屋需求量大幅度提升。(3)预期的城市立体交通枢纽——背靠中环,面向外环,邻近浦东黄金干道沪南路,有上中路、龙耀路、西藏南路三条隧道直达浦西,将于 2012 年建成的 11 号、13 号轨道交通及规划的 18 号轨道交通在此交汇,拉近了与浦西的黄浦区、徐汇区等中心城区的距离。(4)城市服务设施规划——地块北侧与南侧分别是北蔡镇和康桥镇中心区,生活配套基本成熟。西侧规划将是占地 1 300 亩的都市商贸中心。(5)周边环境——东侧紧邻上海八大楔形绿地之一——北蔡楔形绿地,规划约 23 万 m^2 开放式绿地。

至于 VK 为什么一改早年独立开发模式,而选择与其他大企业合作。专家分析认为,一是与 VK 近年来逐渐引入合作伙伴的开发理念转变有关;二是注重在重点布局区域,实施资金和土地平衡的战略;三是 VK 大量土地储备的高速扩张,在紧缩政策环境下面临着资金压力;四是借助 FD 在商业地产上的优势,强强联合,充分发挥双方品牌作用,并可分担投资风险。

12.1.4 布局模式的效率性

场地布局模式是本着设计的一般原则和总的思路,全面、综合地考察影响场地设计的各种因素,因地制宜、主次分明、经济合理地对建设用地的利用做出的总体安排。布局模式的效率性表现为平面布局的合理性和空间组合的高效性。

平面布局是对人的活动行为在空间环境中加以组织的结果。平面布局的合理性就是要提高建筑空间的使用效率,发挥建筑空间的最大潜能。实现平面布局合理性,一方面要处理好建筑与外部环境的协调关系,另一方面要充分利用空间,达到节约土地资源的目的。空间组合的高效性是指建筑的内部功能是否具有合理清晰的组织,各个组成部分之间的联系是否方便,采用的形式是否与空间的高效性相抵触。实现空间组合高效性,就是将建筑物使用时的方便和效率作为设计的出发点。

因此,布局模式的选择,除了要考虑建筑物的功能要求、地段的具体条件外,还要考虑交通的便利、空间的高效利用和用地的节约。主要从以下几个方面进行考察:

1) 总平面设计

总平面设计应以所在城市的总体规划、分区规划、控制性详细规划及当地政府部门提出的规划条件为依据,注重节省用地、节能、节约水资源,结合用地的环境条件,因地制宜,尊重自然环境,保护生态平衡;设计应保证功能分区合理,路网结构清晰,交通有序,并对建筑群体、竖向、道路、环境景观等进行统筹安排;在考虑近期使用及技术经济上的合理性同时,也要注重远期的发展;总平面布局要考虑安全和防灾的要求。

2) 使用功能要求

场地布局设计的一项基础工作就是要掌握场地的使用功能要求,而场地的使用功能要求往往与工程的建筑物与构筑物及其他设施的功能密不可分。因此,需要合理地确定工程的组成内容及其相互关系,在通盘考虑建设项目功能的基础上,合并关系密切又可合设一处的组成内容,综合考虑各个部分的使用特点、相互联系以及环境的要求与影响,提炼出既能满足使用要求又比较经济的场地整体功能关系。

3) 功能分区与交通组织

功能分区和交通组织是场地布局的核心内容。要发挥场地的最佳使用效益,创造良好的使用环境,需要根据建设项目的性质、功能、交通联系、卫生和防火要求等,将性质相同、功能相近、联系密切、对环境要求一致的建筑物构筑物及相关设施划分成若干功能区,并结合场地的内外条件合理进行组织,然后再在各功能区内合理布置相应的建筑物和构筑物等。在功能分区与交通组织的设计时,必须考虑到场地整体功能关系的经济性、功能分区的合理性、交通流线的便利性及绿化与环境保护要求,要结合地形,因地制宜、灵活分区,合理使用土地,提高场地布局的经济性。

4) 基本单元空间设计

大多数建筑中都包含有公用功能的空间,如楼梯、电梯和管道井等,称之为基本单位空间。这些空间是相对固定的,即在建筑的使用过程中很难改变它们的使用功能。因此,这些空间的设计和布置要保证它们不会限制或影响其余空间的使用。通常,在满足防火规范的条件下,将基本单元空间应尽量布置在一起,让其余空间保持完整性,以便于按不同方式进行空间的划分。

5) 建筑群体组合

建筑群体组合涉及建筑体型、朝向、间距、布置方式、空间组合以及与所在地段的地形、道路、管线的协调配合。许多设计师强调建筑的美学功能,一味单纯追求建筑造型、建筑布局和空间组合的新奇与创新,这并不是一个科学合理的做法。优秀的建筑设计往往是根据建筑功能确定建筑的基本体型,根据地块的地形地貌、绿化与生态状态、地下水位、承载力大小等因素,来决定不同体型的建筑格局。只有充分考虑场地条件,与环境有机融合的建筑群体,经济、环境与社会效益俱佳的建筑物才能成为杰出的建筑。

6) 绿化布置与环境保护

绿化布置是场地设计中必不可少的内容,它不仅起到保护和改善环境的作用,而且也是处理和协调外部空间的重要手段。绿化布置应考虑总体布局的要求,结合场地条件,主次分明地选择树种和布置方式,有机地参与空间构图,同时起到遮阳、分隔、引导等作用,达到适宜、生态和经济的目的。

例如,在大学校园场地设计中,应充分考虑各类建筑物与设施的不同使用要求,进行合理的功能分区,按教学区、实验区、活动区、生活与后勤服务区、行政办公区等分别设置。各区位置应根据场地的地形、地貌和环境条件及功能要求,避免相互交叉并保证使用方便。教学中心区的位置应远离城市主干道,并与活动区、生活区等区域保持一定的距离,以保证教学环境的安静。行政区、科学报告厅、计算中心、实验中心等设施可设置于临近城市主干道并方便出入校园的位置,以便于对外联系和提供社会服务。各区的建筑群体组合宜紧凑并留有发展余地。教学区和生活区的建筑群体组合是采用集中式、分散式还是综合形式,依据场地条件并满足功能需求,在建筑朝向上应着重考虑建筑的采光和通风,在建筑间距上应考虑防火、日照、防噪、卫生、通风、视线等合理要求。校园内道路布局应做到交通组织明确,避免相互干扰,便于使用管理,有利于人群高度密集场所的人员疏散。

【例 12.2】 (资料来源:杨昌鸣、庄惟敏,2003:P71)图 12.1 中列举了大学校园教学中心区的 4 种布局模式。图 12.1(a)是中心广场式布局模式,教学区呈周边围合或三边围合,长轴一端设教学主楼、图书馆或礼堂,中央部分为广场、草地与水池,可作为全校庆典集会场所。该模式的特点是空间封闭、主次分明、端庄严谨,为早期校园常用布局手法。图 12.1(b)是鱼脊式布局模式,教学区建筑沿鱼脊布置。鱼脊可为风雨走廊,亦可为露天步行街道。该模式的特点是布局紧凑,沿轴线两端自由发展;教学楼既可保持相对独立又可通过鱼脊加强联系。图 12.1(c)是单元组团式布局模式,根据学校特点与地形条件,将教学设施构成某种标准单元,重复使用构成组团。该模式的特点是体型标准化,有利于设计与施工,并获得形体变化寓于统一之中的效果。图 12.1(d)是格网式布局模式,教学设施按统一模数构成网格,格网空间成为竖向交通、管道等的公用服务空间。该模式特点是使用空间与服务空间相对独立,使得使用空间具有较大的灵活性。

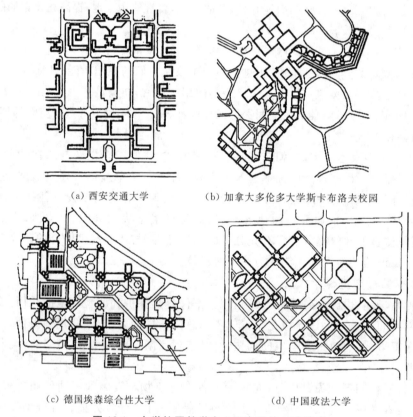

(a) 西安交通大学　　　　　(b) 加拿大多伦多大学斯卡布洛夫校园

(c) 德国埃森综合性大学　　　(d) 中国政法大学

图 12.1　大学校园教学中心区布局的 4 种模式

12.2　工程构造与结构选型的经济性策略

工程构造与结构有着密切的关系。以房屋建筑为例,房屋建筑中用来抵抗荷载、地震、温度变化、地基沉降等作用,保持房屋建筑具有一定的空间形状、不致倒塌的骨架部分称为结构。

房屋建筑构造包括基础与地下室、墙、楼板层和地面、阳台与雨篷、楼梯、屋顶、变形缝、门与窗等,其中的主要部件,如梁、板、墙、柱、基础等是主要结构构件。虽然在专业分工上,房屋构造是建筑设计师的工作,结构选型是结构工程师的任务,但从经济性角度来看,需要这两个专业的密切合作。在创作建筑空间的同时,考虑最适宜的结构体系,并使之与建筑形象融合起来,是实现工程综合效益的重要手段。

12.2.1 工程构造与结构的经济性表现

工程构造与结构的经济性表现在以下几个方面:

1) 功能满足程度

工程构造与结构直接决定了建筑物或构筑物的安全性、适用性和耐久性等,所以工程构造与结构的设计首先要满足这些基本功能的需要。安全性是建筑物或构筑物受到各种外加作用情况下,具有防止破坏和倒塌的能力。工程结构倒塌必然带来重大财产损失与生命安全威胁,安全性的满足是工程经济性的最重要的方面。适用性是在日常使用条件下,结构具有不致发生过大的变形、开裂、振动或者漏水等妨碍正常使用能力。如果出现这些适用性失效,虽然暂时不会影响到建筑物体的安全性,但对日常使用造成很大的影响,甚至因此而停止使用,这也是极为不经济的。耐久性是建筑物或构筑物及其组件能在规定的使用年限内维持其所需的安全性和适用性的能力,表现为耐用年限,影响工程的发挥使用功能和经济效益时间。耐久性一方面与工程质量水准相关,而质量水平直接受到初始费用投入的影响;另一方面与长期使用过程中维护和维修有关,这也直接受到维护所投入的人力与物力影响。

其次,工程的使用性质、所处的条件和环境,都会形成对功能的特定要求。例如,北方地区要求建筑物在冬季能保温,南方地区则要求建筑物能通风、隔热;有些建筑物要求有很高的吸声效果,有些建筑物则要求有较好的隔音效果。所以,要满足这些特定的功能需求,需要进行合理的设计和计算,寻找与之相适应的构造方法与结构型式,这是实现工程经济性的重要方面。

2) 空间效率

建筑物的空间效率是指建筑物能发挥使用功能的平面空间或立体空间占整个建筑物空间的比例。空间比例还可以细分多种指标,以居住建筑为例,在本书10.3.3中表10.2给出的平面系数、辅助面积系数、结构面积系数等指标能较好地反映空间的效率性。显然,工程构造与结构设计方案直接决定了这些空间效率性指标值。

一座建筑物在满足建筑物基本功能要求的条件下,结构面积所占的比例越小,则提供的使用面积越大,工程的产出效益越高。建筑中的门厅、过道、走廊、楼梯、电梯井等流通空间,它们通常不能直接为获利的目的而加以使用,但它们却需要相当多的采暖、采光、装饰等建造成本及使用过程中的清扫和维护费用。在以建筑面积为销售量的建筑物交易中,购买人则希望这样的流通空间减少到最小程度。但是,任何一种类型的建筑物都需要一定的流通空间,提供建筑物内的交通疏散和出入通道,并满足防火的基本功能需求。一些重要的建筑物,出于商业、文化、公共或社会的目的,追求庄严、舒适等效果,往往需要非常宽敞的门厅和走廊。在满足用户需求的条件下,应尽可能地降低建筑的结构面积和辅助面积,提高建筑空间效率性。这一目标的实现依赖于合理的工程构造与设计方案。

3) 施工费用

工程的施工费用包括人工费用、材料和工程设备费用、施工机械作业费用及为工程施工服务的各项措施费用,如模板与支架、脚手架、临时仓库与办公室、已有设施和建筑物的保护等费用。尽管施工阶段的经济分析和管理措施对施工费用产生一定的影响(参见本书第13、14章),但对于一个项目来说,或者从业主角度而言,工程施工费用的高低主要还是由设计方案所决定的,正如在10.2.1中所阐述的那样,设计是决定工程投资费用的关键。工程构造与结构方案不仅直接影响工程所用的材料,而且视其施工的难易程度,对施工的人工消耗、施工机械作业效率和施工措施方案的复杂程度都有间接的影响。

4)使用与维护费用

工程在长期使用过程中的使用与维护费用包括建筑物及设施的维护、清洁和保养费用、电气和暖通管道及设备的运营、维护与更新费用、室内外装饰面的翻新费用、建筑物或构筑物的结构加固费用、建筑物使用过程中的保暖、制冷等能耗费用等。这些费用既与工程施工质量有直接关系,同时与工程构造与结构在设计时所考虑的设计标准、选用的材料与设备有着密切的联系。例如,高强的材料使用和合适的结构选型可以使建筑物保持更长久的耐用性,而减少使用过程中的加固和维修费用;较好的平面设计与空间组合可以减少使用中央空调系统建筑物的能耗;赋予建筑物超出用户需求的多余功能,不仅增加建筑物施工费用,也同样会加大使用与维护费用。

12.2.2 工程构造的经济性策略

根据上述分析,可以进一步把影响工程构造经济性的因素归纳为技术参数合适性、功能合理性、采用通用的技术标准和标准部品、建筑材料与设备适宜性、可施工性和可维护性等几个方面。技术参数问题已在10.3中进行了讨论,建筑材料与设备问题将在12.3中专门论述。下面就其他几个问题进行分析。

1)功能合理性

在实践中,设计师从自身的审美价值追求或者对建筑产品的理解,而重视某些特定的功能,从而忽略了用户对功能的需求。特别是当一些业主采用限额设计的手段控制工程投资时,设计师为了迎合业主的不合理要求,降低了一些对于用户来说是重要功能的标准,而刻意追求一些更有利于商业目的的次要功能。以住宅工程设计为例,将目前常见的功能不合理性归纳为以下几个方面:

(1)功能过剩

在当前主流住房市场上,住房的生活居住、养老保障等的一般功能所占的成本比重越来越小,而一些"新功能",如精致的景观立面、名贵树种、观光电梯、二十四小时恒温寓所等,所占成本比重却增长极快。这些功能目前还只是主流消费群体追逐的对象,在当前经济社会条件下,对于主体市场用户来说它们是并不需要的或者使用效益很低的功能。如果将这些功能移植进普通住宅设计,则构成了过剩功能或不必要功能。实际上,即使是对有能力消费这些新功能的住房消费者来说,他们使用这些新功能的机会也并不多。例如,那些购买了恒温、恒湿住房的人士,一天中大部分时间可能是在写字楼、交通工具或者酒店中度过的。即使真的生活在二十四小时的恒温寓所,只是人体感觉舒适,而非人的身体健康所需要的东西。许多专家就对这些住房新功能提出质疑,指出如"科技家居"这样的口号只是住房开发商进行营销炒作的标签,对提高人们的生活品质可能没有多大的意义。

(2)功能与成本严重不匹配

功能与成本的不匹配表现为次要甚至多余的功能花费了太多的成本,而一些必要的、重要的功能所占的成本比重却较小。例如,住宅工程中常见的屋顶渗水等质量通病,有人将其归为施工质量问题,但大多数情况下还是因为防水工程的投入不足,采用低质的防水材料和低等级的防水设计,造成防水工程使用寿命短、返修率高。一项调查表明,居住是住宅消费者购房的主要动机,它的响应百分比达到了80.4%(浩春杏,2007:P82)。可见,我国住房消费主体客群购买住房的主要目的是满足居住功能。实现居住功能的成本主要是开发成本中建安费用。然而,近年国土资源部公布的调查数据显示,开发商成本中建安费用只占15%。如果扣除占30%左右的地价成本和不超过20%的管理费用、销售费用和财务费用等,则约有30%多的成本用于其他功能。

(3) 不计全寿命周期成本

正如上文所提到的那样,一些开发者将附属功能作为住房营销的手段,并以此提高房屋的销售价格。许多附属的功能本身的投资成本并不高,但是使用期的运营维护费用比其建造成本要高得多,但是极少开发者会从住房使用者的角度去考虑住房及其设施在全寿命期的使用成本。例如,有些多层住宅区也建成集中式太阳能热水系统,但高达几十元每月的使用费和时冷时热的供水状态,使得一些住户宁愿重新安装独立的热水器,而不再支付使用费用,最终使得整个系统处于瘫痪状态。一些住宅工程,为了营销,大打科技牌,使用一些并不成熟的新技术和新材料。由于这些新技术、新产品没有能经过更长时间的试用和检验,在使用一段时间后会出现较多问题,增加了住房维护运营成本。

上述对目前住宅功能不合理的分析并不是说住房的开发不需要这些功能,也不是说不需要科技住宅,而是说在住房设计和开发中应该考虑功能的合理化。现代住房产品生产的思路是提高人居环境质量,更注重产品设计的人性化、品质的卓越化、内涵的丰富化,这是正确的方向。但是,这并不意味着高消耗、高成本投入,使用高档的配套,也不是功能越多越好。实际上,我国各级政府越来越重视城市广场、公园等设施和城市环境整治的投资与建设。目前,大多数城市的公共设施都能为城市居民提供了基本的休闲、娱乐场所。从我国这样一个人口众多、土地资源匮乏的国度来说,建设安全、方便、舒适、和谐、节地和经济的住宅产品才是真正的可持续发展目标。

21世纪以来,西方国家继知识经济、信息经济之后又提出了一个全新的经营思想——功能经济,其核心是对用户需求的把握以及提供用户所需功能的产品策略。它强调在产品设计和生产中应以用户需求为中心,即功能分析应当从用户角度出发,真实客观地反映用户的需求,而不仅仅是部分的利益集团的需求。用户也不仅仅是客户,还包括企业生存其中的社会经济系统、自然环境等诸多方面。它追求节省用户在产品使用全寿命周期的成本,包括用户购置成本或产品生产者的生产成本和用户使用过程中日常维护和运营成本两部分。它倡导的产品策略是在适应用户需求功能基础上的功能与成本匹配性,即产品各项功能与实现功能成本应相匹配,避免次要的功能或者不重要的功能花费过多的成本。可以说,功能经济是源于价值工程方法的一种新的经济理念,是符合资源节约、环境友好型社会构建的一种高级经济形式。

因此,在工程设计中,功能分析与设计不应仅来自设计者理念和开发商主观决策,而应依据工程用户实际功能需求;工程功能分析的主体应当是而且必须是用户,而不能仅仅是设计者、研究专家或企业家。这就是说,在工程设计过程中,要充分调查用户对工程的功能需求,通过价值分析的方法了解用户对各种功能看重程度,确定功能重要性,分析各功能与成本的匹配性,并据此设计方案或进行方案的调整和修改。只有建立基于消费者需求的工程功能分析模式,才能实现工程的功能合理性,保证工程设计的经济性。

2) 采用通用的技术标准和标准部品

在建筑工程中,技术标准通常是以建筑行政和行业主管部门或行业组织所制定的技术规范、标准或规程形式出现。建筑技术标准化类型可以分为以下几类:①建筑产业范围内的所有产品、生产过程、规格和程序的所有要素都必须遵循的一套规范。如建筑设计规范、结构设计规范、施工规范等;②一系列针对建筑生产过程和建筑生产产品的测量、测试和检测标准。如施工质量验收规范、混凝土检测规范;③不同部品在尺寸、规格、外形上的标准化。如标准化的门窗、金属构件、混凝土制品等。

设计中尽量采用通过的技术标准和标准部品,其经济性功能体现在如下几个方面:

(1) 技术标准从建筑材料或建筑部品的一个或几个方面,如功能、操作多样性、使用寿命、效率、安全性、环境影响等方面,规定了产品或服务能够被公众接受的界限。这一标准界限成为行业竞争的基础,企业之间将在标准水平上进行价格竞争,或者提供一种性能优于标准的产品。同时,这些被普遍接受的标准既可以保证产品的质量,同时也避免了建筑产品的买卖双方之间信息不对称和在产品性能上产生大量的争议,也不要求昂贵的检查和检测手续,可以大大降低买卖双方的交易费用。

(2) 建筑生产过程表现为技术复杂性、多样性、隐蔽性、费用巨大性、易受外界因素(包括自然、社会等因素)影响性,所以通常是在生产过程中必须进行较多次的测量、检测和测试过程。采用标准化的建筑生产过程、过程控制及中间产品,能提高生产效率,并大量减少测试频率。

(3) 建筑部品兼容性和通用性标准明确了一种产品在生产或服务的系统中,为了能和其他产品一起工作(物理上或功能上)所必须具备的特性。采用标准化的建筑材料、结构件、工程设备等经济性体现在:①标准部品将使得供应商之间有效地竞争,降低了部品费用,同时也节省了大量的质量检测费用;②标准部品可减少工程设计的工作量,提高设计效率;③标准部品可加快建造过程的速度,提高施工生产劳动效率;④对于标准的工程设备(如智能化设备、水电设备等),当技术发展后,用户还可以方便地升级模块,从而大大降低整个系统的过时风险;⑤建筑生产过程中所使用的周转性的设施(如施工机械、脚手、模板、支撑等)标准化,将使得这些设备和工具可以重复多次在许多工程中使用,提高其利用率和使用率。

(4) 采用通用的技术标准和部品更有利于工程社会福利性的保证。建筑技术关系到生态、环境、人类健康和安全等社会因素,建筑技术的标准化是提高健康、环境质量和安全等社会福利的管理手段。最低的建筑设计和建造质量标准保证了人类活动的建筑安全性,最高的环境负因子(如排放噪声、污水、粉尘等)标准保证了人类居住和生活的健康水平。

3) 可施工性

在工程实践中,许多设计者仅仅出于设计的方便,而忽略工程施工的要求,或者在设计决策时采用了不适当的假设而没有对未来的施工方法进行最优分析,造成后续施工过程的复杂性和难度,提高了工程施工费用,同时也可能降低了工程质量和可靠性。例如,基础设计时设计许多单个基础,基础形状复杂,底部标高不统一,加大了施工中的开挖、支模、回填的工作量和工作时间;钢筋过密,混凝土浇筑困难;梁柱尺寸变化太多,不便于施工;混凝土标号、钢筋型号多,不便于现场组织和管理;狭小平面内布置结构件,没有考虑施工工作面的需要;在外墙外保温层上设计面砖装饰,面砖难以粘贴,且牢固性很低;设计轻型多支柱结构、宽断面结构、侧面连接部件等,造成安装部件多、接口多,施工困难且不利于建筑物防火。

20世纪80年代,美国建筑工业学会提出了"可施工性(可建造性)"(Constructability)的研究问题,致力于解决在工程设计中如何改善施工的便利性,以提高工程的质量和可靠性、减少劳动消耗、提高劳动效率、降低工程的措施性费用,从而降低工程的造价。国外文献资料显示,实施可施工性研究,可节省工程成本6%~10%,减少作业时间8.7%~43.3%(周和生、尹贻林,2010:P76)。实际上,上述列举的一些常见的不利于施工的设计问题是完全通过合理的设计方案得以解决的,关键是设计者是否把可施工性作为设计活动的一部分并贯穿于设计全过程。设计师在设计时应充分考虑施工的难易程度,以及当前的工艺水平能否实现设计的预想或计算分析时假定的理想性能。设计师不能假定结构是以非常好的施工质量完成的,而应立足于目前普遍和正常的施工水平。在一般情况下,设计应使施工者能够采用成熟和方便的工艺与方法,这对于降低施工费用和保证工程质量都是十分有益的。

美国建筑工业学会研究报告《可施工性概念文件》中提出了在设计构型时要考虑的五个可施工性要素:①简单。避免不必要的复杂性,这既不符合任何一方的利益,而且明显增加了不满意产品的可能性。②灵活性。设计应该规定要求的结果,但不应限制现场施工人员提出替代方法或革新途径的可能性。③施工顺序。设计应从设施平面布置和间距仔细考虑,避免限制施工时只能采取一种施工安装顺序。④替代方案或备选方案。特别是特殊材料的使用方面,应考虑替代材料的备选方案,避免施工过程中因材料代换的施工程序性过程,而影响工期,并需要为修改设计而花费更多的支出。⑤劳动力技能与可用性。设计时要充分考虑目前的劳动力技能水平及数量是否能满足工程产品的要求,无论是技术水平的不足还是可用性的缺乏都会对工程施工的质量和工期带来重要的影响。

4)可维护性

目前,建筑物可维护性或可维修性(Maintainability)问题在实践中并没得到应有的重视,设计中考虑不充分,相关的研究报道也罕见。而在其他领域,如电气设备、机械、发电机组,可维护性和可靠性等并列成为设计产品的性能要求。根据建筑工程的特点,本书将工程可维护性设计定义为:在工程重点部位、部件和设备管线等提供或预留必要的观察、检测、维护和维修条件和维修与调整空间,易损部件在质量合格前提下应具有维修、调整和修复性能及备品、备件的储存场所。可维修性良好的建筑物,应是能在最短的时间、以最低限度的资源(人力与技术水平、备件、维修设备和工具等)和最省的费用,检测工程结构和设施是否处于良好的运营状态,或者经过维护或维修使产品恢复到良好状态。

在工程维护实践中存在着许多维护性较差的问题,例如:由于一般工程结构件都是隐蔽性的,工程检测中需要打开外表的装饰面层进行检测;大多数高耸民用建筑,考虑美观等要求,也未预留维护人员进行观察和维护的攀登设施;一些重点部位或部件受其他构件的屏蔽,而无法直接观察或检测;有些设计虽留有检修孔,但只是按规范要求的距离进行了设置,并没有考虑观察和维护的便利性;有些工程设计采用的材料或装饰面层,需要经常性的清洁和维护;有些工程设计的构造及采用的材料不易进行清洁和维护等。显然,工程可维护性差,会大大增加检测费用和检测时间,也不易进行定期地目测观察和检查。以上海金茂大厦为例,其玻璃幕墙有0.8万平方米,两架擦窗机连续工作一年才能把所有的玻璃擦一遍,而且由于建筑外形凹凸起伏太大,檐部又挑出很多,有的地方达3米以上,清洁玻璃异常困难。

工程具有良好的可维修性,一方面可以极大地减少检测和维修时间,降低检测和维修费用,也避免对建筑物外表进行剥离和重新修补所花费的费用;另一方面可以提高维修效率,减少对工程运营和正常使用的影响;第三方面便于对建筑物进行定期的日常观察,以利于及时发现建筑物存在的安全隐患,并进行维修加固,保证工程适用性并延长其耐久性。建筑物全寿命期的维修费用总和一般会超过建筑物初期的造价,例如:上海部分高层建筑全寿命期维修费是建设费用的3.17倍,美国某高层建筑在设计寿命期限内使用维修费是建设费的2.43倍,原西德住宅在80年寿命期限内维修费是建设费的1.3～1.4倍,原东德大板住宅在80年寿命期内维修费是建设费的2.6倍(王晓鸣,1994:P5)。在设计中考虑建筑物的可维修性,预留可维修条件和空间,几乎无须增加费用或者只需极少的费用,就可以为未来使用期间维护提供极大的便利性,节约全寿命周期费用。

随着工程可维修性理论发展,建筑可维修性将与可靠性等并列成为重要的工程性能标准,它既是工程可靠性的必要补充,又是保证工程适用性的重要措施和工程保修决策的依据,并作为评判工程设计优劣的一个尺度。工程维护性指导手册也将纳入工程设计文件中,包括各部件的检测和维护周期、维护级别、维护标准、维护安全规则、维护工具和备件等。工程设计中除了考虑工程在使用过程中的清洁、检测、维护、维修的方便性外,还需要考虑可维护性监测、可维护性数据采集等,已在大型工程结构健康检测中得到采用的现代传感技术也将得到更广泛的应用,最大限度地提高工程维护的高效性和便利性。住宅一类可标准化、产业化生产的建筑产品,可维护性成为重要设计准则,工程设计将强调结构的简单性、部品的可互换性(系列化、通用化、标准化)等,如正在试点运用中的中国支撑体住宅体系。

【例 12.3】 某高校新建校区 2 个组团 10 幢框架结构学生公寓工程的设计概算单位面积造价高于同类工程的 20% 多,表明设计方案存在着明显不合理之处。为此,对该设计方案组织了价值工程活动。价值工程小组由非参与本工程设计的建筑、结构、水电、装修专业的专业技术人员各 1 人,工程造价专业 2 人,校宿舍管理科 2 人,后勤服务科 1 人,学生代表 2 人组成。由一家咨询机构负责活动全过程的引导工作。

价值小组将学生公寓的功能划分为安全性功能、适用性功能和美观性功能等,将其所确定的功能重要性系数按各部件发挥作用的程度分解到各主要部品中,结果如表 12.1 所示。各主要部品根据所含主要结构件按设计概算重新进行了分配概算造价,并计算出成本系数(表 12.1)。

表 12.1 某学生公寓工程的价值分析表

工程部品	主要结构件	功能系数	成本系数	价值系数
基础工程	土方、基础	0.101	0.081	1.247
主体框架	钢筋混凝土梁和柱	0.357	0.286	1.248
墙体	墙砌体	0.096	0.085	1.129
流通空间	走廊、楼梯、门厅楼地面	0.011	0.199	0.055
居住空间	居室内楼地面	0.134	0.112	1.196
卫生空间	卫生间楼地面	0.055	0.021	2.619

(续表)

工程部品	主要结构件	功能系数	成本系数	价值系数
水电工程	给排水管道、强弱电线路、卫生洁具	0.011	0.041	0.268
门窗	门窗框、门窗扇	0.063	0.053	1.189
屋顶	屋盖与防水	0.033	0.051	0.647
保温与隔热	墙体保温、屋顶隔热	0.088	0.032	2.750
装饰	内外墙面和天棚装饰	0.051	0.039	1.308

从表12.1中可看出,流通空间、卫生空间、水电工程、屋顶、保温与隔热等部品价值系数偏离1较大。价值小组结合设计方案,进行分析找出了问题,并提出了若干建议:

(1) 流通空间:设计师为了追求工程的美观,每个组团的宿舍之间设置了钢结构连通走廊。学生代表认为这样的钢结构连通走廊并不能发挥多大使用功能,宿舍管理人员也提出连通走廊不利于宿舍管理,即使建成,将来最大的可能也是关闭停用。因此价值小组建议取消该连接走廊。经造价人员核算,仅此项就可节省造价近16%。另外,建筑师认为楼内走廊的宽度和一楼门厅面积比规范的要求要高,考虑到现在每间宿舍只住4人,人流量较小,可减少尺寸。

(2) 卫生空间:学生代表认为每个宿舍独立的卫生间面积太小,特别同宿舍学生集体行动的概率较大,卫生间使用极不方便。宿舍管理人员认为独立卫生间由学生自行负责打扫,脏、乱、差现象普遍,对室内空气质量影响也很大。价值小组建议,改变原设计采用近年来流行的学生宿舍独立卫生间构造做法,采用公共卫生间构造,但不同于过去的一层楼设一个卫生间,每层设三个卫生间,既便于学生使用,也可在总面积不变的情况下极大程度地提高利用效率,消除学生使用卫生间的拥挤感,同时也利于统一的清洁和管理。

(3) 水电工程:经造价人员分析,水电工程与同类工程相比造价较高的原因是设计师采用了进口卫生洁具。价值小组认为,从工程的性质来看,只要采用国产品牌洁具就可以满足使用要求。同时,如采用公共卫生间构造,可减少卫生洁具的数量,同时也大量减少上下水管道数量。经测算,此项可节省造价3%左右。

(4) 屋顶工程:经分析,主要是采用了高等级的防水构造和坡屋顶,考虑普通等级防水工程寿命较短,平屋顶隔热效果较差,考虑到工程使用的性质和特点,建议保持现行的设计构造。

(5) 保温和隔热工程:目前方案只是在屋顶设置了保温隔热层和外墙面做了保温砂浆。价值小组认为,考虑到未来学生宿舍可能会增加空调设施,应按目前冬冷夏热地区的节能设计外墙内保温构造。估计造价将增加3%左右。

12.2.3 工程结构选型的经济性策略

1) 不同结构选型的经济性比较

对同一建筑物来说,采用不同的结构型式,耗用的人工和材料有很大差异。表12.2列出了不同结构类型之间的单位建筑面积工料消耗指标。从表12.2中可看出,框架结构消耗指标显著高于砖混结构,而随着框架结构复杂程度的提高,除木材外,其他各类消耗指标也明显增加。

表 12.2 不同结构类型之间的工料消耗指标与造价指标对比

建筑类型	结构型式	造价指标/%	每平方米主要工料消耗指标			
			人工/工日	钢材/kg	木材/m^3	水泥/kg
民用建筑	多层砖混	100	4.22	26.38	0.011	179.49
	多层框架	109	3.81	43.96	0.009	200.00
	高层(14层以下)	125	3.85	53.19	0.014	206.85
	高层(15～25层)	177	4.83	83.46	0.013	290.00
工业建筑	单层排架厂房	100	5.37	45.17	0.010	245.33
	多层排架厂房	95	5.16	55.54	0.008	257.54

注：根据《江苏省建筑工程造价估算指标》整理

工程采用什么样的结构类型对施工工艺与施工工期也会产生较大的影响。一般情况下，砖混结构由于可采用的施工工艺限制，机械化程度较低，所以与现浇结构、装配式结构相比，其施工周期要长。对于现浇结构，随着建筑物或构筑物体型复杂程度的增加，构件变化就越多，施工过程的规律性较差，施工难度使施工技术措施更为复杂，费用提高，工期也随之延长，施工管理费用也将增加。当采用装配式构件的结构类型时，由于预制构件较规范化，施工过程中的规律性强，施工工期也大大缩短。表12.3给出了不同结构类型的工期比较。

表 12.3 不同结构类型住宅的工期比较表

结构类型	多层			高层		
	统计栋数	平均工期/月	占砖混结构的百分比/%	统计栋数	平均工期/月	占内浇外挂百分比/%
砖混	259	11.20	100			
内浇外砌	142	10.7	95.5			
内浇外挂	10	10.0	89.3	76	15.4	100
装配式大板	81	9.7	86.6	19	19.6	127.3
框架轻板	7	18.2	162.5	7	42.7	277.3
滑模				3	16.8	109.1

资料来源：袁建新，鲁亚平.建筑设计经济评价与法规[M].北京：中国建筑工业出版社，1997.

由于不同结构类型在工料消耗、施工工艺和施工工期上的不同，不同结构类型造价有着显著的差异(表12.2)，所以工程结构选型在满足基本功能要求的条件下，结构方案造价的经济性是工程设计经济性要考虑的重要内容。

2) 决定工程结构经济性的技术要素

(1) 整体假定

设计师在最初的建筑形式分析时可假定其为一个具体的整体结构，而不必关心它们详细的、具体的结构形式。这个整体结构必须满足以下要求：①结构应当固定在地面上；②结构具有质量，必须由地面来支承；③结构必须能抵抗水平风力及地震作用。

由于建筑物或构筑物需要地基来承受，同时地基的承载力是一定的，所以工程结构必须有足够的底面积。建筑物或构筑物的底面对结构的竖向稳定和水平方向的稳定都是非常重要的。可见,工程结构及其选型与工程占土地面积有着密切关系。

由于建筑物或构筑物由一些有重量的构件所组成的,所以它一方面必须能承受本身的重量(恒荷载),另一方面还必须承受使用荷载(活荷载)。而结构件承受荷载的大小与构成构件的材料数量与强度有关,在荷载及形式相同的条件下,选择不同的材料,构件的尺度有很大差别。显然,工程结构及其选型与决定工程造价主要因素的材料种类及数量密切相关,并且在相同建筑面积的情况下,结构件所占空间也决定了真正能发挥工程效益的使用空间多少。

受地震荷载作用时,地基受地震力作用会突然产生移动,由于惯性,建筑物或构筑物的上部质量总是趋于保持其原来的位置,这将导致沿建筑物高度分布的水平作用力,所以它沿高度方向分布与质量分布直接相关。受大气环境中形成的风力作用,在建筑物或构筑物表面形成水平荷载,它是空气对表面形成的压力,所以风荷载的分布与建筑物的表面积直接相关。在结构整体分析中,可将建筑物看作一个整体悬臂梁。显然,在结构选型时,应尽可能使总力矩最小,这才是经济的。

(2) 高宽比与抗倾覆

由水平力产生的倾覆力矩必须由结构支承体系中的竖向力偶来抵抗,所以在竖向支承体系的设计中必须考虑恒载和抗倾覆力的综合效果。倾覆力随着建筑物或构筑物高度和宽度的变化而变化,因此,高宽比是对工程结构抗倾覆能力的总体衡量。

在确定的建筑体型及质量分布下,水平力及其作用点、建筑自重都是确定的,那么确定体型的建筑物就有其最大高宽比的要求。如果高宽比超过了极限高宽比,则受水平力作用建筑物就不能维持平衡,需要附加抗拔措施,增加工程造价。

(3) 结构强度、刚度及效能

建筑在荷载作用下,会发生竖向的压缩和水平侧移(图 12.2(a)、12.2(b))。强度是指结构体系能抵抗荷载而不致破坏的一种性质,刚度是指结构体系能够限制荷载作用下的变形的一种性质。结构安全性是指建筑物或构筑物在荷载作用下不应发生倒塌破坏,也不应出现过大的变形。

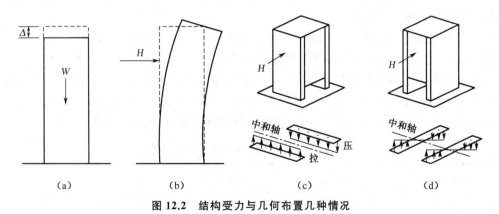

图 12.2 结构受力与几何布置几种情况

竖向压缩变形与竖向构件的材料和截面积有关,弹性模量越大、面积越大,竖向变形就越小。水平侧移则使建筑物产生弯曲,弯曲使中和轴一边的材料受拉伸长,另一边的材料受压缩短,而中和轴处无变形,各部分的伸长和缩短的多少随该部位到中和轴的距离而变化,从而拉应力和压应力的大小也随截面积相对于中和轴的分布情况而变化。显然,建筑物的形状、受力方向宽度和材料性质将共同决定整个结构体系抵抗弯曲变形的能力。

结构件材料的选择是一个十分重要的因素,在给定的荷载弯矩、材料数量和支承平面布置的情况下,材料弹性模量越高,转动变形就越小。例如,同等条件下的钢构件就较混凝土构件的变形小。而建筑物平面形状和受力方向宽度是几何要素,它决定了材料利用的有效程度。图12.2(c)和图12.2(d)的两种结构几何布置的材料用量完全相同,但前者刚度是后者的3倍。显然,把材料放在远离中和轴位置上的形状是有效利用材料的形状。

因此,在截面形状已经给定时,虽然可通过加大材料用量和改变材料类型来改善弯曲刚度,但不能改善其效能;当给定平面形状时,应该通过增大受力方向总宽度,也就是使更多的面积远离中和轴来提高其效能。在结构设计中处理强度和刚度问题时,应当合理设计支承平面,使其具有较大的形状效能,以提高其抗弯能力,节约材料。

(4) 复杂体型的分割

一般来说,当建筑立面规则时,恒载不会引起水平方向上的总体弯曲;平面规则对称时,不会在水平力作用下产生大的扭转。在结构设计时,有时会面对不规则、不对称的情况,如果不规则程度严重时,会产生不可估算的损坏。这时,可对建筑外形进行分割,将建筑物分割成相对独立、比较规则的单元,利用抗震缝的措施处理好各个单元之间的结合面,建筑物本身仍可以成为一个整体。复杂体型如何分割也是影响工程经济性的重要技术要素。

3) 工程结构选型的经济性策略

根据上述分析,工程结构选型的经济性策略可归纳为如下几个方面:

(1) 最大程度地发挥工程材料效能

提高材料使用效能是工程结构选型经济性策略的重要路径。譬如,框架结构平面布置灵活,可形成较大的空间,梁、柱标准化有利于施工。但是,框架结构承受水平荷载的能力较弱,当层数较多、水平荷载较大时,为满足刚度和强度的要求,需加大柱、梁截面,或增加柱的数量,所以框架结构用于10层以下的建筑是比较经济的。如果需要满足工程规模的要求,采用框架结构,就需要增加建筑基地面积。在基地面积限制的条件下,对于15层以上的建筑选择剪力墙结构或筒体结构则显得更为经济。

提高材料使用效能的方法是在满足工程结构基本性能要求基础上,通过采用结构设计技术和结构优化方法(参见本书11.5节),节省材料用量,提高材料利用率。例如,表12.4是北京图书馆书库楼盖方案的材料用量比较。双向密肋楼盖根据平板楼盖受力特点,利用材料布置远离中和轴更为有效的原理,将离中和轴近的楼板减薄,加大远离中和轴的板高度,就形成了双向密肋楼盖。密肋楼盖较平板自重轻,提高了材料利用率并减轻了建筑物自重。

表12.4 北京图书馆书库楼盖方案比较

楼盖方案	钢材/(kg/m²)	混凝土/(m³/m²)	造价指标/%
现浇无梁楼盖	19.8	0.22	100
梁板(井式)楼盖	15.1	0.16	95
双向密肋楼盖	11.5	0.14	63

资料来源:杨昌鸣,庄惟敏.建筑设计与经济[M].北京:中国计划出版社,2003.

(2) 提高工程的产出

工程设计常常是在规划红线和建筑控制高度等设计边界条件范围内进行。对于土地费用较为昂贵的地域,在边界条件内如何提高工程的产出,即增加使用面积,所取得的工程效益远高于节省的工程造价。因此,在结构设计中,在建筑总体量不变的情况下,如何减少提高工程的使用空间产出效率,也是工程结构选型的经济性策略之一。例如,北京饭店贵客楼设计,原方案采用梁板框架体系,只能建到 9 层,后改用预应力无梁楼盖设计,建到了 12 层;广州国际大厦为筒中筒结构,原方案为普通平板,板厚 350 mm,层高 3.2 m,经反复论证,采用无黏结预应力平板后,板厚减为 220 mm,原共 60 层,总计减少了 7.8 m,可多盖 2 层;节省混凝土 8 000 m^3,耗钢量减少 7 kg/m^2;结构自重减少 20 000 t,地基处理费用及墙、柱截面相应减少;地震力降低 2 000 kN 以上,相应竖向结构受力减轻。

(3) 考虑结构选型对其他专业的影响,以总体效益为最终目的

在结构选型经济性策划中,结构本身的经济性是一个重要方面,但不能因此单纯追求结构造价的低廉,那可能适得其反。在结构选型中,要综合考虑其他专业的需求和条件,如设备工程的特点、功能布置的灵活性、施工条件的限制、建设工期的要求等,以保证项目总体的效益最佳。例如,对于设备管线较多的工程,将钢筋混凝土梁改成空腹桁架或钢桁架,管线从桁架中腹穿过,虽然结构造价提高了,但是可以加大房间净高,所产生的空间效率性可能会远高于结构造价的提高。对于商场、宾馆等商业性建筑和厂房等工业建筑来说,工期也成为结构选型要考虑的一个重要因素。一些工期较短的结构型式,尽管初期的投资成本较高,但可以尽早地发挥工程经济效益。例如,钢结构厂房比传统的钢筋混凝土结构厂房的造价要高,但工期可以大大缩短,所以大多数企业宁愿选择钢结构厂房。

【例 12.4】 某六层单元式住宅共 54 户,建筑面积为 3 949.62 m^2。原设计方案为砖混结构,内外墙为 240 mm 砖墙。现拟定的新方案为内浇外砌结构,外墙做法不变,内墙采用 C20 混凝土浇筑。新方案内横墙厚为 140 mm,内纵墙厚为 160 mm。其他部位的做法、选材及建筑标准与原方案相同。两方案各项数据见表 12.5。

表 12.5 两方案的数据

设计方案	建筑面积/m^2	使用面积/m^2	总投资(包括地价)/元
(1) 砖混结构	3 949.62	2 797.20	8 163 789
(2) 内浇外砌	3 949.62	2 881.98	8 300 342

对于住宅来说,住宅的功能与日常运营费用一般不会受到房屋结构方案不同的影响,因此对这两个方案的比较主要是考察期初的投资或销售收入的差异。

(1) 从单位面积投资额分析

经计算砖混结构和内浇外砌结构两方案的单位建筑面积投资额分别为 2 066.98 元$/m^2$ 和 2 101.55 元$/m^2$,单位使用面积的投资额为 2 918.56 元$/m^2$ 和 2 880.08 元$/m^2$。可看出,按单位建筑面积计算,方案 2 投资高于方案 1 的投资;如按单位使用面积计算,方案 2 的投资低于方案 1 的投资。由于只有使用面积才会真正发挥居住的功能,如果不考虑其他因素,显然方案 2 优于方案 1。

也可换种角度和方法来分析。每户平均增加使用面积为 (2 881.98 − 2 797.20)/54 = 1.57 (m^2)。为此,每户多投资 (8 300 342 − 8 163 789)/54 = 2 528.76(元),折合单位使用面积投

资为 2 528.76/1.57＝1 610.68(元/m²)。即方案 2 比方案 1 的每户多增加的使用面积 1.57 m²，其每平方米的投资为 1 610.68 元。和方案 1 的单位使用面积 2 918.56 元的投资相比，增加面积的投资是合算的。

(2) 从收益角度分析

如果作为商品房出售，假设方案 2 与方案 1 的单位面积售价是相同的，可从不同的角度来分析。

① 按使用面积出售的情况分析

对于购房人来说，如果不考虑其他因素，不同的结构对其选择是没有影响的，即不管房屋是什么结构的，他花费同样的钱只能购买同样使用面积的住房。而对于开发商来说，选择方案 2 是很有利的，因为就该住宅分析，方案 2 比方案 1 每单位使用面积净收入增加 2 918.56－2 880.08＝38.48(元/m²)，而整个住宅至少可增加净收入 38.48×2 881.98＝110 898.59(元)。

② 按建筑面积出售的情况分析

对于房产商来说，选用不同的方案总收入并不增加，但方案 2 比方案 1 的投资额却增加了，单位建筑面积增加额为 2 101.55－2 066.98＝34.57(元/m²)，投资总增加额为 8 300 342－8 163 789＝136 553(元)。所以，选择方案 2 对房产商并不有利。但对于购房人来说，购买一套的购房款总额是不变的，但其所得的使用面积，方案 2 比方案 1 每户要多 1.57 m²，所以如果选择方案 2 对购房人来说是有利的。

12.3 工程材料和设备选择的经济性策略

12.3.1 影响工程材料与设备经济性的要素

工程材料包括结构用材、水暖电管材与线材、通信设备器材以及建筑装修材料等，工程设备包括给排水设备、暖通空调系统设备、消防系统设备、智能化系统设备和电气系统设备等。影响工程材料与设备经济性的要素包括以下几个方面：

1) 材料的选用

工程材料品种繁多，一个工程部品可选用不同的材料，但在形式、强度、耐久性和可加工性等性能上差异较大，价格也相差悬殊。表 12.6 列出了外墙面装饰采用不同材料的造价比较。可见，工程材料的选用，直接影响建筑物或构筑物的坚固性、实用性、耐久性和经济性。设计师应在对各种工程材料性能充分了解的基础上，结合工程及部品在安全性、耐久性、美观性等需求，正确选择和使用工程材料。

表 12.6　几种不同材料的外墙面装饰工程的造价比较(以水泥砂浆为计算基础)

装饰材料	砖墙勾缝	水泥砂浆	豆石水刷石	白石子水刷石	剁假石	面砖	大理石
造价指标/%	22	100	155	203	253	964	4 232

资料来源：袁建新,鲁亚平.建筑设计经济评价与法规[M].北京：中国建筑工业出版社,1997.

2) 材料的用量

材料用量在很大程度上影响到工程造价的高低。江苏省建设厅的一项测算资料表明，多层建筑工程造价中,材料费的比例为 58%～64%,高层建筑的该比例为 62%～66%;材料费每增减 10%或材料价格指数变化幅度为 10%时,对多层建筑造价的影响为 6.1%～6.6%,对高层建筑工程造价的影响为 6.4%～6.8%。因此,在工程设计实践中,如何降低工程材料的耗用量是影响工程经济性的一个重要工作。在前文中阐述工程构造和结构设计经济性时,也特别强调了这一点。

3）设备的匹配性

工程设备一般附属于建筑物或构筑物,所以一方面它必须能够为建筑物的使用提供足够的生活或生产服务保证,另一方面它应与建筑、结构及生产工艺设备相协调。此外,工程设备在工程总投资中占有较大的比重,表 12.7 中给出了土建、给排水、电气、通风空调和智能系统等设备工程在工程总投资比例的统计数据。为此,建筑设备专业工程设计和设备选用既要满足建筑物使用者居住、学习或工作的舒适性、安全性、卫生和健康等方面的需求,又要考虑建筑与结构的协调性,同时还要考量其经济性。在实践中,工程设备专业设计需要与建筑、结构等专业的设计进行密切配合,进行综合设计,以求达到理想效果,使得建筑物能够高效、经济地发挥为生产或生活服务的作用。

表 12.7　几种主要建筑类型中设备工程造价所占的比例

建筑类型	住宅	办公	医院	宾馆
土建	86.88%～94.03%	68.50%～75.16%	53.73%～89.98%	52.55%～79.03%
给排水	2.02%～5.15%	3.16%～5.78%	2.45%～8.26%	2.61%～15.06%
电气	3.95%～7.97%	4.64%～8.56%	2.34%～10.43%	3.78%～9.53%
通风空调		6.66%～14.07%	4.11%～25.90%	4.74%～23.58%
智能系统		2.96%～8.46%	1.13%～4.83%	4.10%～10.64%

注:根据《江苏省建筑工程造价估算指标》中典型工程造价数据整理

4）能耗与低碳

在 10.1.4 节中曾阐述过建筑与能源消耗与碳排放之间的关系,那是从宏观角度强调了采用节能保温材料和低碳材料的社会效益和环境效益。从微观角度看,在设计中考虑节能设计、采用节能保温工程材料和节能设备也能保证建筑物全寿命周期成本的最小化。

例如,以夏热冬冷地区节能率为 50%的保温节能住宅为例,测算出每平方米建筑面积的年节约采暖耗电量 16.31 kW·h、节约制冷耗电量 10.93 kW·h(过程略),按峰值电价 0.55 元、谷值电价 0.30 元、家庭用电时段 3∶7 比例计算出加权电价 0.38 元,年节省电费为 10.35 元/m²。节能技术使用生命期一般均在 25 年以上,以 20 年计算期、5%折现率计算,节省费用的现值为 129 元/m²。建筑保温节能构造门窗、屋顶和外墙等,经测算外墙保温构造的贡献率大约在 50%,所以外墙保温节省能耗费用现值大约在 65 元/m²。表 12.8 是夏热冬冷地区常用的几种外墙保温构造做法的造价指标,与能耗节省相对比,可见节能材料使用有较好的经济效益,这里的分析尚没有考虑预期的能源价格上涨趋势。对于空调使用频率较高的一些公共建筑和工业建筑,其效益更为显著。

表 12.8　几种外墙保温节能体系的造价指标

外墙保温节能技术	外墙面砖工艺每平方米墙体外保温造价/元	折算为每平方米建筑面积外墙保温造价指标/元
现场喷涂聚氨酯硬质泡沫塑料保温节能体系	97	65
加气混凝土自保温节能体系	39	26
NK601W聚苯颗粒复合材料外保温体系	53	35
EIFS聚苯板薄抹灰外保温节能体系	48	32

注：住宅工程外墙面积与建筑面积比约为1:1.5

5）维护与更新

由于不同种类的材料与设备，或同一种材料与设备不同品种或品牌在配方、配件和生产工艺上不同，使得不同材料与设备在性能上有较大差异。这种差异在建筑物使用过程中就反映在维护、维修和更新的周期与费用上的差别。例如，内墙装饰材料种类很多，如油漆涂料类、壁纸等裱糊类、大理石等石材类、釉面砖类、大白浆等刷浆类和塑料贴面板等饰面板类等，各类材料在耐久性、美观性、易清洁性、防水性和价格上都不相同。在设计中，需要根据工程性能的要求、维护费用和需要更新的周期合理进行选择。如饭店、娱乐场所等建筑中，室内装修的更新周期为2~3年，所以选择的装修材料主要考虑美观、耐脏、易清洁等要求，耐久性要求较低，可选择裱糊类的低廉材料；写字楼和高级宾馆的大堂等建筑装修的更新期一般要在10年以上，要求高度的美观性和保持常新状态，所以通常采用大理石等石材作为装修材料。

12.3.2　工程材料选用的经济性策略

根据上述对影响材料经济因素的分析，工程材料选择可采取以下的经济性策略：

1）了解工程性能要求，熟悉材料基本特征，选择最适宜的材料

工程不同部品的性能要求各不相同，有些部品要求较高的强度、有些部品需要在较长的使用期内保持稳定性；对材料的要求也各不相同，有些需要较高的强度、有些需要在恶劣环境中保持较强的稳定性、有些需要很好的美观性、有些需要特殊的表现形式等；不同的工程相同部品也会因使用的要求不同，性能的要求也不相同；建筑物使用者对工程部品性能需要也有着差异。

因此，并不是材料强度越高、耐久性越长就越好，也不是材料价格低就越经济。从全寿命周期费用最小化目标出发，应是那些与工程及其部品所处的环境、性能要求和使用者要求相适宜的材料才是最经济的。在工程设计中，设计师要熟悉各类不同工程材料的基本特征，在充分了解工程性能要求的基础上，选择最适宜的材料是保证工程设计经济性的重要策略。例如，工程结构件要长期承受荷载，需要工程材料具有较高的强度和耐久性；同时由于结构件占据的空间很大程度上影响着建筑物的空间效率和建筑物的自重，所以要减少结构体积就要选用高弹性模量的材料。通常，密度小、强度高的材料是比较理想的结构材料。

2）就地取材，尽量选用当地材料

一般商品运输中，运输费占货价的30%左右。工程材料通常密度较高，材料费中运费比例更大。如砂、石等地方材料，价格不高，但运费却占了1/2以上。因此，在工程设计前，设计师应当了解当地的材料供应情况，尽量做到就地取材，可以有效地节约材料运费，除低工程造价。

此外，材料运输过程中运输工具会大量消耗能源，尽量采用地材，减少材料的运距，可以降低碳排放，取得较好的环境与社会效益。

3）掌握现代建筑新技术和新材料，从设计源头节省材料

现代建筑技术的发展和各类新型材料的诞生，为节省工程材料提供了更大的空间。在工程设计中，设计师应了解和掌握建筑技术与材料的最近发展，将一些成熟的新技术和新材料应用到工程设计中去，真正在设计源头上节省材料、减少资源消耗，并提高工程产出效益。以结构设计为例，现代材料技术的发展大大改进了传统的砖石结构、粗梁胖柱的钢筋混凝土结构形式，新型的高效轻质墙体、轻钢结构、薄壳屋盖、拉索结构等都大大减轻了结构的自重，扩大了使用空间。例如，近年发展起来的大空间膜结构就是节约结构用材的一种典型。它是一种预应力空间整体结构，将结构与建筑围护部分融为一体，最大限度地发挥了材料的承载能力，构造出无柱的无限灵活的大空间，并创造了一种飘逸又刚劲有力的自然形态美建筑外观。

4）贯彻生态建筑设计理念，节约能源与资源

现代生态建筑设计理论将生态建筑归纳为注重效益、崇尚自然、尊重科学等三个基本特征。高效益作为生态建筑基本特征之一，它贯穿于设计、选材、运营直至寿命终结的全过程，表现在节约土地、节约原材料、节约能源、以可再生能源取代不可再生能源以及资源的循环再利用等多个方面。用德国建筑师英恩霍文的话说，就是"用较少的投入取得较大的成果，用较少的资源消耗来获得更大的使用价值"。本书在有关工程设计经济性问题的各章节也一直强调这样的理念。

例如，有些建筑设计中，利用立体绿化将植物作为建筑外围护体系的有机部分，并构成一种有效的节能措施。据测算，建筑外墙绿化后，可使冬季热量损失减少30%，夏季建筑外表面温度比邻近街道环境温度降低5℃。德国建筑师英恩霍文设计的埃森办公楼，选用圆形平面，以减少热流失、优化光照，并降低了上部的风压；采用双层玻璃，以加强建筑的自然通风和保温性能。经测试，自然通风可达70%，节能可达30%（杨昌鸣、庄惟敏，2003:97）。可见，工程设计中采用上述类似的这些被动式设计策略，不会过多地增加建设投资，但可以取得很好的节约能源和资源的效果。

【例12.5】（资料来源：根据胡幼奕、邹传胜(2002)，徐永模(2002)及中国体育报(2004)三篇文章整理）2000年悉尼奥运会是有史以来第一届以绿色奥运为主题来开展各项建设和组织的奥运会，其成功举办以及实现了收支平衡还有盈余的成绩，被誉为澳大利亚人缔造了奥运史上的一段神奇。其中，最令人称道的是其奥运场馆的设计建设和建筑材料的使用，各项工程设计始终贯彻绿色奥运的设计理念。

(1) 灵活设计，考虑会后的使用与利用

悉尼奥运会是完全商业化运作模式，政府的投资仅占1/6，所以成本是建设奥运场馆设计的一个重要考虑因素，这就要求设计要灵活，以节省成本。永久性建筑选材要求寿命要长，不需要经常更换，造价低并尽量减少维护；临时性建筑多采用张力膜结构，建设成本不一定比永久性建筑成本低，主要考虑使用后的回收利用和拆除的方便性，如帆船赛场、铁人三项、沙滩排球馆等；部分场馆和附属建筑在设计时就考虑在奥运后会出售或用途改变的要求，如悉尼国际水上中心的设计时就考虑将来适合做儿童游乐的水上公园、各种大小酒店和商业的健身房等设施，只是为奥运作了一些局部的临时调整；水上中心大量的临时性室内座椅，在奥运会后被全部移除并用于另外一个城市室外足球场看台；运动员村在建成后即出售，业主在奥运后入

住。灵活的设计提高了工程产出效益,筹集了建设资金、节省了后期维护费用。

(2) 节约资源,充分利用旧建筑和场馆

悉尼奥运场馆建设场地考虑利用废弃场地,如占地 760 英亩的主场馆区是建于废弃的工业区和垃圾堆场。场馆尽量考虑利用现有场馆或改造旧建筑,如原悉尼会展中心不同的展厅分隔为不同的比赛场馆,柔道、摔跤、拳击和击剑都在这里举行。奥运会结束,拆除挡板,会展中心能恢复原有面貌和功能。其他的,如排球馆是利用原娱乐中心,举重馆是利用原会议中心,羽毛球馆是利用原农展馆,国际广播中心是一个仓库改建的,记者村是一个医院改造的,游泳馆是对原游泳馆改造并增加临时看台(会后拆除)。对旧建筑物和场馆的利用,节约了大量建设资源和建设成本,同时也无须担心这些场馆在奥运会后的持续利用问题。

(3) 少用材料,尽量采用可回收循环使用的材料

除了经营性场所(如宾馆、饭店等)装饰装修比较豪华外,大多数场馆设计非常简洁,重装饰、轻装修,尽量少用材料,而且设计非常灵活,以便改变其用途时容易拆卸并回收利用。各场馆很少使用天然石材等高档材料,主要采用混凝土、钢结构和玻璃三大传统材料,并多用钢材、石膏板、刨花板、塑料等循环材料。大部分场馆主看台采用混凝土结构,次看台采用钢结构(易拆除和回收利用)。主看台外墙采用混凝土砌块或空心砖,内墙采用石膏板和涂料,内墙隔断及门多采用钢化玻璃和夹层玻璃,座椅使用塑料材质,篷顶采用钢架和膜结构,主看台篷顶内部有铝扣板吊顶,对于有采光要求的采用聚碳酸酯透明板材而无吊顶。主看台外墙稍用涂料或整个场馆外部全部不用涂料,一般是水泥墙面。场馆外部地面多采用水泥砖铺设,场馆主看台地面一般采用混凝土面,有特殊要求时铺地毯或在地毯下采用废旧轮胎回收再生的塑料橡胶地毯作垫层。材料防火等级要求不高,防火设计重点是考虑观众的快速疏散。

12.3.3 工程设备选型的经济性策略

工程设备系统较复杂,有给排水设备系统、暖通空调设备系统、消防设备系统、智能化设备系统和电气设备系统等。每个系统又有不同的类型,如消防设备系统就有消火栓系统、自动喷水灭火系统、水幕系统、水喷雾灭火系统、泡沫灭火系统、消防炮灭火系统、气体灭火系统、建筑灭火器配置等。各类不同设备系统的选型有各自的特点,总的原则是对设备优化组合并进行比对,选择经济性最优的设备方案。设备选型的经济性策略可概括为以下几点:

1) 安全性与可靠性

工程设备选型首先要保证设备运行使用过程中的安全性与可靠性。安全性与可靠性问题不仅直接关系建筑物安全及使用者使用设备系统的人身安全和正常使用,而且可以有效地预防安全性事故的发生,与使用过程的经济性有着密切关系。为此,应选用经国家相关机构认证、鉴定或检测获得相关证书的合格或优良的产品,以充分保证设备系统的安全可靠。例如,电气设备的选型应考虑电气设备应有足够的绝缘距离、绝缘强度、负荷能力、动、热稳定裕度、确保供、配电设备的安全运行,还应注意有可靠的防雷装置与防电击技术措施。特殊场所应有防静电措施,按建筑物的重要性与潜在灾害危险程度选择必要防火抗震等设备。

2) 适用性

从全寿命周期费用角度,最适用的设备才是经济的。工程设备选型时,要考虑建筑物的性质、环境、场所等诸多因素,设备性能要能满足建筑物使用对设备功能的需求,同时要与建设资金承受能力相适应,既不能大材小用或小材大用,也不能优材劣用或劣材优用。对设备适用性

进行分析时,主要从功能需求、使用情况、设备档次、能源价格、舒适状况、美观性等几个方面进行比较,才能保证比较结果的科学性和合理性。使用情况指的是应能满足工程设备对控制方式的要求,以实现设备系统运行的高效性、灵活性和易控性。例如,电气设备的适用性应考虑能为建筑物内所有的用电设备运行提供必要的动力,能为在建筑内创造良好的人工环境提供必要的能源,应能满足用电设备对于负荷容量、电能质量与供电可靠性的要求。

3) 全寿命周期的经济性

设备选型经济性策略的一个关键是正确处理好初始投资与运行费用的关系,对于投资规模较大的设备要进行投资与运行费用的综合分析,避免单纯为减少初始设备购置费用选用低品质的设备而增加运行和维护费用的短期行为,同时也要防止大马拉小车使设备闲置的状况。设备运行维护费用包括设备日常维护和修理费用、设备燃料和动力费用等,不同型号或不同品质的设备的各项性能指标不同,在运行费用上存在着差异,设备选型中力求在满足使用功能要求和确保安全的前提下,尽可能选择全寿命期费用最小的设备型号。

全寿命周期费用的比较通常是比较设备在使用期(或者经济寿命期,参见第 13 章相关概念)内的年平均费用,理论上,不同型号设备之间,随着设备性能指标的提高,设备购置费用会增加,但设备运行和维护费用会减小。如果有足够多的设备型号,并按它们的性能从低到高排列,并计算各自的年平均费用,可得到图 12.3 所示的费用变化曲线。显然,最经济的型号应该是年平均费用最低点相对应的设备。实践中,通常无法有更多型号的数据,在例 12.6 中将给出型号较少情况下的比较方法。

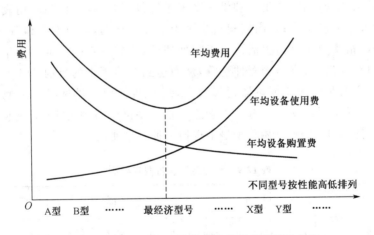

图 12.3　随不同型号设备性能变化的设备费用曲线

4) 节能性

选择节能设备,一方面是降低设备全寿命周期费用的要求。大多数工程设备系统的能耗在其运营费用中占很大的比重,选用节能设备并进行节能配置设计,可以均衡负荷、补偿无功、节约电力,提高能源的综合利用率,可以为建筑物的经济运行创造有利的条件。随着能源价格的逐步增长,其经济性将越来越显著。另一方面,选用节能设备也是社会可持续发展的需要。因为建筑物能耗主要是建筑物中设备所耗费的燃料和电力等。世界可持续发展工商理事会 2009 年在其名为《行业转型:建筑物能源效率》报告中称,目前全世界建筑物能源消耗占全社会能源消耗总量的 40%,到 2050 年使建筑物的能源使用量减少 60% 是实现全球气候目标的关键(新华网,2009)。由此可见,在工程设备选型时,尽量采用低能耗、低污染的环保设备,可提高设备的经济、社会和环境等综合效益。

5) 灵活性

随着社会经济的发展,建筑物使用者对工程设备功能需求会发生变化或者生产产品变换,建筑物内的各项设备功能及运行方式需要进行不断地调整,所以设备选型要考虑设备具有开放性、适应性和发展性等,以灵活地适应满足使用者需求变化,减少在使用过程中设备更新或改装的费用。

设备选型中的灵活性还体现在利用设备选型及配置与建筑和结构设计的密切协调、综合考虑。例如,近年来出现的一些生态建筑,设计师采用科学而巧妙的处理手法,从建筑的总体布局、绿化、建筑物几何形状的选择、平面分区、外围护结构的做法、烟囱效应的运用等方面,实现建筑物的高效自然通风、采光、隔热、遮阳以及利用太阳能等,可以有效地减少设备的配置,并大大降低运营使用过程中的能耗。这些被动式的策略不会过多地增加建设投资,而取得了很好的经济与环境效益。

6) 新设备、新技术的使用

现代建筑设备及系统向体积小、重量轻、噪声低、效率高、整体式、集中式控制、自动化等方向发展,以减少占用建筑物空间、降低建筑物自重、节约能源、资源循环利用、保护环境和提高运行效率。在建筑设备系统设计、选型和配置中,要熟悉现代新型设备的新动向,选择成熟的新型技术和设备,将会取得较好的经济效益和环境效益。例如,采用带电动机和低扬程小流量特性的水泵新产品,使供水和供热系统运行得到合理的改善;利用真空排除污水的特制便器,节约大量冲洗用水;在高层建筑中采用水锤消除器,可以有效地降低管道噪声;采用中水回用技术,指将建筑物内生活污水集中处理后,达到一定的标准回用于小区的绿化浇灌、车辆冲洗、道路冲洗、家庭坐便器冲洗等,从而达到节约用水的目的等。

【例 12.6】 某工业厂房需要设置通风设备,现有两种型号供选择。A 型号购置费用为 6 万元,B 型号购置费用为 9 万元。建筑物业主单位的基准收益率为 10%,两型号的各年使用费和估计残值见表 12.9。需要从两种型号中选择一种型号使用。

表 12.9 两种型号设备费用数据

单位:元

方案	年末	1	2	3	4	5	6	7	8	9	10
A 型	年度使用费	10 000	12 000	14 000	18 000	23 000	28 000	34 000	40 000	47 000	53 000
	估计残值	30 000	15 000	7 500	3 750	2 000	1 000	1 000	1 000	1 000	1 000
B 型	年度使用费	5 000	6 000	8 000	10 000	13 000	17 000	22 000	27 000	33 000	40 000
	估计残值	50 000	30 000	15 000	10 000	7 500	5 000	3 000	2 000	2 000	2 000

首先,计算两种型号分年退出使用时的年平均费用(表 12.10 和表 12.11),并可据此确定每种型号的经济寿命(设备经济寿命是指设备使用到某年退出使用时最经济的那个年份,即年平均费用最低的年份,参见 14.2.3)。

表 12.10　A 型年年费用计算表

年末	各年末使用费/元	各年现值系数	各年末使用费现值/元	累计现值之和/元	资金回收系数	年平均使用费/元	年末的估计残值/元	年末退出使用的资金恢复费用/元	该时间内的年度费用/元
(1)	(2)	(3)	(4)=(2)×(3)	(5)=$\sum_1^{(1)}$(4)	(6)	(7)=(5)×(6)	(8)	(9)=[60 000−(8)×(3)]×(6)	(10)=(7)+(9)
1	10 000	0.909 1	9 091	9 091	1.100 0	10 000	30 000	36 000	46 000
2	12 000	0.826 4	9 917	19 008	0.576 2	10 952	15 000	27 429	38 381
3	14 000	0.751 3	10 518	29 527	0.402 1	11 873	7 500	21 861	33 734
4	18 000	0.683 0	12 294	41 821	0.315 5	13 193	3 750	18 120	31 314
5	23 000	0.620 9	14 281	56 102	0.263 8	14 800	2 000	15 500	30 300
6	28 000	0.564 5	15 805	71 907	0.229 6	16 510	1 000	13 647	30 157
7	34 000	0.513 2	17 447	89 355	0.205 4	18 354	1 000	12 219	30 573
8	40 000	0.466 5	18 660	108 015	0.187 4	20 247	1 000	11 159	31 406
9	47 000	0.424 1	19 933	127 948	0.173 6	22 217	1 000	10 345	32 562
10	53 000	0.385 5	20 434	148 381	0.162 7	24 148	1 000	9 702	33 850

表 12.11　B 型年费用计算表

年末	各年末使用费/元	各年现值系数	各年末使用费现值/元	累计现值之和/元	资金回收系数	年平均使用费/元	年末的估计残值/元	年末退出使用的资金恢复费用/元	该时间内的年度费用/元
(1)	(2)	(3)	(4)=(2)×(3)	(5)=$\sum_1^{(1)}$(4)	(6)	(7)=(5)×(6)	(8)	(9)=[90 000−(8)×(3)]×(6)	(10)=(7)+(9)
1	5 000	0.909 1	4 545	4 545	1.100 0	5 000	50 000	49 000	54 000
2	6 000	0.826 4	4 959	9 504	0.576 2	5 476	30 000	37 571	43 048
3	8 000	0.751 3	6 011	15 515	0.402 1	6 239	15 000	31 659	37 897
4	10 000	0.683 0	6 830	22 345	0.315 5	7 049	10 000	26 238	33 287
5	13 000	0.620 9	8 072	30 417	0.263 8	8 024	7 500	22 513	30 537
6	17 000	0.564 5	9 596	40 013	0.229 6	9 187	5 000	20 017	29 204
7	22 000	0.513 2	11 289	51 302	0.205 4	10 538	3 000	18 170	28 708
8	27 000	0.466 5	12 596	63 898	0.187 4	11 977	2 000	16 695	28 672
9	33 000	0.424 1	13 995	77 893	0.173 6	13 525	2 000	15 480	29 006
10	40 000	0.385 5	15 422	93 315	0.162 7	15 187	2 000	14 522	29 708

从表 12.10 和表 12.11 中可看出，A 型号的经济寿命为 6 年，B 型号的经济寿命为 8 年，且 B 型号经济寿命的年费用低于 A 型号经济寿命的年费用。如果假设工厂是持续经营，则可选择 B 型号。还可以对两个型号进一步进行比较，从上述两表对比分析可看出：如果预计设备的

服务年限在 5 年以内,则选择 A 型号更经济;超过 5 年,则应选择 B 型号。

【例 12.7】 某工程建筑面积为 49 000 m²,空调面积为 34 000 m²,所需冷量为 5 233 kW,所需热量为 3 953 kW。设计中提出了三种空调冷热源方案:(A)采用离心冷水机组夏季制冷,热水锅炉冬季供热。初期投资包括离心冷水机组、锅炉、冷却塔、气源费等共计 772 万元。(B)采用直燃机组夏季制冷冬季供热。初期投资包括直燃机组、冷却塔、气源费等共 940 万元。(C)用离心冷水机组夏季制冷,冬季由城市供热系统提供热源、经换热机组供热。初期投资包括离心冷水机组、换热器、冷却塔和热源初装费等共 746 万元。

各方案在运行过程中消耗的电量及气量见表 12.12,电价按 0.75 元/(kW·h)计,天然气价格按 1.80 元/m³ 计,城市热水管网供热取费按 40 元/(m²·年)。运行按每天 12 h 计,冬夏运行天数各按 122 天计。各方案的设备使用寿命期按 10 年计算,该企业的基准投资收益率 10%。根据上述数据,进行设备选型。

表 12.12 三种冷热源设备方案能耗数据

方案	夏季日用电量/(kW·h)	冬季日用电量/(kW·h)	夏季日用气量/m³	冬季日用气量/m³
A	10 800	115	—	4 000
B	660	360	4 000	4 000
C	10 800	—	—	—

(1) 计算各方案的年运行费用

A:$10\ 800 \times 0.75 \times 122 + (115 \times 0.75 + 4\ 000 \times 1.8) \times 122$
  $= 1\ 877\ 123(元) = 188(万元)$

B:$(660 \times 0.75 + 4\ 000 \times 1.8) \times 122 + (360 \times 0.75 + 4\ 000 \times 1.8) \times 122$
  $= 1\ 850\ 130(元) = 185(万元)$

C:$10\ 800 \times 0.75 \times 122 + 34\ 000 \times 40 = 2\ 348\ 200(元) = 235(万元)$

(2) 计算各方案全寿命周期费用的现值

方案 A 的费用现值为 $PC_A = 772 + 188 \times \dfrac{(1+10\%)^{10}-1}{10\% \times (1+10\%)^{10}} = 1\ 927(万元)$

方案 B 的费用现值为 $PC_B = 940 + 185 \times \dfrac{(1+10\%)^{10}-1}{10\% \times (1+10\%)^{10}} = 2\ 076(万元)$

方案 C 的费用现值为 $PC_C = 746 + 235 \times \dfrac{(1+10\%)^{10}-1}{10\% \times (1+10\%)^{10}} = 2\ 190(万元)$

(3) 由于 A 方案的全寿命周期费用现值最小,所以应选择 A 方案。读者也可以计算各方案的年费用进行比较。

习 题

1. 查找相关资料,了解建设用地使用权取得过程,并分析目前我国城市建设用地的利用效率存在的问题。
2. 选择所在城市的几所高校校园选址,进行现场查勘和调查,比较它们之间优劣。

3. 从布局的效率性角度,对本校的校园规划布置模式进行分析,找到优点和缺点,提出新的构思方案,并说明新方案的经济性、合理性和高效性。
4. 搜集数据和资料,对高层住宅和多层住宅,从用户功能需求、土地利用率、施工费用、运行和维护费用等不同的角度进行对比分析。
5. 对某一住宅小区或住宅楼进行现场查勘、居民访谈或问卷调查,或者对学校的教学楼、宿舍、图书馆等建筑进行现场查勘,用价值工程的方法,分析该建筑物在功能设计上的合理性或不合理性。
6. 旧建筑再利用是一项有很大潜力的资源再利用的设计研究课题,近年来国外许多建筑师将自己的才能专注于旧建筑再利用的设计与研究上,出现了较多优秀的作品。例如,由法国总统密特朗亲自揭幕的巴黎奥尔塞艺术博物馆,就是由一座百年前建成的火车站改建而成的旧建筑再利用成功之作。西方国家已一改工业革命后大拆大建做法,很少拆除旧建筑,尽量将其利用。如英国国家资金用于新建与改建的比例已由 20 世纪 70 年代的 75∶25 提高到 90 年代的 50∶50。在互联网上搜集有关目前我国一些城市在建设中进行大拆大建的案例资料,对此问题展开讨论。
7. 试用价值工程方法对例 12.4 中的两方案进行比较。
8. 鑫城开发公司拟开发阳光鑫城住宅小区,其智能化系统的初步设计方案由有线电视、局域网综合布线、访客对讲、住户报警、周界防越(A)、电子巡更(B)、停车管理(C)、小区闭路电视(D)、背景音乐(E)、网络信息发布(F)等十个功能块组成。前四个功能为目前住宅智能化系统必备功能。后六个功能,按初步设计方案造价为 500 万元,考虑 20 年的长期运行费用现值为 500 万元,各功能块全寿命周期成本现值见表 12.13 所示。鉴于目前许多小区建设中存在的片面追求智能化系统的先进性而忽视其适用性和经济性的问题,鑫城公司相关部门拟组织价值工程小组,对后六个功能开展价值工程研究,并计划将全寿命周期总成本降到 800 万元。价值工程小组对各功能重要程度比较结果见表 12.13。

表 12.13 阳光鑫城住宅小区智能化系统的功能比较与成本

功能	功能重要性比较	各功能块全寿命期成本/万元
A	比 D、E、F 重要	100
B	与其他功能相比,都重要	120
C	比 A、D、E、F 重要	180
D	比 E、F 重要	300
E	比 F 重要	200
F	与其他功能相比,都不重要	100
合计		1 000

试对该小区的智能化系统进行价值分析,确定功能改进和成本改进对象及改进目标。
9. 例 12.7 中,假设冬夏季运行天数相等(冬夏季运行天数可以多于日历天数),且运行天数未确定,试分析在每年不同运行天数下各方案的经济性。

13 施工方案经济性分析

施工方案是在一项工程开工前所确定的,由建造施工的流向和顺序、施工阶段划分、施工方法和施工机械选择、安全施工设计及环境保护措施与方法等组成的施工技术文件,其主要内容包括编制依据、分项工程概况和施工条件、施工总体安排、施工方法工艺流程、质量标准及质量管理点与控制措施、安全与文明及环境保护措施等几个方面。施工方案制定过程中涉及多种不同方案的比较,如何选择合理的施工方案正是施工方案经济分析要解决的问题。施工方案可进一步分为施工组织方案和施工工艺方案两类,前者指施工总体安排方案,后者指其他的措施性方案。

13.1 施工方案的经济性内涵

13.1.1 施工方案的经济参数

施工方案经济参数的构成可以从施工企业和工程成本的组成来分析,根据《企业会计准则第 15 号——建造合同》,施工企业成本与工程成本构成及相互关系如图 13.1 所示。注意图中间接费用和管理费用的差异。

从图 13.1 的构成可以看出,生产费用(工程成本)的多少体现了工程的施工管理水平,它与施工方案直接相关,而期间费用的大小体现企业经营水平,与施工方案没有直接的关系,所以这里主要根据工程成本构成来分析施工方案的经济参数。

第一,施工工艺方案几乎直接决定了其他直接费用。在现行建筑安装工程费用项目构成中,其他直接费又称为措施费。各类施工措施方案(即施工工艺方案)选择,例如采用什么样的模板系统、脚手架方案、施工排水和降水设备等,都直接影响其他直接费用的高低。因此,施工工艺方案的比选是施工经济分析中的一项重要工作,是本章要阐述的主要内容。

第二,直接费中人工费和机械费的大小,一方面主要是由工程量的多少所决定,这取决于工程设计;另一方面,它们也与施工组织方案有直接关系,施工组织不当,会造成施工人员和施工设备的窝工和停工现象。不同的施工组织方案,在工程完成的工作量和施工设备占用时间上都有着差异。

第三,直接费中的材料费主要是由工程设计所决定的。但是,工程设计主要决定了材料费中的材料净用量,而材料在施工过程中损耗量与施工工艺方案直接相关,同时施工组织方案中有关材料的节约措施也影响到损耗量的高低。

第四,施工组织方案直接决定了间接费用。施工现场及项目经理部管理人员的多少、在工程上的工作量、差旅频率等都与施工组织方案优劣有直接关联。

可见,施工方案最主要的经济参数,一是工程的其他直接费用(措施费用);二是工程的间

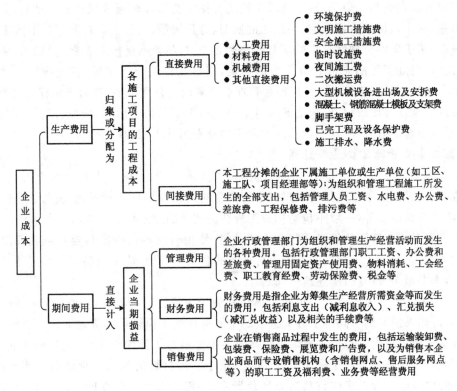

图 13.1 施工企业成本与工程成本构成及其相互关系

接费用。由此,可进一步分析影响工程经济性的施工方案技术参数。

13.1.2 影响工程经济性的施工方案技术参数

根据上述对施工方案的经济参数分析及施工方案内容的构成,影响工程经济性的施工方案技术参数可归纳为以下几个方面:

1) 施工总平面布置

施工总平面布置主要包括:(1)工程施工用地范围内地形和等高线、全部地上、地下已有和拟建的建筑物、构筑物及其他设施位置和尺寸及坐标网;(2)为整个项目施工服务的生产性施工设施和生活性施工设施布置;(3)建设项目施工必备的安全、防火和环境保护设施布置。

施工总平面布置影响施工占地大小、场内运输费用多少、专业工种交叉作业的复杂程度、施工速度快慢及各类临时设施的需要数量等,其优劣程度从施工占地总面积、场地利用率、施工临时设施建造费用、施工道路长度和施工管网长度等方面进行衡量。

2) 施工工期

施工工期是从正式开工起至完成承包工程全部设计内容并达到国家验收标准的全部有效天数。一方面,施工工期是工程建设单位所关心的建设施工参数,它关系到企业新增生产能力动用计划的完成和经济效益的发挥;另一方面,施工工期也是施工企业所关心的重要核算指标,它的长短直接影响施工企业的经济效益。这里主要从后者的角度进行分析。

施工工期直接影响场地内周转使用的模板、支架、脚手工具、施工机械、临时房屋等周转利用效率,并间接影响到现场管理费用、企业管理费用甚至财务费用。显然,工期越长,相应的管理费用和财务费用越高。但是，短于合理工期的安排又会增加模板等周转材料的占用量、施工机具的数量、施工人员的占用量、夜间施工的照明、灯具摊销、夜班工资补贴等赶工措施费用。

可见，施工工期的合理性是影响工程经济性的施工方案重要技术参数。尽管在实践中业主的招标文件对施工工期通常有着明确的规定，但是从施工企业来说，首先应按正常施工条件、合理的劳动组织及自身的技术装备和管理水平来确定合理工期，然后将招标文件所规定的工期与合理工期进行比较，采取合适的应对策略。如果前者长于后者，应按合理工期进行施工部署；如果前者短于后者，应计算出相应的赶工措施费用计入工程报价中。

3）施工主要资源需要量及计划

广义的施工资源包括施工材料、施工机具设备、施工资金、施工人员等四个方面的资源。这里所说的施工资源，主要包括施工过程中所需要的周转性工具和材料，如模板、卡具、支撑材料等，及施工机械设备等，一般不包括构成工程结构实体的建筑材料与工程设备。

施工方案对施工资源的规格、型号、占用总量、使用时间等的确定将会影响到资源使用效率或租赁费用，也与施工工期之间有着不可分割的联系。其中，施工设备对工程经济性的影响程度最大，本书第14章专门阐述这一问题。

另外，还需注意下面三点：(1)尽管主体结构施工方案经济分析不考虑工程实体材料资源消耗量，但是如果预见到不同施工方案造成的主体材料施工损耗量差异较大时，损耗量应考虑在施工方案比较范围内；(2)一些装饰工程需要施工方案对工程的深化设计，如墙体面砖工程，是采用水泥砂浆粘贴工艺还是采用干挂工艺。由于实体材料的使用类型及数量都有差异，使施工方案的比较必须考虑实体材料的差异及费用，并需要考虑保修期间的维修费用；(3)不同施工方案引起的施工过程中消耗的能源（如水、电、油等）也存在着差异，这一问题将在第14章中施工设备方案经济性分析中进行讨论。

4）劳动消耗量

建筑业是劳动密集型行业，劳动消耗是建筑企业考核经济效果的重要指标。在英、美、德、日等发达国家，一般建筑工程中人工费占直接费的40%～60%，由于我国的劳动工资水平较低，这一比例一般在10%～15%。但近年来随着劳动力工资水平的快速上升，估计这一比例目前已经达到18%～20%。尽管劳动力资源属于广义的施工资源，考虑到其重要性，在施工方案比较中将作为独立的一个部分进行分析。

劳动消耗量指标包括施工总工时数、月或周平均工时数、施工高峰期日工时数及各类工种工人需要量及需要计划等。总工时数主要是由工程实体工程量所决定的，但是较好的施工组织方案将能提高工人的劳动效率，减少窝工现象，节约劳动消耗量。现场劳动力需要量的均衡性还将减少现场配套的服务设施（如宿舍、食堂等）数量和服务人员雇佣数量。

13.1.3 施工方案的综合效益观

施工过程是将建筑物由图纸变成现实的过程，是一个工程项目成功与否的关键阶段。但怎么样才算一个成功的工程项目？对不同的项目类型，在不同的时候，从不同的角度（不同的项目参加者），就有不同的认识标准。但成功的项目标准应包含着项目的相关者对项目的总体要求和期望，包含着社会、环境、历史对工程项目的要求。站在一个项目的建造者的角度，去组织施工，选择施工方案时，它的成功至少必须满足如下几个条件：

(1) 提交的最终可交付成果应能够满足预定的使用功能要求（包括功能、质量、工程规模、技术标准等),达到预定的生产能力或使用效果(预定要求的产品或服务),能经济、安全、高效率地运行,并提供完备的运行条件。

(2) 在预算费用(成本或投资)范围内完成,尽可能地降低费用消耗,减少资金占用,保证项目的经济性要求。

(3) 在预定的时间内按计划、有秩序、顺利地完成项目的建设,不拖延,没有发生事故或其他损失,较好地解决项目过程中出现的风险、困难和干扰,及时地实现投资目的,达到预定的项目总目标和要求。

(4) 项目相关者各方面都感到满意。特别能为使用者(顾客或用户)接受、认可,投资者、承包商获得应得的利益,同时又照顾到社会各方面的利益。

(5) 与环境协调,即项目能为它的上层系统所接受,这里包括:①与自然环境的协调,没有破坏生态或恶化自然环境,具有良好的审美效果;②与人文环境的协调,没有破坏或恶化优良的文化氛围和风俗习惯;③项目的建设和运行与社会环境有良好的接口,为法律允许,或至少不能招致法律问题,有助于社会就业、社会经济发展;④合理、充分、有效地利用各种自然资源等。

由此可见,施工方案的成功应是经济、社会与环境等三种效益的综合最优。同时,充分考虑施工方案的综合效益也是项目实施主体——建筑企业的竞争力的体现。建筑企业在履行保护环境、节约资源的社会责任的同时,也节约企业自身的成本,促使工程项目的管理更加科学合理。建筑企业在工程建设过程中,注重环境保护,必然树立良好的社会形象,形成潜在的效应。施工方案对建筑企业经营过程中产生三种效益起了决定性的作用。

1) 经济效益

对于建筑企业来说,承建一个项目的重要出发点就是如何获得最佳的经济效益。施工方案的选择则起到关键性的作用,一个好的施工方案的选取,将在工程项目的进度、成本等不同方面直接得到反映,并间接给企业带来巨大的效益。我们常常对施工方案从技术性指标(如,模板方案中的模板型号、模板尺寸、模板单件重等)、消耗性指标(如,工程施工成本、主要资源需要量等)和效果(效益)性指标(如,施工工期、成本降低额等)等方面进行技术经济分析,以获得一个经济效益最佳的施工方案。

2) 社会效益

施工方案所要考虑的社会效益主要集中在避免对于周边居民的生活干扰,减少难再生资源的占用以及防止由于施工产生社会群体性事件等方面。在施工方案的制订和选择时可考虑避开休息时间施工、建立可再利用水的收集利用系统、临时设施的占地面积在合理的前提下达到最小、注重人员安全与健康管理等方面。

3) 环境效益

施工过程是环境污染的高发阶段,对于施工过程中产生的扬尘、噪声和振动、光污染、水污染、建筑垃圾、地下设施与资源保护和文物保护等环境负效应现象都提出可相应的控制方法。因此在施工方案的制订和选择时应予以充分的考虑,防止产生较大的负外部性效应,提高工程经济性的环境效益。

13.1.4 绿色施工

长期以来,建筑业维系着粗放型增长模式,整个行业对资源和能源的依赖性较强,消耗性过高、环境保护不够。据有关资料统计，建筑业耗用了人类从自然界中获取原材料的50%以上，消耗了全球可利用能源的50%左右，建筑施工污染比例占到了空气污染、光污染、电磁污染等各种污染总和的34%，并排放出了相当于人类活动垃圾40%的建筑垃圾。20世纪90年代后，随着可持续发展理论的提出和发展，人们开始重新审视传统施工技术，"绿色施工"的概念提了出来。

绿色施工技术并不是独立于传统施工技术的全新技术，而是将"绿色方式"作为一个整体运用到施工中去，将整个施工过程作为一个微观系统进行科学的绿色施工组织设计。绿色施工技术除了包括若干年来政府在施工工地监管中所要求的文明施工、封闭施工、减少噪音扰民、减少环境污染、清洁运输等外，还包括减少场地干扰、尊重基地环境，结合气候施工，节约水、电、材料等资源或能源，环保健康的施工工艺，减少填埋废弃物的数量，以及实施科学管理、保证施工质量等。"绿色施工"中许多做法，如减少施工扰民、降低施工噪音等主要是施工企业迫于政府的强制性的规定和处罚措施及民众的压力，而"绿色施工"转变为企业自觉和自主地追求。由此可见，"绿色施工"更多的是倡导一种新的行业发展理念，也是施工方案经济性综合效益观的集中体现。

为推动绿色施工的发展，国家建设部于2007年发布《绿色施工导则》（建质〔2007〕223号文），明确了绿色施工作为绿色建筑全寿命周期的重要阶段，要求以节约资源和保护生态环境为目标，对工程项目施工采用的技术和管理方案进行优化，并严格实施，确保施工过程安全和高效，产品质量严格受控的方式方法。具体地说，就是在保证质量和安全等基本要求的前提下，通过科学管理和技术进步，做到节能、节地、节水、节材和环境保护。所以，"绿色施工"不再只是传统施工过程所要求的质量优良、安全保障、施工文明等，也不再是被动地去适应传统施工技术的要求，而是从生产的全过程出发，依据"四节一保"的理念，去统筹规划施工全过程，改革传统施工工艺，改进传统管理思路，努力实现施工过程中低耗、增效和环保效果的最大化。

从上面分析中可以看出，绿色施工方案除了目前施工方案中包括的文明施工、安全施工、环境保护、健康与卫生保护等措施之外，还应具备下面一些措施方案：

1) 减少场地干扰、尊重基地环境

工程施工过程会严重扰乱场地环境，这一点对于未开发区域的新建项目尤其严重。场地平整、土方开挖、施工降水、永久及临时设施建造、场地废物处理等均会对场地上现存的动植物资源、地形地貌、地下水位等造成影响；还会对场地内现存的文物、地方特色资源等带来破坏，影响当地文脉的继承和发扬。因此，施工中减少场地干扰、尊重基地环境对于保护生态环境，维持地方文脉具有重要的意义。

相应的措施方案应包括：(1)明确场地内要保护的区域和植物等及相应的保护措施；(2)提出在满足施工要求的前提下减少清理和扰动的区域面积、减少临时设施、减少施工用管线的方案；(3)合理的仓储等临时设施布置方案，尽量减少施工场地占用面积、减少材料和设备的搬动；(4)废物处理和消除措施，尽量减少或消除废物回填或填埋对场地生态和环境的影响；(5)场地与周边居民及公众的隔离措施。

2) 结合气候

在选择施工方法和施工机械、安排施工顺序、布置施工场地时，应结合气候特征，可以减少因为气候原因而带来的额外施工措施费及资源和能源用量的增加；可以减少因为额外措施对施工现场及环境的干扰；可以有利于施工现场环境质量品质的改善和工程质量的提高。

相应的措施应包括:(1)尽可能合理的安排施工顺序,使会受到不利气候影响的施工工序能够在不利气候来临前完成。例如,在雨季来临之前,完成土方工程、基础工程的施工,以减少地下水位上升对施工的影响,减少其他需要增加的额外雨季施工保证措施。(2)安排好全场性排水和防洪,减少对现场及周边环境的影响。(3)施工场地布置应结合气候,符合劳动保护、安全、防火的要求。例如,产生有害气体和污染环境的加工场地及易燃的设施应布置在远离居民区的下风向。

3)节水、节电、节约材料

减少资源的消耗、节约能源、保护水资源是绿色施工的基本要求。施工方案相应的措施应包括:(1)水资源的节约利用。通过监测水资源的使用,安装小流量的设备和器具,在可能的场所重新利用雨水或施工废水等措施来减少施工期间的用水量。(2)节约电能。通过监测利用率,安装节能灯具和设备,利用声光传感器控制照明灯具,采用节电型施工机械,合理安排施工时间等降低用电量。(3)减少材料的损耗。确定精确的采购量,采取合理的现场保管方案,减少材料的搬运次数,减少包装,完善操作工艺,增加摊销材料的周转次数,降低材料在使用中的消耗,提高材料的使用效率。(4)可回收资源的利用。一是使用可再生的或含有可再生成分的产品和材料,减少自然资源的消耗;二是在施工现场建立废物回收系统,尽量重复利用废旧物,减少施工中材料的消耗量,减少废旧物运输或填埋垃圾的能源消费。

13.2 施工方案比较过程与方法

工程施工所涉及的方案众多,常见的如水平运输方案、垂直运输方案、构件吊装方案、基坑支护方案、混凝土浇注与运输方案、模板方案、脚手架方案、现场平面布置方案、劳动力调配方案、现场机械设备调度方案、施工流水作业方案等。这些方案的比较选择,一般常见的问题和简单的工程,可由施工管理人员根据经验迅速地做出选择,而对于复杂的施工方案,需要进行分析、评价与比较,才能做出正确的选择。

13.2.1 施工方案比较分析的基本过程

施工方案比较与分析的基本过程如下:

(1)拟定若干可行方案。如果只有唯一可行的方案,则无法进行对比和鉴别,更不能确定其优劣。因此,必须拟定两个或两个以上技术上可行、施工质量达到合同或规范要求的施工方案作为评价对象。

(2)建立评价指标体系。根据工程的特征,选择和确定能全面反映施工方案基本特征的技术、经济和效果等方面的主要指标进行评价。

(3)计算、分析各项指标。在确定了对比方案的评价指标以后,应对各方案的指标值进行分析计算。计算时要求数据可靠,各方案间具有可比性,即计算时应采用统一的计算规则、方法和计量单位。

(4)综合分析、评价与选择。在对各个方案的各项指标进行分析的基础上,再对整个指标体系进行综合分析、评价,排列出方案的优劣顺序,并优选出总体效果最好的方案。

13.2.2 施工方案比较的基本方法

施工方案比较与选择的基本方法采用本书前几章介绍的一些方法,归纳起来有如下几种:

1) 多指标综合评价法

多指标综合评价法根据评价指标体系,对于具体方案选择多个指标进行综合的评价。通常以其中的一个或两个指标为主,再综合考虑其他因素来确定最优方案。如基坑支护方案,既要考虑到采用这种方案的施工安全性和方便性,也要考虑到经济性。

2) 单指标评价法

施工方案的比选中,经常用的是单指标评价法,即根据一个单一的效益性指标或者费用性指标比较方案的优劣,其中以最小费用法用得最多。另外,由于施工方案的寿命期通常较短(一般一个合同的工期多在1~2年之内),所以施工方案比较时,通常不考虑资金的时间价值,以静态比较方法为主,在13.3.3中专门阐述。

3) 价值工程方法

价值工程方法作为一个方便实用的经济分析方法,在施工方案的经济分析中也得到了较好的应用。利用价值工程方法,可对建筑材料、构配件及周转性工具材料的代换进行价值分析,也可直接用于方案的经济比较。

【例 13.1】 某厂贮配煤槽筒仓是我国目前最大的群体钢筋混凝土结构贮煤仓之一,其由 3 组 24 个直径为 11 m,壁厚 200 mm 的圆柱形薄壁连体仓筒组成。工程体积庞大,地质条件复杂,施工场地狭小,实物工程多,结构复杂。设计储煤量为 4.8 万吨,预算造价近千万元,为保证施工质量,按期完成施工任务,承建施工单位拟对施工方案进行比较并优化。

(1) 对象选择

工程主体由 3 个部分组成:地下基础、地表至 16 m 的框架结构并安装钢漏斗及 16 m 以上的底环梁和筒仓。对这三部分主体工程就施工时间、实物工程、施工机具占用、施工难度和人工占用等指标进行测算,确定每个指标各部分所占的百分率(表 13.1),可见筒仓工程在各指标中占据较大比重。

表 13.1 筒仓工程各部分的各项指标值   单位:%

工程	指标				
	施工时间	实物工程	施工机具占用	人工占用	施工难度
地下基础	15	12	11	17	5
框架结构、钢漏斗	25	34	33	29	16
底环梁、筒仓	60	54	56	54	79

能否如期完成施工任务的关键在于能否正确处理筒仓工程面临的问题,能否选择符合本企业技术经济条件的施工方法。总之,筒仓工程是整个工程的主要矛盾,要全力解决。决定以筒仓工程为研究对象,以优化筒仓工程施工组织设计。

(2) 功能分析

① 功能定义:筒仓的基本功能是提供储煤空间,其辅助功能主要为方便使用和美观外形。

② 功能整理:在筒仓工程功能定义的基础上,根据筒仓工程内在的逻辑联系,采取剔除、合并、简化等措施对功能定义进行整理,绘制出筒仓工程功能系统图,如图 13.2 所示。

(3) 功能评价和方案创造

根据功能系统图可以明确看出,施工对象是混凝土筒仓体。在施工阶段运用价值工程不同于设计阶段运用价值工程,重点不在于如何实现储煤空间这个功能,而在于考虑怎样实现。这就是说,采用什么样的方法组织施工、保质保量地浇灌混凝土筒仓体,是价值工程编制施工组织设计中所要解决的中心问题。根据"质量好、时间短、经济效益好"的原则,由工程技术人员、施工人员、管理人员所组成的评审小组初步建立了滑模、翻模、大模板和合同转包等4个方案,在此基础上做进一步的技术经济评价。

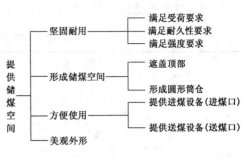

图 13.2 筒仓工程功能系统图

(4) 施工方案评价

评审小组采用"给分定量法"对方案的施工便利性进行评价,评价结果见表13.2。

表 13.2 筒仓工程施工方案的施工便利性评价表

方案评价			方案			
指标体系	评分等级	评分标准	滑模	翻模	大模板	合同转包
施工平台	1. 需要制作 2. 不需要制作	0 10	0	10	10	10
模板	1. 制作作用模板 2. 使用标准模板 3. 不需制作模板	0 10 15	0	10	0	15
千斤顶	1. 需购置 2. 不需购置	0 10	0	10	10	10
施工人员	1. 少工种少人员 2. 多工种多人员 3. 无须参加	10 5 15	10	5	5	15
施工准备时间	1. 较短 2. 中等 3. 较长 4. 无须准备	15 10 5 20	5	15	10	20
受气候、机械等影响	1. 较大 2. 较小 3. 不受影响	5 10 15	5	10	10	15
施工时间	1. 保证工期 2. 拖延工期	10 0	10	0	0	0
施工难度	1. 复杂 2. 中等程度 3. 简单 4. 无难度	5 10 15 20	5	15	10	20
合计			35	75	55	105

从施工便利性的评价结果来看,合同转包方案得分最高,其次为翻模和大模板施工方案。但是,鉴于该工程施工的复杂性,需要进一步结合其他指标对方案进行综合评审。评审小组确

定了综合评审的指标,利用给分定量法进行打分(表 13.3)。

表 13.3 筒仓工程施工方案的综合评价表

指标体系	方案评价		方案			
	评分等级	评分标准	滑模	翻模	大模板	合同转包
技术水平	1. 清楚	10	10	10	10	
	2. 不清楚	5				5
材料消耗	1. 可控性强	10	10	10	10	
	2. 可控性差	5				5
施工成本	1. 较高	5				5
	2. 较低	10	10	10	10	10
施工质量	1. 易保证	10	10	10	10	
	2. 难保证	5				5
安全生产	1. 可避免事故责任	10				10
	2. 尽量避免事故责任	5	5	5	5	
同类工程施工经验	1. 增加	10	10	10	10	
	2. 没有增加	5				5
合计			55	55	55	35

表 13.3 比较结果表明,虽然合同转包方案对施工总承包方来说比较方便,但合同转包方案在技术水平、材料消耗量控制、工程质量保证等方面施工总承包方不具备优势,同时考虑企业未来在这一工程类型施工业务的拓展需要,权衡利弊,最终选择"翻模施工方案"。

这一选择还可以通过价值分析方法得以证实,如表 13.4 所示。合同报价中筒仓主体结构施工成本为 600 万元,以其作为目标成本,并测算各方案的施工成本,计算各方案的价值指数。可见,翻模方案的价值指数最高,为最优方案。

表 13.4 各方案预算成本及价值指数表

方案	目标成本/万元	测算成本/万元	价值指数
滑模	600	>715.90	<0.838
翻模		630.30	0.952
大模板		660.70	0.908
合同转包		>750.00	<0.800

(5) 翻模施工方案的进一步优化

即使采用翻模施工方案,其测算成本也超过了报价成本,且翻模施工方案还存在多工种、多人员作业和总体施工时间长的问题,适宜用价值工程方法作进一步优化。

经分析,该方案的水平运输和垂直运输使大量人工耗用在无效益的搬运上,为减少人工耗用,有以下几种途径:①成本不增加,人员减少;②成本略有增加,人员减少而工效大大提高;

③成本减少,人员总数不变,提高工效。

根据以上途径,相应提出三个改进方案:

方案 A:单纯减少人员;

方案 B:变更施工方案为单组流水作业;

方案 C:采用双组流水作业。

对以上三方案采用给分定量法进行评价,方案 C 为最优,即采用翻模施工双组流水作业,在工艺上采用二层半模板和二层角架施工。

(6) 效果评价

通过运用价值工程,使该工程施工方案逐步完善,施工进度按计划完成,产值小幅增加,利润提高,工程质量好,被评为全优工程。从降低成本方面看,筒仓工程实际成本为 577.2 万元。与原滑模施工方案相比节约 138.7 万,与大模板施工方案相比节约 83.5 万元,与合同转包方案相比节约 172.8 万元,与翻模施工方案相比节约 53.1 万元,降低率为 8.4%,与目标成本相比下降 22.8 万元,降低成本率为 3.8%,成效显著。

13.2.3 施工方案比较常用的静态分析方法

复杂的工程或施工难度大的施工方案比选需要采用多指标综合评价和价值工程等方法。实践中所遇到的大多数是一些比较简单的、单一的施工工艺方案,而且通常施工期较短,所以一般采用指标比较方法,即只是比较费用的大小且采用静态分析方法。常用的静态分析方法有增量投资收益率法、折算费用法、优劣平衡分析法等。

1) 增量投资收益率法

增量投资收益率就是增量投资所带来的经营成本(或生产成本)上的节约与增量投资之比。计算公式为

$$R_{(2-1)} = \frac{C_1 - C_2}{I_2 - I_1} \times 100\% \tag{13.1}$$

式中:$R_{(2-1)}$——增量投资收益率;

I_1——投资小的施工方案投资额;

I_2——投资大的施工方案投资额;

C_1——投资大的施工方案的单位工期或单位产量经营成本(或生产成本);

C_2——投资小的施工方案的单位工期或单位产量经营成本(或生产成本)。

当 $R_{(2-1)}$ 大于或等于单位工期或单位产量的基准收益率时,应选择投资大的施工方案;否则,应选择投资小的施工方案。

2) 折算费用法

折算费用法就是将施工方案的投资额折算为单位工期或单位产量的费用。计算公式为

$$Z_j = C_j + P_j \cdot R_c \tag{13.2}$$

式中:Z_j——第 j 方案的折算费用;

C_j——第 j 方案的单位工期或单位产量经营成本(或生产成本);

P_j——第 j 方案的投资额;

R_c——单位工期或单位产量的基准收益率。

在多方案比较时,可选择折算费用最小的方案,即 $\min\{Z_j\}$ 为最优方案。

3) 优劣平衡分析法

当方案的产量(有用成果)不确定时,可采用第 4 章所述的优劣平衡分析法,用数学解析方法进行方案的选择。

假设两个方案,分别测算出各方案的固定成本(不随产量变化而变化的成本,如折旧费、租赁费等)和单位产品的可变成本(随产量变化而变化的成本,如原材料费、燃料动力费等),各方案总成本的计算式为

$$\begin{cases} C_1 = C_1^f + C_1^v Q \\ C_2 = C_2^f + C_2^v Q \end{cases} \tag{13.3}$$

式中:C_j——第 j 方案的总成本,$j=1,2$;

C_j^f——第 j 方案的固定成本,$j=1,2$;

C_j^v——第 j 方案的单位产品变动成本,$j=1,2$;

Q——产品产量或需求量。

如果 $C_1^f > C_2^f$,且 $C_1^v < C_2^v$,或反之,则必可找到两个函数曲线的交点

$$Q_{1,2} = \frac{C_1^f - C_2^f}{C_2^v - C_1^v}$$

由优劣平衡分析法可知,$Q_{1,2}$ 为优劣平衡分歧点,根据产量(需要量)在 $(0, Q_{1,2})$ 区域或在 $(Q_{1,2}, \infty)$ 区域,选择曲线最低的方案为最优方案。类似的,该方法可用于更多个方案的比较。

【**例 13.2**】 某施工单位承担了某大型工程施工任务,主体结构工期为 10 个月。对该工程的混凝土供应提出了两个方案:

(A) 现场搅拌混凝土方案

a. 现场建一个搅拌站,初期一次性建设费用,包括地坑基础、骨料仓库、设备的运输及装拆等费用,总共 100 000 元;

b. 搅拌设备的租金与维修费为 22 000 元/月;

c. 每立方米混凝土的制作费用,包括水泥、骨料、添加剂、水电及工资等总共为 270 元。

(B) 商品混凝土方案

由某构件厂供应商品混凝土,送到施工现场的价格为 350 元/m³。

问采用哪个方案有利?

解:设混凝土总需求量为 x m³,则各方案的总成本为

$$\begin{cases} C_A = 100\,000 + 22\,000 \times 10 + 270x = 320\,000 + 270x \\ C_B = 350x \end{cases}$$

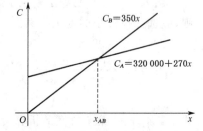

图 13.3 例 13.2 两方案的优劣平衡分析图

画出优劣平衡分析图,如图 13.3 所示。

由 $C_A = C_B$,计算优劣平衡点

$$x_{AB} = \frac{320\,000}{350-270} = 4\,000(\mathrm{m}^3)$$

则,当混凝土需求总量低于 4 000 m³ 时,应选 B 方案;当混凝土需求总量高于 4 000 m³ 时,应选 A 方案。

13.3 施工工艺方案的经济性分析比较

施工工艺方案包括分部(项)工程的施工方法和施工措施方案,如主体结构工程、基础工程、垂直运输、水平运输、构建安装、大体积混凝土浇筑、混凝土输送及模板、脚手架等。

13.3.1 施工工艺方案的技术经济评价指标

主要的技术经济评价指标有:

1) 技术性指标

技术性指标是指各种技术性参数。如模板方案的技术性指标有:模板型号数、模板的尺寸、模板单件重等。

2) 消耗性指标

消耗性指标主要反映为完成工程任务所必需的劳动消耗,包括费用消耗指标、实物消耗指标及劳动消耗指标等。主要有:

(1) 工程施工成本。一般应用直接费成本进行分析评价,形式上可用总成本、单位工程量成本或单位面积成本等。

(2) 主要施工机械设备的选用及需要量。包括配备型号、台数、使用时间、总台班数等。

(3) 施工中主要资源需要量。包括施工设备所需的工具与材料(如模板、卡具等)资源、不同施工方案引起的结构材料消耗的增加量、不同施工方案能源消耗量(如电、燃料、水等)。

(4) 主要工种工人需要量和劳动消耗量。包括总需要量、月或周平均需要量、高峰需要量等。

3) 效果(效益)性指标

(1) 工程效果指标

① 工程施工工期。具体可用总工期、与工期定额相比的节约工期等指标。

② 工程施工效率。可用进度实物工程量表示,如土方工程可用 m³/月(m³/周、m³/台班、m³/工日或 m³/小时等)表示。

(2) 经济效果指标

① 成本降低额或降低率。即实施该施工工艺方案后所可能取得的成本降低的额度或程度。

② 材料资源节约额或节约率。即实施该施工工艺方案后材料资源的可能节约额度或程度。

4) 其他指标

这是指上述 3 类指标之外的其他指标,如采用该工艺方案后对企业的技术装备、素质、信誉、市场竞争力和专有技术拥有程度等方面的影响。这些指标可以是定量的也可以是定性的。

13.3.2 主要施工工艺方案的经济性策略

1) 模板工程方案的经济性策略

模板工程是支撑现浇筑混凝土的整个系统,对工程施工质量和工程成本影响较大。有统计数据表明,模板工程费用约占结构工程费用的30%,劳动量约占50%。常用的模板体系及技术经济特点对比分析如下:

(1) 木模板。木材来源广泛,锯截方便,最早被人们用作模板工程材料。木模板主要优点是制作拼装随意,尤其适用于浇筑外形复杂、数量不多的混凝土结构或构件。此外,因木材导热系数低,混凝土冬期施工时,木模板具有一定的保温养护作用。

(2) 钢模板。我国森林资源贫乏,木材供应短缺,"以钢代木",用钢作为模板材料具有特别意义。组合钢模板是施工企业拥有量最大的一种钢模板。组合钢模板由钢模板及配件两部分组成。组合钢模板具有组装灵活、通用性强、安装工效高等优点,在使用和管理良好的情况下,周转使用次数可达100次。但一次性投资费用大。

(3) 胶合板模板。胶合模板是国际上在土木工程施工中用量较大的一种模板材料。胶合板模板具有表面光滑,容易脱模;锯截方便,不翘曲、不开裂、开洞容易;模板强度和刚度较好,使用寿命较长,周转次数可达20~30次以上;材质轻,适宜加工大面积模板,板缝少,能满足清水混凝土施工的要求等优点。它在我国是具有发展前途的一种新型模板。

(4) 塑料与玻璃钢模板。优点是质轻,易于加工成小曲率的曲面模板;缺点是材料价格偏高,模板刚度小。塑料与玻璃钢盆式模板主要用于现浇密肋楼板施工。

(5) 新型模板体系。现浇混凝土结构施工,模板支撑配置量大,占用时间长,装拆劳动量大。因此,加快模板支撑周转使用,采用大面积工具式模板支撑,整块安装、整块拆除,能加快施工速度,减少现场作业量,降低工程施工费用。大模板、滑动模板、爬升模板、台模、早拆模板等正是能满足上述要求的新型模板体系,其中大模板,滑动模板以及爬升模板用于垂直结构的快速施工;台模和早拆模板用于水平结构的快速施工。

模板工程方案比较与评价的关键指标有:

① 安装质量。应保证成型后混凝土结构或构件的形状、尺寸和相互位置的正确;模板拼装严密,不漏浆;构造要简单、装拆要方便,并便于钢筋绑扎和安装以及符合混凝土浇筑养护要求;有特殊要求的混凝土结构,如清水混凝土,模板应符合平整、光洁等要求。

② 安全性。要有足够的承载能力、刚度和稳定性。保证在施工过程中,在各类荷载作用下不破坏、不倒塌,变形量在容许范围内,结构牢固稳定,同时确保工人操作的安全。

③ 经济性。要结合工程结构的具体情况和施工单位的具体条件,进行技术经济比较,择优选用模板方案。在确保工期、质量的前提下,能够快速拆装,多次周转,减少模板的支拆用具,减轻模板结构自重,做到节约模板费用。

2) 桩基础工程施工方案的经济性策略

常用桩基础工程施工方案及技术经济特点对比分析如下:

(1) 混凝土预制桩。混凝土预制桩是一种先预制桩构件,然后将其运至桩位处,用沉桩设备将它沉入或埋入土中而成的桩。其技术经济特点是混凝土预制桩桩身质量易保证,能承受较大的荷载,坚固耐久;施工机械化程度高,施工速度快,且不受气候条件变化的影响,是工程广泛应用的桩型之一。常用的有混凝土实心方桩和预应力混凝土空心管桩。

（2）钻孔灌注桩。钻孔灌注桩是指利用钻孔机械钻出桩孔，并在孔中浇筑混凝土（或先在孔中吊放钢筋笼）而成的桩。根据钻孔机械的钻头是否在土壤的含水层中施工，又分为泥浆护壁成孔和干作业成孔两种施工方法。其技术经济特点是两种成孔方法的灌注桩均具有无振动、无挤土、噪声小、对周围结构物的影响小等特点，适宜在硬的、半硬的、硬塑的和软塑的黏性土中施工。但是，其承载力较低，沉降量也大。

（3）沉管灌注桩。沉管灌注桩是指用锤击或振动的方法，将带有预制混凝土桩尖或钢活瓣桩尖的钢套管沉入土中，待沉入规定的深度后，立即在管内浇筑混凝土或管内放入钢筋笼后再浇筑混凝土，随后拔出钢管套，并利用拔罐时的冲击或振动使混凝土捣实成桩。其技术经济特点是施工设备较简单，桩长可以随实际地质条件确定，经济效果好，尤其在有地下水、流沙、淤泥的情况下，可使施工大大简化。但其单桩承载能力低，在软土中易产生颈缩。

（4）人工挖孔灌注桩。人工挖孔灌注桩（简称人工挖孔桩）是以硬土层作为持力层，以端承力为主的一种基础形式，其直径可达 1～3.5 m，桩深 60～80 m。人工挖孔桩采用人工挖掘方法进行成孔，然后安放钢筋笼，浇筑混凝土而成的桩。其技术经济特点是单桩承载力高，受力性能好，既能承受垂直荷载，又能承受水平荷载；设备简单，无噪声、无振动，对施工现场周围原有建筑物的危害影响小；经济效益好，挖孔桩要比钻孔桩单位造价节约 30% 以上，造价较低；施工场地条件要求较低，施工准备时间短，可同时多孔开挖。但其缺点是人工耗量大，开挖效率低，安全操作条件差等。

桩基础施工方案评价的关键指标包括：

① 成桩质量。保证桩具有足够的承载力，平面位置或垂直度必须符合施工规范要求。

② 环保要求。施工时，尽量减少对周围建筑物的影响。噪声、振动控制在一定范围以内，不影响周围居民的正常生活。

③ 经济性。根据工程地质条件，进行技术经济比较，在确保质量、环保的前提下，选择成本费用低，成桩速度快的桩型。

3) 土壁支护工程方案的经济性策略

开挖基坑（槽）或管沟时，如果地质和场地周围条件允许，采用放坡开挖，往往是比较经济的。但在建筑物密集地区施工，有时没有足够的场地按规定的放坡宽度开挖，或有防止地下水渗入基坑要求，或深基坑（槽）放坡开挖所增加的土方量过大，此时需要用土壁支护结构来支撑土壁。常用的土壁支护工程方案及技术经济特点对比分析如下：

（1）板桩支护。板桩是一种支护结构，可用于抵抗土和水所产生的水平压力，既挡土又挡水（连续板桩）。当开挖的基坑较深，地下水位较高且有可能发生流沙时，如果未采用井点降水方法，则宜采用板桩支护，防止流沙产生。在靠近原建筑物开挖基坑（槽）时，为了防止原有建筑物基础下沉，通常也可采用板桩支护。

（2）灌注桩支护。用灌注桩作为深基坑开挖时的土壁支护结构具有布置灵活、施工简便、成桩快、价格低等优点。灌注桩施工可采用人工挖孔灌注桩、干挖孔灌注桩、钻孔（泥浆护壁）灌注桩、螺旋钻孔灌注桩、沉管灌注桩等。将灌注桩连续排列成一种连续式挡土结构，当排列紧密时可起防渗作用，从而不需要井点降水，挡土挡水一次完成。

（3）深层搅拌桩支护。深层搅拌桩是加固饱和软黏土地基的一种方法，它利用水泥、石灰等作为固化剂，通过深层搅拌机械就地将软土和固化剂强制搅拌，利用固化剂和软土间所产生的物理化学反应，使软土硬结成具有整体性、水稳定性和一定强度的地基。当用作支护结构时,可作为重力式挡土墙,利用其自身重量挡土,同时,连续搭接形成的连续结构可兼作止水结构。深层搅拌桩不适用于含有大量砖瓦的填土、厚度较大的碎石土、硬塑及硬塑以上的黏性土和中密及中密以上的砂性土。

土壁支护工程方案评价的关键指标有:

① 质量要求。支护结构必须牢固可靠,平面位置或垂直度必须符合施工规范要求,位移偏差量在一定范围内。

② 安全性。减少或消除对相邻已有建筑物等的不利影响,支护结构要有足够的承载能力、刚度和稳定性,保证施工过程中支护结构在各类荷载作用下不破坏、不倒塌,变形量在容许范围内,并确保施工操作人员的安全。

③ 经济性。根据工程地质条件,选择施工成本低、速度快的方案,且便于后续工作的展开。

4)脚手架工程方案的经济性策略

脚手架是在施工现场为安全防护、工人操作以及解决少量上料和堆料而搭设的临时结构架。脚手架搭设方案选择合适与否,将直接影响到工程进度、质量、安全及经济效益。常用的脚手架工程方案及技术经济对比分析如下:

(1)落地式脚手架。落地式脚手架搭设在结构物外围地面上,主要搭设方法为立杆双排搭设。因受立杆承载力限制,所以该脚手架搭设高度多控制在 40 m 以下。在房屋砖混结构施工中,该脚手架兼作砌筑、装修和防护之用;在多层框架结构施工中,该脚手架主要作装修和防护之用。此种形式对建筑物形成全封闭施工,安全性较好,但材料用量大,占用时间长,且费工费时。

(2)型钢悬挑脚手架。型钢悬挑脚手架是搭设在建筑物外边缘向外伸出的悬挑结构上(一般采用槽钢或工字钢),脚手架荷载由悬挑结构传递到建筑物上。此种形式将建筑物分成若干个高度段向上倒换搭设成部分封闭形式,较全封闭施工可节省大量架体材料,但需在高空进行反复搭拆作业,工人劳动强度较大、安全性较差。分段悬挑脚手架的高度一般控制在 25 m 以内。

(3)悬挂式脚手。悬挂式脚手架是搭设在型钢焊接制作的三角桁架下撑式结构上,脚手架荷载由三角桁架传递给建筑物。此种形式投入架体材料与型钢悬挑脚手架相差不大,减少了高空搭拆作业,但需借助塔吊进行倒运,塔吊吊装能力和利用率较高,且一般仅用于外墙为剪力墙结构。

(4)爬升脚手架。爬升脚手架只需搭设一定高度(一般在 4~5 层楼层高)便可满足施工要求。爬升脚手架可节省大量架体材料,一次安装,多次进行循环升降,避免了高空搭拆作业,安全性高。利用爬升系统可以实现自身升降,无须塔吊,大大提高了工效,尤其适用于超高层建筑。

脚手架工程方案评价的关键指标有:

① 安全性。脚手架方案要能保证施工人员的安全性和防止高空坠落物对现场人员和现场外的行人造成伤害,脚手材料需符合要求,搭设牢固,升高后要绑扎防护栏杆、挂安全网,脚手板要密铺,同时要保证搭设作业人员的安全性。

② 搭设速度。脚手架搭设速度对工程施工进度有较大影响,所以要考虑采用方案的搭设速度与施工工期的关系,并考虑尽量减少占用塔吊等垂直运输设施的时间,以避免影响其他施工作业的进度。

③ 经济性。脚手架占用较多的周转材料、机具等,减少脚手材料使用量及提高周转使用速度可节省施工成本。

13.3.3 复杂施工工艺方案的综合比选技术

简单的施工工艺方案可凭借项目管理者的经验或采用在本书 13.2 中所介绍的一些静态分析方法进行简单计算后就可以确定施工方案,而对于复杂的施工工艺方案则需要进行多指标综合比较优选。

(1) 专家论证会法

专家论证会法是一种定性分析技术,通过专家会议方法搜集专家的经验和建议,对施工工艺方案进行比选和优化。基本做法是,首先由施工单位提出两个或两个以上的施工方案;然后,施工单位组织参与项目建设的建设单位或项目管理公司、监理单位、设计单位相关专业领域的工程技术人员及邀请的外部本行业内工程专家组成专家组,采用会议形式,由专家们通过"头脑风暴"对施工工艺方案进行主观定性的分析和讨论,根据各自经验发表对方案的意见,找出各方案的优点和缺点,或者提出其他的可行方案;最后,施工单位根据专家论证会的结果,对施工方案修改,并确定最终实施方案。该方法比较简单实用,是目前广泛使用的一种方法。

(2) 逐步综合优选法

逐步综合优选法是首先对综合评价指标体系的各指标重要性进行比较,按重要性从高到低对指标进行排序,比较的方法可以是定性的直接排序,也可以采用层次分析法等方法。然后,根据排在第一的指标对各施工方案进行比较,淘汰该指标相对较差的施工方案,或者采用末位淘汰制淘汰施工方案。再根据排在第二的指标比较未淘汰的方案,以此类推,将所有指标比较完毕。如果还不能从剩余的方案中选择出最优方案,还可以进行第二轮,直至最终选择出最佳的方案。这一方法的一个简化做法是首先对各方案按技术指标进行比较,淘汰技术指标比较差的施工工艺方案,然后再按经济效果指标对余下的施工方案进行比较,最终选出技术上可行、经济合理的施工工艺方案。

(3) 模糊综合优选法

模糊综合优选法,又称为模糊综合评价法,是一种基于模糊数学的评价方法。该方法根据模糊数学的隶属度理论把定性评价转化为定量评价,即可用模糊数学对受到多种因素制约的施工方案做出一个总体的评价。它具有结果清晰、系统性强的特点,能较好地解决施工工艺方案评价时遇到的一些指标值难以定量化或者不确定的问题,为复杂工程施工中一些带有较大模糊性、不确定性和需要全局寻优的实际问题的有效解决提供了一种新的方法。由于该方法涉及一些较复杂的数学计算,所以实践中用的并不多。

【例 13.3】 (资料来源:刘周学、王胜、刘汉进,2011:117-121)北京某工程,地上建筑面积 43 200 m^2,标准层建筑面积 1 600 m^2 地下 4 层,地上 27 层,地上标准层层高为 3.40 m、3.55 m,建筑高度 103.5 m,主体结构形式为框架—核心筒结构,外墙面积 18 350 m^2。主体结构施工工期确定为 11 个月。

施工单位在脚手架方案选择过程中,首先对各可行的方案进行技术效果的对比(表 13.5)。考虑施工工期紧,垂直运输设备资源占用率,初步确定型钢悬挑式和电动导轨爬升式两个备选方案。

表 13.5　例 13.3 几种脚手架方案的技术效果对比

方案	安全性	搭设速度	拆除速度
落地式	对建筑物形成全封闭施工,安全性较好	随主体结构进度逐层向上搭设	由上到下逐层拆除,塔吊配合倒运
型钢悬挑式	需在高空进行反复搭拆作业,安全性较差	搭设一个悬挑段时,需将下一个悬挑段拆除,搭设速度基本上同落地式脚手架	仅需将悬挑段架体拆除,塔吊配合倒运
悬挂式	仅需在地面搭设 1 次,利用塔吊向上倒运,避免了高空搭拆作业,安全性较好	仅需 1 次搭设即可完成多次倒运,占用塔吊时间长	需利用塔吊将每一个单元架体吊运至地面
爬升式	在地面完成架体组装,避免了高空搭拆作业,且拥有防外倾和防坠落措施,安全性高	仅需 1 次搭设即可完成多次倒运,利用爬升系统实现自身升降	可以利用爬升系统实现架体下降,至地面后再拆除,也可在顶部将架体拆除,利用塔吊和施工电梯向下运输

对这两个技术上可行的方案进行成本分析,结果见表 13.6。

表 13.6　例 13.3 两个方案的成本分析

脚手架方案	费用构成	计算过程	费用/元
型钢悬挑脚手架		按照现行定额进行测算: $57.91 \times 18\ 350 = 1\ 062\ 649$(元) 单价 57.91 元/$m^2$,其中:材料费 40.26 元/$m^2$	1 062 649
爬升脚手架	爬架租赁费用	11 个月×35 套机位×1 280 元/(机位·月)=492 800(元)	985 314
	钢管、扣件、安全网等费用	根据统计,采用外爬架比悬挑脚手架节约材料投入约 1/3,故材料费为 $40.26 \times 18\ 350 \times 2/3 = 492\ 514$(元)	

从成本计算结果可知,电动导轨爬升式脚手架在经济上有一定优势,并具有较高的安全性和技术成熟性,在京津等地普遍采用。经过对比选择,外脚手架方案最终采用了电动导轨式外爬架整体提升,共设置 35 套机位,施工速度满足 11 个月的工期要求。

13.4　施工组织方案的经济性分析与比较

施工组织方案是指单位工程以及包括若干个单位工程的建筑群体的施工过程的总体组织与安排方案,包括施工准备、劳动力计划、材料计划、人员安排、施工时间、现场布置及施工作业方法等。

13.4.1　施工组织方案的评价指标体系

研究施工组织方案的最终目的是通过比选确定合理的总工期和重大的施工措施,并在总工期内有计划、有步骤地完成各类工程建设,并取得经济效益。进度、质量、安全和成本指标是衡量施工组织方案是否适用、是否优越的关键性指标。施工企业在优化施工组织方案时,首先要明确方案优化的目的,分析进度、质量、安全指标与成本指标的关系,从而确定出评价指标体系。评价施工组织方案的技术经济指标包括:

1) 技术性指标

(1) 工程特征指标。如建筑面积、各主要分部分项的工程量等。

(2) 组织特征指标。如施工工作面的大小、人员的配备、机械设备的配备、划分的施工段、流水步距与节拍等。

2) 消耗性指标

(1) 工程施工成本。

(2) 主要施工机械耗用量。

(3) 主要材料资源耗用量。这主要是指进行施工过程必须消耗的主要材料资源(如道轨、枕木、道碴、模板材料、工具式支撑、脚手架材料等),一般不包括构成工程实体的材料消耗。

(4) 劳动消耗量。可用总工日数、分时期的总工日数、最高峰工日数、平均月工日数等指标表示。

3) 效果指标

(1) 工程效果指标

① 工程施工工期。

② 工程施工效率。

③ 施工机械效率。可用两个指标评价:一是主要大型机械单位工程量(单位面积、长度或体积等)耗用台班数;二是施工机械利用率,即主要机械在施工现场的工作总台班数与在现场的日历天数的比值。

④ 劳动效率(劳动生产率)。可用三个指标评价:一是单位工程量(单位面积、长度或体积等)用工数(如:总工日数/建筑面积);二是分工种的每工产量(m、m^2、m^3 或吨/工日);三是生产工人的日产值(元/工日)。

⑤ 施工均衡性。可用下列指标评价(系数越大越不均衡):

$$主要工种工程施工不均衡性系数 = \frac{高峰月工程量}{平均月工程量}$$

$$主要材料资源消耗不均衡性系数 = \frac{高峰月耗用量}{平均月耗用量}$$

$$劳动量消耗不均衡性系数 = \frac{高峰月劳动消耗量}{平均月劳动消耗量}$$

(2) 经济效果指标

① 成本降低额或降低率。可用工程施工成本和临时设施成本的节约额或节约率等指标。

② 材料资源节约额或节约率。即实施该施工工艺方案后所采用的材料资源的可能节约额度或程度。

③ 总工日节约额。

④ 主要机械台班节约额。

4) 其他指标

其他指标如缩短工期的节约固定费用、生产资金节约额、提前竣工奖励等。

13.4.2 施工组织方案的经济性策略

施工组织方案的经济性策略主要依据施工设计图纸和说明书,决定以何种施工顺序来组织项目施工,决定劳动力计划与人员安排和材料安排,采用哪种施工方法和机械设备,现场平面如何布置,在施工合同规定的条件下,制定和选择技术可行、保证安全、经济合理的施工组织方案。

1) 确定施工顺序的经济性策略

施工顺序的作用在于可以在不增加额外资源投资的同时,加快施工进度,减少施工工期,将原来的施工成本降低,即可降低施工成本和机械设备的固定折旧费以及相应缩短工期时间内的间接成本。根据工程性质、施工条件不同,科学合理地安排施工顺序,能够使施工过程在时间上和空间上做到经济的实现。

确定施工顺序时,除了考虑必须遵循施工程序,符合施工工艺的要求,满足施工质量的要求,满足合同工期要求等技术指标外,还要重点考虑:

(1) 施工顺序安排能减少施工工作量和施工便利性。例如,地下室的混凝土地坪,可以在地下室的上层楼板铺设以前施工,也可以在上层楼板铺设以后施工,但前者更为经济合理,因为它便于利用安装楼板的起重机向地下室运送混凝土。

(2) 必须考虑当地的气候条件。建筑施工大部分是露天作业,受气候影响较大。在确定施工顺序时,应重视当地气候对施工的影响。例如,土方、砌体、混凝土、屋面等工程应尽量避开冬雨期。在冬雨期到来之前,应先完成室外各项施工过程,为室内施工创造条件。

(3) 必须考虑施工安全要求。合理的施工顺序,必须使各施工过程的搭接不至于引起安全事故。例如,不能在同一施工段上一边在吊装屋面板,一边又进行其他作业。多层房屋施工,只有在已经有层间楼板或坚固的临时铺板把一个一个楼层分隔开的条件下,才允许同时在各个楼层开展工作。

2) 计划安排的经济性策略

施工计划包括进度计划、劳动力计划、主要材料需求量计划和施工机具需求量计划等。计划安排的经济性策略一方面要考虑各计划本身如何安排更经济的问题,另一方面各计划之间相互影响的经济性。

(1) 进度计划

进度计划的安排首先要考虑施工合同中对工期的约定,其次要考虑施工顺序安排的经济性,最后还要考虑各类施工资源的可得性。进度计划方案的经济性,要结合这三个方面综合考虑进行取舍。

实现进度计划经济性的策略过程如下:先按所确定的合理施工顺序及各类施工资源的可得性和均衡性确定初步的进度计划方案,这是一个最经济的进度计划方案;然后,将合同约定工期与初步进度计划进行比选,以确定是否需要调整进度计划方案。如果合同工期长于进度计划,则可按目前的进度计划实施;如果合同工期短于初步进度计划方案,则需要调整进度计划,压缩某些工序的工作时间,满足合同工期的要求,并将压缩工期所增加的成本计入工程报价中;如果施工合同中约定了竣工工期提前奖励条款,则要测算提前竣工需要增加的成本,并与所得的奖励比较,确定是否值得提前竣工,以决定是否需要调整进度计划方案。

此外,一般施工合同中都含有超期惩罚条款,由于施工过程中不可知的干扰因素较多,工程施工超期现象时常发生,因此进度计划方案所确定的工期应略短于合同工期,留下适当的机动时间,以保证进度计划方案能应对工期风险。机动时间长短的确定依据施工企业在这一类工程及相应施工地区所积累的经验。

(2) 劳动力计划

劳动力计划和人员安排直接影响施工方案的劳动消耗量经济效果指标的大小。劳动力计划及各工种人员安排:一是要遵循施工顺序,二是考虑企业相应工种劳动力资源的可得性,三是要考虑现场人员的均衡性。

劳动力计划方案经济性的策略过程如下:先根据进度计划及施工顺序,确定初步的劳动力计划方案,包括所需劳动力工种的时间及数量。然后,根据劳动力资源的可得性(即,企业是否能保证在进度计划相应时间点提供相应工种及数量的人员),在不能得到保证的情况下,在合同工期允许的范围内调整劳动力计划方案。超出合同工期允许调整的范围,则必须考虑增加相应工种劳动力的雇佣,并测算增加的雇佣成本,并计入施工报价中。最后,还需要考虑现场人员的均衡性,即避免施工期间现场人员数量的剧烈变化,保证基本呈现一个逐步增加和逐步减少,并且是高峰点较低的劳动力需求曲线图。均衡的劳动力需求计划有利于减少现场临时生活设施费用、现场管理费用和劳动力集聚所产生的窝工问题。

(3) 施工机具计划

施工机具计划包括施工机械和施工所需要的周转材料(模板、脚手、支撑等材料)及工具与器具的使用计划。施工机具计划安排:一是要考虑施工顺序的要求,二是要考虑企业资源的可得性,三是要考虑施工作业面的限制。

施工机具计划方案经济性的策略过程如下:先根据进度计划及施工顺序,确定初步的施工机具计划方案,包括所需机具种类、时间及数量;其次,确定因作业面、工艺或工种交叉作业等限制对现场同时作业的机具数量限制,据此调整机具计划,必要时还需要调整进度计划中各工序的工作时间,以满足总工期的要求和作业面等限制;再次,考虑企业机具资源的可得性,确定需要租赁机具的数量,并将增加的成本计入报价内;最后,结合施工工艺方案的优化和施工顺序的调整,提高现场机具的利用率、减少机具使用量和缩短机具在现场的占用周期。

(4) 主要材料计划

主要材料包括施工需求量大的材料和因缺货可能引起工期延误的关键材料。主要材料的计划安排:一是考虑进度计划的要求,二是考虑现场堆场或仓库容量的限制,三是考虑订货与供货到现场的时间差,四是考虑材料运输的限制。

主要材料计划方案经济性的策略主要是在保证施工进度对材料需求量的前提下,尽量减少材料的库存,以减少资金的占用量,提高企业流动资金的利用效率。通常,先根据进度计划,确定材料需求量,包括各施工阶段的材料需求种类及数量;其次,根据现场堆场或仓库的容量,确定各类材料的进场批次、批次的材料数量和时间间隔的初步方案;最后,在保证施工正常进行的情况下,优化供货周期和供货数量,使材料库存量最小,并考虑现场和周边运输条件限制,采取一次订货分批供货的方式,既可降低材料库存费用,又能保证不会出现因缺货造成的停工损失现象。

3) 现场平面布置方案

施工平面布置是确定施工场地、交通及各项施工设施的规模、位置和相互关系的设计工作,具体可分为基础施工平面布置、主体施工平面布置和装饰阶段的施工平面布置。施工组织平面布置方案直接决定了施工成本的其他直接费(措施费),也间接影响直接费的多少。根据施工特点和施工条件制定合理的施工平面布置方案,可以避免施工设施反复搬迁、地下工程反复开挖、土方往返运输等浪费现象;可以降低运输费用、保证运输方便;可以减少临时性建筑物的修建费用,减少临时占地,降低临时占地的租地及青苗补偿等费用。

施工平面布置方案选择和确定的关键经济性策略是根据主体工程布置,结合工程所在地区的地形、经济等因素,对工程所在地的施工交通、工厂设施、生活建筑、料场规划、弃渣等在平面上和高程上进行协调和统筹规划,对供电、供水、排水及各单体工程相互间的联系道路、弃渣场地等进行全面考虑,力求做到既方便生产和管理,又运行安全可靠。例如,砂石料系统和混凝土拌和系统两者距离就不能布置得太远,否则就需要增设中转料仓;砂石料加工系统借助自然高差进行布置,可节省土建工程量;仓储系统应布置得使进货和出货不倒运,较合理的布置方案。

13.4.3 施工组织方案的优化技术

施工组织方案制定不像施工工艺方案制定那样,可提出多个有明显区别的方案。因此,通常在提出初步的组织方案后,再进行优化,逐步逼近最合理的方案。最常用的优化技术是直观归纳法,即根据搜集的直观材料,方案制定者或项目管理者依据自身的经验和分析能力,对施工组织方案进行直观优化。下面介绍一些其他的优化技术。

1) 资源需要量的优化方法

资源均衡是资源需求量优化的目标。资源均衡是指在一定时间内合理安排工序的持续时间,使可供使用的资源被均衡地消耗。一般来说,理想的资源计划安排是一条平行于时间坐标轴的直线,即保持每日资源需求量不变。然而,由于施工生产的天然不均衡性,单位时间内对于资源的需求量上下波动,需求量不均的现象时常出现。资源均衡优化的目的就是在保证预定工期的前提下,削减资源使用的峰值,使资源曲线趋于平缓。

资源需要量的优化一般是采用网络计划来调整资源计划的方法,主要有削峰法和方差法两种方法。削峰法是指根据进度计划的资源需求量动态变化曲线,调整资源使用峰值时段内的部分工序的开工时间,尽可能降低最大资源的使用峰值,从而减小资源动态曲线的波动幅度。资源均衡削峰法是对进度计划影响最小,也是在各种方法中最为方便的调整办法。但是,在大型工程项目中该方法对实现资源均衡目的的效用不大,所以通常基于固定工期采用方差法进行资源均衡优化。对于多资源的综合均衡优化,可采用模糊矩阵,首先确定资源优先顺序,再逐一应用单资源均衡的简化方法,并考虑资金时间价值因素实现多资源均衡优化。

2) 资源调配计划优化

劳动力计划优化一般按以下过程逐步进行:在施工开始阶段,调入少量工人进入工地做准备工作;随着准备工作的进展,调入工地的工人人数应逐步增加,当工程施工全面展开时,工人人数达到施工项目所需的最大额,然后保持其稳定,慢慢地直到工程结尾阶段,工人逐步分批撤离工地,最后只流下少量工人完成收尾工作。按照此做法可以有效地避免人工数量的骤增骤减,减少劳动力调遣费,减少临时工程,减少工具设备,减少生活供应的工作量,减少施工管理费用,从而达到有效控制施工成本的目的。

施工机具计划优化依据已确定的施工方案及施工进度计划,在已选定施工机具、设备的种类、规格、数量后,合理确定机具进场和退场的时间,尽量避免施工机具在现场的闲置,提高机具的利用效率,降低施工机械费用。

材料供应计划优化应是在不影响施工进度计划的同时，尽量减少材料的运输费和仓储管理费。因此，主要材料供应计划优化的关键是确定合适的现场材料储备数量，因为储备量过多会增加相应的管理费用，储备较少则可能会造成缺货损失。对于大宗材料，优化方法是在保证施工正常进行的情况下，通过优化订货周期和订货数量，使材料库存量最小，库存总费用最少。对于用量不多的零星材料或者工程本身规模较小，可在材料使用前全部供应齐全，从而降低采购与运输费用。

3）平面布置的优化方法

由于不同工程项目的场地条件是不同的，所以平面布置的优化应该结合具体工程项目的特点。如平原地区的场地和山区的场地平面布置优化不同，施工场地是下期扩建的征地与临时租赁用地的平面布置优化也不同。另外，场地水、电、通信等条件的变化也会引起平面布置优化的变化。平面布置优化遵循基本的原则是"因地制宜、因时制宜；有利生产、方便生活、易于管理；安全可靠、经济合理"。

施工平面布置不当会引发场地冲突，增加现场管理费用并可能延误工期，所以场地平面布置优化的关键是解决施工过程中产生的场地冲突。场地布置的优化方法是对冲突的原因和程度作充分的评估之后，根据实际情况，综合考虑解决方案。随着人工智能的发展，计算机技术在场地总平面布置优化方面得到越来越广泛的应用。例如，一些大型工程施工中，应用计算机图形技术以形象的三维实体图形表现施工进度与场地布置，并对项目施工计划和进度进行实时控制管理，提高了施工现场布置设计的有效性；基于地理信息系统(GIS)，运用工程系统可视化仿真理论，研究施工场地布置的可视化也成为这一领域一个新的研究方向。

【例 13.4】 某新建铁路工程（久平至东平）的线路位置及交通关系如图 13.4 所示，该工程施工包括隧道、桥梁、土石方和铺轨及架梁等工程。铺轨及架梁工程的施工组织方案比选主要考虑以下要素：①铺轨及架梁的各种工程数量；②铺轨、架梁方向及基地设置；③钢轨、枕木及各类梁体和构件的来源；④道碴的来源；⑤各类材料及构件的运输方法及运距；⑥铺架工程的施工方法及施工机械；⑦施工定额或类似工程统计定额及经济比较指标。

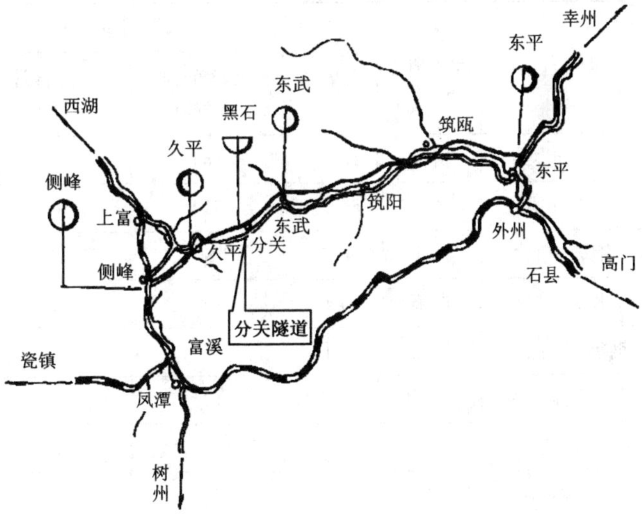

(1) 初步方案

① 单向铺轨方案

由东平至久平（仅在东平设立铺轨、存梁基地），正线铺轨 228 km，站线铺轨 13 km（每站先铺一股道及两组道岔），架梁 658 孔。经计算，铺轨架梁总工期 13 个月，其中：东平至东武站（含站）6 个月，东武站（不含站）至久平 7 个月。全线正线铺轨计划 16 个月竣工。

② 双向铺轨方案

北从久平起、南从东平起，向东武站铺轨（在久平和东平均设铺轨、存梁基地）。北端正线

图 13.4 某铁路工程的线路位置及交通关系图

铺轨 72 km,站线铺轨 4 km(每站先铺一股道及两组道岔),架梁 448 孔。南端正线铺轨 156 km,站线铺轨 9 km(每站先铺一股道两组道岔),架梁 210 孔。全线正线铺轨计划 18 个月竣工。北端为桥隧群段,铺轨量小,架梁量大。

③ 材料供应条件
- 16 m 梁:富溪供应。
- 24 m、32 m 梁:树州供应。
- 钢轨、道岔:马钢供应。
- 木枕、岔枕:凤潭供应。
- 钢筋混凝土枕:富溪供应。
- 底碴:就地供应。
- 面碴:石县供应。

(2) 方案对比

不同方案的进料方向并不相同。据调查资料,目前凤潭至外州铁路的货运量已达饱和状态。如果单向铺轨,久平至东武段 448 孔梁及轨料约 13 万吨运量则必须由该段铁路承担。尤其是梁的运输,运量和运能矛盾较大,施工过程中出现不能及时供货的风险较大,分流供货显得极有必要。其次,东平站的供铺轨和存梁使用的基地比较狭窄,场地布置较困难;而久平站不仅场地宽广,且侧峰至久平支线比较空闲,平均每天只有 1~2 趟货物列车,有较大的富余运输能力可供工程使用。两方案的运输与储存成本计算与比较见表 13.7 所示。

表 13.7 例 13.4 两方案运输与储存成本比较

项目	供料地点	运量/t	双向铺(久平进料) 火车全程运距/km	双向铺(久平进料) 运价合计/万元	单向铺(东平进料) 火车全程运距/km	单向铺(东平进料) 运价合计/万元	增减值/万元
16 m 梁	富溪	12 390	151	26	531	76	−50
24 m 梁	树州	64 187	614	304	978	483	−179
钢轨、道岔	马钢	9 259	2 807	58	3 509	76	−18
木枕、岔枕	凤潭	794	155	1	515	2	−1
钢筋混凝土枕	富溪	40 134	151	43	531	113	−70
面碴	石县	227 381	491	505	291	371	+134
合计				937		1 121	−184
铺轨基地/万元			双向(久平)60		单向(东平)100 双向(东平)80		+40
存梁场/万元			双向(久平)60		单向(东平)80 双向(东平)40		+20
增减值总计							−124

再比较两方案对总工期的影响。图 13.5 是单向铺轨方案和双向铺轨方案的进度计划对比,可以看出,无论采用哪种铺轨方案,对铺轨通车的总工期均无太大的影响。

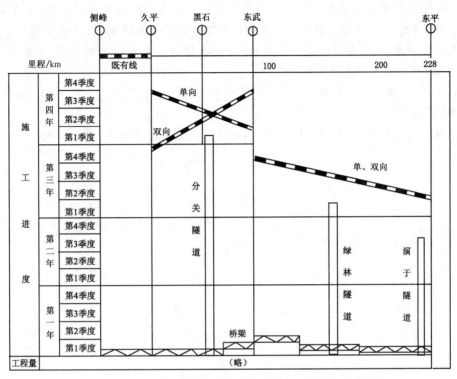

图 13.5　例 13.4 单向铺轨方案与双向铺轨方案的进度计划比较

(3) 结论

方案比较结果表明,影响总工期的关键是分关隧道,所以无论采用哪一个铺轨方案,对铺轨通车的工期均无太大影响,但双向铺轨方案可减少运输与仓储费用 124 万元,并可克服运量和运能的矛盾。据此,推荐双向铺轨方案。

习　题

1. 互联网上查找并阅读《绿色施工导则》(建设部建质〔2007〕223 号文),结合认识实践中对施工现场的感性认识,讨论开展绿色施工的必要性。
2. 分析强调施工方案综合效益观的意义及其与工程经济性的关系。
3. 针对一种专业工程(如模板工程、脚手架工程等)常用的施工方案,搜集相关文献资料,讨论其经济性策略。
4. 实地观察几个施工现场,讨论它们在施工平面布置上优点与缺点,分析可能对施工经济性产生的影响。
5. 某施工单位总包承建一住宅群项目的施工任务,该项目的混凝土总需要量为 10 000 m^3,有三个备选的混凝土供应方案(短期方案,不考虑资金时间价值):

(A) 现场集中搅拌混凝土方案。现场建一个搅拌站,初期一次性建设费用,包括地坑基础、骨料仓库、设备的运输及装拆等费用,总共 100 000 元;搅拌设备的租金与维修费为 23 000 元/月;每 m^3 混凝土的制作费用,包括水泥、骨料、添加剂、水电及工资等总共为 270 元。

(B) 现场分散搅拌混凝土方案。利用本单位现有的四台闲置的搅拌机(每台每年的折旧费 1 200 元),设四个搅拌点。搅拌点的建设费用总共 10 000 元。由于较为分散,易造成窝工现象,一个月内竣工平均每 m^3 混凝土制作成本为 280 元,工期每延长一个月平均每 m^3 混凝土成本递增 2.5 元。

(C) 商品混凝土方案。由某构件厂供应商品混凝土,送到施工现场的价格为 315 元$/m^3$。

请在不同工期(计量单位:月)条件下,对这三个方案进行经济分析,确定最经济的方案。

14 施工设备经济性分析

一般民用建筑工程中,机械费用约占到直接费的 10%~15%,而公路、桥梁等需要大量施工设备的工程中机械费占到 20%~30%。同时,施工设备是构成施工企业的固定资产主要组成部分,是施工企业的重要生产力。因此,施工设备经济性问题是工程经济分析的重要内容。

14.1 施工设备及其经济性

14.1.1 施工设备类型

施工企业与工厂企业不同,工厂企业的机械设备绝大部分都是固定安装的成套设备,设备与设备之间的数量比例关系及工艺联结关系是长期稳定的。而施工企业则不然,当施工对象还没确定时,施工企业的机械设备是一个可以任意组合的群体。施工设备的分类方式有多种。

1) 作业性质分类法

(1) 施工机械——指主要用于施工现场作业的机械设备,如挖掘机、铲运机、凿岩机械、基础处理机械、筑路机械、混凝土机械、起重机械及其他各种用于现场施工的机械设备。这类机械占了施工企业机械设备的大部分。

(2) 运输机械——指各式用于运输的载重汽车、拖车、装载机械、船舶及其他运输设备。

(3) 加工与维修设备——这类设备大多是间接为施工服务的。主要有各种金属切削机床、锻压设备、铸造及热处理设备、维修及修旧专用设备、焊接及切割设备、动能设备、木材加工及石材加工设备等。

机械设备按本身的作业性质来分类统计,可以大致地反映出施工企业或某一施工生产部门所拥有的各类技术装备之间比例关系。若有异常情况,可以采取措施进行调整,也便于日常控制装备的结构组成。

2) 分布情况分类法

(1) 现场施工机械设备——这里强调的不是作业的性质,而是作业的地点。只要在施工现场直接参与施工过程的各种机械设备均列入此类,它的具体内容与第一种分类方法中第一类基本相仿,但并不完全相同。

(2) 场外运输机械设备——专指工地以外承担远距离运输任务的各式运输车辆,如各式载重汽车、平板拖车、混凝土运输车等。

(3) 附属生产机械设备——指施工企业的附属生产厂使用的各种机械设备。如附属加工厂、附属构件厂等所使用的加工机床,振动台、搅拌机等。

(4) 其他机械设备——指不属于上述三类范围内的机械设备。

这种分类统计的目的主要用于掌握研究总的机械设备场内场外的比例,主体施工能力与附属生产之间的比例关系等。这种分类方法允许同一种机械分别归入不同的分类中加以统计;例如混凝土搅拌机,在施工现场归入第一类加以统计,在构建厂的即应归入第三类加以统计,其余依此类推。

3) 技术状况分类法

机械设备按技术状况分类的方法中,又可以分为两种情况:

(1) 从维修角度分类

① 完好机械——不管机械现在是否参加施工生产,或者是否正在使用,只要它本身的技术状况完好即列入此类。包括期末在用、停闲、转移在途、出租、在库及停工修理不足一天的机械设备。

② 在修机械设备——指期末正在修理的机械设备。

③ 待修机械设备——指期末由于缺料或其他原因而等待修理的机械设备。

④ 不配套机械设备——指期末由于缺乏副机或其他部分而不能投入使用的机械设备。

⑤ 待报废机械设备——指已达到报废标准,经技术鉴定后同意申请报废,但尚未批准报废的机械设备。

(2) 按技术状况等级分类

这种方法是先提出等级要求,然后再根据等级来分类,共分为四类:

① 一类设备——设备及主要部件正常、坚固,技术性能良好可靠,燃料、润滑油料消耗正常,全部机件完备,主要仪表齐全,能随时出勤参加生产者。

② 二类设备——机械设备尚能运行,但技术、经济性能下降,并有下列情况之一者为二类设备:由于长期运转,磨损较为严重,燃料、润滑油料开始超耗,技术经济性能下降者;部分总成、主要部件不符合技术标准,性能较差者;由于保养、使用不当,以致故障频繁,不宜参加生产者。

③ 三类设备——动力性能、经济性能显著下降,部分总成、主要部件损坏严重,需要进行或正在进行大(中)修理,但经过整修,在规定时间内可以修复者为三类设备。

④ 四类设备——主要总成、部件损坏十分严重,机件残缺不全,多种配件或主要配件无法解决,需长期停用待修,但并不是没有修复价值者列为四类设备。

这种分类方法可以反映出企业在机械设备的操作使用、保养检修等方面的水平,为揭示管理工作方面的弱点,采取措施改进机械设备的技术状况指明方向。

14.1.2 施工设备选型的综合效益观

随着人类社会的发展,生产规模越来越大,对建筑业提出了越来越高的要求。特别是超大规模工程项目的施工。施工设备类型的选择是施工设备管理的一个重要环节,其成功与否直接决定了工程项目成本的高低和企业的效益。在工程项目建设活动中,施工设备选型的主要任务是为工程项目提供优良而又经济的技术设备,使工程项目的建设建立在最佳的物质技术基础之上,保证建设活动的顺利进行,以提高工程项目质量,提高建设效率,降低建设成本,进行安全文明施工,从而获得最高效益。施工设备选型属于多目标决策问题。科学合理的施工设备选型涉及许多要素,既有定量要素(如价格、使用成本、维修成本等),又有定性要素(如可靠性、社会影响等)。因此,根据贯穿本书的思想,坚持可持续发展思路,效益不是狭义的经济效益,而是广义的综合效益。

1) 经济效益

对施工设备的投入和产出进行分析比较,在技术可行性研究的基础上,对拟购或拟更新改造的施工设备的成本费用进行分析。在对施工设备的经济效益进行考量时,应以建设生产质量目标为基础,运用各种技术、经济和组织措施,对施工设备从规划、设计制造或购置、安装、使用、维护、改造、更新直至报废的整个寿命周期进行全过程分析。

2) 社会效益

在进行施工设备选择时,应该考虑设备运行的安全性、舒适性和操作工人培训素质提升等社会效益。施工设备的安全性、舒适性是指施工设备对安全、健康生产的保障性能。在进行设备选型时就要从保证运行安全性,操作环境安全性等角度出发,改善劳动条件。施工设备的操作,需要由专门的技术操作人员完成。在设备选择时,通过对操作工人进行培训,使其工人素质得到提升,增强个人核心竞争力,从而获得整体的社会效益。随着施工机械化进程的推进,劳动者的劳动性质发生质的变化,并会取得一定的社会效益。

3) 环境效益

由于工程建设的自身特点以及施工设备对传统燃料的依赖,施工设备对于环境的污染集中于噪声、燃烧尾气等方面。在进行施工设备选型的时候应在保证建设质量的前提下,综合考虑使用节能性和环保性好的施工设备。能源使用率和原材料的消耗同样是衡量一台施工设备好坏的重要指标,同样能带来一定的经济效益。而施工设备的安装及运行对周边环境的影响程度越小,由环境效益带来的社会效益越好越合理。

14.1.3 施工设备的全寿命周期费用

设备寿命周期费用(LCC,Life Cycle Cost)是指设备在其寿命周期内发生的全部费用,包括设备初期的研发、设计、制造或购置、安装、调试、使用和维修等,直至设备终止使用(淘汰或报废)为止所发生的费用总和。设备 LCC 基本构成见表 14.1 所示。

表 14.1 设备寿命周期费用基本构成

费用分类	费用项目	费用组成
设备原始费用	研究开发费	开发规划费、市场调查费、试验费、试制费、试验设备器材费、试验用消耗品费、试验用动力费、相关人力资源费
	设计费	设计硬件费、软件费、人工费、协作费、资料费、专利使用费
	制造或购买费	制造加工费、原材料费、包装费、运输费、库存费、安装费、操作指导书的编印费、操作人员的培训费、培训设施费、备品购置费
	试运行费用	燃料动力费、材料费、操作费
设备使用费	运行费	操作人员费、辅助人员费、燃料动力费、消耗品费、水费、操作人员培训费、专利使用费、空调费
	维修费	维修材料费、备件费、内部维修劳务费、委托维修劳务费、改造费、维修人员培训费、备用设备费、停机损失费
	其他费用	仓库保管费、图样资料编制费、保险费、安全设施费、环境保护费、固定资产税
报废处理费	报废费用	拆除费用、出售工作费用

在进行设备经济寿命计算或进行设备更新分析时,需要对上述各项费用进行估算。外购设备原价可通过设备的询价方式得到,自制设备的研制费用根据细分的费用组成进行逐项估算,运输费及安装和调试费可按一些定额费率进行计取。对使用费,可根据设备的各项性能指标及设备运转生产计划,参考同类设备的历史数据,采用参数法或类比法等进行估算。有关设备寿命周期费用计算方法比较详细的介绍,可参考"工程估价"及"设备管理"等方面的文献。

实践表明,设备使用期的维持费可能会比初始的购置费用高得多。据美国对军事装备使用后的费用统计:设备使用最初 5 年内的设备维持费为设备购置费的 10 倍以上;据武汉设备管理协会 1984 年的资料:设备后期维持费中的维修费为购置费的 3 倍。然而,目前许多建筑企业在对施工设备进行经济评价时只考虑初期成本的投入,忽视了运行期成本、期末残值的考虑。从工程经济性角度出发,无论是施工设备购置决策,还是维修和更新决策,均应从施工设备生命周期出发进行思考,以全寿命周期相对成本最小为决策原则。

14.1.4　施工设备的节能减排

节能减排就是节约能源、降低能源消耗、减少污染物排放。《中华人民共和国节约能源法》称之为节约能源(简称节能),是指加强用能管理,采取技术上可行、经济上合理以及环境和社会可以承受的措施,从能源生产到消费的各个环节,降低消耗、减少损失和污染物排放,制止浪费,有效、合理地利用能源。我国快速增长的能源消耗和过高的石油对外依存度促使政府提出,单位 GDP 能耗降低、主要污染物排放减少的目标。这两个指标结合在一起,就是我们所说的"节能减排"。

施工设备作为建设项目领域能耗和温室气体排放大户。截至 2008 年年底,我国工程机械保有量超过 250 万台,约为 277 万～300 万台,且每年以 10%～15% 的速度增长。数以百万计的工程机械设备需要源源不断的消耗能源,而以柴油为主要能源的这些设备因柴油本身的油品特性,及现存设备结构设计上的某些缺陷,造成了高能耗及能源转化效率低下的现状:(1)排放氮氧化物 NO_x,氮氧化物会生成酸雨,生成光化学烟雾,刺激眼睛,伤害植物,并能使大气能见度降低,刺激肺部,使人较难抵抗感冒之类的呼吸系统疾病。(2)产生颗粒物,排出的气体为黑烟。(3)排放二氧化碳,形成温室效应。此外,达到使用年限或报废的施工设备亟待处理,处置不当将成为社会资源的极大浪费,甚至造成二次污染。由此可见,工程机械的节能减排具有非常重要的社会意义,同时也有较高的经济效益。

施工设备从生产制造、使用和维修都对环境产生很大的影响。要减少对环境的影响,达到节能减排的目的,首要目标就要使产品在整个生命周期内对环境的影响达到最小。

(1) 原材料环节:选用原材料必须是可回收、易分解、能再生,而且是对环境无害的材料;如制动片上不采用石棉材料。

(2) 制造环节:选用加工时不对环境造成污染的加工方法;选用新的表面处理和热处理工艺;选用污染小的涂镀材料,如环保漆;选用污染低的铸造方法,如消失模工艺。

(3) 使用环节:减少能耗;减少有害气体排放;降低噪音;减少使用过程中废油排放。具体措施包括:采用低排放、低噪音、节能的发动机;采取降噪音措施;采用高效滤油器,延长换油周期;自动加黄油;密封铰接销。

(4) 维修环节:利用零部件的可修复性;修复更换下来的零部件,如油缸的修复。

(5) 报废回收环节:设计容易解体的机器,提高回收利用率;减少使用塑料部件中加入金属骨架的部件;减少水泥加金属的部件。

14.2 施工设备磨损及经济寿命计算

14.2.1 施工设备磨损

随着使用时间的延长,施工设备的技术状况会逐渐劣化,其价值和使用价值也会随时间的推移逐渐降低。引起这些变化的原因统称磨损。磨损分为有形磨损和无形磨损两种形式。

1) 施工设备的有形磨损

有形磨损又称为物质磨损或物理磨损,它以设备发生实体性磨损,使用价值降低或丧失为特征。有形磨损按其产生的原因,又可分为因使用产生的磨损和因闲置而产生的磨损,前者称为第一类有形磨损,后者称为第二类有形磨损。

第一类有形磨损是指机器设备在运转过程中,由于机械力等外力的作用,其零部件发生摩擦、振动和疲劳现象,从而引起机器设备的实体发生磨损。通常表现为机器设备零部件的原始尺寸改变、形状变化、公差配合性质发生改变、精度降低或零部件损坏,甚至整机损坏。第一类有形磨损可使设备的精度降低,使用效率下降。当这种磨损达到一定程度时,整个机器的功能就会下降并可能发生事故,导致设备使用费剧增,甚至难以正常工作,丧失使用价值。这类磨损程度取决于使用时间及负荷强度,也与设备自身质量及其安装水平、维修程度、操作管理水平有关。

第二类有形磨损是由于设备在闲置中受日晒、雨淋、风吹以及外界温度、湿度变化等自然力的作用,使其生锈、腐蚀及塑料件老化,从而引起使用价值降低或丧失。这类磨损程度与生产过程中的使用无关,其磨损程度取决于闲置时间的长短、外界自然力作用的大小以及设备的防腐性能和保养程度。

设备的有形磨损是有一定规律的。一般情况下,设备在初期阶段磨损量增加较快,当磨损量达到一定程度时,磨损缓慢增加,在这一阶段是设备的正常使用阶段。当设备使用到一定时间,磨损的"量变"积聚到一定程度,就会发生"质变",这时磨损迅速增加,最后致使设备零件实体损坏直至报废。设备有形磨损的规律如图 14.1 所示。

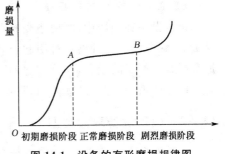

图 14.1 设备的有形磨损规律图

在图 14.1 中,设备的有形磨损从时间上分成 3 个阶段,即初期磨损阶段、正常磨损阶段和剧烈磨损阶段。在设备的初期磨损阶段,设备表面粗糙不平部分在相对运动中被迅速磨去,磨损很快,但这段时间较短。在设备的正常磨损阶段,零件的磨损趋于缓慢,磨损量基本上随时间而均匀增加,这段时间较长,是磨损的"量变"过程。

在设备的剧烈磨损阶段,零件的磨损超过一定限度,正常的磨损关系被破坏,工作情况恶化而磨损加快,设备精度、性能和生产效率迅速下降。此时如果不停止使用,并进行修理的话,设备将会损坏或者报废。这段时间较短,是磨损的"质变"过程。

2) 施工设备的无形磨损

设备在使用或闲置过程中除了产生有形磨损以外,还会遭受无形磨损。设备的无形磨损又称精神磨损,是指由于科学技术的进步而不断出现性能更加完善、生产效率更高的设备,相比之下原有设备的价值降低或者是生产同样结构设备的成本降低而使原有设备相应贬值。由此可见,无形磨损不是由于生产过程中的使用或自然力作用造成的,所以,它不表现为设备实体的变化,而表现为设备原始价值的贬值。

设备的无形磨损按照其成因也可以分为两类:第一类无形磨损和第二类无形磨损。

设备的第一类无形磨损是指由于科学技术的进步,设备制造工艺的不断改进,成本不断降低,劳动生产率不断提高,使相同功能的设备再生产成本降低了,因而机器设备的市场价格也降低,这样就使得原有设备的价值相应贬值了。这种无形磨损的后果只是现有设备的原始价值部分贬值,设备本身的技术特性和功能即使用价值并没有变化,故不会影响现有设备的使用。

设备的第二类无形磨损是指由于科学技术的发展,社会上不断出现功能更加先进,技术更加完善,经济更加合理的设备,使原有设备显得陈旧落后。第二类无形磨损的后果不仅会使原有设备价值降低,而且可能会使原有设备局部或全部丧失其使用价值。这是因为,虽然原有设备的使用期还未达到其物理寿命,还能正常工作,但是由于技术上更加先进的新设备的发明和应用,使原有设备的生产效率大大低于社会平均生产效率,如果继续使用,就会使产品成本大大高于社会平均成本。在这种情况下,由于使用新设备比使用旧设备在经济上更合算,所以原有设备应该被淘汰。

设备的第二类无形磨损的程度与技术进步的具体形式有关。例如,当技术进步表现为不断出现性能更好、效率更高的新设备,但加工方法没有原则性的变化时,原有设备使用价值降低,但一般还可继续使用,只是可能不合算了。当技术进步表现为加工材料的变化,如采用新材料,那么加工旧材料的设备就应该被淘汰掉。当技术进步表现为加工工艺的变化,即采用新工艺,那么采用旧工艺的加工设备将被淘汰。当技术进步表现为产品更新换代时,不能适应于新产品加工的设备也将被淘汰掉。

3) 施工设备的综合磨损

机器设备在使用中,既要遭受有形磨损,又要遭受无形磨损,所以机器设备所受的磨损是双重的、综合的。两种磨损都引起设备原始价值贬值。不同的是,遭受有形磨损的设备,特别是有形磨损严重的设备,在修理之前,常常不能正常工作。而遭受无形磨损的设备,即使无形磨损损失严重,仍可以继续使用,只不过继续使用在经济上不合算了,需要分析研究。

14.2.2 施工设备寿命类型

设备寿命有自然寿命、技术寿命和经济寿命等之分。

1) 自然寿命(Natural Life Span)

自然寿命亦称"物理寿命",是指设备从开始使用,逐渐产生有形磨损,造成设备逐渐老化、损坏、直到报废所延续的全部时间。它是由有形磨损决定的一种寿命。若是能做到正确使用,搞好维护保养,计划检修等可以延长设备的自然寿命,但不能从根本上避免有形磨损。任何一台设备磨损到一定的程度时,必须进行修理或更新。

2) 技术寿命(Technical Life Span)

技术寿命又称设备的技术老化周期,是指从设备开始使用到因为技术落后而被淘汰所经历的全部时间。它是由无形磨损决定的,一般比自然寿命短。技术寿命的长短主要决定于技术进步的发展速度,而与有形磨损无关。科学技术进步越快,技术寿命越短。当更先进的设备出现时,现有设备在物质寿命尚未结束前就可能被淘汰。通过现代化改装,可以延长设备的技术寿命。

3) 经济寿命(Economical Life Span)

当设备处于自然寿命期的后期时,由于设备老化,磨损严重,要花费大量的维修费用才能保证设备正常使用,因此,从经济上考虑,要对使用费用加以限制,从而终止自然寿命,这就产生了经济寿命的概念。所谓经济寿命是指从设备开始使用到其年平均费用最低年份的延续时间长短。它是由设备使用费用的提高和使用价值的降低所决定的,是设备的有形磨损和无形磨损共同作用的结果。正确使用设备,搞好维护保养,局部进行现代化改装,都可以延长设备的经济寿命。

经济寿命是设备经济分析中最重要的概念,设备更新的依据往往就是经济寿命。

14.2.3 施工设备经济寿命的确定方法

设备在使用过程中每年费用由两部分组成:一是原值分摊费用,为设备原值(购置费和安装费)扣除设备退出使用时残值后分摊到设备使用年限上的费用,也称为资金恢复费用;二是年使用费,包括运行费(人工、燃料、动力、刀具、机油等消耗)和维修费(保养费、修理费、停工损失费、废次品损失费等),也称为年运维费。设备年平均费用为

$$设备年平均费用 = 设备原值分摊费用 + 设备年平均使用费用$$

随着设备使用年限延长,设备逐渐老化,年使用费用逐年增加,而原值分摊费用则逐年减少。根据设备经济寿命概念,设备经济寿命即为年平均费用最低的使用年限,即图14.2中所示的 n。无论设备使用年限小于 n 还是大于 n,设备年平均费用都高于 n 年对应的费用。

设备年平均费用可用数学公式表示为

$$C = \frac{P-F}{t} + \frac{\sum_{t}(O+M)}{t} \quad (14.1)$$

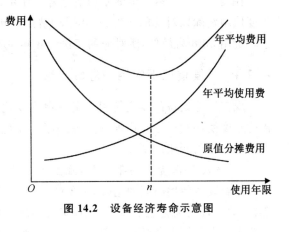

图 14.2 设备经济寿命示意图

式中:C——设备年平均费用;
P——设备原值;
F——设备残值;
O——设备年运行费用;
M——设备年维修费用;
t——设备使用年限。

【例 14.1】 已知某设备的寿命期为 10 年,期初的原值为 800 万元,每年的年度使用费用和年末残值见表 14.2 所示,计算该设备的经济寿命。

表 14.2　例 14.1 某设备年度使用费及残值　　　　　　　　单位:万元

费用分类	寿命期									
	1	2	3	4	5	6	7	8	9	10
年度使用费	10	15	20	20	25	25	30	35	45	50
年末残值	740	700	680	650	600	560	520	480	450	300

【解】 根据公式(14.1)可以计算设备的经济寿命。t 表示年份数,P 表示设备原值,F 表示残值。计算过程和结果见表 14.3 所示。

表 14.3　例 14.1 计算结果表　　　　　　　　单位:万元

费用分类	寿命期									
	1	2	3	4	5	6	7	8	9	10
年度使用费	10	15	20	20	25	25	30	35	45	50
累计年度使用费	10	25	45	65	90	115	145	180	225	275
年平均使用费	10	12.5	15	16.3	18	19.2	20.7	22.5	25	27.5
年末残值	740	700	680	650	600	560	520	480	450	300
原值分摊费用	60	50	40	37.5	40	40	40	40	38.9	50
年平均费用	70	62.5	55	53.8	58	59.2	60.7	62.5	63.9	77.5

在表 14.3 中,累计年度使用费是各年使用费用的累计值,平均年度使用费等于各年的累计年度使用费除以对应的年份数,年平均费用=年平均使用费+原值分摊费用。通过计算得,年平均费用 53.8 为最低,所对应的年份为 4 年,所以该设备的经济寿命为 4 年。

14.2.4　不同情况下的经济寿命计算

现在讨论设备的年度使用费用呈规则变化时设备经济寿命的确定。有两种情况:一是设备的年度使用费用逐年增加且呈等差序列变化的情况;二是设备的年度使用费用逐年增加但不呈等差序列变化的情况。

1) 年度使用费用逐年增加,且呈等差序列变化

随着设备使用时间的增长,设备的有形磨损和无形磨损都将增加,设备的维护修理费用及燃料、动力费用也会逐渐增加,这种费用的增加叫作设备的低劣化(Subnormal Value),即设备的低劣化表现为设备的使用费用的增加。如果这种低劣化每年以 q 的数值增加,且设备第一年的使用费用为 Q,那么就可以计算设备的经济寿命。分下面两种情况计算:

(1) 不考虑资金的时间价值,且每年残值固定不变

如果不考虑资金的时间价值,且设备每年残值固定不变,那么设备的年平均费用为

$$C = \frac{P-F}{t} + Q + \frac{q+2q+3q+\cdots+(t-1)q}{t} = \frac{P-F}{t} + Q + \frac{\frac{1}{2}(t-1)(t-1+1)q}{t}$$

$$= \frac{P-F}{t} + Q + \frac{q}{2}(t-1) \tag{14.2}$$

上式符号与前面公式一致。

根据导数的性质,要使 C 为最小,就需要对式(14.2)求导数并令其等于零,然后求解。求经济寿命实际上就是上式中的时间变量。对式(14.2)求导数并令其为零,即有下列等式:

$$\frac{dC}{dt} = -\frac{P-F}{t^2} + \frac{q}{2} = 0$$

求解得设备的经济寿命:$T^* = \sqrt{\frac{2(P-F)}{q}}$

设备在经济寿命时的年平均费用为:$C = \frac{P-F}{T^*} + Q + \frac{q}{2}(T^* - 1)$

例如:若某一施工设备的原值为 800 元,残值为 50 元。该施工设备第一年使用费为 200 元,低劣化每年以 100 元的数值增加,那么该施工设备的经济寿命为

$$T^* = \sqrt{\frac{2(P-F)}{q}} = \sqrt{2 \times (800-50)/100} = 3.87(年)$$

经济寿命时该设备的年平均费用为:

$$C = \frac{P-F}{T^*} + Q + \frac{q}{2}(T^* - 1) = \frac{800-50}{3.87} + 200 + \frac{100}{2} \times (3.87 - 1)$$
$$= 537.30(元)$$

(2) 考虑资金的时间价值

若考虑资金的时间价值,即从动态上计算设备的经济寿命,这时不能直接用公式(14.2)计算,那么设备的年平均费用为

$$C = P(A/P, i, t) - F_t(A/F, i, t) + Q + q(A/G, i, t) \tag{14.3}$$

式中:F_t——设备第 t 年的残值;

$(A/P, i, t)$——等额支付资本回收系数;

$(A/F, i, t)$——等额支付偿债基金系数;

$(A/G, i, t)$——梯度系数;

i——基准折现率;

其他符号意义与前面相同。

当式(14.3)中 C 最小时对应的年份就是设备的经济寿命。

【例 14.2】 某挖土机原始价值为 60 000 元,每年的残值估计见表 14.4 所示。该挖土机第一年的使用费为 10 000 元,以后每年以 2 000 元的数值递增。若 $i = 6\%$,试求挖土机的经济寿命并计算经济寿命的年平均费用。

表 14.4 挖土机每年残值估计表　　　　　　　　　　　　　单位:元

费用分类	寿命期								
	1	2	3	4	5	6	7	8	9
年末估计残值	30 000	15 000	7 500	3 750	2 000	2 000	2 000	1 500	1 000

【解】 根据已知条件,$P=60\,000$ 元,$Q=10\,000$ 元,$q=2\,000$ 元。

现在按照公式 $C=P(A/P,i,t)-F_t(A/F,i,t)+Q+q(A/G,i,t)$ 列表计算挖土机的经济寿命,计算过程见表 14.5 所示。

表 14.5 挖土机经济寿命计算过程表 单位:元

寿命期	费用				
	$P(A/P,6\%,t)$	F_t	$F_t(A/F,6\%,t)$	$Q+q(A/G,6\%,t)$	C
1	63 600	30 000	30 000	10 000	43 600
2	32 724	15 000	7 281	10 970.8	36 413.8
3	22 446	7 500	2 355.75	11 922.4	32 012.65
4	17 316	3 750	857.25	12 854.4	29 313.15
5	14 244	2 000	354.8	13 767.2	27 656.4
6	12 204	2 000	286.8	14 660.8	26 578
7	10 746	2 000	238.2	15 535.2	26 043
8	9 660	1 500	151.5	16 390.4	25 898.9
9	8 820	1 000	87	17 226.6	25 959.6

从表 14.5 可得,该挖土机的经济寿命为

$$T^*=8 \text{ 年}$$

挖土机经济寿命时的年平均费用为

$$C=25\,898.9 \text{ 元}$$

2) 年度使用费用逐年增加,但不呈规律变化

当设备每年的使用费用逐年增加,但不呈规律变化,且每年的残值也不相等,也分以下两种情况计算:

(1) 不考虑资金的时间价值

这时计算设备经济寿命的最好方法也是用列表计算。设备的年平均费用为

$$C=\frac{P-F_t}{t}+\frac{\sum_{t=1}^{t}Q_t}{t} \tag{14.4}$$

式中:t ——设备的使用年份;

Q_t ——第 t 年设备的使用费用;

其他符号意义与前面相同。

式(14.4)中 C 最小时对应的时间即为设备的经济寿命。

【例 14.3】 原始价值为 60 000 元的推土机每年使用费和残值见表 14.6 所示,自然寿命设为 7 年。计算推土机的经济寿命。

表 14.6 年度使用费及残值列表　　　　　　　　　　　　　　　　单位:元

费用分类	寿命期						
	1	2	3	4	5	6	7
年度使用费用	10 000	12 000	14 000	18 000	23 000	28 000	34 000
年末估计残值	30 000	15 000	7 500	3 750	2 000	2 000	2 000

【解】 已知 $P=60\,000$ 元,按公式(14.4)列表计算推土机的经济寿命,计算过程见表 14.7 所示。

表 14.7 例 14.3 计算结果表　　　　　　　　　　　　　　　　单位:元

寿命期	费用分类					
	F_t	Q_t	$(P-F_t)/t$	$\sum_{t=1}^{t} Q_t$	$\dfrac{\sum_{t=1}^{t} Q_t}{t}$	C
1	30 000	10 000	30 000	10 000	10 000	40 000
2	15 000	12 000	22 500	22 000	11 000	33 500
3	7 500	14 000	17 500	36 000	12 000	29 500
4	3 750	18 000	14 063	54 000	13 500	27 563
5	2 000	23 000	11 600	77 000	15 400	27 000
6	2 000	28 000	9 667	105 000	17 500	27 167
7	2 000	34 000	8 286	139 000	19 857	28 143

从表 14.7 的计算可得,该推土机的经济寿命为 5 年。

该推土机经济寿命时的年平均费用为 $C=27\,000$ 元

(2) 考虑资金的时间价值

当考虑资金的时间价值时,设备的年平均费用为

$$C = P(A/P, i, t) - F_t(A/F, i, t) + \left[\sum_{t=1}^{t} Q_t(1+i)^{-t}\right](A/P, i, t) \qquad (14.5)$$

式(14.5)中所有符号含义与前面相同。上式中 C 最小时对应的时间即为设备的经济寿命。

【例 14.4】 原始价值为 60 000 元的推土机每年使用费和残值如表 14.8 所示,自然寿命设为 7 年。$i=6\%$。计算推土机的经济寿命。

表 14.8 例 14.4 中推土机的年度使用费及残值列表　　　　　　　　　　　　单位:元

费用分类	寿命期						
	1	2	3	4	5	6	7
年度使用费用	10 000	12 000	14 000	18 000	23 000	28 000	34 000
年末估计残值	30 000	15 000	7 500	3 750	2 000	2 000	2 000

【解】 按上述公式列表计算推土机的经济寿命,计算过程如表14.9所示。

表 14.9　例 14.4 计算结果表　　　　　　　　　　　　　　单位:元

费用	寿命期						
	1	2	3	4	5	6	7
F_t	30 000	15 000	7 500	3 750	2 000	2 000	2 000
Q_t	10 000	12 000	14 000	18 000	23 000	28 000	34 000
$P(A/P,6\%,t)$	63 600	32 724	22 446	17 316	14 244	12 204	10 746
$F_t(A/F,6\%,t)$	30 000	7 281	2 355.8	857.3	354.8	286.8	238.2
$Q_t(1+6\%)^{-t}$	9 434	10 680	11 755	14 257.8	17 187.9	19 740	22 613.4
$\sum Q_t(1+6\%)^{-t}$	9 434	20 114	31 868.4	46 126.2	63 314.1	83 504.1	105 667.5
$\sum Q_t(1+6\%)^{-t} \times (A/P,6\%,t)$	10 000	10 970.2	11 921.97	13 312.02	15 030.77	16 893.2	18 925.05
C	43 600	36 413.2	32 012.17	29 770.72	28 919.97	28 810.4	29 432.85

从表14.9可得该推土机的经济寿命为6年。

14.3　施工设备磨损补偿形式及其经济分析

14.3.1　施工设备磨损补偿形式

设备在使用或闲置过程中会发生磨损,磨损会使机器设备的精度、尺寸和经济效益受到影响。要维持企业生产的正常进行,必须对设备的磨损进行补偿。由于机器设备遭受磨损的形式不同,补偿磨损的方式也不同。补偿分局部补偿和完全补偿。局部补偿只对磨损的设备进行局部的替换或修理;完全补偿是对磨损设备进行全部替换。设备有形磨损的局部补偿是修理,设备无形磨损的局部补偿是现代化改造,有形磨损和无形磨损的完全补偿是更新(如图14.3所示)。

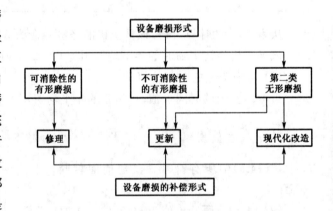

图 14.3　设备磨损形式与补偿方式的关系

1) 设备维修

设备修理是修复由于正常的或不正常的原因造成的设备损坏和精度劣化的过程。通过修理,更新已经磨损、老化和腐蚀的零部件,使得设备性能得到恢复。按照修理的程度和工作量的大小,修理分为大修、中修和小修。大修、中修和小修修理的内容不同,间隔时间也不同,所花费的资金及资金来源也不同。中修和小修所需要的资金一般直接计入生产成本,而大修费用则由大修费用专项资金开支。

设备大修是通过调整、修复或更新磨损的零部件的办法,恢复设备的精度、生产效率,恢复零部件及整机的全部或接近全部的功能,以达到出厂的标准精度。设备中修、小修是通过调整、修复和更新易损件的办法,以达到工艺要求。

2) 设备更新

设备更新是指以结构更先进、技术更完善、效率更高、性能更好、消耗更低、外观更新颖的设备代替落后、陈旧,遭受第二类无形磨损,且在经济上不宜继续使用的设备。这是实现企业技术进步,提高经济效益的主要途径。亦可以用结构相同的新设备去代替遭受严重有形磨损而不能继续使用的设备。但是,由于当今科学技术发展迅速,对后一种更新不宜过多采用,否则会导致企业技术停滞。

3) 设备现代化改造

设备现代化改造及设备的技术改造,就是应用现代化的技术成就和先进的经验,根据生产的具体需要,改变旧设备的结构或增加新装置、新部件等,以改善旧设备的技术性能与使用指标,使它局部或全部达到所需要的新设备的水平。

设备现代化改造,主要目的有:提高机械化、自动化水平;扩大设备的工艺范围;改善设备的技术性能;提高设备的精度;增加设备的寿命;改善劳动条件和安全作业等。

14.3.2 施工设备更新经济分析

一台设备通过多次修理,虽然能继续使用,但修理费用很高,与新设备相比效率低,耗费大,这样就产生继续使用该设备在经济上是否合算的问题,或选择设备更新的最佳时机问题。以下列举几种最佳更新期的经济模型。

1) 施工设备最佳更新期经济模型 Ⅰ

模型 Ⅰ 是一种不计算设备残值,不计算货币时间价值的静态分析方法,以年平均成本最低的使用年限为最优更新期:

$$AC(t) = \frac{P}{t} + \frac{1}{t}\sum_{t=1}^{N} C_t \qquad (14.6)$$

式中:$AC(t)$—— 使用 t 年时的平均年成本;

P—— 设备的初值;

C_t—— 第 t 年的设备使用费(包括维修、保养、动力、工资等费用)。

当 $AC(t)$ 为最小值时,寿命 t 为 T^*,则必有:

$$AC(T^* + 1) \geqslant AC(T^*) \qquad (14.7)$$

$$AC(T^* - 1) \geqslant AC(T^*) \qquad (14.8)$$

将式(14.7)代入式(14.6)

$$\frac{P}{T^*+1} + \frac{1}{T^*+1}\sum_{t=1}^{T^*+1} C_t \geqslant \frac{P}{T^*} + \frac{1}{T^*}\sum_{t=1}^{T^*} C_t$$

$$\frac{P}{T^*+1} - \frac{P}{T^*} + \left(\frac{1}{T^*+1} - \frac{1}{T^*}\right)\sum_{t=1}^{T^*} C_t + \frac{1}{T^*+1}C_{T^*+1} \geqslant 0$$

两边同乘 $T^*(T^*+1)$ 得

$$-P - \sum_{t=1}^{T^*} C_t + T^* C_{T^*+1} \geqslant 0$$

即
$$C_{T^*+1} \geqslant AC(T^*) \tag{14.9}$$

同样以式(14.8)代入式(14.6)得

$$AC(T^*) \geqslant C_{T^*-1} \tag{14.10}$$

故有
$$C_{T^*-1} \leqslant AC(T^*) \leqslant C_{T^*+1} \tag{14.11}$$

显然,该模型的计算结果即为不考虑资金时间的设备经济寿命。

【例 14.5】 有一设备,其价值为 6 000 元,使用和维修费用第一年为 2 000 元,以后每年递增 500 元,不计利息,不计残值,确定设备的最佳更新期。

【解】 由表 14.10 和式(14.7)、式(14.8),得 $T^* = 5$,根据式(14.11)和表 14.10 计算得:

表 14.10　例 14.5 计算结果表　　　　　　　　单位:元

t	P/t	C_t	$\sum_{t=1}^{T^*} C_t$	$\dfrac{1}{t}\sum_{t=1}^{T^*} C_t$
1	6 000	2 000	2 000	2 000
2	3 000	2 500	4 500	2 250
3	2 000	3 000	7 500	2 500
4	1 500	3 500	11 000	2 750
5	1 200	4 000	15 000	3 000
6	1 000	4 500	19 500	3 250

$$C_6 = 4\,500 > AC(5) = 4\,200 > C_5 = 4\,000$$

即,该设备最佳更新期为 5 年。

2) 施工设备最佳更新期经济模型 Ⅱ

模型 Ⅱ 是考虑货币时间价值的年平均现值比较法,认为年平均现值最低时的设备使用年限,就是该设备的经济寿命。设备残值和利率都不为零,若一台设备使用到经济寿命后,以同种设备不断更新,则总现值可按下式计算:

$$PW(N) = \left[P + \frac{C_1}{1+i} + \frac{C_2}{(1+i)^2} + \cdots + \frac{C_N}{(1+i)^N} - \frac{L_N}{(1+i)^N} \right] \tag{14.12}$$

式中:$PW(N)$——设备寿命为 N 时,不断更新的费用总现值。

$$AC(N) = PW(N)(A/P, i, N) = PW(N) \frac{i(1+i)^N}{(1+i)^N - 1} \tag{14.13}$$

将式(14.12)代入式(14.13)得

$$AC(N) = \left[P + \frac{C_1}{1+i} + \frac{C_2}{(1+i)^2} + \cdots + \frac{C_N}{(1+i)^N} - \frac{L_N}{(1+i)^N} \right] \frac{i(1+i)^N}{(1+i)^N - 1}$$

$$= \left[P + \frac{C_1}{1+i} + \frac{C_2}{(1+i)^2} + \cdots + \frac{C_N}{(1+i)^N} - \frac{L_N}{(1+i)^N} \right] \cdot$$
$$(A/P, i, N) \tag{14.14}$$

同样,当式(14.9)及式(14.10)的关系存在时

$$N = N^* \tag{14.15}$$

或当 $C_{N^*} + L_{N^*-1}(1+i) - L_{N^*} \leqslant AC(N^*) \leqslant C_{N^*+1} + L_{N^*}(1+i) - L_{N^*+1}$ 时,$N = N^*$

显然,模式Ⅱ计算结果即为考虑资金时间价值的设备经济寿命。

3) 施工设备最佳更新期经济模型Ⅲ——遭受突然损坏的设备更新

有些在超过使用时间后,通常遭受损坏的机会增加。对这类设备通常需要研究以下问题:(1)对这类资产是成批全部更新还是随着它的损坏逐个更新?(2)若成批更新为最优策略,最优更新间隔期为多少?(3)是计划预防修理,还是随坏随修?(4)若计划预防修理为最优策略,最优检修周期应如何确定?

其中第(3)、(4)问题实际上也是第(1)、(2)问题的另一种表现形式,因此,这里主要讨论第(1)、(2)两个问题。由于成批更新节约劳动力和材料批量采购优惠等,使成批更新成本低于随坏随换的成本。从直观上看,应先确定是成批更新策略优越,还是随坏随换策略优越。若成批更新为最优策略,则需进一步确定最优更新间隔期。但是,在实际求解这个问题的最优策略时,先假定成批更新为最优策略,在这个假定条件下确定最优更新周期,然后以最优更新周期的成批更新策略与随坏随换策略相比较,决定最优策略。

(1) 施工设备成批更新的最优更新周期的确定

为了使问题简化,假设损坏发生在每一期(以年或半年或一季或一月为一期)末,若设备第三期末损坏,则第四期的役龄为零。在前面的 $N-1$ 间隔期内,所有损坏的零件在以前已被逐个更新了,到第 N 个间隔期(即成批更新的间隔期),不论零件的役龄多少全部换掉。现在要找总成本最小的 N,若全部更新期时间不长,则货币的时间价值可忽略不计,则从成批安装到 N 期末成批更新的总成本为:

$$K(N) = QC_1 + C_2 \sum_{x=1}^{N-1} f(x) \tag{14.16}$$

式中:$K(N)$——成批更新间隔期为 N 时的总成本;

Q——成批更新的零件个数;

C_1——成批更新时,更新一件的成本;

C_2——随坏随换时,更新一件的成本;

$f(x)$——在第 x 期中,期望损坏个数。

要找 $\dfrac{K(N)}{N}$ 最小时的 N 值。若在第 j 期内零件损坏的概率为 $P\{j\}$,则 $f(x)$ 可由下式求得:

$$f(1) = Q \cdot P\{1\}$$

$$f(2) = Q \cdot P\{2\} + f(1) \cdot P\{1\}$$

$$f(3) = Q \cdot P\{3\} + f(1) \cdot P\{2\} + f(2) \cdot P\{1\}$$

$$f(x) = Q \cdot P\{x\} + f(1) \cdot P\{x-1\} + f(2) \cdot P\{x-2\} + \cdots + f(x-1) \cdot P\{1\}$$

或

$$f(x) = Q \cdot P\{x\} + \sum_{k=1}^{x-1} f(k) P\{x-k\} \tag{14.17}$$

应当指出,式(14.17)是建立在每个零件的损坏是独立的假设基础之上,若一个零件损坏会影响其他零件的损坏,则 $f(x)$ 不能用此式计算。

$$\frac{K(N^*)}{N^*} \leqslant \frac{K(N^*+1)}{N^*+1} \tag{14.18}$$

$$\frac{K(N^*)}{N^*} \leqslant \frac{K(N^*-1)}{N^*-1} \tag{14.19}$$

将式(14.16)代入式(14.18)得

$$QC_1(N^*+1) + C_2(N^*+1)\sum_{x=1}^{N^*-1} f(x) \leqslant QC_1 N^* + C_2 N^* \sum_{x=1}^{N^*-1} f(x) + C_2 N^* f(N^*)$$

整理后得:

$$\frac{K(N^*)}{N^*} \leqslant C_2 f(N^*) \tag{14.20}$$

同样将式(14.16)代入式(14.19)

$$\frac{K(N^*-1)}{N^*-1} \geqslant C_2 f(N^*-1) \tag{14.21}$$

于是,根据式(14.20)和式(14.21)得出以下判断:

若截至 N^* 期末成批更新的每期平均成本,低于该期个别更新的成本,则应采用成批更新策略;若成批更新的每期平均成本高于该期个别更新的成本,则应采用个别更新策略。

(2) 施工设备成批更新与单独更新策略的确定

设 N^* 是最优成批更新间隔期,优化的目标是年平均成本最低。

$$成批更新年平均成本 = \frac{K(N^*)}{N^*}$$

$$单独更新年平均成本 = \frac{C_2 Q}{E(N)}$$

式中:$E(N)$——零件的期望寿命。

$$E(N) = jP\{j\}$$

式中:j——零件的使用年限;

$P\{j\}$——使用 j 年零件损坏的概率。

当 $\dfrac{K(N^*)}{N^*} < \dfrac{C_2 Q}{E(N)}$ 时采用成批更新为最优策略。

当 $\dfrac{K(N^*)}{N^*} > \dfrac{C_2 Q}{E(N)}$ 时采用个别更新为最优策略。

【例 14.6】 设有一批正在使用的电气元件 10 000 个,成批更新零件的成本费为 0.5 元/个,而随坏随换的成本费为每件 2.0 元/个,零件 j 年后损坏的概率见表 14.11 所示。

表 14.11 零件寿命概率表

j	1	2	3	4	5	6	7
$P\{j\}$	0.05	0.10	0.20	0.30	0.20	0.10	0.05

【解】 零件损坏件数 $f(x)$ 值的计算(见表 14.12):

表 14.12 $f(x)$ 预算表

x	计算过程	合计
1	500	500
2	1 000+25	1 025
3	2 000+50+51.25	2 101.25
4	3 000+100+102.5+105.06	3 307.56
5	2 000+150+205.00+210.12+165.38	2 730.50
6	1 000+100+307.50+420.25+330.76+136.52	2 295.03

从 14.13 表的计算结果可以看出,每三年进行一次成批更新,这时的年平均成本是最低的。用式(14.20)、式(14.21)检查,$N^* = 3$。

$$\dfrac{K(3)}{3} = 2\ 683.3 < 2 \times f(3) = 2 \times 2\ 101.25 = 4\ 202.50$$

$$\dfrac{K(2)}{2} = 3\ 000 > 2 \times f(2) = 2 \times 1\ 025 = 2\ 050$$

表 14.13 成批更新最优更新期的计算

N	$\sum_{x=1}^{N-1} f(x)$	$K(N)$	$K(N)/N$
1	0	10 000×0.5=5 000	5 000
2	500	500×2+10 000×0.5=6 000	3 000
3	1 525	1 525×2+10 000×0.5=8 050	2 683.33
4	3 626.25	3 626.25×2+10 000×0.5=12 252.50	3 063.13
5	6 933.81	6 933.81×2+10 000×0.5=18 867.62	3 773.52
6	9 664.31	9 664.31×2+10 000×0.5=24 328.62	4 054.77

单独更新时零件的期望寿命：
$$E(N) = 1 \times 0.05 + 2 \times 0.1 + 3 \times 0.20 + 4 \times 0.3 + 5 \times 0.2 + 6 \times 0.1 + 7 \times 0.05 = 4$$

单独更新的期望成本 $= \dfrac{C_2 Q}{E(N)} = \dfrac{2 \times 10\,000}{4} = 5\,000$，大于成批更新平均年成本 2 683.33。

结论是：应采取三年进行一次成批更新的策略，它的平均成本最低。

14.3.3　施工设备维修经济分析

1）施工设备大修理的概念

设备大修理是对发生磨损的设备，采用调整、修复或更换已经磨损的零部件的方法，来恢复设备局部丧失的生产能力。它是补偿有形磨损的方法之一。

设备是由许多不同材质的零部件组成的，这些零部件在设备中各自承担不同的功能，其工作条件也各不相同，在使用过程中它们遭受的有形磨损是非均匀的。所以，为了保证设备在其平均寿命期内能够正常工作，就必须对损坏的零部件进行局部的更换或修复，这就是修理。修理按其内容和工作量可分为日常维护、小修、中修和大修。其中，设备大修是设备修理中规模最大、费用最高、用时最长的一种计划修理，是对设备在原有实物形态上的一种局部更新。它通过恢复所有不符合要求的零部件性能，尽可能地全面排除缺陷，使设备在生产率、精确度、速度等性能指标方面达到或基本达到原设备出厂时的标准。采用大修理的方法来恢复设备原有的功能要比制造新设备来得快，它还可以继续利用大量被保留下来的零部件，因而节约大量原材料和加工工时，这些都是保证设备修理的经济性的有利条件。因此，对维修经济性的研究，主要是针对大修而言的。一般来说，如果经过大修的设备，生产单位产品的劳动消耗比使用新设备高时，则采用大修理的方法在经济上是不合算的。因此，设备发生磨损以后，是否应该进行大修理，需要进行经济分析。

设备在使用过程中，由于零部件磨损、疲劳或环境造成的变形、腐蚀、老化等原因，原有性能会逐渐降低，这就是设备性能劣化。虽然大修能够使设备各项性能指标在一定时间内得到显著提高，但是相对于大修前而言，大修后的设备性能会加速劣化，设备效率、精确度等各项性能指标均会降低，直至设备报废。设备大修性能劣化的过程如图 14.4 所示。

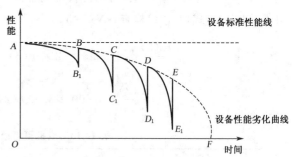

图 14.4　设备大修性能劣化图

在图 14.4 中，OA 表示设备的标准性能。在使用过程中，设备性能随 AB_1 下降，如果不进行修理则寿命很短；但是在 B_1 进行修理之后，设备性能恢复到 B 点。如此反复，直到 F 点，设备性能完全消失，其物理寿命宣告结束。图中 A、B、C、D、E、F 各点相连而成的曲线就构成了设备的性能劣化曲线。

从图 14.4 中可以看出，每次大修过后，虽然设备性能有所提高，但是总不能到达上一次大修之后的性能最优点；随着大修次数的增加，每两次大修之间的时间间隔越来越小，即大修周期越来越短。

由此可见,设备大修是有限度的。修理过后的设备无论从速度、精确度、生产率等方面,还是从技术故障时间、有效运行时间等方面来说,都比同种新型设备逊色不少,且长期的设备大修会导致设备性能劣化程度的加深。同时,从经济角度来讲,设备不能进行无休止的大修,因为随着大修次数的增加,设备大修费用和运行费用都会不断增加。

图 14.5 描述了设备大修间隔期、大修次数和运行费用之间的关系。

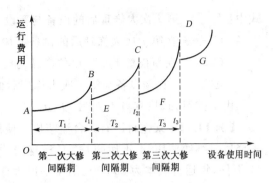

图 14.5 设备大修间隔期于运行费用之间的关系

从图 14.4 可以看出,随着设备使用年限的增加,两次大修间的间隔越来越短,大修次数越来越多,运行费用随之上升。随着设备使用年限的增加,设备运行费用越来越高,在大修前达到极大值;大修后,设备运行费用显著降低,进入下一个大修间隔期;随着设备的使用,运行费用逐渐增加;经过大修后又显著降低,如此循环,直至设备的经济寿命结束。

2) 施工设备大修理的经济界限

(1) 施工设备大修理的经济界限 I

设备大修理的经济界限从理论上讲,对设备进行大修理的经济界限可用下式进行判断:

$$R \leqslant K_j - L_j \tag{14.22}$$

式中:R——某次大修理的费用;

K_j——设备第 j 次大修理时该种设备的再生产价值(即在大修理年份购买相同设备的市场价);

L_j——设备第 j 次大修理时的残值。

由上式可知,当大修理费小于或等于设备现价(新设备费)与设备残值的差,则大修理在经济上是合理的;否则,宁可去购买新设备也不进行大修理。应注意的是,利用上式进行判断时要求大修后的设备在技术性能上与同种新设备的性能大致相同时,才能成立,否则不如把旧设备卖掉,购置新设备使用。设备磨损后,虽然可以用大修理来进行补偿,但是也不能无止境地一修再修,应有其技术经济界限。在下列情况下,设备必须进行更新:①设备役龄长,精度丧失,结构陈旧,技术老化,无修理或改造价值;②设备先天不足,粗制滥造,生产效率低,不能满足产品工艺要求,并且很难修好;③设备技术性能落后,工人劳动强度大,影响人身安全;④设备严重"四漏",能耗高,污染环境;⑤一般经过三次大修,再修理也难恢复出厂精度和生产效率;⑥大修费用超过设备原值的 60% 以上。

(2) 施工设备大修理的经济界限 II

设备大修理的经济效果如何,不能仅从大修理费用与设备价值之间的关系来判断是否进行大修理,而必须与生产成本联系起来。其评价标准是在大修理后使用该设备生产的单位产品的成本,应该不超过用相同的新设备生产的单位产品的成本,这样的大修理在经济上是合理的。事实上,这是更为重要的设备大修理的经济界限。

设备大修理的经济效果,可以用下列计算公式表示:

$$I_j = C_j/C_0 \leqslant 1 \quad \text{或} \quad \Delta C_j = C_0 - C_j \geqslant 0 \tag{14.23}$$

式中：I_j——第 j 次大修理后的设备与新设备加工单位产品成本的比值；

C_j——在第 j 次大修理后的设备上加工单位产品的成本；

C_0——在新设备上加工单位产品的成本；

ΔC_j——在新设备与第 j 次大修理后的设备上加工单位产品成本的差额。

由上式可知，只有当 $I_j \leqslant 1$ 或 $\Delta C_j \geqslant 0$ 时，设备的大修理在经济上才是合理的。

【例 14.7】 某建材厂有一台注塑机已使用 5 年，拟进行第一次大修，预计大修费 5 000 元，大修后可继续使用，4 年后再次大修，这时设备的残值为 2 000 元，其间可年均生产塑钢窗 10 万件，年运行成本为 35 000 元，第一次大修前残值为 3 000 元，大修后增至 6 400 元。新注塑机价值 28 000 元，预计在使用 5 年后进行第一次大修，此时残值为 5 000 元，期间可年均生产塑钢窗 12 万件，年运行成本为 30 000 元。问大修是否合理？

【解】 按施工设备大修理的经济界限Ⅰ，该设备大修理费 5 000 元小于更换新设备的投资费用 25 000 元，即(28 000－3 000)元，因此满足大修理经济界限Ⅰ。

再按施工设备大修理的经济界限Ⅱ：

$$C_j = [R_j - (L_0 - L_j) + P_j]/Q_j$$

$$= (5\,000 + 2\,000 - 3\,000 + 35\,000 \times 4)/(10 \times 4)$$

$$= 3\,600(元/万件)$$

更换新注塑机的投资费用为 28 000 元，则

$$C_0 = (K_{\text{New}} - L_{\text{New}} + P_0)/Q_0$$

$$= (28\,000 - 3\,000 - 5\,000 + 30\,000 \times 5)/(12 \times 5)$$

$$= 2\,833.33(元/万件)$$

由此可得

$$C_j > C_0$$

所以应该更新旧注塑机。

3) 施工设备大修周期数的确定

当设备的经济寿命 T_E 已定，如每次大修间隔 T_j 事件已知（一般是 $T_1 > T_2 > \cdots$），则

$$T_E = \sum_{j=1}^{n} T_j \tag{14.24}$$

上式表明从经济上看来，设备应当大修 n 次。

大修间隔时间 T_j 的确定原则应当是使期间生产单位产品的平均总费用 C_{Zj} 最小，这个总费用是由大修间隔时间内应分摊的设备价值损耗 ΔV_j（$\Delta V_j = V_{j-1} - V_j$）、大修理费 K 以及设备运行总费用 C_j 三者之和所构成。当使用期间的生产量为 Q_j 时，则：

$$C_{Zj} = (\Delta V_j + K + C_j)/Q_j \tag{14.25}$$

设生产单位产品的设备运营费用的增长符合指数规律，则得：

$$C_j = \int_0^{Q_j} (C_{0j} + b_j Q^{r_j}) dQ = C_{0j} Q_j + b_j Q_j^{r_j+1}/(r_j+1) \tag{14.26}$$

又设设备价值的损耗与生产产品的数量 Q_j 成正比,则得:

$$\Delta V_j = E_j Q_j \tag{14.27}$$

上式中 C_{0j} 为 j 个大修期间一开始生产产品时的设备运行费用,b、r_j 为设备运行费用及增长系数,E_j 为生产单位产品应分摊的设备价值损耗。经过换算,最终得:

$$C_{Zj} = E_j + K/Q_j + C_{0j} + b_j Q_j^{r_j}/(r_j+1) \tag{14.28}$$

要使大修间隔期内单位产品的平均总费用最小,须满足:

$$\frac{dC_{Zj}}{dQ_j} = -\frac{K}{Q_j^2} + \frac{r_j b_j}{r_j+1} Q_j^{r_j-1} = 0$$

即

$$Q_j^* = \sqrt[r_j+1]{\frac{(r_j+1)K}{r_j b_j}} \tag{14.29}$$

因此第 j 个大修理间隔时间,就是在正常生产条件下,生产 Q_j^* 产品所需的时间,若正常条件下的年产量为 Q,则:

$T_j = Q_j^*/Q$,然后再根据 $T_E = \sum_{j=1}^n T_j$ 找出设备应该大修的次数。

14.3.4 施工设备现代化改造经济分析

1) 施工设备现代化改造的概念与意义

所谓设备的现代化改造,是指应用现代的技术成就和先进经验,根据满足生产的具体需要,改变现有的设备的结构,改善现有设备的技术性能,使之全部达到或者局部达到新设备的水平的过程。设备的现代化改造是克服现有设备的技术陈旧状态,消除因技术进步导致的无形磨损,促进技术进步的方法之一,也是扩大设备的生产能力,提高设备质量的重要途径。

现有设备通过现代化改造在技术上可以做到:

(1) 提高设备技术特性使之达到现代新设备的水平;

(2) 改善设备某些技术特性,使之局部达到现代新设备的水平;

(3) 使设备的技术特性得到某些改善。

在多数情况下,通过设备现代化改造使陈旧设备达到需要的水平,所需投资往往比更新设备要少。因此,在很多情况下设备现代化改装在经济上有很大的优越性。设备现代化改造具有很强的针对性和适应性。经过现代化改造的设备更能适应生产的具体要求,在某些情况下,其适应具体生产需要的程度,甚至可以超过新设备。因此在我国产品更新缓慢的特定情况下,设备现代化改造有着特别重要的意义。

2) 施工设备现代化改造的技术经济综合评价程序

设备现代化改造技术经济评价或论证的一般程序如下:

第一步:确定比较对象

一般情况下,与设备现代化改造并存的可能方案有:旧设备原封不动地继续使用;旧设的大修理;用相同结构新设备更换旧设备或用效率更高、结构更优的新设备更换旧设备。为了保证技术经济评价的客观性,要求深入调查研究,广泛搜集资料,并用科学的方法预测未来的数据资源。

第二步:把比较对象可比化

由于各方案的指标与参数不同,需要将不同的数量和质量指标尽可能化为统一可比的数量指标。一般是化为货币指标,并应用相应的折算方法(如现值法)换算成同一时间因素的价值,以具备可比条件。

第三步:建立经济数学模型

在并存的多个可能方案中选择总成本最小的方案,就是我们所要决策的方案。为避免计算复杂化,我们在建立经济数学模型时,要正确选择纳入数学模型的主要经济指标和参考变量。

在此,常用的决策方法为最低总成本法(总费用现值法)和差额投资回收期法,具体将在下一小节详细介绍。

第四步:求解数学模型,比较数量指标

把各具体的资料和数据代入数学模型中进行运算,求出各技术方案经济指标的具体数值,以供比较、评价。

第五步:综合分析评价,选择最佳方案

在对不同方案的指标进行分析计算的基础上,再对整个指标体系和相关因素进行定量和定性的综合比较和评价,从中选择最佳方案。

3) 施工设备现代化改造的技术经济综合评价方法

设备现代化改造是广义设备更新的一种方式,因此,研究现代化改造的经济性应与设备更新的其他方法相比较。决策的任务就在于从中选择总费用最小的方案。

对可能采用的方案,分别计算它们的使用总成本现值(主要包括设备购置费用和运行费),从中选取使用总成本最低的方案为最佳方案。各种可能方案的使用总成本可用下列公式计算:

$$\beta = \frac{\text{方案的生产能力}}{\text{同类型新设备的生产能力}}$$

① 设备继续使用(下标用"0"表示)。

$$C_{T0} = \frac{1}{\beta_0} \sum_{t=1}^{T} \frac{G_{0t}}{(1+i)^t} + L_0 - \frac{L_{0n}}{(1+i)^T} \tag{14.30}$$

② 设备大修理(下标用"r"表示)。

$$C_{Tr} = \frac{1}{\beta_r} \sum_{t=1}^{T} \frac{G_{rt}}{(1+i)^t} + L_0 + K_0 - \frac{L_{rn}}{(1+i)^T} \tag{14.31}$$

③ 原型新设备更新(下标用"n"表示)。

$$C_{Tn} = \frac{1}{\beta_n} \sum_{t=1}^{T} \frac{G_{nt}}{(1+i)^t} + L_0 + K_0 - \frac{L_{nn}}{(1+i)^T} \tag{14.32}$$

④ 设备技术改造(下标用"m"表示)。

$$C_{\mathrm{Tm}}=\frac{1}{\beta_{\mathrm{m}}}\sum_{t=1}^{T}\frac{G_{\mathrm{m}t}}{(1+i)^{t}}+L_{0}+K_{0}-\frac{L_{\mathrm{m}n}}{(1+i)^{T}} \qquad (14.33)$$

⑤ 先进新设备更新(下标用"nn"表示)。

$$C_{\mathrm{Tnn}}=\frac{1}{\beta_{\mathrm{nn}}}\sum_{t=1}^{T}\frac{G_{\mathrm{nn}t}}{(1+i)^{t}}+L_{0}+K_{0}-\frac{L_{\mathrm{nn}n}}{(1+i)^{T}} \qquad (14.34)$$

公式可归纳成通式表示为：

$$C_{\mathrm{T}j}=\frac{1}{\beta_{j}}\sum_{t=1}^{T}\frac{G_{jt}}{(1+i)^{t}}+L_{0}+K_{0}-\frac{L_{jn}}{(1+i)^{T}} \qquad (14.35)$$

式中：j——各种不同的方案，即 $j=0, r, n, m, nn$；

$C_{\mathrm{T}j}$——j 方案的总费用现值；

K_{0}——j 方案的设备投资费；

G_{jt}——j 方案第 t 年的经营费用；

L_{0}——j 方案的旧设备在待处理(决策)年份的残值；

L_{jn}——j 方案第 T 年年末的设备残值；

β_{j}——j 方案的设备生产能力系数，其中 $\beta_{n}=1$（以更换新设备新生产能力为基准）；

t——设备使用年份，$t=1, 2, \cdots, T$。

使用以上公式进行对比选择时应注意两点：

① 相比较的各方案计算时间应相同，即均按计算期 T 计算。

② 各方案的生产能力相同，因此用生产能力系数 β 加以调整，使诸方案满足产量(数量)的可比性。

【例 14.8】 某施工企业某设备的各种更新方案的投资和各年年经营费用如表 14.14 所示，年利率为 8%，不计年末残值，对各种更新方案进行综合分析。

表 14.14 各种更新方案的投资和各年年经营费用

可行方案	基本投资/元	生产能力系数	各年年经营费用/元								
			1	2	3	4	5	6	7	8	9
旧设备继续使用	$K_0=0$	$\beta_0=0.7$	250	300	350	400	450	500	530	700	910
用相同结构新设备更换	$K_n=1\,300$	$\beta_n=1$	25	53	105	160	210	270	340	420	510
用高效率新设备更换	$K_{nn}=1\,500$	$\beta_{nn}=1.3$	20	50	100	150	200	250	300	350	400
旧设备技术改造	$K_m=1\,200$	$\beta_m=1.25$	30	55	110	170	220	280	360	450	540
旧设备大修理	$K_r=700$	$\beta_r=0.98$	60	100	175	250	325	400	480	610	720
新设备在更换年份残值			150								

根据表 14.14 所列数据,计算各方案逐年的使用成本(总费用现值)。以第 2 年的 C_{Tnn} 为例说明计算方法。

$$C_{Tnn} = \frac{1}{1.3}\left(\frac{20}{1.08} + \frac{50}{1.08^2}\right) + 1\,500 - \frac{150}{1.08^2}$$

其他计算结果如表 14.15 所示。

表 14.15 各种更新方案的逐年总成本   单位:元

年份	各方案 C_T 的值				
	C_{T0}	C_{Tr}	C_{Tn}	C_{Tnn}	C_{Tm}
1	330.7*	756.7	1 184.3	1 375.4	1 222.2
2	698.1*	844.2	1 240.0	1 418.6	1 259.9
3	1 095.0	985.9*	1 332.9	1 489.2	1 329.8
4	1 515.0	1 173.4*	1 459.3	1 582.8	1 429.8
5	1 952.6	1 399.1*	1 610.4	1 695.7	1 549.5
6	2 402.7	1 656.4*	1 788.1	1 824.5	1 690.7
7	2 844.5	1 942.1	1 993.5	1 966.1	1 858.8*
8	3 384.7	2 278.4	2 226.9	2 118.1	2 053.2*
9	4 035.1	2 646.0	2 488.0	2 278.0	2 269.4*

* 该年份各方案中总成本最低者。

从以上计算结果可以看出,如果设备只考虑使用两年(比如,两年以后产品将更新换代),那么以继续使用原设备最佳。这时不仅没有更换的必要,就连修理也不合算。如果只打算使用三四年,那么最佳方案是对设备进行一次大修。如果估计设备将使用五到七年,那么最佳方案是对设备进行技术改造。如果使用期在七年以上,则采用高效率新结构设备更新旧设备为最佳方案。

应当指出,最低成本法同样适用于上述方案中的不同子方案的选优。例如,准备采用新设备来更换旧设备时,由于可能存在多种新设备可以选择,仍可采用最低总成本法中的 C_{Tnn} 公式对不同新设备进行计算,通过比较,选择某种最佳的新设备来代替旧设备。

14.4 施工设备租赁的经济分析

由于设备的大型化、精密化、电子化等原因,设备的价格愈来愈昂贵。为了节省设备的巨额投资,租赁设备是一个重要的途径。同时,由于科学技术的迅速发展,设备更新的速度也普遍加快。为了避免承担技术落后的风险,也可以采用租赁的办法。

14.4.1 设备租赁概述

租赁,是一种以一定费用借贷实物的经济行为。在这种经济行为中,出租人将自己所拥有的某种物品交予承租人使用,承租人由此获得在一段时期内使用该物品的权利,但物品的所有权仍保留在出租人手中。承租人为其所获得的使用权需向出租人支付一定的费用(租金)。

设备租赁是指设备的使用者(租赁者)向设备所有者(出租者)租借设备,在规定的租期内付出一定的租金以换取设备使用权而不变更设备所有权的经济活动。它是设备投资的一种方式。

近年来,租赁业务的规模愈来愈大。

日本把设备租赁列为"未来产业"之一,预见到它是具有发展前途的重要行业。美国的设备租赁行业已经相当发达。1978年,美国设备租赁的营业额估计已达267亿美元,相当于美国当年设备投资总额的17%。

租赁对象主要是生产设备,另外也包括运输设备、建筑机械、采油和矿山的设备、电信设备、精密仪器、办公用设备,甚至成套的工业设备和服务设施等。租赁时间一般为3～5年,大型设备、成套设备甚至可达20年。

设备租赁的方式主要有以下两种:

(1) 运行租赁(Operating Lease)。又称经营租赁,是一种传统的设备租赁方式,经营租赁一般由资产所有者(出租人)负责设备的维修、保养与保险,租赁的期限一定是小于资产的寿命期,出租人和承租人通过订立租约维系租赁业务,承租人有权在租赁期限内预先通知出租人后解除租约。这种形式,承租人不需要获得对租用资产的所有权,而只是负担租金来取得资产的使用权,这样,承租人可以不负担设备过时的风险,对承租人来说相当灵活,可以根据市场的变化决定资产的租赁期限。特点是任何一方可以随时通知对方,在规定时间内取消或中止租约。临时使用的设备(如车辆、电子计算机和仪器等)通常采取这种方式。

(2) 财务租赁(Financial Lease)。又称融资租赁也称金融租赁或资本租赁,即双方承担确定时期的租借和付费的义务,而不得任意中止或取消租约,是一种不带维修条件的设备租赁业务。融资租赁与分期付款购入设备相类似,实质上是承租者通过设备租赁公司筹集设备投资的一种方式。在融资租赁方式下,设备是由出租人完全按照承租人的要求选定的,所以出租人对设备的性能、物理性质、老化风险以及维修保养不负任何责任。在大多数情况下,出租人在租期内分期回收全部成本、利息和利润,租赁期满后,出租人通过收取名义货价的形式,将租赁物件的所有权转移给承租人。

对于使用设备的单位来说,设备租赁具有以下优点:

(1) 减少设备投资,在资金短缺的情况下,也能使用设备,减少固定资金的占有,改变"大而全""小而全"的不正常状况。对季节性、临时性使用的设备(如农机设备、仪器、仪表等),采用租赁方式更为有利。

(2) 可加快设备更新,避免技术落后的风险。当前科学技术发展日新月异,设备更新换代很快,设备技术寿命缩短。使用单位自购设备,若利用率不高,设备技术落后的风险是很大的。租赁则可解决这个问题。如租赁电子计算机,出现新型电子计算机后,则可以把旧的型号调换成新的型号。这样,各计算中心的装备可及时更换,以保证设备的最新水平。

(3) 可获得良好的技术服务,提高设备的利用率,减少维修使用人员的配备和维修费用的支出。一般租赁合同规定,租赁设备的维修工作由出租人负责,当然维修费用已包括在租金中。如电子计算机的全部维修费用较大,可由出租人承担并转包给电子计算机生产厂家。这样,用户可保证得到良好的技术服务。

(4) 可缩短企业建设时间,争取早日投产。租赁方式可以争取时间,而时间价值带来的经济效益相当于积累资金的购买方式的十几倍。比如,购买一架高级客机,每年积累的资金只相当于飞机价款的 20%,这样要等五年。如果采用租赁方式,每年用这 20%的积累作为租金就可以租到一架飞机,五年就能租到五架飞机。

(5)租赁方式手续简便,到货迅速,有利于经济核算。租赁单台设备租赁费可列入成本费用作为所得税前扣除,减少税金的支出。由于租赁设备到货快,但支付租金却要慢得多,通常是使用六个月才支付第一次租金。所以,从经济核算角度看是有利的。

(6)可避免通货膨胀的冲击,减少投资风险。由于国际性的通货膨胀而引起的产品设备价格不断上升,几乎形成了规律。而采用租赁方式,由于租金规定在前,支付在后,并且在整个租期内是固定不变的,所以,用户不受通货膨胀的影响。

但是,租赁方式也有它的弊端,主要表现在:

(1)承租人对租用设备只有使用权,没有所有权,所以不能对设备进行处置,如抵押贷款等;

(2)租赁设备的总费用要比购置设备的总费用高,特别是在使用效益不佳的情况下,支付租金可能成为沉重的负担;

(3)租赁合同规定严格,毁约要赔偿损失,且罚款较多。

由于租赁设备有利有弊,所以租赁设备前应进行经济分析。

14.4.2 租赁设备的选型原则

(1)机型的先进性:租赁设备必须具有性能优、生产率高、工作好的特性。租用设备的效率、作业质量同工程规模、生产任务相匹配,并保证有充分的余量。

(2)租金的经济性:租金低或费用效率高,对企业经济效益具有促进作用。

(3)配套适用性:租用机械不仅要与工程施工中各工序用机械品种相配套,而且还要在性能上彼此适应。更要注意与本单位原有机械的配套,才能从根本上避免机械的浪费。

(4)工作的可靠性:正常工作时间和施工条件下,无故障运转时间越长,完成工作量越多,则相应的可靠程度越高。

(5)节能性:节能型机械主要体现在油、电消耗少,能源利用率及热效率较高。

(6)工作的灵活性:机械的灵活性,主要体现在无论工作对象变化与否,机械对燃油、润滑油、施工对象要求不严格,通用性强,在效能同等的条件下,租用设备尽可能小型化,以便工地随时调度。

(7)易维修、好保养:设备维修的难易程度直接影响设备的出勤率,维修性好的设备一般结构设计合理,零部件通用化和标准化程度高,互换性强。

(8)环保性:设备的噪声及排放"三废"项目要符合国家标准,不能干扰和污染周围环境。

14.4.3 设备租赁费用与支付

1)设备租赁费用的构成

(1)租赁保证金。租赁保证金是承租人为了确认租赁合同并保证其执行而缴纳的,当租赁合同到期,出租人将其退还承租人或在最后一期租金中抵减。租赁保证金一般为合同金额的 5%,或为某一基期数的金额(如一个月的租金额)。

(2)租金。租金是租赁合同的一项重要内容,直接关系到出租人和承租人双方的经济利益。出租人要从租金收入中得到出租资产的补偿和收益,即要收回租赁资产的购进原价、贷款利息、营业费用和一定的利润。承租人则要比照租金核算成本,即租赁资产所生产的产品收入除了抵偿租金外,还要取得一定的利润。影响租金的因素很多,如设备的价格、融资的利息及费用、各种税金、运费、各种费用的支付时间,以及租金采用的计算方法等。

(3) 担保费。出租人可以要求承租人请担保人对该租赁交易进行担保,当承租人由于财务危机付不起租金时,由担保人代为支付租金。一般情况下,承租人需要支付给担保人一定数目的担保费。

2) 设备租赁费用的支付

(1) 附加率法

附加率法是在租赁设备的价格或概算成本的基础上再加上一个特定比率的费用来计算租金。每期租金 R 的表达式为:

$$R = P(1 + N \cdot i)/N + P \cdot r \tag{14.36}$$

式中:P——租赁设备的价格;

N——还款期数,可按月、季、半年、年计;

i——与还款期数对应的折现率;

r——附加率。

【例 14.9】 某企业从设备租赁公司租借一台设备,设备的价格为 68 万元,租期为 5 年,每年年末支付租金,折现率为 10%,附加率为 4%。每年末应支付多少租金?

【解】 $R = 68 \times (1 + 5 \times 10\%)/5 + 68 \times 4\% = 23.12(万元)$

(2) 年金法

年金法是将一项租赁设备的价格按相同比率分摊到未来各租赁期间内的租金计算方法。年金法计算有期末支付租金和期初支付租金之分。

① 期末支付。期末支付租金方式是在每期期末等额支付租金。每期租金 R 的表达式为

$$R = P(A/P, i, N) \tag{14.37}$$

② 期初支付。期初支付租金方式是在每期期初等额支付租金。每期租金 R 的表达式为

$$R = P(F/P, i, N-1)(A/F, i, N) \tag{14.38}$$

或

$$R = P(A/P, i, N)/(1+i) \tag{14.39}$$

【例 14.10】 折现率为 12%,其余数据同例 14.9,分别按每年年末支付和每年年初支付的方式计算租金。

【解】 (1) 按每年年末支付,有

$$R = 68 \times (A/P, 12\%, 5) = 18.86(万元)$$

(2) 按每年年初支付,有

$$R = 68 \times (F/P, 12\%, 4)(A/F, 12\%, 5) = 16.84(万元)$$

或

$$R = 68 \times (A/P, 12\%, 5)/(1 + 12\%) = 16.84(万元)$$

14.4.4 设备租赁与购买的经济比选方法

对于设备使用人而言,往往要决定设备是购买还是租赁。假设设备给企业带来的收入相同,则决策者只需比较租赁费用和购买费用。决策时,一般均要考虑资金的时间价值,首先要决定采用净现值还是费用年值指标作比较。设备寿命期相同的既可用净现值,也可用费用年值来比较;设备寿命期不同,则一般采用费用年值指标作比较。

尤其要注意的是,在进行设备租赁决策分析时,税收抵减额(主要是指合理少纳的企业所得税额)对费用的影响往往不容忽视。实际上,在设备经济寿命以及设备更新决策中,严格说来,均应考虑税收的影响,只不过,为使问题简化,未将税金纳入决策考虑之列。

经营租赁,其租赁费用不仅有租金支出,还有租赁期内设备的正常运行成本,以及考虑租金和年运行成本的抵税额;融资租赁,除了要将以上因素列入现金流量图中,还要注意考虑设备折旧的抵税作用。

购买设备,一样要考虑设备运行成本和折旧的抵税作用。若是用借款资金购置设备,则要以贷款利率作为决策时的贴现率,同时不能忽略利息支出的抵税作用。

1) 费用效果分析法

对于几台相近的设备:先分别列出其租金费用,其次再列出每一设备的月生产效率。

$$费用效率 = 日生产率 / 日租金$$

上式计算出的费用效率越高,说明租用设备效果越好。

2) 年值法

当采用租赁设备时,租赁费直接计入成本,其净现金流量为:

净现金流量=销售收入-经营成本-租赁费-税率×(销售收入-经营成本-租赁费)

而在相同条件下购置设备的净现金流量为:

净现金流量=销售收入-经营成本-设备购置费-税率×(销售收入-经营成本-折旧)

从以上两式可以看出,当租赁费用的现值与购置费用相等时,区别仅在于税金的大小。当采用直线折旧法时,一般租赁费用要高于折旧费用,因此所付税金较少。对企业而言,少纳税额相当于净收益的增加。

【例 14.11】 某企业需要一台设备,其购置费为 20 000 元,使用寿命为 10 年,期末残值为 2 000 元。这种设备也可租到,每年租赁费为 2 500 元,年运行费用都是每年 1 200 元。政府规定的所得税率为 25%,采用直线折旧法,设 $i_c = 10\%$,试问企业采用哪种方案有利?

【解】 设备的年折旧费:(20 000−2 000)/10 = 1 800(元)

若企业采用购置方案,年折旧费 1 800 元计入总成本,而租赁方案每年 2 500 元计入总成本,因此,前者税金少付(2 500−1 800)×25% = 175(元)。

采用年值法,购买设备的年成本为:$AC_1 = 20\,000 \times (A/P, 10\%, 10) - 2\,000 \times (A/F, 10\%, 10) + 1\,200 = 4\,330$(元)

租赁设备的年成本为:$AC_2 = 2\,500 + 1\,200 + 175 = 3\,875$(元)。

由以上计算可知,从企业角度宜采用租赁设备。

3) 净现值法

【例 14.12】 某建筑企业急需一台新型专用设备,现有经营租赁和贷款购买两个备选方案。若采用经营租赁方案,租期 3 年,每年租赁费为 45 000 元,每年维修费为 3 000 元;若采用贷款购买方案,设备买价为 120 000 元,需要向银行贷款,银行贷款年利率为 12%,每年末等额归还本金并支付当年利息。设备购入后预计可使用 3 年,每年维修费为 2 500 元,3 年后预计净残值收入为 9 000 元。企业以年平均法计提折旧,企业所得税税率为 25%。要求决定设备应采用经营租赁方案还是贷款购买方案。

【解】 租赁或购买的设备给企业带来的收入均相同,故仅比较两个方案的现金流出量。无论租赁还是购买,应注意考虑对所得税的递减额。租赁或购买设备的寿命相同,故既可用净现值也可用净年成本指标。

首先,计算经营租赁设备的现金流量:已知年租金为 45 000 元,年维修费用为 3 000 元,那么

年抵减所得税额 = (45 000 + 3 000) × 25% = 12 000(元)

年净现金流出 = 45 000 + 3 000 − 12 000 = 36 000(元)

净现值 $NPV_1 = 36\,000 \times (P/A, 12\%, 3) = 86\,465$(元)

其次,计算贷款购买设备的现金流量,具体计算结果如表 14.16 所示。

表 14.16 贷款购买设备的现金流量

年末	贷款余额(1)	还款额			维修费(5)	年折旧(6)	抵减所得税(7)	年净现金流(8)
		还本(2)	付息(3)	合计(4)				
0	120 000							
1	80 000	40 000	14 400	54 400	2 500	37 000	13 475	43 425
2	40 000	40 000	9 600	49 600	2 500	37 000	12 275	39 825
3		40 000	4 800	44 800	2 500	37 000	11 075	36 225

注:表中(7) = [(3) + (5) + (6)] × 25%,(8) = (4) + (5) − (7)

净现值 $NPV_2 = 43\,425 \times (P/F, 12\%, 1) + 39\,825 \times (P/F, 12\%, 2) + 36\,225 \times (P/F, 12\%, 3) − 9\,000 \times (P/F, 12\%, 3) = 89\,901$(元)

采用经营租赁方案设备比采用贷款购买方案的现金流出量的净现值少 89 901 − 86 465 = 3 436(元),故企业应采用经营租赁方案。

习 题

1. 查找有关资料,对城区工程施工中商品混凝土方案与现场搅拌混凝土方案的综合效益进行比较。
2. 某施工企业新安装一台新设备,购置费用为 10 000 元,估计可用 10 年,各年的年度使用费及年末残值见表 14.17,$i_c = 10\%$,试在考虑资金时间价值和不考虑资金时间价值的两种情况下,计算设备的经济寿命。

表 14.17　习题 2 费用数据　　　　　　　　　　　　　　　　　　　　单位：元

年末	1	2	3	4	5	6	7	8	9	10
年度使用费	1 200	1 350	1 500	1 700	1 950	2 250	2 600	3 000	3 500	4 000
估计残值	7 000	5 000	3 500	2 000	1 000	800	600	400	200	100

3. 某已经使用了几年的施工设备，现在残值为 20 000 元，下一年年度使用费为 10 000 元，利率 $i=10\%$。
   (1) 以后每年年度使用费增加 2 000 元，任何时候都不计残值，确定计利息和不计利息两种情况下的设备经济寿命？
   (2) 以后年度的残值不变，年使用费也不变，旧设备的经济寿命是几年？
   (3) 以后年度的残值不变，年度使用费每年增加 2 000 元，计算设备的经济寿命。

4. 某施工企业需要某种设备，其购置费为 100 万元，以自有资金购买，估计使用期为 10 年，10 年后的残值为零。如果采用融资租赁的，同类设备年租赁费为 16 万元（其中利息部分为 2 万元）。当设备投入使用后，可为企业每年增加收入 60 万元，假设营业税及附加为销售收入的 10%，设备年使用成本为 12 万元/年，所得税税率为 25%，设备采用直线折旧法，该企业的基准收益率为 10%。试比较租赁方案和购置方案。

5. 天工建设公司是一家特级总承包施工企业，该公司的设备部拟采购一台移动式起重机，经对市场上各种牌号起重机进行比较，确定了在两个型号中选择一个购买，各型号的基本数据见表 14.18。公司的基准收益率为 10%。

表 14.18　习题 5 基本数据

型号方案	A	B
购置费/元	200 000	350 000
年使用费/元	30 000	20 000
有用寿命/年	6	9
期末市场残值/元	25 000	40 000

   (1) 如果估计公司将在较长的时间内（20 年以上）使用该类设备，如何进行选择？
   (2) 假设该设备是专门为公司在某一边远地区的一大型工程施工所采购，预计设备需要使用 9 年。在使用期末，如设备未达到其有用寿命期，其未使用价值完全不考虑。如何进行选择？
   (3) 在(2)中，如果该地区的市场上有 A 型号的设备出租，年租赁费为 50 000 元（不含使用费），且估计若干年不会有多大变动，又如何选择？

6. 某工厂 5 年前用 10 000 元购进一台混凝土搅拌机，现会计账面价值 5 000 元，目前可卖 1 200 元，预计还可使用 2 年，残值 250 元。现在又出现了同功能的新型混凝土搅拌机，价格 15 000 元，预计寿命 10 年，残值 1 500 元。若贴现率为 10%，问如何选择？

7. 某建筑公司为适应大面积土方开挖任务需要，拟引进一套现代化挖土设备。现有 A、B 两种设备可选择，初始投资分别为 20 万元、30 万元，挖土费用分别为每立方米 10 元、8.5 元。折现率为 10%，均无残值。

(1) 若设备使用年限均为10年,每年挖土量为多少时选用A有利?

(2) 设年挖方量为1.5万立方米,则设备使用年限多长时选用A有利?

8. 施工单位需要压路机,使用期10年。A方案:购置,则购置费为100 000元,无残值;B方案:租赁,每年的租金为17 000元。该压路机的年运行费都是12 000元,所得税率为25%,基准贴现率为10%,自有压路机按10年平均折旧。该选何方案?

部分习题参考答案

1 资金的时间价值理论

6. 473.3 万元

7. (1)1 219.5 元;(2)213.2 元;(3)285 元;(4)50 元

8. (1)1 123 元;(2)768 元

9. (1)1 143.91 元;(2)4 283.1 元;(3)2 058.2 元;(4)3 990.6 元

10. (1) 第一年 5.00 万元,第二年 4.80 万元,第三年 4.60 万元,第四年 4.40 万元,第五年 4.20 万元

    $P=20$ 万元;$F=25.526$ 万元

    (2) 第一年 1.00 万元,第二年 1.00 万元,第三年 1.00 万元,第四年 1.00 万元,第五年 21.00 万元

    $P=20$ 万元;$F=25.526$ 万元

    (3) 第一年至第五年各还 4.62 万元,

    $P=20$ 万元;$F=25.526$ 万元

    (4) 第一年 0 元,第二年 0 元,第三年 0 元,第四年 0 元,第五年 25.526 万元

    $P=20$ 万元;$F=25.526$ 万元

11. (2) 收入的现值:$P=1\,678.10$ 万元 支出的现值:$P=1\,628.03$ 万元

13. (a)7 862;(b)13 605

14. 1 423 元

15. 2 781 元

2 工程经济要素

8. 平均年限法:年折旧额 11 400 元;

   双倍余额递减法:第一年 24 000 元,第二年 19 200 元,
   第三年 15 360 元,第四年 12 288 元,
   第五年 9 830.4 元,第六年 7 864.32 元,
   第七年 6 291.46 元,第八年 5 033.16 元,
   第九年 7 066.33 元,第十年 7 066.33 元;

   年数总和法:第一年 20 727.27 元,第二年 18 654.55 元,
   第三年 16 581.82 元,第四年 14 509.09 元,
   第五年 12 436.36 元,第六年 10 363.64 元,
   第七年 8 290.91 元,第八年 6 218.18 元,

第九年 4 145.45 元,第十年 2 072.73 元。
9. (1)总成本22 100万元,经营成本20 600万元,固定成本2 100万元,可变成本20 000万元,平均成本2 210元/吨。
  (2)年平均成本2 175元/吨,订单边际成本2 000元/吨。(3)接受。
10. 利润总额520万元,所得税130万元,税后利润390万元,全部投资净收益690万元,资本金投资净收益590万元。

3 工程经济性判断的基本指标

4. $NPV=839$ 万元,$NFV=6 827$ 万元,$AW=143$ 万元。方案可行。
5. $IRR=27.297\%$,方案可行。
6. 静态投资回收期4.4年,动态投资回收期6.02年,方案可行。
7. $NPV=424$ 万元,$IRR=19.38\%$,静态投资回收期4.8年,动态投资回收期5.7年
8. $NPV=8 089.7$ 万元,$IRR=16.00\%$,静态投资回收期7.8年,动态投资回收期10.17年
9. 12.72%,2.53%
10. 14.17%,8.73 年

4 多方案经济性比较与选择

3. (1)如果用户每天运行时间在8小时以内,采用电动机 B;
  (2)如果用户每天运行时间超过8小时,采用电动机 A。
4. (1)E 方案是最优方案;(2)当 $18\%<i_c\leqslant 20\%$ 时,C 方案才能成为最优方案。
5. $NPV_A=11.35$ 万元,$NPV_B=3.90$ 万元,$NPV_C=29.03$ 万元;
  $\Delta NPV_{A-0}=11.35$ 万元,$\Delta NPV_{B-A}=-7.45$ 万元,$\Delta NPV_{C-A}=17.68$ 万元;
  $\Delta IRR_{A-0}=16.66\%$,$\Delta IRR_{B-A}=11.69\%$,$\Delta IRR_{C-A}=19.79\%$;C 方案最佳。
6. 最优方案为管径为40厘米规格的管道,其费用现值为369 150元,年费用为94 906元。
7. 最优的组合方案是 C+A,费用现值为2 223 102元
8. (1) A 方案为优,$PC_A=137.64$ 万元,$PC_B=147.11$ 万元;
  (2) A 方案为优,$AC_A=9.86$ 万元,$AC_B=10.67$ 万元。
9. (1) 若 $i_c\leqslant 1\%$,应选择Ⅲ方案;若 $1\%<i_c\leqslant 8\%$,应选择Ⅲ方案;若 $8\%<i_c\leqslant 11\%$,应选择Ⅲ方案;若 $i_c>11\%$,则Ⅰ、Ⅱ、Ⅲ方案都是不可行方案。
  (2) 均不推荐。
  (3) $14\%<i_c\leqslant 15\%$。
  (4) 应选择Ⅵ方案。
  (5) 应选择Ⅳ方案。
10. (1) 选择 C_3 和 D_2 投资最有利;(2) 选择 C_2 和 D_1 投资最有利;(3) 两种情况下,分别选择 C_3 和 D_1 投资、C_1 和 D_1 投资。

5 价值工程原理

7. 产品 2
8. A 为成本改进对象;B 为功能改进对象;对于 E,检查其功能是否能得到保证。

7 建设项目财务分析

1. 税前 $NPV=1\,327$ 万元，$IRR=25\%$；资本金税后净现值 $NPV=884$ 万元
2. (1) 项目清偿能力分析

利息备付率	5.67	14.60	29.96	27.11	9.18
偿债备付率	2.55	3.45	4.44	3.38	1.97

每年的利息备付率大于2，说明利息偿付的保证度大；各年偿债备付率大于1，说明项目有足够的资金偿还借款本息。因此，项目的偿债风险较小。

(2) 全部投资税前财务净现值为 81.63 万元；资本金税后净现值为 53.55 万元。

8 经济费用效益分析和费用效果分析

3. (1) 电力影子价格：0.193 元/(kW·h)
   土地国民经济费用：200 万元
   (2) 国民经济投资费用调整为：3 193 万元
   经营费用调整为：760 万元
   (3) 项目经济净现值 $(i=10\%)$ $ENPV=2\,138.88$ 万元

9 不确定性分析与风险分析

1. (1) $P_{\max}=66\,000$ 元；(2) $Q^*=3\,000$ 件；(3) $Q=5\,273$ 件
2. (1) $Q^*=8$ 万件；(2) $Q=9.4$ 万件
3. 敏感性由强到弱的因素依次为销售收入、经营成本、投资。
4. A 方案风险更大。
5. 风险较大。

11 工程设计方案的选择、优化与决策

5. (1) A 方案费用现值 124 862 元，B 方案费用现值 132 261 元
   (2) 使用年限在 10 年内 B 方案经济，超过 10 年 A 方案经济

12 主要专业工程设计的经济性

8. 功能改进对象：A、B；成本改进对象：D、E。
9. 冬夏季运行天数各小于 100 天时，应选择 A 方案；各大于 100 天时，应选择 C 方案。

13 施工方案经济性分析

5. 工期少于 7.5 个月，选 B 方案；工期在 7.5 个月至 15 个月之间，选 A 方案；工期超过 15 个月，选 C 方案。

14 施工设备经济性分析

2. 考虑时间价值为 8 年，不考虑为 7 年。

3. (1)不计息时为 4 年,计息时为 5 年;(2)可以一直使用,直至其技术寿命或物理寿命;
   (3)1 年。
4. 购置方案净现值 109 万元,租赁方案净现值 114 万元。
5. (1) $AC_A = 73\,680$ 元, $AC_B = 77\,816$ 元,选 A 型号;(2)购买 B 型号;
   (3) 前 6 年购置 A 使用,后 3 年租 A 使用。
6. 继续使用旧搅拌机的方案 $AC = 572.4$ 元,购置新搅拌机的方案 $AC = 2\,346.5$ 元,选继续使用旧搅拌机的方案。
7. (1)当年挖土量小于 10 847 立方米时选 A 有利,(2)当使用年限小于 6.03 年应选 A
8. $AC_A = 28\,200$ 元, $AC_B = 27\,250$ 元。选 B 方案

参 考 文 献（按作者姓氏拼音顺序）

［1］本书编写组.注册咨询工程师（投资）执业资格考试模拟题库［M］.南京：东南大学出版社，2005.
［2］蔡雪峰.建筑施工组织［M］.武汉：武汉理工大学出版社，2003.
［3］陈宝泉.左铁镛院士：现代工程师应是全面之才全局之长［N］.中国教育报，2007-06-28（4）.
［4］陈亮，黄有亮.住房开发中应导入功能经济思想［J］.工程管理学报，2010（3）：340-343.
［5］郭正兴，李金根，陆惠民，等.土木工程施工［M］.南京：东南大学出版社，2007.
［6］国家发改委，建设部.建设项目经济评价方法与参数［M］.3版.北京：中国计划出版社，2006.
［7］浩春杏.功能视野中的城市居民住房梯度消费研究［J］.现代经济探讨，2007（8）：81-85.
［8］何茂祥.试论铁路施工组织设计方案比选［J］.铁路工程造价管理，1993（3）：10-14.
［9］赫什伯格.建筑策划与前期管理［M］.汪芳，李天骄，译.北京：中国建筑工业出版社，2005.
［10］胡幼奕，邹传胜.悉尼奥运场馆设计理念及使用建筑材料情况：中国建材工业协会赴澳大利亚奥运场馆建材考察报告［J］.新材料产业，2002（7）：7-11.
［11］黄有亮，刘巍.建筑业面临的技术——经济范式变革：绿色革命［J］.建筑经济，2005（6）：10-13.
［12］黄有亮.工程经济学［M］.2版.南京：东南大学出版社，2006.
［13］黄渝祥，邢爱芳.工程经济学［M］.3版.上海：同济大学出版社，2005.
［14］建设部标准定额研究所.建设项目经济评价参数研究［M］.北京：中国计划出版社，2004.
［15］蒋景楠.工程经济与项目评估［M］.上海：华东理工大学出版社，2004.
［16］蒋太才.技术经济学基础［M］.北京：清华大学出版社，2006.
［17］李联友.建筑设备施工经济与组织［M］.武汉：华中科技大学出版社，2009.
［18］里格斯.工程经济学［M］.吕薇，等译.北京：中国财政出版社，1989.
［19］刘晓君.工程经济学［M］.2版.北京：中国建筑工业出版社，2008.
［20］刘亚臣.工程经济学［M］.北京：中国建筑工业出版社，2007.
［21］刘云月，马纯杰.建筑经济［M］.北京：中国建筑工业出版社，2004.
［22］刘周学，王胜，刘汉进.高层建筑外脚手架方案选择研究［J］.青岛理工大学学报，2011，32（4）.

[23] 陆参.工程建设项目可行性研究实务手册[M].北京:中国电力出版社,2006.

[24] 全国一级建造师执业资格考试用书编写委员会.建设工程经济[M].3版.北京:中国建筑工业出版社,2011.

[25] 沙立文,威克斯,勒克斯霍,等.工程经济学[M].13版.邵颖红,译.北京:清华大学出版社,2007.

[26] 《投资项目可行性研究指南》编写组.投资项目可行性研究指南(试用版)[M].北京:中国电力出版社,2002.3.

[27] 图森,等.Engineering Economy[M].9版.影印本.北京:清华大学出版社,2005.

[28] 王立国.项目评估理论与实务[M].北京:首都经济贸易大学出版社,2006.

[29] 王晓鸣.房屋维修管理学[M].北京:中国建材工业出版社,1994.

[30] 王智伟.建筑设备安装工程经济与管理[M].北京:中国建筑工业出版社,2010.

[31] 新华网.降低建筑物能耗是实现全球气候目标的关键[EB/OL].(2009-04-29)[2011-07-19].http://news.xinhuanet.com/fortune/2009-04/29/content_11283279.htm.

[32] 徐永模.悉尼奥运工程建设的启示[EB/OL].(2002-05-16)[2011-06-12].http://www.chinaccm.com/07/0701/070105/news/20020516/170907.asp.

[33] 杨昌鸣,庄惟敏.建筑设计与经济[M].北京:中国计划出版社,2003.

[34] 袁建新,鲁亚平.建筑设计经济评价与法规[M].北京:中国建筑工业出版社,1997.

[35] 张新华,范建洲.建筑施工组织[M].北京:中国水利水电出版社,2008.

[36] 赵国杰.工程经济学[M].天津:天津大学出版社,2003.

[37] 中体在线—中国体育报.北京能向悉尼奥运学什么?奥运场馆建设与利用[EB/OL].(2004-03-19)[2011-06-30]http://sports.sina.com.cn/o/2004-03-19/1054813589.shtml.

[38] 重庆大学,等.土木工程施工(上册)[M].北京:中国建筑工业出版社,2008.

[39] 周和生,尹贻林.政府投资项目全生命周期项目管理[M].天津:天津大学出版社,2010.

[40] 周惠珍.投资项目评估学[M].成都:西南财经大学出版社,1998.

附录 复利系数表

附表 1 $i=1\%$

n	$(F/P,i,n)$	$(P/F,i,n)$	$(F/A,i,n)$	$(A/F,i,n)$	$(A/P,i,n)$	$(P/A,i,n)$	$(F/G,i,n)$	$(A/G,i,n)$
1	1.0100	0.9901	1.0000	1.0000	1.0100	0.9901	0.0000	0.0000
2	1.0201	0.9803	2.0100	0.4975	0.5075	1.9704	1.0000	0.4975
3	1.0303	0.9706	3.0301	0.3300	0.3400	2.9410	3.0100	0.9934
4	1.0406	0.9610	4.0604	0.2463	0.2563	3.9020	6.0401	1.4876
5	1.0510	0.9515	5.1010	0.1960	0.2060	4.8534	10.1005	1.9801
6	1.0615	0.9420	6.1520	0.1625	0.1725	5.7955	15.2015	2.4710
7	1.0721	0.9327	7.2135	0.1386	0.1486	6.7282	21.3535	2.9602
8	1.0829	0.9235	8.2857	0.1207	0.1307	7.6517	28.5671	3.4478
9	1.0937	0.9143	9.3685	0.1067	0.1167	8.5660	36.8527	3.9337
10	1.1046	0.9053	10.4622	0.0956	0.1056	9.4713	46.2213	4.4179
11	1.1157	0.8963	11.5668	0.0865	0.0965	10.3676	56.6835	4.9005
12	1.1268	0.8874	12.6825	0.0788	0.0888	11.2551	68.2503	5.3815
13	1.1381	0.8787	13.8093	0.0724	0.0824	12.1337	80.9328	5.8607
14	1.1495	0.8700	14.9474	0.0669	0.0769	13.0037	94.7421	6.3384
15	1.1610	0.8613	16.0969	0.0621	0.0721	13.8651	109.6896	6.8143
16	1.1726	0.8528	17.2579	0.0579	0.0679	14.7179	125.7864	7.2886
17	1.1843	0.8444	18.4304	0.0543	0.0643	15.5623	143.0443	7.7613
18	1.1961	0.8360	19.6147	0.0510	0.0610	16.3983	161.4748	8.2323
19	1.2081	0.8277	20.8109	0.0481	0.0581	17.2260	181.0895	8.7017
20	1.2202	0.8195	22.0190	0.0454	0.0554	18.0456	201.9004	9.1694

附表 2 $i=3\%$

n	$(F/P,i,n)$	$(P/F,i,n)$	$(F/A,i,n)$	$(A/F,i,n)$	$(A/P,i,n)$	$(P/A,i,n)$	$(F/G,i,n)$	$(A/G,i,n)$
1	1.0300	0.9709	1.0000	1.0000	1.0300	0.9709	0.0000	0.0000
2	1.0609	0.9426	2.0300	0.4926	0.5226	1.9135	1.0000	0.4926
3	1.0927	0.9151	3.0909	0.3235	0.3535	2.8286	3.0300	0.9803
4	1.1255	0.8885	4.1836	0.2390	0.2690	3.7171	6.1209	1.4631
5	1.1593	0.8626	5.3091	0.1884	0.2184	4.5797	10.3045	1.9409
6	1.1941	0.8375	6.4684	0.1546	0.1846	5.4172	15.6137	2.4138
7	1.2299	0.8131	7.6625	0.1305	0.1605	6.2303	22.0821	2.8819
8	1.2668	0.7894	8.8923	0.1125	0.1425	7.0197	29.7445	3.3450
9	1.3048	0.7664	10.1591	0.0984	0.1284	7.7861	38.6369	3.8032
10	1.3439	0.7441	11.4639	0.0872	0.1172	8.5302	48.7960	4.2565
11	1.3842	0.7224	12.8078	0.0781	0.1081	9.2526	60.2599	4.7049
12	1.4258	0.7014	14.1920	0.0705	0.1005	9.9540	73.0677	5.1485
13	1.4685	0.6810	15.6178	0.0640	0.0940	10.6350	87.2597	5.5872
14	1.5126	0.6611	17.0863	0.0585	0.0885	11.2961	102.8775	6.0210
15	1.5580	0.6419	18.5989	0.0538	0.0838	11.9379	119.9638	6.4500
16	1.6047	0.6232	20.1569	0.0496	0.0796	12.5611	138.5627	6.8742
17	1.6528	0.6050	21.7616	0.0460	0.0760	13.1661	158.7196	7.2936
18	1.7024	0.5874	23.4144	0.0427	0.0727	13.7535	180.4812	7.7081
19	1.7535	0.5703	25.1169	0.0398	0.0698	14.3238	203.8956	8.1179
20	1.8061	0.5537	26.8704	0.0372	0.0672	14.8775	229.0125	8.5229

附表 3 ($i=5\%$)

n	(F/P,i,n)	(P/F,i,n)	(F/A,i,n)	(A/F,i,n)	(A/P,i,n)	(P/A,i,n)	(F/G,i,n)	(A/G,i,n)
1	1.0500	0.9524	1.0000	1.0000	1.0500	0.9524	0.0000	0.0000
2	1.1025	0.9070	2.0500	0.4878	0.5378	1.8594	1.0000	0.4878
3	1.1576	0.8638	3.1525	0.3172	0.3672	2.7232	3.0500	0.9675
4	1.2155	0.8227	4.3101	0.2320	0.2820	3.5460	6.2025	1.4391
5	1.2763	0.7835	5.5256	0.1810	0.2310	4.3295	10.5126	1.9025
6	1.3401	0.7462	6.8019	0.1470	0.1970	5.0757	16.0383	2.3579
7	1.4071	0.7107	8.1420	0.1228	0.1728	5.7864	22.8402	2.8052
8	1.4775	0.6768	9.5491	0.1047	0.1547	6.4632	30.9822	3.2445
9	1.5513	0.6446	11.0266	0.0907	0.1407	7.1078	40.5313	3.6758
10	1.6289	0.6139	12.5779	0.0795	0.1295	7.7217	51.5579	4.0991
11	1.7103	0.5847	14.2068	0.0704	0.1204	8.3064	64.1357	4.5144
12	1.7959	0.5568	15.9171	0.0628	0.1128	8.8633	78.3425	4.9219
13	1.8856	0.5303	17.7130	0.0565	0.1065	9.3936	94.2597	5.3215
14	1.9799	0.5051	19.5986	0.0510	0.1010	9.8986	111.9726	5.7133
15	2.0789	0.4810	21.5786	0.0463	0.0963	10.3797	131.5713	6.0973
16	2.1829	0.4581	23.6575	0.0423	0.0923	10.8378	153.1498	6.4736
17	2.2920	0.4363	25.8404	0.0387	0.0887	11.2741	176.8073	6.8423
18	2.4066	0.4155	28.1324	0.0355	0.0855	11.6896	202.6477	7.2034
19	2.5270	0.3957	30.5390	0.0327	0.0827	12.0853	230.7801	7.5569
20	2.6533	0.3769	33.0660	0.0302	0.0802	12.4622	261.3191	7.9030
21	2.7860	0.3589	35.7193	0.0280	0.0780	12.8212	294.3850	8.2416
22	2.9253	0.3418	38.5052	0.0260	0.0760	13.1630	330.1043	8.5730
23	3.0715	0.3256	41.4305	0.0241	0.0741	13.4886	368.6095	8.8971
24	3.2251	0.3101	44.5020	0.0225	0.0725	13.7986	410.0400	9.2140
25	3.3864	0.2953	47.7271	0.0210	0.0710	14.0939	454.5420	9.5238
26	3.5557	0.2812	51.1135	0.0196	0.0696	14.3752	502.2691	9.8266
27	3.7335	0.2678	54.6691	0.0183	0.0683	14.6430	553.3825	10.1224
28	3.9201	0.2551	58.4026	0.0171	0.0671	14.8981	608.0517	10.4114
29	4.1161	0.2429	62.3227	0.0160	0.0660	15.1411	666.4542	10.6936
30	4.3219	0.2314	66.4388	0.0151	0.0651	15.3725	728.7770	10.9691
31	4.5380	0.2204	70.7608	0.0141	0.0641	15.5928	795.2158	11.2381
32	4.7649	0.2099	75.2988	0.0133	0.0633	15.8027	865.9766	11.5005
33	5.0032	0.1999	80.0638	0.0125	0.0625	16.0025	941.2754	11.7566
34	5.2533	0.1904	85.0670	0.0118	0.0618	16.1929	1021.3392	12.0063
35	5.5160	0.1813	90.3203	0.0111	0.0611	16.3742	1106.4061	12.2498
36	5.7918	0.1727	95.8363	0.0104	0.0604	16.5469	1196.7265	12.4872
37	6.0814	0.1644	101.6281	0.0098	0.0598	16.7113	1292.5628	12.7186
38	6.3855	0.1566	107.7095	0.0093	0.0593	16.8679	1394.1909	12.9440
39	6.7048	0.1491	114.0950	0.0088	0.0588	17.0170	1501.9005	13.1636
40	7.0400	0.1420	120.7998	0.0083	0.0583	17.1591	1615.9955	13.3775
41	7.3920	0.1353	127.8398	0.0078	0.0578	17.2944	1736.7953	13.5857
42	7.7616	0.1288	135.2318	0.0074	0.0574	17.4232	1864.6350	13.7884
43	8.1497	0.1227	142.9933	0.0070	0.0570	17.5459	1999.8668	13.9857
44	8.5572	0.1169	151.1430	0.0066	0.0566	17.6628	2142.8601	14.1777
45	8.9850	0.1113	159.7002	0.0063	0.0563	17.7741	2294.0031	14.3644
46	9.4343	0.1060	168.6852	0.0059	0.0559	17.8801	2453.7033	14.5461
47	9.9060	0.1009	178.1194	0.0056	0.0556	17.9810	2622.3884	14.7226
48	10.4013	0.0961	188.0254	0.0053	0.0553	18.0772	2800.5079	14.8943
49	10.9213	0.0916	198.4267	0.0050	0.0550	18.1687	2988.5333	15.0611
50	11.4674	0.0872	209.3480	0.0048	0.0548	18.2559	3186.9599	15.2233

附表 4 ($i=6\%$)

n	$(F/P,i,n)$	$(P/F,i,n)$	$(F/A,i,n)$	$(A/F,i,n)$	$(A/P,i,n)$	$(P/A,i,n)$	$(F/G,i,n)$	$(A/G,i,n)$
1	1.0600	0.9434	1.0000	1.0000	1.0600	0.9434	0.0000	0.0000
2	1.1236	0.8900	2.0600	0.4854	0.5454	1.8334	1.0000	0.4854
3	1.1910	0.8396	3.1836	0.3141	0.3741	2.6730	3.0600	0.9612
4	1.2625	0.7921	4.3746	0.2286	0.2886	3.4651	6.2436	1.4272
5	1.3382	0.7473	5.6371	0.1774	0.2374	4.2124	10.6182	1.8836
6	1.4185	0.7050	6.9753	0.1434	0.2034	4.9173	16.2553	2.3304
7	1.5036	0.6651	8.3938	0.1191	0.1791	5.5824	23.2306	2.7676
8	1.5938	0.6274	9.8975	0.1010	0.1610	6.2098	31.6245	3.1952
9	1.6895	0.5919	11.4913	0.0870	0.1470	6.8017	41.5219	3.6133
10	1.7908	0.5584	13.1808	0.0759	0.1359	7.3601	53.0132	4.0220
11	1.8983	0.5268	14.9716	0.0668	0.1268	7.8869	66.1940	4.4213
12	2.0122	0.4970	16.8699	0.0593	0.1193	8.3838	81.1657	4.8113
13	2.1329	0.4688	18.8821	0.0530	0.1130	8.8527	98.0356	5.1920
14	2.2609	0.4423	21.0151	0.0476	0.1076	9.2950	116.9178	5.5635
15	2.3966	0.4173	23.2760	0.0430	0.1030	9.7122	137.9328	5.9260
16	2.5404	0.3936	25.6725	0.0390	0.0990	10.1059	161.2088	6.2794
17	2.6928	0.3714	28.2129	0.0354	0.0954	10.4773	186.8813	6.6240
18	2.8543	0.3503	30.9057	0.0324	0.0924	10.8276	215.0942	6.9597
19	3.0256	0.3305	33.7600	0.0296	0.0896	11.1581	245.9999	7.2867
20	3.2071	0.3118	36.7856	0.0272	0.0872	11.4699	279.7599	7.6051
21	3.3996	0.2942	39.9927	0.0250	0.0850	11.7641	316.5454	7.9151
22	3.6035	0.2775	43.3923	0.0230	0.0830	12.0416	356.5382	8.2166
23	3.8197	0.2618	46.9958	0.0213	0.0813	12.3034	399.9305	8.5099
24	4.0489	0.2470	50.8156	0.0197	0.0797	12.5504	446.9263	8.7951
25	4.2919	0.2330	54.8645	0.0182	0.0782	12.7834	497.7419	9.0722
26	4.5494	0.2198	59.1564	0.0169	0.0769	13.0032	552.6064	9.3414
27	4.8223	0.2074	63.7058	0.0157	0.0757	13.2105	611.7628	9.6029
28	5.1117	0.1956	68.5281	0.0146	0.0746	13.4062	675.4685	9.8568
29	5.4184	0.1846	73.6398	0.0136	0.0736	13.5907	743.9966	10.1032
30	5.7435	0.1741	79.0582	0.0126	0.0726	13.7648	817.6364	10.3422
31	6.0881	0.1643	84.8017	0.0118	0.0718	13.9291	896.6946	10.5740
32	6.4534	0.1550	90.8898	0.0110	0.0710	14.0840	981.4963	10.7988
33	6.8406	0.1462	97.3432	0.0103	0.0703	14.2302	1072.3861	11.0166
34	7.2510	0.1379	104.1838	0.0096	0.0696	14.3681	1169.7292	11.2276
35	7.6861	0.1301	111.4348	0.0090	0.0690	14.4982	1273.9130	11.4319
36	8.1473	0.1227	119.1209	0.0084	0.0684	14.6210	1385.3478	11.6298
37	8.6361	0.1158	127.2681	0.0079	0.0679	14.7368	1504.4686	11.8213
38	9.1543	0.1092	135.9042	0.0074	0.0674	14.8460	1631.7368	12.0065
39	9.7035	0.1031	145.0585	0.0069	0.0669	14.9491	1767.6410	12.1857
40	10.2857	0.0972	154.7620	0.0065	0.0665	15.0463	1912.6994	12.3590
41	10.9029	0.0917	165.0477	0.0061	0.0661	15.1380	2067.4614	12.5264
42	11.5570	0.0865	175.9505	0.0057	0.0657	15.2245	2232.5091	12.6883
43	12.2505	0.0816	187.5076	0.0053	0.0653	15.3062	2408.4596	12.8446
44	12.9855	0.0770	199.7580	0.0050	0.0650	15.3832	2595.9672	12.9956
45	13.7646	0.0727	212.7435	0.0047	0.0647	15.4558	2795.7252	13.1413
46	14.5905	0.0685	226.5081	0.0044	0.0644	15.5244	3008.4687	13.2819
47	15.4659	0.0647	241.0986	0.0041	0.0641	15.5890	3234.9769	13.4177
48	16.3939	0.0610	256.5645	0.0039	0.0639	15.6500	3476.0755	13.5485
49	17.3775	0.0575	272.9584	0.0037	0.0637	15.7076	3732.6400	13.6748
50	18.4202	0.0543	290.3359	0.0034	0.0634	15.7619	4005.5984	13.7964

附表 5　　　　　　　　　　　　($i=10\%$)

n	(F/P,i,n)	(P/F,i,n)	(F/A,i,n)	(A/F,i,n)	(A/P,i,n)	(P/A,i,n)	(F/G,i,n)	(A/G,i,n)
1	1.1000	0.9091	1.0000	1.0000	1.1000	0.9091	0.0000	0.0000
2	1.2100	0.8264	2.1000	0.4762	0.5762	1.7355	1.0000	0.4762
3	1.3310	0.7513	3.3100	0.3021	0.4021	2.4869	3.1000	0.9366
4	1.4641	0.6830	4.6410	0.2155	0.3155	3.1699	6.4100	1.3812
5	1.6105	0.6209	6.1051	0.1638	0.2638	3.7908	11.0510	1.8101
6	1.7716	0.5645	7.7156	0.1296	0.2296	4.3553	17.1561	2.2236
7	1.9487	0.5132	9.4872	0.1054	0.2054	4.8684	24.8717	2.6216
8	2.1436	0.4665	11.4359	0.0874	0.1874	5.3349	34.3589	3.0045
9	2.3579	0.4241	13.5795	0.0736	0.1736	5.7590	45.7948	3.3724
10	2.5937	0.3855	15.9374	0.0627	0.1627	6.1446	59.3742	3.7255
11	2.8531	0.3505	18.5312	0.0540	0.1540	6.4951	75.3117	4.0641
12	3.1384	0.3186	21.3843	0.0468	0.1468	6.8137	93.8428	4.3884
13	3.4523	0.2897	24.5227	0.0408	0.1408	7.1034	115.2271	4.6988
14	3.7975	0.2633	27.9750	0.0357	0.1357	7.3667	139.7498	4.9955
15	4.1772	0.2394	31.7725	0.0315	0.1315	7.6061	167.7248	5.2789
16	4.5950	0.2176	35.9497	0.0278	0.1278	7.8237	199.4973	5.5493
17	5.0545	0.1978	40.5447	0.0247	0.1247	8.0216	235.4470	5.8071
18	5.5599	0.1799	45.5992	0.0219	0.1219	8.2014	275.9917	6.0526
19	6.1159	0.1635	51.1591	0.0195	0.1195	8.3649	321.5909	6.2861
20	6.7275	0.1486	57.2750	0.0175	0.1175	8.5136	372.7500	6.5081
21	7.4002	0.1351	64.0025	0.0156	0.1156	8.6487	430.0250	6.7189
22	8.1403	0.1228	71.4027	0.0140	0.1140	8.7715	494.0275	6.9189
23	8.9543	0.1117	79.5430	0.0126	0.1126	8.8832	565.4302	7.1085
24	9.8497	0.1015	88.4973	0.0113	0.1113	8.9847	644.9733	7.2881
25	10.8347	0.0923	98.3471	0.0102	0.1102	9.0770	733.4706	7.4580
26	11.9182	0.0839	109.1818	0.0092	0.1092	9.1609	831.8177	7.6186
27	13.1100	0.0763	121.0999	0.0083	0.1083	9.2372	940.9994	7.7704
28	14.4210	0.0693	134.2099	0.0075	0.1075	9.3066	1062.0994	7.9137
29	15.8631	0.0630	148.6309	0.0067	0.1067	9.3696	1196.3093	8.0489
30	17.4494	0.0573	164.4940	0.0061	0.1061	9.4269	1344.9402	8.1762
31	19.1943	0.0521	181.9434	0.0055	0.1055	9.4790	1509.4342	8.2962
32	21.1138	0.0474	201.1378	0.0050	0.1050	9.5264	1691.3777	8.4091
33	23.2252	0.0431	222.2515	0.0045	0.1045	9.5694	1892.5154	8.5152
34	25.5477	0.0391	245.4767	0.0041	0.1041	9.6086	2114.7670	8.6149
35	28.1024	0.0356	271.0244	0.0037	0.1037	9.6442	2360.2437	8.7086
36	30.9127	0.0323	299.1268	0.0033	0.1033	9.6765	2631.2681	8.7965
37	34.0039	0.0294	330.0395	0.0030	0.1030	9.7059	2930.3949	8.8789
38	37.4043	0.0267	364.0434	0.0027	0.1027	9.7327	3260.4343	8.9562
39	41.1448	0.0243	401.4478	0.0025	0.1025	9.7570	3624.4778	9.0285
40	45.2593	0.0221	442.5926	0.0023	0.1023	9.7791	4025.9256	9.0962
41	49.7852	0.0201	487.8518	0.0020	0.1020	9.7991	4468.5181	9.1596
42	54.7637	0.0183	537.6370	0.0019	0.1019	9.8174	4956.3699	9.2188
43	60.2401	0.0166	592.4007	0.0017	0.1017	9.8340	5494.0069	9.2741
44	66.2641	0.0151	652.6408	0.0015	0.1015	9.8491	6086.4076	9.3258
45	72.8905	0.0137	718.9048	0.0014	0.1014	9.8628	6739.0484	9.3740
46	80.1795	0.0125	791.7953	0.0013	0.1013	9.8753	7457.9532	9.4190
47	88.1975	0.0113	871.9749	0.0011	0.1011	9.8866	8249.7485	9.4610
48	97.0172	0.0103	960.1723	0.0010	0.1010	9.8969	9121.7234	9.5001
49	106.7190	0.0094	1057.1896	0.0009	0.1009	9.9063	10081.8957	9.5365
50	117.3909	0.0085	1163.9085	0.0009	0.1009	9.9148	11139.0853	9.5704

附表 6　　　　　　　　　　($i=12\%$)

n	$(F/P,i,n)$	$(P/F,i,n)$	$(F/A,i,n)$	$(A/F,i,n)$	$(A/P,i,n)$	$(P/A,i,n)$	$(F/G,i,n)$	$(A/G,i,n)$
1	1.1200	0.8929	1.0000	1.0000	1.1200	0.8929	0.0000	0.0000
2	1.2544	0.7972	2.1200	0.4717	0.5917	1.6901	1.0000	0.4717
3	1.4049	0.7118	3.3744	0.2963	0.4163	2.4018	3.1200	0.9246
4	1.5735	0.6355	4.7793	0.2092	0.3292	3.0373	6.4944	1.3589
5	1.7623	0.5674	6.3528	0.1574	0.2774	3.6048	11.2737	1.7746
6	1.9738	0.5066	8.1152	0.1232	0.2432	4.1114	17.6266	2.1720
7	2.2107	0.4523	10.0890	0.0991	0.2191	4.5638	25.7418	2.5515
8	2.4760	0.4039	12.2997	0.0813	0.2013	4.9676	35.8308	2.9131
9	2.7731	0.3606	14.7757	0.0677	0.1877	5.3282	48.1305	3.2574
10	3.1058	0.3220	17.5487	0.0570	0.1770	5.6502	62.9061	3.5847
11	3.4785	0.2875	20.6546	0.0484	0.1684	5.9377	80.4549	3.8953
12	3.8960	0.2567	24.1331	0.0414	0.1614	6.1944	101.1094	4.1897
13	4.3635	0.2292	28.0291	0.0357	0.1557	6.4235	125.2426	4.4683
14	4.8871	0.2046	32.3926	0.0309	0.1509	6.6282	153.2717	4.7317
15	5.4736	0.1827	37.2797	0.0268	0.1468	6.8109	185.6643	4.9803
16	6.1304	0.1631	42.7533	0.0234	0.1434	6.9740	222.9440	5.2147
17	6.8660	0.1456	48.8837	0.0205	0.1405	7.1196	265.6973	5.4353
18	7.6900	0.1300	55.7497	0.0179	0.1379	7.2497	314.5810	5.6427
19	8.6128	0.1161	63.4397	0.0158	0.1358	7.3658	370.3307	5.8375
20	9.6463	0.1037	72.0524	0.0139	0.1339	7.4694	433.7704	6.0202
21	10.8038	0.0926	81.6987	0.0122	0.1322	7.5620	505.8228	6.1913
22	12.1003	0.0826	92.5026	0.0108	0.1308	7.6446	587.5215	6.3514
23	13.5523	0.0738	104.6029	0.0096	0.1296	7.7184	680.0241	6.5010
24	15.1786	0.0659	118.1552	0.0085	0.1285	7.7843	784.6270	6.6406
25	17.0001	0.0588	133.3339	0.0075	0.1275	7.8431	902.7823	6.7708
26	19.0401	0.0525	150.3339	0.0067	0.1267	7.8957	1036.1161	6.8921
27	21.3249	0.0469	169.3740	0.0059	0.1259	7.9426	1186.4501	7.0049
28	23.8839	0.0419	190.6989	0.0052	0.1252	7.9844	1355.8241	7.1098
29	26.7499	0.0374	214.5828	0.0047	0.1247	8.0218	1546.5229	7.2071
30	29.9599	0.0334	241.3327	0.0041	0.1241	8.0552	1761.1057	7.2974
31	33.5551	0.0298	271.2926	0.0037	0.1237	8.0850	2002.4384	7.3811
32	37.5817	0.0266	304.8477	0.0033	0.1233	8.1116	2273.7310	7.4586
33	42.0915	0.0238	342.4294	0.0029	0.1229	8.1354	2578.5787	7.5302
34	47.1425	0.0212	384.5210	0.0026	0.1226	8.1566	2921.0082	7.5965
35	52.7996	0.0189	431.6635	0.0023	0.1223	8.1755	3305.5291	7.6577
36	59.1356	0.0169	484.4631	0.0021	0.1221	8.1924	3737.1926	7.7141
37	66.2318	0.0151	543.5987	0.0018	0.1218	8.2075	4221.6558	7.7661
38	74.1797	0.0135	609.8305	0.0016	0.1216	8.2210	4765.2544	7.8141
39	83.0812	0.0120	684.0102	0.0015	0.1215	8.2330	5375.0850	7.8582
40	93.0510	0.0107	767.0914	0.0013	0.1213	8.2438	6059.0952	7.8988
41	104.2171	0.0096	860.1424	0.0012	0.1212	8.2534	6826.1866	7.9361
42	116.7231	0.0086	964.3595	0.0010	0.1210	8.2619	7686.3290	7.9704
43	130.7299	0.0076	1081.0826	0.0009	0.1209	8.2696	8650.6885	8.0019
44	146.4175	0.0068	1211.8125	0.0008	0.1208	8.2764	9731.7711	8.0308
45	163.9876	0.0061	1358.2300	0.0007	0.1207	8.2825	10943.5836	8.0572
46	183.6661	0.0054	1522.2176	0.0007	0.1207	8.2880	12301.8136	8.0815
47	205.7061	0.0049	1705.8838	0.0006	0.1206	8.2928	13824.0313	8.1037
48	230.3908	0.0043	1911.5898	0.0005	0.1205	8.2972	15529.9150	8.1241
49	258.0377	0.0039	2141.9806	0.0005	0.1205	8.3010	17441.5048	8.1427
50	289.0022	0.0035	2400.0182	0.0004	0.1204	8.3045	19583.4854	8.1597

附表 7　　　　　　　　　　　　　　($i=15\%$)

n	$(F/P,i,n)$	$(P/F,i,n)$	$(F/A,i,n)$	$(A/F,i,n)$	$(A/P,i,n)$	$(P/A,i,n)$	$(F/G,i,n)$	$(A/G,i,n)$
1	1.1500	0.8696	1.0000	1.0000	1.1500	0.8696	0.0000	0.0000
2	1.3225	0.7561	2.1500	0.4651	0.6151	1.6257	1.0000	0.4651
3	1.5209	0.6575	3.4725	0.2880	0.4380	2.2832	3.1500	0.9071
4	1.7490	0.5718	4.9934	0.2003	0.3503	2.8550	6.6225	1.3263
5	2.0114	0.4972	6.7424	0.1483	0.2983	3.3522	11.6159	1.7228
6	2.3131	0.4323	8.7537	0.1142	0.2642	3.7845	18.3583	2.0972
7	2.6600	0.3759	11.0668	0.0904	0.2404	4.1604	27.1120	2.4498
8	3.0590	0.3269	13.7268	0.0729	0.2229	4.4873	38.1788	2.7813
9	3.5179	0.2843	16.7858	0.0596	0.2096	4.7716	51.9056	3.0922
10	4.0456	0.2472	20.3037	0.0493	0.1993	5.0188	68.6915	3.3832
11	4.6524	0.2149	24.3493	0.0411	0.1911	5.2337	88.9952	3.6549
12	5.3503	0.1869	29.0017	0.0345	0.1845	5.4206	113.3444	3.9082
13	6.1528	0.1625	34.3519	0.0291	0.1791	5.5831	142.3461	4.1438
14	7.0757	0.1413	40.5047	0.0247	0.1747	5.7245	176.6980	4.3624
15	8.1371	0.1229	47.5804	0.0210	0.1710	5.8474	217.2027	4.5650
16	9.3576	0.1069	55.7175	0.0179	0.1679	5.9542	264.7831	4.7522
17	10.7613	0.0929	65.0751	0.0154	0.1654	6.0472	320.5006	4.9251
18	12.3755	0.0808	75.8364	0.0132	0.1632	6.1280	385.5757	5.0843
19	14.2318	0.0703	88.2118	0.0113	0.1613	6.1982	461.4121	5.2307
20	16.3665	0.0611	102.4436	0.0098	0.1598	6.2593	549.6239	5.3651
21	18.8215	0.0531	118.8101	0.0084	0.1584	6.3125	652.0675	5.4883
22	21.6447	0.0462	137.6316	0.0073	0.1573	6.3587	770.8776	5.6010
23	24.8915	0.0402	159.2764	0.0063	0.1563	6.3988	908.5092	5.7040
24	28.6252	0.0349	184.1678	0.0054	0.1554	6.4338	1067.7856	5.7979
25	32.9190	0.0304	212.7930	0.0047	0.1547	6.4641	1251.9534	5.8834
26	37.8568	0.0264	245.7120	0.0041	0.1541	6.4906	1464.7465	5.9612
27	43.5353	0.0230	283.5688	0.0035	0.1535	6.5135	1710.4584	6.0319
28	50.0656	0.0200	327.1041	0.0031	0.1531	6.5335	1994.0272	6.0960
29	57.5755	0.0174	377.1697	0.0027	0.1527	6.5509	2321.1313	6.1541
30	66.2118	0.0151	434.7451	0.0023	0.1523	6.5660	2698.3010	6.2066
31	76.1435	0.0131	500.9569	0.0020	0.1520	6.5791	3133.0461	6.2541
32	87.5651	0.0114	577.1005	0.0017	0.1517	6.5905	3634.0030	6.2970
33	100.6998	0.0099	664.6655	0.0015	0.1515	6.6005	4211.1035	6.3357
34	115.8048	0.0086	765.3654	0.0013	0.1513	6.6091	4875.7690	6.3705
35	133.1755	0.0075	881.1702	0.0011	0.1511	6.6166	5641.1344	6.4019
36	153.1519	0.0065	1014.3457	0.0010	0.1510	6.6231	6522.3045	6.4301
37	176.1246	0.0057	1167.4975	0.0009	0.1509	6.6288	7536.6502	6.4554
38	202.5433	0.0049	1343.6222	0.0007	0.1507	6.6338	8704.1477	6.4781
39	232.9248	0.0043	1546.1655	0.0006	0.1506	6.6380	10047.7699	6.4985
40	267.8635	0.0037	1779.0903	0.0006	0.1506	6.6418	11593.9354	6.5168
41	308.0431	0.0032	2046.9539	0.0005	0.1505	6.6450	13373.0257	6.5331
42	354.2495	0.0028	2354.9969	0.0004	0.1504	6.6478	15419.9796	6.5478
43	407.3870	0.0025	2709.2465	0.0004	0.1504	6.6503	17774.9765	6.5609
44	468.4950	0.0021	3116.6334	0.0003	0.1503	6.6524	20484.2230	6.5725
45	538.7693	0.0019	3585.1285	0.0003	0.1503	6.6543	23600.8564	6.5830
46	619.5847	0.0016	4123.8977	0.0002	0.1502	6.6559	27185.9849	6.5923
47	712.5224	0.0014	4743.4824	0.0002	0.1502	6.6573	31309.8826	6.6006
48	819.4007	0.0012	5456.0047	0.0002	0.1502	6.6585	36053.3650	6.6080
49	942.3108	0.0011	6275.4055	0.0002	0.1502	6.6596	41509.3697	6.6146
50	1083.6574	0.0009	7217.7163	0.0001	0.1501	6.6605	47784.7752	6.6205